百家廊文丛
BAIJIALANG WENCONG

大数据
与政府统计发展

杨翰方 ◎ 著

本书受中国人民大学科学研究基金项目暨中央高校基本科研业务费专项资金支持

中国人民大学出版社
· 北京 ·

前　　言

在人工智能时代，数据已成为国家发展和决策的重要基石，大数据技术的迅猛发展对政府统计既带来了机遇，也带来了挑战。具体而言，大数据技术的发展使数据量急剧增加，数据类型更加多样化，为政府统计提供了更为丰富的数据资源，但同时也对其数据处理和分析能力提出了更高要求。政府统计作为获取、分析和解读数据的重要手段，正经历着深刻的变革与发展。同时，政府统计作为国家数据的主要收集者和分析者，肩负着至关重要的责任，通过准确、及时地收集和分析数据，为政策制定、经济管理和社会发展提供强有力的支持。

本书旨在通过具体案例和数据分析，深入探讨政府统计与大数据之间的紧密联系，展现这一领域的重要进展，为读者提供全面而深入的洞察。在第一部分中，以国家数据视角为切入点，深入探究政府统计的发展与变迁。首先，明确界定国家数据的概念，剖析国家数据与政府统计以及大数据之间的关联。其次，国家治理能力的提升有赖于对国家数据的准确把握和深入分析，而政府统计在这一过程中发挥着关键作用。因此，本书系统梳理政府统计理论的发展历程，为政府统计工作构筑坚实的理论基础。此外，通过对统计制度变迁的文本分析，助力读者理解政府统计在国家治理中的作用与价值。这一分析涵盖了对统计报表制度、制度文件、统计报表和具体指标的剖析，以及对政策关键词与共词的解读，有助于洞察政府统计工作的演变趋势和发展方向。最后，本部分聚焦政府统计实践，详细介绍国内政府统计的功能及其使用价值，并深入分析现有政府统计部门组织与实施中存在问题的原因。

大数据产业的兴起为数据的收集、分析和应用带来了全新的模式与机遇。在本书的第二部分中，首先探讨大数据的发展逻辑，包括其定义、特征、产生的技术背景、商业逻辑以及未来的发展方向。其次，大数据为不同产业链带来了契机，本书进而介绍大数据产业的产业链，剖析大数据产业的利益诉求与行业痛点。此外，通过对现有大数据资源状况的深入分析，明确其优缺点。最后，以工业统计数据云平台为例，对统计云建设的路径和方法进行探索，充分展示大数据在工业互联网平台的应用潜力以及对政府统计工作的积极影响。

在本书第三部分中，首先深入探讨大数据与政府统计之间的基本理论关系。传统政府统计数据资源是国家数据的重要组成部分，政府统计和大数据的合作不仅是技术上的融合，更是为了满足人民生活的需要，且这种合作需要在法律规范下进行数据治理，以确保数据的安全和隐私。其次，通过对政府统计利用大数据现状的案例分析和探索，总结合作的经验和教训。典型案例展示了大数据在政府统计中的成功应用，如经济指标的语义标识、灯光增强遥感图像测算区域经济等。然而，政府统计在面临大数据带来的机遇的同时，也面临着竞争压力。本书通过即时预测方法的中间投入估算案例，进一步说明了政府统计利用大数据资源的瓶颈所在。

为了强化政府统计的竞争力，本书在第四部分中提出了一系列建议。首先，政府统计工作需要进行再平衡，加强与大数据的合作，推进政府统计业务流程再造，并优化现有的统计方式。通过具体的研究案例，如基于图像分类算法辅助构建价格指数、遥感卫星影像辅助区域发展变化研究等，展示如何运用新技术和方法提升政府统计的准确性和可靠性。这些案例不仅为政府统计工作提供了新的思路和方法，也为其他领域的应用提供了借鉴。最后，本书为寻求政府统计的跨越式发展提供了指导方向。

本书综合理论研究和实践案例，力求全面、深入地探讨政府统计与大数据的发展。我们希望本书能为政府统计工作者、学者以及对数据领域感兴趣的读者提供有价值的参考和启示。通过深入理解政府统计与大数据的关系，我们可以更好地应对时代挑战，推动国家数据治理水平的提升，为国家的发展和进步提供坚实的数据支持。

　　在撰写本书的过程中，我们参考了大量的文献资料，并结合实际案例进行分析。衷心感谢为政府统计和大数据发展做出贡献的学者和实践者，他们的研究成果和经验为本书提供了重要的基础。同时，希望本书能激发更多人对这一领域的关注和研究，共同推动政府统计与大数据的融合发展。

目　录

第一部分　国家数据视角下看政府统计的发展与变迁

第四部分 关于强化政府统计竞争力的建议

第一部分

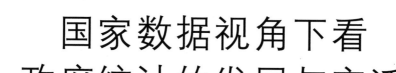

国家数据视角下看
政府统计的发展与变迁

第一章 国家数据

第一节 国家数据的定义

21 世纪是大数据的时代,数据呈现出爆炸式的指数增长。全球范围内每天新生成的数据量达百亿字节之多,大数据逐渐进入普通人的视角。世界各国也愈发重视国家数据的研究和保护。

国家数据是一国境内产生和收集的所有数据。它包含了国家境内所产生和收集的全部个人数据、政府数据和企业数据。其中,个人数据是指载有可识别特定自然人信息的数据,不包括匿名化处理后的数据;政府数据是指行政机关在履行相应职责过程中生产、采集、加工、使用和管理的数据,根据数据来源可以分为五大类:政府各部门内部管理中所产生的数据、政府在社会管理和公共服务中实时产生的数据、由政府专门的职能机构采集的社会管理数据、政府通过业务外包或采购方式获得的数据、从公开渠道获取的数据;企业数据泛指所有与企业经营相关的信息、资料,包括公司概况、产品信息、经营数据、研究成果等。

为了进一步明确国家数据的范畴,可以类比 GDP、GNP 的相关概念。其中,GDP 指一国国土内所有的生产要素(包括劳动力、资本和资源等)在一定时期内所生产并实现销售的最终产品和服务的价值总和,它包括本国企业在本国内投资带来的产出,以及由外国企业在东道国投资所带来的产出;GNP 是指由一国国民所拥有的生产要素,在一定时间内生产并销售的最终产品和服务的价值总和，它仅包括本国国民（企业和个人）在本国和外国投资带来的产出，并不包括外国人在本国投资带来的产出。从这个角度来看，国家数据的概念更类似于GDP，即凡是在本国境内产生和收集的数据均属于国家数据的范畴。

政府统计的数据包含在国家数据之中。特别是在大数据的背景下，国家数据包含的数据量越来越大。海量数据资源的产生给政府统计带来了新的挑战，大数据技术也给政府统计提供了新的数据资源获取方式。随着未来国家数据资源的不断扩大，政府统计在大数据背景下也将产生新的发展与变迁。

第二节 国家治理能力赖以生存的基础——国家数据

法国著名社会学家米歇尔·福柯在《安全、领土与人口》和《生命政治的诞生》两书中指出，现代政治与政治区别于传统的关键在于"对人口的治理"代替了"对人的治理"，国家的行为不再局限于聚焦个人的道德感化和暴力惩罚，而是将人口作为一个群体，通过对人口的活动与诉求、利益的产生与流通进行统计并发掘其中的规律，最终实现国家的发展、社会的繁荣和民众的福利。无独有偶，在中国学界享有盛名的历史学家黄仁宇在其著作《万历十五年》中提出了一个备受关注的观点：传统中国国家与社会的衰落和转型失败，很大程度上由于缺乏财政、资源、人口的"数目字管理"，这不仅因为交通、技术的物质缺位，也由于人们数字治理理念的缺位。显然，统计学和数据治理不仅关乎一个社会经济上的发展和繁荣，而且也深刻影响着一个国家政治上的安全与强大。

一个强大的国家，是提升国内公民生活水平和促进世界文明进步的基础，而一个国家的强大很大程度上关乎"国家能力"。胡鞍钢和王绍光在1993年共同撰写的《中国国家能力报告》中提出了影响巨大但也一直伴随争议的国家能力概念：国家能力是指国家（中央政府）将自己的意志、目标转化为现实的能力。国家能力包括汲取财政能力、宏观调控能力、合法化能力以及强制能力，一个国家越能高效地汲取社会财富、有效地进行经济调控、深刻地塑造起公民的认同感、合法地垄断境内暴力手段的使用权，就越能成为一个强大的国家，越能在国内外贯彻实现自己的战略目标，让"灵魂"灵活稳定地指挥"肉体"，综合国力既是国家能力的基础，反过来也深刻地受到国家能力的影响。不难看出，大数据在今天对于中国国家能力的建设具有重要的战略意义。在这个互联互通的平台中，国家可以高效、科学地进行财富汲取和指导财富生产，审慎地把控经济金融风险。政府各个部门、市场各个主体、政府与市场之间也能更畅行无阻地进行信息资源的集聚和共享。中国稳定而高效的政治体制和独特的政府—市场关系，也让强大的国家能力为大数据的推广创造了得天独厚的条件。

由于大数据已成为"推动经济转型发展的新动力""重塑国家竞争优势的新机遇"和"提升政府治理能力的新途径"，国务院于 2015 年发出《促进大数据发展行动纲要》，提出在 2020 年之前加快大数据相关平台与制度建设，"构建以人为本、惠及全民的民生服务新体系""开启大众创业、万众创新的创新驱动新格局""开启大众创业、万众创新的创新驱动新格局"。国务院提出的主要任务中，除了助力企业创新、资源流通、产业升级等经济方面的任务，也包含许多关于政府治理、服务、监管的政治任务，如推动政府部门数据共享、公共数据资源开放、大数据基础设施建设，推动调控科学化、治理精准化、商事服务便捷化、安保高效化、民生服务普惠化等。当然，该《纲要》更多注重的还是大数据建设中政府作为"服务者"的作用，更多强调政府内部不同部门不同层级的横向、纵向信息资源共享，以及政府建设大数据平台以服务社会的外向作用，对于大数据推广后为政府深度介入社会治理的意义着墨不多。在这样一个互联网经济空前繁荣、信息资源空前丰富、互联网治理面临前所未有的机遇和挑战的时期，显然大数据在提升政府治理效用方面仍有着巨大的成长空间。

事实上，我国一方面在政理上常被归类为"强国家、弱社会"，在大数据的基础设施建设、人才培养、法律制度出台、政策服务等方面独占优势；另一方面在经济上有着蓬勃发展的社会主义市场经济和近年来越发繁荣壮大的互联网经济，有着丰富的数据资源和广阔的数据应用前景。大数据促进了社会经济各领域的深度融合，通过大数据发现社会运行中的趋势、规律、诉求以服务于政治决策的民主化与科学化，对于提升我国政府治理水平、加快国家能力建设、加强执政者和管理者的合法性与有效性有着重要意义。从海量的数据资源中提取信息价值，并反过来通过政治治理为社会创造更多的数据资源和信息价值，从而对人们的政治观、信息观、价值观产生革命性的影响，在今天既是世界治理进步的深刻趋势，也是我国政治发展的战略性契机。

第三节　国家数据的发展与变迁

数据是进行各种统计、计算、科学研究或技术设计等所依据的数值。早在上古时期，中国古人便有了"结绳记事"的行为，《易九家言》中记载："事大，大结其绳；事小，小结其绳，之多少，随物众寡"，即根据事件的性质、规模或所涉及数量的不同使用不同的绳结。随着农耕文明的兴起，人们积累的数据开始增加，结绳记事已经无法满足人们的需要，文字的发明解决了这一问题。随后，人口社会调查的需要进一步催生了国家数据的发展。大禹治水根据山川性质、人力和物力的多寡，将全国分为九州；殷周时代实行井田制，按人口分地，进行土地和户口的统计。明代编制了黄册（全国户口名册）与鱼鳞册（全国土地图籍），其中绘制了地形，有了现代化统计图表的性质。

亚里士多德时代，统计数字在卫生、贸易、行政管理等各个方面均有一定作用。这些都体现了早期国家数据的雏形。此时，国家数据还主要由管理层为施行管理，对人群进行统计调查等形成，其内容和范围都相对较小。从 1604 年起，伦敦教会于每周发布一次死亡公报，包括死亡和受洗者的名单以及具体死因。1865 年，理查德·弥勒·文斯在他的商业轶事百科中提出了"商业智能"这一术语，描述了银行家亨利·福尼斯为取得竞争优势用结构化的方式收集和分析有关竞争对手的商业活动这一手段，这使国家数据的范围有了进一步的拓展。1880 年，美国人口调查局职员赫尔曼·霍尔瑞兹发明了用于人口普查数据的穿孔卡片及机器，与手工处理相比，用时大幅缩短，这使他获得了"现代自动化计算之父"的地位。数据一直伴随着人类社会的发展而不断变迁。

以电子计算机为代表的现代信息技术的出现，给国家数据的范围和内容带来了进一步变化。1965 年，美国政府计划在世界首个数据中信的磁盘上存储 7.42 亿个纳税申报单和 1.75 亿个指纹；1970 年，埃德加·科德博士开启了关系数据库时代，企业业务开始使用基于关系数据库的系统，为大范围的企业数据产生奠定了基础。

1991 年，万维网正式诞生，互联网的数据可以联通起来。随着互联网的广泛使用，信息爆炸的时代来临了。数据的表达不再是简单的阿拉伯数字，而逐渐演变成二进制的 byte 字符、图片、文字或者声音，数据得到了极大的丰富。2013 年大数据技术开始向商业、科技、医疗、政府、教育、经济、交通、物流及社会的各个领域渗透。国家数据不再是过去简单的中央政府依靠统计工作收集的数据，也包含个人、企业在生产活动中产生的大量数据。尽管这些数据可能具有较强的私有性质，但其同样具有国家属性。特别是大数据技术发展的今天，海量的个人数据、企业数据经过分析后可能会对国家安全造成影响。2021 年 9 月起施行的《中华人民共和国数据安全法》则对数据的跨境流动进行了严格说明，其可以视为对国家数据的保护，也在一定程度上体现了国家数据的范畴。未来随着大数据技术的不断发展和数据资源的不断扩大，国家数据将进一步扩大，政府统计与大数据技术的结合也将进一步丰富国家数据的内容。

第四节　国家数据与政府统计的关系

政府统计是指国家机关依法运用各种统计方法和手段对国民经济和社会发展情况进行统计调查、分析，提供统计资料和咨询意见，实行统计监督等活动的总称。国家数据与政府统计之间存在着密不可分的关系，政府统计是国家数据的重要来源之一。在信息技术飞速发展之前，数据的收集与获取途径还比较单一，主要依靠政府统计来实现。此时，国家数据基本都来源于政府统计，具体内容包括人口统计信息、土地信息、户口信息等。国家统计部门通过统计调查活动广泛搜集国内人口、经济信息，为政府管理部门提供决策依据。各个行业协会也可能存在数据收集行为，以了解有关行业的基本发展情况。其他主体，如个人、企业等，并不具备政府部门的组织能力，尚不能收集或产生大量信息。

随着互联网时代的到来，海量数据走进了人们的生活，个人、企业在生产活动中开始产生大量数据。大数据技术的发展进一步推动企业收集海

量数据，以满足其分析客户行为、实现商业盈利的目的。国家数据的内容
与范围被极大地丰富了，其还包含了数字信息时代迅速扩充的个人、企业
数据。以滴滴为例，其通过对用户产生的实时数据进行收集，形成了海量
的数据规模。对此类数据的分析可以轻易了解某一城市的交通、医疗、行
政资源的分布特征，进而掌握城市经济社会发展等各个方面的情况。此
时，政府统计仅作为国家数据的来源之一。

从另一个角度来看，国家数据内容的不断扩大，也在一定程度上推动
了政府统计的发展。随着数据量的不断扩大以及数据收集技术的发展，政
府统计部门为了解社会经济发展状况、满足宏观经济调控需要将进一步扩
大政府统计范围。在我国，以工业统计云平台为例，统计部门为实现工
业互联网之间的数据共享，需扩大其数据获取范围，保障数据收集权
利。在西方国家，原本主要依靠调查和普查的美国传统统计系统逐渐转
向利用行政管理数据，北欧国家通过政府综合数据库建立国家统计系
统。未来，随着信息技术的不断发展，政府统计工作还将面临新的机遇
与挑战。

第五节　国家数据与大数据的关系

中国 2017 年发布的《信息技术大数据术语》指出，大数据是具有体
量大、来源多样、生成极快且多变等特征并且难以用传统数据体系结构有
效处理的包含大量数据集的数据。大数据时代的到来，给数据的范畴带来
了极大的变化，也极大地拓宽了国家数据的内容。大数据出现之前，个
人、企业尚不能大规模产生、收集数据，国家数据的范围也较为狭小。
大数据的发展实现了各种海量数据的搜集，个人数据、企业数据、国家
数据均被大幅拓宽。各个方面的业务数据、技术数据、文本数据、图像
音频数据等被广泛收集，激发了基于社会实践的统计数据服务。用户的
年龄信息、地理位置、消费记录、使用习惯等都成了可以利用的商业
资源。

大数据技术的发展在一定程度上推动了国家数据资源的流通。《中华
人民共和国数据安全法》第十九条指出，国家建立健全数据交易管理制
度，规范数据交易行为，培育数据交易市场。第四十二条指出，国家制定

政务数据开放目录，构建统一规范、互联互通、安全可控的政务数据开放平台，推动政务数据开放利用。《数据安全法》的通过为国家数据资源的内部流通提供了法律基础，大数据的发展则为其提供了技术保障，二者共同使数据资源的开放共享成为可能。

　　另外，国家数据资源的扩大也给大数据技术提出了更高的要求。在数据时代到来的今天，数据被称为数字经济时代的石油，数据的商品属性日益凸显。在新一轮技术和产业变革下，每天、每分钟都在不断产生的数据，与土地、劳动、资本等一样被列为生产要素，对经济社会发展发挥着日益重要的作用。海量数据资源的产生使得大数据技术的发展至关重要，技术领域的不断突破将进一步给宝贵的数据资源赋予更多的价值。目前，大量数据由于处理能力的限制，无法得到有效处理。这类数据又被称为"暗数据"，处于未被利用、价值不明的状态。国家数据体量呈现指数式爆炸增长，但数据处理能力的提升远远落后于这一速度。在这一背景下，国家数据的增长将倒逼大数据技术的发展。

第二章 政府统计理论

第一节 政府统计理论的发展历程

一、起源及发展

(一) 统计的起源与发展

统计起源于人类社会的计数活动，在类似城邦、国家这样的组织出现以前，统计活动基本上属于人类自身生存的一种本能需要。进入奴隶社会后，国家的出现使得人口、兵力、财富和领地等情况成了一个国家的基本国情，统计活动从以零散的、个人的统计计数行为逐渐上升为较系统的、国家的统计计数活动，形成了政府统计的最初形态。我国夏禹时代把公元前 2000 年的全国人口和土地数字刻于九鼎，古埃及法老在公元前 27 世纪就开始进行全国人口清查和财产调查，古巴比伦、古印度、古希腊、古罗马也都有相应的关于人口、土地、牲畜等的统计调查。这些统计活动都是由专门的机构按区域和户籍进行调查登记，以册籍的形式反映调查结果。此时的政府统计内容十分有限，并且只停留于静态特征（结果）的描述。

在封建社会，封建君主和政治家逐渐意识到统计对于治国强邦的重要作用，政府统计进一步发展。一方面，统计范围有所扩大，我国历朝历代在户口、田地、财产等登记基础上形成的统计制度和统计方法，特别是明朝基于赋税制度而形成的统计制度，设置了具有集中统计性质的统计机构户部，并且应用平均数法、相对数法等方法，都达到了当时世界领先的水平。另一方面，统计报告开始编制。13世纪中期意大利的米兰、威尼斯等城市出现了统计报告。但总体上看，由于封建割据和生产力发展的相对缓慢，统计活动的范围仍然受到了很大的限制，统计方法也很不完善。

进入资本主义社会后，政府统计迅速发展。随着商品经济的迅速发展和社会分工的愈益精细，政府统计的内容逐步扩展到工业、农业、贸易、银行、保险、交通、邮电和海关等各个经济领域，以及社会、科技和环境等领域，统计方法也得到了迅速的发展和完善，并且统计的视角也从只关注结果转向过程与结果并重、静态与动态并举，更注重相互关系的定量分析。与此同时，出现了专业的政府统计机构和研究组织。例如，1801年法国成立中央统计局，之后比利时、俄罗斯等国家也陆续成立了相应的中央统计机构。1835年，伦敦统计学会成立，之后美国、都柏林等统计学会也相继成立。1918年，苏联、加拿大颁布了统计法，从法制层面来保障政府统计工作的有序开展。同时在各专业领域统计数据逐渐完善的情况下，综合性的政府统计开始出现，例如，1850年美国开展了第一次工业总产值调查；1926年，苏联编制了第一张国民经济平衡表。如今，在全球范围内已形成较为完整的，以GDP指标为核心，覆盖经济、社会、科技和环境的政府统计系统。

政府统计主要指国家机关依法使用统计方法对国民经济和社会发展情况进行调查、分析，提供信息、咨询和监督等主要功能的一类活动的总称。政府统计的主要功能有三类：一是信息功能，为测度经济和社会发展提供信息，在国际经济社会比较中提供信息，借此把握经济社会发展的规律性；二是咨询功能，为管理和决策起着咨询作用；三是监督功能，对宏微观经济运行和社会发展起着预警作用。政府统计主要以国民经济核算为理论基础开展研究和实践工作的。

国民经济核算从国民经济和社会发展全局出发，通过各级核算资料编制反映社会生产活动和发展状况的各式表格，核算各部门、各环节、各要素的总体数据，借以研究国民经济和社会发展状况的水平、结构、平衡、效益、增长速度等。

国民经济核算的产生与宏观经济学的发展有着不可分割的密切联系:一方面,宏观经济理论为国民经济核算的产生提供了理论依据,规定了体系内容;另一方面,国民经济核算的产生又为宏观经济学的运用铺平了道路,提供了统计指标体系。这是因为,宏观经济学以整个国民经济活动为研究对象,以分析经济的总需求和总供给为核心,这就需要一整套核算国民经济活动的指标体系。

虽说宏观经济学是在西方经济话语体系的说法,实际上马克思主义经济学语境下也有政府对社会生产的宏观调控。国民经济核算是由于宏观经济学的应用需要完整的统计指标体系而发展起来的,宏观经济学又为国民经济核算提供了理论依据和核算内容。

国民经济核算历史上出现过两种:一种是《国民经济核算体系》(System of National Accounts,SNA),另一种是《国民经济平衡表体系》,又称物质产品平衡表体系(System of Material Product Balances,MPS)。为了使得各国政府统计数据具有科学性、可比性,联合国于1953年制定公布了《国民经济核算体系和辅助系统表》,称旧SNA体系,于1968年正式公布新SNA体系并推荐各国选用,因此它被西方市场经济国家普遍采用,也称"西方体系"。《国民经济平衡表体系》是自1925年开始在苏联政府计算国民收入的实践基础上形成的,以物量统计为目的,主要为计划经济国家所采用,故又称"东方体系",现今使用它的国家并不多。

(二) 清朝外贸统计分析

清光绪三十二年(公元1906年),清政府为了抵制资产阶级民主革命,打着"预备立宪"的幌子,按西方国家统计组织的模式,在宪政编查馆下设立了统计局,办理全国统计事宜,负责全国综合统计,在我国统计史上第一次成立了全国性的最高统计机构。宪政编查馆在奏折中,曾对统计的任务及资料报送程序有所说明:"至统计一项,所以验国情盈强,国势强弱,参互比较,以实施政之方,故宜内考全国之情势,外观世界之竞争。此后,各部院、各省应就其所管之事,详细列表,按期咨送臣馆,臣馆总汇各表,即以推知国家现势之若何。"当时宪政编查馆原为筹备立宪而设，故其所属统计局以为筹备立宪提供有关统计资料为其主要任务。此外还有一项任务，即"研究国家之势力，人民之情况，察其消长进退之源，以为比较设施之准"。鸦片战争后，近代西方统计逐渐传入中国。最早于咸丰九年（公元1859年）应用于海关统计。当时国际上编制对外贸易的统计方法，分英美与欧洲大陆两派。英美派采用一般贸易统计方法，输入指统计区域以外地方而来的一切货物，输出则指由统计区域运到其他地方的货物，但要除去保税的直接通过货物与转口货物。我国因由英国人任海关总税务司，故采用与英美派相似的一般贸易统计方法。关于海关统计报告，初始有日报、月报、季报、年报、十年报等。后来继续编制的有月报、年报与十年报三种。根据海关单据簿籍登记的资料，按年别、月别，采用关别、国别等标志，编制各种分组表，以方便统计分析和比较。后来，西方统计图表法得到应用和推广。这些近代统计图表与我们传统的统计图表相比较为先进。此外，综合指标法逐渐在官民双方的文件和著作中得到广泛应用，统计分析写作也得到较大的发展。

清代思想家魏源（1794—1857）以西方经济理论为指导进行统计分析。他曾利用道光十七年（公元1837年）的广东进出口商品额，根据贸易差额概念进行了具体的贸易差额统计分析。贸易差额论是欧洲晚期重商主义的学说，主张对外贸易出超，获得顺差，使更多的外国金银流入本国。魏源依据进出口统计资料进行的贸易差额统计分析，论证了鸦片进口所产生的白银外流问题。他的结论是："共计外夷岁入中国之货仅值银二千十四万八千元，而岁运出口之货共值银三千五百零九万三千元，以货易货，岁应补中国银价千四百九十四万五千元。使无鸦片之毒，则外洋之银有入无出，中国之银且日贱，利可胜述哉。"就我国对外贸易而论，魏源指出，这一年如果不计算进口的鸦片，则我国对英出口超七百余万元价值的货物，理应由英国以银圆进口补偿；但由于从英国进口了价值昂贵的四万箱鸦片，致使我国不但得不到对英出超七百余万元价值货物的英国银圆的补偿，反而还要拿出一千余万元交付因鸦片进口所引起的贸易差额。同样，我国对美国出超九百六十万元，但如计算了它的鸦片进口，则也得不到美国银圆的进口补偿，所以魏源最后说："故知洋钱流入内地，皆鸦片未行以前夷所补之价。至鸦片盛行以后，则绝无货价可补，而但补烟价。"

魏源在理论概念的指导下做出的上述统计分析，为如何进行外贸统计分析树立了典范，产生于十七至十八世纪的德国国势学派的统计学家对此也望尘莫及。

二、我国政府统计理论基础与创新

MPS 以马克思主义再生产理论为指导，认为只有物质生产部门创造国民收入，因此以物量统计为目的，以五大物质生产部门的物质生产活动为核算范围，在形式上采用单式记账法。

SNA 把投入产出表、资金流量表、国民资产负债表、国际收入平衡表、国际投资头寸表等五个子表有机结合，形成以国民收入账户为中心的完整体系，在形式上借鉴企业会计的复式记账法，一定程度上较为准确、全面地反映国民经济和社会发展情况。

由于我国既有计划经济的历史，也有市场经济的历史，两套国民经济核算体系在我国政府统计中都发挥过重要作用。我国自 20 世纪 60 年代至 90 年代期间主要使用 MPS 体系，随着社会主义市场经济体制逐步确立，我国逐渐过渡到使用 SNA 体系。自 20 世纪 70 年代后期 SNA 体系被介绍到中国，再到 1992 年正式形成《中国国民经济核算体系（试行方案）》政府文件，一直到后来实行中国特色的 SNA（93）、SNA（2008），这一全面系统的核算体系在一定程度上见证着我国经济的市场化进程。我国政府统计以广义的再生产理论和劳动价值论为核心的马克思主义经济理论相结合，这是我国政府统计结合中国实践的创新。

中华人民共和国成立到经济改革开放之初，中国的国民核算体系（CSNA）是以苏联等国设计和使用的物质产品体系（MPS）为基础的。这些国家的经济特点是高度集中的计划经济。随着改革开放和社会主义市场经济的建立，中国在保持传统的 MPS 制度的同时逐步引入采用市场经济体制国家所使用的联合国国名核算体系（SNA）。随着社会主义市场经济的发展，SNA 逐渐取代 MPS 成为中国的官方会计制度。因此 CSNA 的发展分为三个阶段：MPS 的建立和发展，从 MPS 向 SNA 的过渡，SNA 的发展。在第三阶段，我国于 2004 年进行的第一次经济普查是 CSNA 发展的一个里程碑。通过 2004 年的经济普查，国家统计局扩大了数据来源，细分了基本分类，改进了估算方法和数据质量，这些措施都促进了 CSNA 的进一步发展。

1952 年颁布《总生产总值核算法》，定义了工农业生产总值的计算，第一阶段开始。第一阶段，为了满足中国高度集中的计划经济体制的规划和管理需要，以 MPS 为蓝本建立 CSNA。

1985 年进入第二阶段，CSNA 逐渐从 MPS 过渡到 SNA。随着市场经济改革的深入，金融保险、房地产、教育等非物质服务业发展迅速，对国民经济的影响越来越大。宏观经济政策的制定需要有关服务业的资料，以便为这些非物质服务的健康发展制定适当的政策以便于其他部门协调。为了应对这些要求，国家统计局开始增加年度 GDP 估算，包括所有经济活动，物质和非物质活动。GDP 测算的建立标志着中国国民核算体系由 MPS 向 SNA 过渡的开始。过渡是逐步形成的，转型初期，国民生产总值（NMP）仍是核心指标，GDP 起着补充作用，主要用于显示非物质服务业的生产成果。到这一时期末，GDP 已经演变称为 CSNA 的核心指标，而 NMP 主要用来与历史数据进行比较。这一时期除了 NMP 向 GDP 的过渡，还进行了巩固分类标准的变化，建立和发展了我国的投入产出表。而从 MPS 到 SNA 的过渡不仅是为了满足我国市场经济体制中宏观经济分析和管理的需要，也是为了适应国际经济政治形式变化的需要。

1993 年，MPS 的停用标志着 CSNA 从 MPS 成功过渡到 SNA，随后进入 CSNA 的进一步发展阶段。1993 年至 1995 年我国进行了第一次第三产业普查，提供了较为完整的第三产业统计数据，填补了资料来源的空白，并根据此次普查对 GDP 的时间序列和产业分类进行了调整。并不断规范 GDP 测算的数据来源和方法，改善本地生产总值的估算，完善投入产出调查方法和编年方法。2004 年第一次经济普查是中国历史上覆盖面最广的一次普查。它涵盖了除农业以外的所有部门，即工业、建筑业和除农业服务活动以外的所有服务部门。国家统计局借此机会对国内生产总值进行了几次重要的修订，包括数据源、生产覆盖范围、基本分类、测算方法以及一些具体问题的处理。此外，本次普查还改善了机构部门的账目。

三、政府统计理论前沿与未来发展

世界上已很少有国家再按 MPS 核算国民经济活动，绝大多数国家和地区及国际组织都采用了 SNA，或正在向这个体系过渡。

2009 年，联合国、世界银行、国际货币基金组织、经济合作与发展组织、欧盟等五个国际组织联合发布了新的国民经济核算国际标准 SNA-2008（System of National Accounts 2008），并鼓励各国在国民经济核算中采用这一新的国际标准。SNA-2008 对 SNA-1993 作出重大修订，44 个核心议题几乎贯穿了 SNA 的所有内容，但它更加关注政府公共服务活动、资产、金融服务和国际经济活动，强调对国民经济账户的拓展应用，新增加的内容基本都是以国民经济账户为基础，扩展在新经济环境和重要核算问题上的应用。

SNA-2008 的新变化突出表现在对生产资产分类进行了较大幅度修订，并扩展了资产边界。主要包括：生产资产不再区分为有形资产和无形资产；将原称为"无形固定资产"的资产改称为"知识产权产品"并进行了扩展。其中最突出的变化就是 R&D 的资本化，这一变化将产生以下影响。一是资产规模及结构发生变化。资产分类的细化和资产边界的延伸，将会使国民经济核算中资产规模和资产结构的核算产生重大改变。具体而言，固定资产规模加大，非生产资产减少；知识密集型行业资产规模加大；科技创新活动活跃地区的资产比重上升；不同部门之间的资产比重发生变化。二是增大 GDP 统计数值。将研发作为资本处理，将全面影响 GDP 统计数值。经过新方法的调整，美国 1929—2012 年年均经济增长率向上修正 0.1 个百分点，其中 2010 年 GDP 增长从 2.4％上调到 2.5％，2011 年 GDP 增长维持 1.8％不变，2012 年 GDP 增长从 2.2％上调到 2.8％。三是引入资本服务的概念。SNA-2008 中引进近年来在经济增长和生产率研究领域的新进展。此外，SNA-2008 还引入金融衍生工具类别，对金融主体进行了新的划分，扩展了对金融资产的核算。开发卫星账户，解决国民经济核算全面性不足问题。SNA-2008 明显的一大变化是对卫星账户的内容进行了扩展与补充，将 SNA-1993 之后开发的卫星账户纳入 SNA-2008。如国家资产负债表核算是以一国总体经济存量为考察对象，反映某一时点上经济体的资产负债总规模及结构状况、环境核算账户、旅游卫星账户、卫生卫星账户等。

当前澳大利亚、加拿大、美国已相继启动新标准，欧盟成员国已于2014年9月开始实施新的国民经济核算方案，日本也于2016年开始实行。

2013年7月31日美国商务部下属的经济分析局（BEA）公布新的GDP统计方式，将研发支出（R&D）、娱乐文化支出以及退休金等指标纳入新的GDP统计之中，成为全球率先践行SNA-2008国民经济核算新标准体系的国家，也对全球经济未来发展趋势产生新的引领作用。美国经济统计局（BEA）每五年调整一次国民账户核算，7月1日的调整是第十四次调整，也是1999年将计算机软件产业纳入统计以来的最大一次调整，主要包括：（1）将私人和政府的研究和开发支出作为固定资产；（2）将私人用于娱乐、文化及其他艺术创作的支出作为固定资产；（3）扩大作为固定资产投资的住宅固定资产的所有权转移成本，改进相关资产价值和使用寿命统计的质量；（4）将房屋交易时的多项税费和固定收益养老金计划赤字等并入统计，以权责发生制来测度固定收益养老金计划的交易，将养老金计划视为金融企业部门的子部门；（5）对国民收入和生产账户中的工资和薪金统一按照应计制方法估计。日本政府也宣布将于2016年采用新的GDP核算标准。由于基础数据不足，新标准未考虑将娱乐作品计算在内，如果加上动漫作品等知识产权的价值，GDP将仍有扩大的空间。相比其他国家，日本GDP的增加率将更大，因为在日本企业将生产基地向国外转移的同时，研究开发基地仍然留在国内，并一直保持了高水平的投资。据日本内阁府统计，如果将研发费用纳入GDP，日本的名义GDP有望被推高3.1qo～3.4qo。被推高的金额将达到约15万亿日元。此外，澳大利亚和加拿大也已经采用了加上研发费用后的新核算标准，GDP上调了1.1%～1.6%。欧盟也表示将在2014年采用新的GDP核算标准。在近年来全球国民经济核算演进新趋势及其影响事实上，越来越多的事实表明，随着全球经济发展实践和经济学理论的不断变化和演进，以GDP为核心指标的国民经济核算体系的局限性日益突出：现有的国民经济核算不能准确反映国民财富增长情况，不能反映经济发展质量的差异，不能反映社会福利的改善情况，更不能反映资源消耗、环境损失以及人力资本投资、技术进步等无形资产的真实状况，国民经济核算的全面性受到前所未有的挑战。

2015 年，中国国家统计局已经明确要把 R&D 计入 GDP 账户。将企业研发投资计入固定资产投资，有利于激励重视 GDP 增长的地方政府更有力地推动企业投资研发，而不是简单扩大规模生产，这对于我国产品升级和企业转型将产生深远的影响。国民经济核算体系的创新与拓展不仅是统计方法和统计口径上的调整，其背后反映了人类经济发展观以及对财富认识的变革，反映了可持续增长和包容性增长的发展理念。把无形资本纳入国家资产负债表核算中，用人力资本、知识（教育）资本、文化资本、制度资本等来抵消自然资源的消耗、通货膨胀的折损以及经济增速的下滑，并提高国民财富和经济增长质量是不可逆转的大趋势。

长期以来，生产率的衡量一直或明或暗地与国民核算挂钩。国民经济核算数据构成了生产率统计数据组成部分的关键来源——衡量一个经济体、一个部门或一个行业的产出和投入的数量。1993 年的国民核算制度（SNA-1993）承认与生产力措施有关，但只是粗略地提到劳动生产率的措施，而没有提到多因素生产率。

一个逐渐得到广泛认同的观点是：不仅有劳动力服务和中间投入的流动，还有资本服务进入生产的流动。这种流动可以作为国民核算的一个组成部分来衡量，就像劳动力长期以来纳入国民核算一样（至少以其工作时间的简化来衡量）。2008 年国民核算体系（SNA-2008）做出了决定性的一步，承认资本服务是新国民核算体系的一个组成部分。从而为完全关联输出和生产率统计数据集开辟了道路。目前，加拿大、荷兰、澳大利亚、比利时、丹麦、芬兰、意大利和美国等国家已经将国民核算体系和工业生产率核算体系相结合。其中加拿大最早将工业生产率核算纳入国民核算体系。

加拿大生产力核算的概念与《经济合作及发展组织生产力手册（2001）》所制定的标准十分相符，CPA 中使用的概念与 1993 年 SNA 和经合组织（2001）中规定的标准基本相符。生产率的衡量方法是通过比较产出和投入得出的，可以通过 1993 年 SNA 的数据导出生产率。导致生产率值差异的主要原因是使用替代公式，导致生产力度量不一致的最常见原因是使用的数据不一致，生产率估计可以使用来自 1993 年 SNA 的不同数据源，而这些数据可能不一致。为解决数据不一致问题，加拿大在 1993 年 SNA 中引入 IOTs 框架。这些 IOTs 用于计算工业和主要部门按当前和不变价格计算得产出和投入的估计数，以及最终国内生产总值的构成和总商业部门主要投入的成本。加拿大的 IOTs 由 5 个矩阵构成，提供两套相互关联的核算：商品核算和行业核算，前者详细描述了单个商品的供应和配置；后者详细说明了供应产出和商品组成和工业的全部生产成本。IOTs 作为生产力统计的协调框架，既在概念上确保所使用的的定义和分类的一致性，也作为核算框架确保从不同数据来源（工业调查、家庭支出、投资调查、外贸统计等）获得的数据在数值上的一致性。IOTs 在加拿国民核算体系中起着核心作用，而加拿大生产力核算则为这个交互系统做出贡献。生产力核算统一于具有一致性的 IOTs 的同时也为其提供重要反馈，帮助识别不一致，提高框架一致性。生产力核算还提供了一组汇总数据序列，用于对 SNA 的时间序列有效性进行持续检查。此外，将生产力核算引入国民核算体系，不仅提高了生产力核算的灵活性，还对国民核算进行了有效的质量评估。

第二节 政府统计理论概论

一、内容

政府统计的对象是以人为中心的经济社会系统，可归纳为经济系统、社会系统、资源环境系统三大系统，人口和科学技术两个基本变量。政府统计以覆盖经济社会统计的主要方面——"国情国力"为统计内容。政府统计围绕经济、社会、资源环境、人口、科技及创新构建其基本内容架构。每个主题下分解出一套具体的统计内容。通过端口不同主题下的统计内容被连接为一体，最终形成完整的政府统计框架。下面具体介绍经济统计、人口与社会统计、环境统计以及科技统计。

经济统计：其内在逻辑来自经济学对经济运行过程的归纳，其中包含的要点包括实体经济、金融经济等。经济统计体系框架第一层为立足行业的统计。行业的基本特征都可以用投入和产出两个方面来刻画，将两个方面结合起来即可反映行业的生产率。行业统计的基本内容就是由这两个方面组成。投入统计从生产要素入手进行统计，具体统计应有两个着眼点：总量统计，即一共拥有多少；增量统计，即当期发生的变化量。产出统计代表生产的成果，常见的统计指标有总产出、增加值等。框架的第二层是立足企业、政府、住户的统计以及对外经济统计。企业统计的目标是显示经济体内整个企业群体的基本状况。政府公共统计包括公共财政统计和公共服务统计。住户经济统计的目标是显示经济体内住户群体的基本经济状况。对外经济统计主要是对外贸易和对外投资统计，以国外为对象显示本国经济体的对外经济活动。框架的第三层是立足市场的统计。基本统计对象为：产品市场、劳动市场、资本市场、货币市场。市场统计的基本内容覆盖市场供应与需求统计、市场交易规模统计、市场交易价格统计，不同角度形成的统计内容不是截然分开的，而是组合起来的。国民核算真正将上述各个方面整合为一体，对经济整体状况做综合统计。所谓国民经济核算，是基于宏观经济学原理用一套表对一国经济总体发展状况所进行的系统统计，具体包括经济产品的供应与需求核算、经济价值的创造、收入的分配与使用核算、投资与金融交易核算、国民财富存量及其变化核算、对外经济核算。

人口与社会统计：包括人口统计，家庭和社会组织状况统计，收入、消费、积累、财产状况统计，时间分配和闲暇状况统计，教育、医疗卫生、体育、文化娱乐状况统计，就业与谋生状况统计，社会保险与福利状况统计，环境和公共秩序与参与状况统计。

环境统计：环境在概念上体现了自然与人类经济社会的关系。环境统计本质上是以"期初存量±期间变化＝期末存量"为基本模式的。环境统计实际上包含两个部分：一是资源统计，一般着眼于存量多少以及存量所发生的变化，即资源存量统计和资源增减变化统计；二是狭义的环境统计，重点关注环境的生态功能质量以及质量的变化，通过空间指标或质量指标予以间接描述，实际统计中常常对侧重于引起环境变化的原因——污染物排放与治理保护——进行统计。环境统计开发框架可分为环境条件和质量、资源及其利用、残余物、极端事件与灾害、人类定居与环境健康和环境保护、管理与参与六方面内容。

科技统计：当前科技活动的关注重点主要集中在研发与创新两个主题上，除此之外科技活动还包括科技教育与培训以及科技服务活动。科技统计的内容可以用"投入—过程—产出"来概括。科技投入主要包含人力和资金两个方面，反映为开展科技活动所投入的人力物力，当期投入主要指当前科技经费支出、为科技投入花费的时间，累计投入存量则指服务于科技的资产、从事科技活动的人员等。科技过程统计关注科技活动本身，通过在研项目活动规模、进度等反映科技活动状况。科技产出代表科技活动的成果，由于科技活动的产出成果是以知识这样一种无形方式存在，会渗透在经济社会的各个方面，却常常难以单独表现。因此，科技产出统计的开发程度要远逊于投入统计，可直接观测的指标比较有限，主要集中于论文数、专利数等方面。

不同国家政府统计覆盖内容不同，影响因素主要是需求和供应，更进一步讲包括经济社会的发展、经济社会体制以及政府治理模式、国际社会尤其是国际组织的督导和敦促。中国具有"大政府、小社会"的特征，政府治理对社会的覆盖程度较高。一方面，政府治理过程中对统计数据的需求较大，所以政府统计在内容上必须有较宽的覆盖面；另一方面，"大政府"对社会有较大的规划能力，政府统计可以借此实现在更大范围内搜集数据，实现政府统计内容的较大覆盖。表 2-1 以 2015 年《中国统计年鉴》为范本，对中国政府统计当前内容覆盖状况做一次整体展示。

表 2-1　中国政府统计内容覆盖：基于 2015 年《中国统计年鉴》

	年鉴主题	统计内容描述	对应的政府统计主题
1	综合	国家行政区划、国民经济和社会发展综合资料	——
2	人口	全国及省区市主要人口统计数据，覆盖总人口、各种人口分组、人口变动、家庭户规模等	人口统计＋社会统计
3	国民经济核算	国内生产总值核算、资金流量表、投入产出表、国际收支平衡表	经济统计

续表

	年鉴主题	统计内容描述	对应的政府统计主题
4	就业与工资	全国及省区市主要劳动统计数据，覆盖经济活动人口、就业和失业、就业人员工资	社会统计＋经济统计
5	价格	生产、流通、消费与投资等环节的价格变动趋势和变动幅度	经济统计
6	人民生活	人民生活现状及变化情况，主要内容是住户收支与生活状况	经济统计＋社会统计
7	财政	国家财政收支状况，包括一般公共预算收支、政府性基金收支和国有资本经营收支三个方面	经济统计
8	资源与环境	国家自然资源状况，包括土地、水资源、森林、矿产资源和气象等。环境保护状况，包括供水用水，废水、废气、固体废物及污染物排放和利用，城市空气质量，城市道路交通和区域环境噪声监测，造林、草原建设及自然保护，灾害及突发环境事件，环境污染治理投资情况	环境统计
9	能源	能源生产、加工转换、消费状况，主要根据是综合能源平衡表和主要能源品种的单项平衡表	环境统计＋经济统计
10	固定资产投入	全社会建造和购置固定资产状况，显示固定资产投资的资金来源及固定资产投资效果	经济统计
11	对外经济贸易	国家对外贸易、利用外资、对外直接投资、对外经济合作状况	经济统计
12	农业	农业生产和农村经济的基本情况，其中农业覆盖全部农、林、牧、渔业生产活动	经济统计
13	工业	工业经济基本情况，工业企业提供生产经营和效益状况	经济统计

续表

	年鉴主题	统计内容描述	对应的政府统计主题
14	建筑业	建筑业概况，建筑业企业基本情况和生产经营情况	经济统计
15	房地产	房地产开发企业经营状况，房地产市场开发、投资和交易状况	经济统计
16	批发与零售业	批发和零售业企业经营状况，国内商品市场流通状况，消费品零售额统计	经济统计
17	住宿餐饮和旅游	住宿和餐饮业的基本情况、企业经营情况和旅游产业发展状况	经济条件
18	运输、邮电和软件业	交通运输状况和交通运输企业经营状况，邮政、电信发展状况，软件业经营状况，社会信息化状况	经济统计＋社会统计
19	金融业	金融机构金融活动情况，存贷款利率调整情况，证券市场直接融资情况，保险业务情况，覆盖货币市场和资本市场情况	经济统计
20	科学技术	科学技术活动和企业创新活动基本情况，包括研究与试验发展（R&D）活动，企业创新活动，专利申请和授权、科技论文收录，高技术企业生产及研发活动，高技术产品进出口贸易、技术市场交易，科协系统和各综合技术服务部门业务机构及业务活动	科技统计
21	教育	教育事业发展基本情况，包括能力建设和业务活动，覆盖各级各类教育：公办教育和民办教育、学历教育和非学历教育	社会统计
22	卫生和社会服务	卫生、社会服务、残疾人事业的发展情况，包括能力建设和业务活动	社会统计
23	文化和体育	新闻出版、广电、文化、文物、档案、体育事业发展情况，包括能力建设和业务活动以及文化产业发展	社会统计＋经济统计

续表

	年鉴主题	统计内容描述	对应的政府统计主题
24	公共管理、社会保障和社会组织	社会参与、公检法司、群众组织和劳动保障情况。劳动保障主要侧重于社会保险基金收支和组织覆盖情况	社会统计＋经济统计
25	城市、农村和区域发展	农村、城市、民族自治地方、分区域社会经济发展的基本情况	社会统计

可以看到，当前中国政府统计在以上所述五个领域全部都有覆盖，在不同领域之间也有衔接。可以说，中国政府统计已经形成比较完整的内容体系。

二、基本原则与意义

官方统计其实就是政府统计。联合国欧洲委员会 1992 年 4 月通过了欧洲地区各国的官方统计的基本原则，并将这一文件送交联合国统计委员会。联合国统计委员会认为欧洲委员会提出的官方统计基本原则具有普遍意义，征询各国关于该原则在全球或区域应用的意见后，对欧洲委员会的文件的某些条款做出修改。1993 年 3 月，联合国统计委员会第 27 届会议将官方统计基本原则列入议事日程，1994 年 4 月该委员会特别会议通过了《官方统计基本原则》，提出了 10 项原则作为各国官方统计的建设目标和评价标准。同年，联合国亚太统计委员会第 9 届会议决定促进本地区各国信守官方统计基本原则。

（1）官方统计是民主社会信息系统中不可或缺的要素，为政府、经济部门和公众提供有关经济、人口、社会和环境状况的数据。为此，应编纂通过检验证明有实际用途的官方统计，由官方统计机构公正不偏地公开这些数据，以履行尊重公民公共信息权的义务。

（2）为了保证官方统计的信誉，官方统计机构应当严格按照职业需要行事，这包括遵守科学原则与职业道德规范，制定搜集、处理、储存和公布统计数据的方法及程序。

（3）便于正确解释数据，官方统计机构应按照统计来源、方法和程序的科学标准提供资料。

（4）统计机构有权力对滥用统计数据或错误解释统计数据的现象发表意见。

（5）官方统计数据有不同的来源，这包括自己所进行的统计调查和其他政府机构的行政记录。官方统计机构在选择数据来源时应当考虑其质量、时效性、费用以及被调查者的负担。

（6）统计机构为汇编资料而搜集的个人数据，不论涉及自然人还是法人，都应严格保密，并只能用于统计目的。

（7）有关统计工作的法律、规章、措施等应向全社会公开。

（8）协调本国各官方统计机构的关系是达成统一性和提高效率的基本条件。

（9）各国统计机构使用国际通用的概念、分类和方法可提高各级官方统计系统的一致性和工作效率。

（10）开展统计方面双边与多边合作可促进各国官方统计系统的发展。

十年后，在 2004 年月的第三十五届会议上，根据对 194 个国家统计局发放问卷的调查结果（回收了 112 份），提交了《官方统计基本原则的实施情况》报告，将 10 项原则简单表述为：（1）相关性、公正性和平等获取；（2）职业标准和道德；（3）接受问责制和透明度；（4）防止不当使用；（5）官方统计资料来源；（6）保密；（7）立法；（8）国内协调；（9）使用国际标准；（10）国际合作。上述官方统计的 10 项基本原则归纳为对官方统计的三个基本要求——独立性、相关性和可信性，三个部分合起来反映了一个国家的政府统计能力。

独立性涉及"谁统计"，如何做到独立。所谓独立性，主要是针对官方统计机构而言的，指其不会因某种政治目的而受到操纵，能够公正不偏地编纂通过检验证明有实际用途的官方统计。官方统计独立性的达成需要通过一系列的规范及外界的监督来完成，为此，管制统计系统的各项法律、规章和措施应向社会公开。独立性是官方统计的保障，独立性对官方统计的保障具体表现在其对相关性和可信性的保障上。从相关性方面来看，独立性的存在意味着统计机构能够独立地提供统计数据。这既包括统计机构有权对数据汇集、分析或公布的口径、内容和频率做出专业性决定；也包括能够识别个体身份的数据不会被用于行政管理、制定规章或执行法规等目的。而如果缺少由高度的独立性带来的可信性，用户可能会对该机构数据的准确性和客观性失去信任；数据提供者也可能不愿意对统计机构提出的要求予以合作，从而从根本上影响官方统计的可信性。

相关性涉及"统计什么"，即国家发展的基本方面包括什么，以及"和什么相关"，即如何定义所谓"相关"信息。官方统计机构提供的统计数据应该是有用的，贴近需求的。相关性是官方统计的生存基础，正如没有需求的产品就没有存在的必要一样，之所以成立国家统计机构，是为了向公众、政府和企业界提供覆盖国家发展基本方面的相关信息。这就提出以下问题：国家发展的基本方面包括什么？如何定义所谓"相关"信息？描述一个国家发展整体状况的总体信息大体包括以下领域：人口、经济、社会、环境。官方统计体系所提供的信息，在内容架构上基本上都可以归类于上述领域，是各个领域及其相互关系的具体细化。所谓相关性，是说要选择与发展显著相关、持续相关的现象来提供统计数据。为达此目标，要求统计机构能够具有洞察力，确定真正影响经济社会发展的问题，对用户所需的信息进行排序，在其预算范围内尽可能地提供优先级别较高的数据。相关性是官方统计的生存基础。正如没有需求的产品就没有存在的必要一样，之所以成立国家统计机构，是为了向公众、政府和企业界提供覆盖国家发展基本方面的相关信息。

可信性包含着如下多维度的要求：（1）准确性：数据在多大程度上能够正确描述按照设计意图所要计量的现象；（2）可比较性：数据在不同时间、不同部门之间是否可以进行比较；（3）及时性：从参照期结束到用户得到资料相隔的时间长度；（4）可获得性：用户易于得知有这种资料，找到它，并将其引入到自己的工作环境；（5）可解读性：能否得到为了对资料做出适当解读和利用而需要的补充资料；（6）一致性：数据在多大程度上能在一个广泛的分析框架内同其他统计资料成功地结合起来。

可信性是官方统计的生命线，它意味着官方统计是值得信赖的、可以被放心地使用。为了达成可信性，通常来说，统计机构需要通过以下一些路径来保证、改善其提供数据的质量。第一，原始数据质量的高低直接决定了统计数据质量的高低，这就要求统计机构保证调查对象能够就统计机构提出的问题提供尽可能最好的答案，从而能提高可信度。而官方统计的原始数据最终都来源于公民、企业和其他调查对象，需要遵守基本原则中的保密要求。第二，从官方统计的生产过程来看，应该从两方面来保证其提供数据的质量。一方面，作为一般统计数据的官方统计，需要官方统计机构能够按照严格的专业上的考虑，这就需要遵守基本原则中的第二条与第七条。另一方面，由于官方统计机构通常是数字的垄断生产者，用户无法明白或者很容易误解资料，因此需要遵守基本原则中的第三条。第三，在实际中，不同机构可能会对同一现象进行测度并发布数据，而不同机构提供的数据结果却大相径庭，这也会影响官方统计的可信性，为此需要遵守基本原则中的第八条。第四，从统计的角度来看，需要一个尽可能清晰的概念框架来明确我们测度的对象。此时，引入国际通用的标准是必要的，即遵守基本原则中的第九条和第十条。第五，统计数据的生产过程会涉及多学科的问题，而且统计方法本身就充满了专业性，在其使用过程中总是会出现各种各样的误解，也会出现滥用的情形，因而需要遵守基本原则中的第四条。

现实中，上述三个基本要求的实施都有很大弹性，有多种选择。独立性方面，统计内容覆盖有大有小，数据也存在缺口；相关性方面，统计组织方式有集中有分散，各有各的利弊；可信性方面，统计数据质量和服务程度也是有差别的，而且在整体判断下还有局部判断。

三、抽样与调查理论

（一）政府统计调查方法

1. 一般统计调查方法

统计调查方法指统计机构和统计人员搜集统计资料的方法，按组织方式主要分为普查、抽样调查、统计报表、重点调查和综合分析五种。

（1）普查。普查是指专门组织的、在一定范围内的、对全体调查对象普遍进行的一次性全面统计调查。它通过逐个调查一定时点上或一定时期内的社会经济现象的情况，全面、系统地搜集整理和提供反映国情国力情况的统计数据。由于普查往往在全国范围内进行，工作量大、时间性强，需要动员较多的人力、物力，因此不宜经常进行，而是每隔一段时间进行一次，以获得全面、准确的统计资料。

（2）抽样调查。抽样调查是指从调查对象的总体中抽取一部分单位组成样本进行统计调查，取得样本统计调查结果，并据以推断或代表总体的统计调查方法。在统计工作的实践中，许多统计项目都需要采用抽样调查方法，例如密封食品灭菌质量、电器产品抗震质量等有关产品质量的破坏性检验，又如全国农作物产量、城市居民生活收支状况、个体商业摊点经营情况等调查对象分布过广的统计项目，同时，采用抽样调查方法，可以避免或减少层层汇总、上报统计报表过程中的行政干预，取得较为真实可靠的统计数据。

（3）统计报表。统计报表是根据国家的统一规定，按照统一的表格形式、统一的指标内容、统一的报送时间，自下而上逐级提供统计资料的统计报告制度，有定期的和临时的，全面的和非全面的之分。统计报表制度具备统一性、时效性、全面性、可靠性的特点，可以满足各级管理层次的需要。

（4）重点调查。重点调查是在调查对象中，只选择少数重点单位所进行的调查。能否开展重点调查是由调查任务和调查对象的特点所决定的，当调查任务只要求掌握基本情况，而且调查对象中又确实存在重点单位时，方可实施。重点调查的特点是省时、省力，能反映总体的基本情况。

（5）综合分析。综合分析是指在广泛利用现有的统计资料的基础上，根据事物之间的内在联系和发展趋势，采取科学推算、科学测算和专家评估等形式，对统计数据的准确性进行分析研究和综合评价的一种统计方法。

统计调查方法在政府统计中的具体运用如下：

在政府统计中，各种调查手段的综合运用保证了统计资料的客观性、时效性。我国《统计法》规定，我国现行调查方法的选择原则是：搜集、整理统计资料，应当以周期性普查为基础，以经常性抽样调查为主体，综合运用全面调查、重点调查等方法，并充分利用行政记录等资料。类似地，美国也实行以普查为基础，抽样调查为主体，重点调查、估算、推算等其他手段为补充的统计数据收集模式，周期性国情普查主要由美国商业部普查局组织实施，提供了普查年度的标志性数字，经常性抽样调查工作分散于联邦政府各主管部门，提供年度、月度调查数据。

在政府统计实践中，往往不局限于一种统计调查方法。如拉脱维亚、荷兰、西班牙等国实施的"组合模式"人口普查，即充分运用人口行政数据或充分调取已经存在的人口调查数据，并结合科学合理的抽样调查来获取人口统计信息的方法。对工商业企业的调查也常采用全面调查与抽样调查相结合的方法，如印度的工业年度调查（AIS），对拥有 100 名以上的员工或从事电力行业的企业采用全面调查，其他注册企业采用抽样调查。又如由加拿大的工业能源消耗调查（ICE），在对样本分层的过程中根据地理和工业分类的同质性对企业进行分层，同时为样本中至关重要的单位创建了一个特殊的 Must-Take 层。

2. 中国政府统计调查方法

政府统计是政府了解整个国家和所辖各地区经济与社会发展基本情况的主要途径，对于政府制定方针政策、进行国家管理均具有不可或缺的作用。统计调查是取得统计信息的基本来源，是统计工作的基础环节。我国政府统计调查方法主要有普查、全面定期统计报表制度、抽样调查、重点调查与典型调查。

（1）普查。普查是指一个国家或者一个地区为详细调查某项重要的国情、国力，专门组织的一次性大规模的全面调查，其主要用来调查不能够或不适宜用定期全面的调查报表来收集的资料，来搞清重要的国情、国力。普查为各级政府制定国民经济和社会发展规划、出台政策措施等提供参考依据，普查也为其他调查确定调查范围等提供原始资料。普查调查对象简单、准确性高，但工作量大、花费大、组织工作复杂、调查内容有限、调查质量不易控制。普查分为一次性普查和周期性普查。常见的一次性普查有全国水利普查、全国污染源普查、全国科技清查等。周期性普查包括人口普查、经济普查、农业普查。国家统计局于 1994 年正式建立了周期性的普查制度。普查项目包括人口、农业、工业、第三产业和基本单位。为了更好地发挥周期性普查在中国统计调查体系中的作用，国家统计局在总结第一轮普查经验的基础上，提出了对新一轮普查的初步改进意见。从 2000 年开始的周期性普查拟包括 3 项普查，即人口普查、经济普查、农业普查。人口普查和农业普查每 10 年一次，分别在逢 0、6 的年份进行；将工业普查、第三产业普查和基本单位普查合并为经济普查，每

10 年进行 2 次，安排在逢 3、8 的年份。

普查规定统一的标准时间、统一的普查期限、普查项目、指标及计量单位。以 2010 年第 6 次全国人口普查为例。普查的标准时点为 2010 年 11 月 1 日零时，调查时期为：6 月 30 日 24 时至 11 月 1 日零时。普查长表的主要内容为：年龄、民族、户口状况、迁移情况、受教育程度、就业状况、婚姻和妇女生育状况，以及家庭户的住房情况等；普查短表仅包括年龄、民族、户口状况、迁移情况和受教育程度等主要内容。

（2）全面定期统计报表制度。全面定期统计报表是统计部门依照国家统一制定的调查表式、指标项目和含义、计算方法、分类目录、报送时间等，将本行政区域或本系统某类统计总体的全部单位都作为统计调查对象，通过定期向这些统计调查对象发放、收取统计调查报表，按年度、季度、月度等频率搜集、整理统计资料的调查方法。"全面"指调查范围内的调查单位全数填报，"定期"指定期向调查对象发放和收取统计报表。该调查方法主要面向规模较大、相对稳定、数量又比较少，或者有归口部门管理的统计调查对象。由于能定期、连续地反映经济和社会发展的基本情况，全面定期统计报表调查法仍是我国常规统计中应用最广泛的一种调查方法，且全面定期统计报表调查法经过几十年的推广应用，已建立相当稳固、扎实的基础。目前，全面定期统计报表主要运用于规模以上工业、资质内建筑业、限额以上批发和零售业、限额以上住宿和餐饮业、固定资产投资建设项目、运输邮电业、对外经济贸易、房地产开发、教育科技、资源环境等众多统计调查领域。

以价格统计报表制度为例。

为了解全国各地价格变动的基本情况，分析研究价格变动对社会经济和居民生活的影响，满足各级政府制定政策计划、进行宏观调控的需要，根据《中华人民共和国统计法》的规定，特制定本统计报表制度。该统计报表制度主要内容包括：居民消费价格调查、商品零售价格调查、农业生产资料价格等的调查，由国家统计局负责解释。该报表制度是国家统计调查的一部分，是国家统计局对各省、自治区、直辖市开展流通消费价格统计调查的统一要求。各地应按照全国统一规定的统计范围、计算方法、统计口径和填报目录，认真组织实施，按时报送。

（3）抽样调查。抽样调查，也称样本调查，是非全面调查中的一种重要方法，它是按一定程序从所研究对象的全体（总体）中抽取一部分样本进行调查，获取数据，并以此对总体的一定目标量（参数）做出推断。随着社会主义市场经济的建立和完善，抽样调查在我国统计调查中的应用领域越来越广。根据应用场景可将抽样调查分为独立应用的抽样调查、普查中应用抽样调查和与全面定期报表结合运用的抽样调查。

每月都要进行抽样调查的项目：工业调查、建筑业调查、第三产业调查、居民消费价格调查、农村住户调查、城市住户调查；每个季度都要进行抽样调查的项目：农业调查、城镇居民家庭收支基本情况抽样调查；每年都要进行抽样调查的项目：1‰人口抽样调查，另外逢 5 年进行一次 1%人口抽样调查；每个季度/每年都要进行抽样调查的项目：社会满意度调查、居民健康调查、环境调查；每次普查后用于评估普查的数据质量的质量抽查：在每次人口普查、经济普查、农业普查后都要进行事后的抽样调查都属于独立应用的抽样调查。为节约人力物力，在普查中应用抽样调查。例如人口普查中，短表采用全部人口逐户逐人填报形式，长表采用抽取 10%调查户填报形式；在经济普查中具体调查中个体户可以采取抽样调查。全面定期报表结合运用的抽样调查也很常见。例如工业统计调查中规模一下工业统计调查采用抽样调查；价格统计调查制度中居民消费价格：以分层随机抽样方法抽选调查市县，以等距抽样方法抽选价格调查点；商品零售价格以分层随机抽样方法抽选调查市县，选择经营品种齐全、零售额大的中心市场、农贸市场作为价格调查点；农业生产资料价格：按照经济区域和地区分布合理原则抽选具有代表性的县，选择经营品种齐全、零售额大的中心市场作为价格调查点。

（4）重点调查与典型调查。重点调查，是在全体调查对象中整群选择一部分重点单位进行调查，以取得统计数据的一种非全面调查方法。这些重点单位虽然为数不多，但其标志总量在整个总体的标志总量中占较大比重，因而对这部分重点单位进行调查所取得的统计数据能够反映总体的基本情况。与抽样调查不同的是，重点调查取得的数据只能反映总体的基本发展趋势，不能用以推断总体，因而也只是一种补充性的调查方法。重点调查的主要特点是：投入少、调查速度快、所反映的主要情况或基本趋势比较准确。目前主要是在一些企业集团的调查中运用。如为了掌握"三废"排放情况，就可选择冶金、电力、化工、石油、轻工和纺织等重点行业的工业进行调查。重点调查的优点是花费力量较小，而能及时提供必要的资料，便于各级管理部门掌握基本情况，采取措施。如1979年大中型企业环境保护基本情况调查和1985年全国工业污染源调查就是重点调查。

典型调查，是一种比较灵活的非全面调查，它是根据调查目的和任务，通过对调查对象的初步分析，有意识地选出若干有代表性的单位，进行深入细致的调查。一般来说，典型调查不在于取得现象的总体数据，而在于了解与统计数据有关的生动的具体情况，做到定性分析和定量分析相结合。例如，江苏省原吴江县开展一次对县属镇中的"农民工"的典型调查，来认识"农民工"是否有利于城镇建设等问题。在对全县7个县属镇进行粗略分析的基础上，最后选定了震泽镇作为典型调查，因为震泽在7个镇中发展较快，而且该镇农民工占职工总数的20.4%，超过全县15%的比例。通过调查分析得出的结论是推动该镇发展的一个重要因素是该镇吸收了大量农民工。因此，通过典型分析，最后可以推论出农民工是有利于城镇发展的结果。

重点调查与典型调查具有较大的灵活性，通过调查既能收集有关数据资料，又能掌握实际具体生动的情况；还能补充全面统计报表的不足，可以验证、检查全面统计数字、抽样调查数字的准确程度等。这也是我们在普查、全面定期统计报表制度、抽样调查等实施过程中或完成后必定开展重点调查或典型调查的原因。

(二) 统计调查规范

1. 统计调查的过程管理

政府统计的科学化和规范化不仅涉及统计内容和方法，也涉及统计工作流程的标准化。政府统计覆盖面大、调查内容多、数据影响大，规范的统计业务流程是保证统计数据生产标准化、提高生产过程透明度、提高统计数据质量的基本保障。统计流程的标准化建设一直在推进，国际上提出了《通用统计业务流程模型》(GSBPM)，国内统计业务的标准化和规范化基于企业一套表业务流程进行。

2. 通用统计业务流程模型

通用统计业务流程模型（Generic Statistical Business Process Model，GSBPM）于 2009 年由联合国欧洲经济委员会、欧洲统计局和经合组织联合公布，为统计机构开发统计元数据系统和业务流程提供一个标准术语的基础。GSBPM 描述和定义了一套生产官方统计数据的生产过程，为在统计机构内解释统计数据和元数据交换、协调统计的计算机处理基础结构、方便软件部分的共享、流程质量评估和改进等方面提供一个框架。GSBPM 目标适用于官方统计数据生产所涉及的所有活动，适用于原始数据的收集加工、现有数据的修订、时间序列再计算、统计资料的业务处理以及统计登记的开发与维护等。GSBPM 模型具有弹性，不要求所有的步骤必须按严格的顺序执行，只是确定了统计业务流程步骤和它们之间内部相互关系。因此该模型是通用的，有些情况下可以适当地组合模型中的一些要素，也可以增加需求，列出更详细的层次，分别确定子流程的不同内容。

GSBPM 包括几个应用于所有阶段的跨越式流程及管理要素。可分为两类，具有统计学内容的和通用的（可以应用于任何类型的机构）。第一类较为重要，第二类也影响着模型的各个部分。以下列出与模型关系最为密切的要素，除这些之外，管理要素还包括：人力资源管理、资金管理、项目管理、法律架构管理、组织架构管理、战略规划管理等。

（1）质量管理：包括质量评估和控制机制，存在于业务流程的各个阶段；

（2）元数据管理：元数据产生和应用于每个阶段，通过管理确保相应元数据与整个通用统计业务流程中数据的链接；

（3）统计架构管理：包括各种标准开发，例如应用于多重业务流程中的制度方法、概念和分类；

（4）统计项目管理：对统计项目运行的综合监测，包括对所有统计领域中产生信息要求、数据资源产生和变化的系统监测和回顾；

（5）知识管理：对流程记录进行维护保证统计业务流程可重复；

（6）数据管理：如通用的数据安全、管理人员的职责和权限等；

（7）数据处理管理：对统计业务流程各部分产生的数据和元数据及信

息提供做管理；

（8）提供者管理：包括跨流程的管理任务及一些专题管理如联络信息的概述和管理；

（9）用户管理：包括一般的市场活动，用户信息反馈等。

GSBPM 由四层组成，第零层：统计业务流程；第一层：统计业务流程的九个阶段；第二层：每个阶段内的子流程；第三层：子流程的具体描述。下面从第一层开始对流程进行分析。

（1）确定需求。

这个阶段包括六个子流程：确定对信息的需求；商议和确认需求；建立产出目标；确定概念；检查数据的可获得性；准备业务文件。明确统计需求、基本概念、要获得的数据信息，是否可以获得。明确需要的统计资料，理解用户需求，提出符合质量检测与用户要求的产出目标，检查现有的数据资源能否满足用户的要求，以及获得数据的条件，最后提出申请执行新流程的业务文件。

（2）设计。

这个阶段包括六个子流程：设计产出；设计变量描述；设计数据采集方法；设计框架和抽样方法；设计统计处理方法；设计生产系统和工作流程。定制具体统计产出目标，包括定义统计产出目标、设计调查方法、数据采集和处理方法、工作组织。

（3）开发。

这个阶段包括六个子流程：开发数据采集工具；开发或改进处理软件；设定工作流程；检验生产系统；检验统计业务处理；确定生产系统。这个阶段主要是开发数据采集工具、软件工具和生产系统，并在准备应用的"真实的"环境中进行小规模实验，最终确定业务处理的活动。

（4）采集。

这个阶段包括四个子流程：选择样本；建立采集；运行采集；确定采集。本阶段不包括采集数据的转换，只是应用不同的采集模式（包括开发行政的和统计的登记记录和数据库）采集所需要的数据，并加载到合适的数据环境中。

（5）处理。

这个阶段包括八个子流程：整合数据；分类和编码；回顾、核实和编辑；纠错；加工新变量和统计单位；计算权重；汇总计算；确定数据文件。对进行数据整合、编码、纠错、加工、汇总，为分析做准备。"加工处理"和"分析"阶段能够迭代和并行。分析能展示对数据更广的理解，也能带来额外的处理需求。为提高分析的时效性，加工处理和分析活动可以在采集阶段完成前就开始。这两个阶段的关键区别是"加工处理"是对微观数据的转换，但是"分析"是对统计总计的进一步处理。

（6）分析。

该阶段包括五个子流程：准备产出草案；确认产出；详细审核和解释；应用披露信息的控制；确定产出。这个阶段要求分析人员对生产出的统计资料充分理解，将采集的数据转化为统计产出，并对统计资料进行审核和解释，为发布做准备。

（7）发布。

这个阶段包括五个子流程：更新产出系统；生产发布产品；管理发布产品的发行；促销发布产品；管理用户服务。这个阶段是对统计产出发布过程的管理，包括从准备数据和元数据系统的升级，设计发布产品，到向消费者发行统计产品的一系列活动，最后要做好对用户服务的管理。

（8）存档。

这个阶段包括四个子流程：制定存档规则；管理档案文件库；保存数据和相关的元数据；清理数据和相关元数据。这个阶段从减轻数据存储成本考虑，统计机构要制定存档规则和战略，依此对数据和元数据的存储和清理进行管理。

（9）评估。

即对整个统计业务流程做详细评估。这个阶段包括三个子流程：评估预期投入；实施评估；制定一个行动规划。

3. 中国政府统计调查规范与流程

企业一套表业务流程是对企业一套表业务工作各环节及要素的总体描述，为各级统计机构及其内部的各专业部门制定了详细的工作流程及要求，提供了标准模式和基础。企业一套表工作流程根据统计调查的内容和要求，将统计调查流程确定为 6 大工作环节，在每个环节下包括了更为详细的工作节点。其总体架构分为三层，第一层包括 6 个工作环节，即统计设计、调查单位确定和管理、任务部署、数据采集、数据审核验收和数据加工汇总；第二层包括 80 个工作节点，即在每个环节中包括若干工作节点；第三层是对每个工作节点的具体描述。

（1）统计设计。

本环节涉及建立核心指标、制定元数据标准、设计统计调查制度、编制审核规则、确定数据采集处理要求并开发和完善数据处理软件等一系列业务活动。包括建立完善核心指标体系、建立并完善元数据标准、设计（修订）企业一套表统计调查制度、整理修订元数据、审批地方报表等工作结点。

（2）调查单位确定和管理。

本环节涉及制定统计单位标准，创建调查单位库，对调查单位的历史数据、管理级别、统计机构、单位账户等基本信息进行更新和维护等业务活动。包括制定统计单位划分标准、统一管理调查单位、确定年定报调查单位、确定并编制调查单位标识和代码、生成全国调查单位库等工作结点。

（3）任务部署。

本环节涉及部署数据采集处理应用环境，分配系统和业务管理权限，布置业务培训、确定报表的定制、管理时间、处理要求、分配方式等业务活动。包括在测试环境中分配管理权限、分专业定制基层表、分专业测试基层表、分专业定制综合表和汇总表、搭建培训环境等工作结点。

（4）数据采集。

数据采集即调查单位的数据填报，涉及调查单位内部业务分工，管理权限的分配，数据填报、查询、打印及储存等业务活动。包括下载安装身份认证用户证书（CA 认证）、确定内部分工、分歧业务管理权限和报表、填写或维护个人信息、填报数据等工作结点。

（5）数据审核验收。

本环节涉及各级专业部门在统一的数据采集处理应用环境中对基层

数据进行审核、验收、查询和评估等业务活动。包括基层数据审核验收、提醒和催报工作、录入基层表数据、查实基层数据、基层数据修正等工作结点。

（6）数据加工汇总。

本环节涉及各级名录库管理部门和专业部门进行报表加工、处理、增设和数据管理、评估、分析等业务活动。包括加工处理综合表、加工处理固定汇总表、增加自定义汇总表、管理数据、数据质量评估等工作结点。

本章参考文献

[1] 姜奕波. 统计调查方法的改进 [J]. 统计与决策，2006（19）：69-70.

[2] 金勇进，戴明峰. 我国政府统计抽样调查的回顾与思考 [J]. 统计与咨询，2012（4）：4-7.

[3] 李金昌. 政府统计方兴未艾：纪念新中国政府统计机构成立60周年 [J]. 统计研究，2012，29（8）：33-37.

[4] 盛剑. 官方统计的基本要求：《官方统计基本原则》解读 [J]. 中国统计，2012（1）：24-25.

[5] 王吉利. 官方统计的基本原则 [J]. 中国统计，1995（4）：38.

[6] 王萍. 建立中国统计业务流程的构想 [J]. 统计研究，2013，30（3）：18-24.

[7] 王萍. 统计业务流程的国际规范：联合国欧洲经济委员会《通用统计业务流程模型》[J]. 中国统计，2012（10）：34-36.

[8] 熊剑，黄力平. 对我国国民经济核算理论基础及等价原则的再思考 [J]. 统计与预测，2000（5）：21-24.

[9] 张茉楠. 国民经济核算体系改革 [J]. 中国金融，2016（16）：62-64.

[10] 朱启贵. 中国国民经济核算体系改革发展三十年回顾与展望 [J]. 商业经济与管理，2009，1（1）：5-13.

第三章 研究案例——统计制度变迁的文本分析

统计报表制度是国家统计工作中的重要组织形式，各部门根据原始记录和核算资料，按照一定的表式和程序定期向上级提供统计资料，主要内容包括制度文件、统计报表和具体指标三大部分。统计报表制度的内部变化对于统计工作十分重要，本章以北京市统计报表制度为例，提供研究统计制度变迁的思路和方法。

第一节 统计报表制度

北京市统计报表制度主要分为部门统计和基层统计两部分。其中，部门统计报表制度是国务院有关部门实施部门统计调查项目的工作业务方案，而基层统计报表制度是县及县以上地方人民政府及其部门实施地方统计调查项目的工作业务方案。统计报表制度组织框架如图 3－1 所示。

为获取统计报表制度相关数据信息，这里依旧使用 Python 进行爬虫操作。首先使用 requests 包爬取北京市统计局网站上所有年份的统计制度文件。由于文件为 pdf 格式，使用 pdfminer 包读取每个制度文件中的各页内容，筛选出统计报表目录和具体表格的范围，进而在范围内使用 camelot 包分别提取出报表目录和具体表格。由于 camelot 只能提取表格框线内的内容，故需要文本匹配报表目录中的表名、表号等。最后对结果进行手动处理，总体提取成功率较高，只需手动修改一些文本错位的问题。值得注意的是，有的年份的制度文件为纯图 PDF，我们需要对纯图

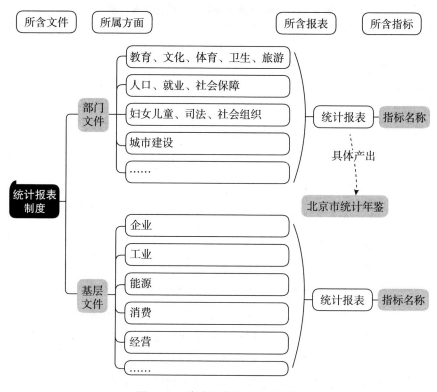

图 3 - 1　统计报表制度组织框架

PDF 使用 paddleocr 包提取表格内容，paddleocr 会将表格的表头表尾等提取出来，为了保证表格提取的一致性，需要手动将表头、表尾等信息去除。

第二节　制度文件分析

一、数量变化

部门与基层统计报表制度文件的时间范围为 2009—2021 年。部门统计制度共有 120 份文件，每年均有 10 个固定部门的文件，共有 4 837 个报表（见表 3 - 1）。统计各个部门的报表数量，其中教文卫、人口就业等方面的报表数量最多，科技、对外经济贸易的报表数量最少。

表 3-1　2009—2021 年各部门统计报表数量

部门	报表数量
教育、文化、体育、卫生、旅游	1 281
人口、就业、社会保障	744
妇女儿童、司法、社会组织	559
市场监督管理、税务、民政、民宗委	516
城市建设	507
农、林、牧、渔	314
环保、能源、水	291
财政、金融	275
科技	247
对外经济贸易	191

基层统计报表制度文件提取 295 份，共有 4 869 个报表。相较于每年固定数量的统计制度文件，基层统计报表制度文件数量则有较大的波动，基层制度文件的所属方面也有较大的改变。

部门与基层统计报表制度各年份文件数如图 3-2 所示。

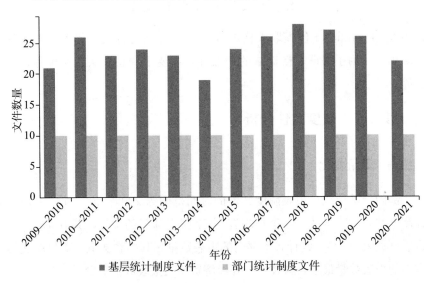

图 3-2　部门与基层统计报表制度各年份文件数

二、跨年文本相似度

由于部门报表固定，各年的统计报表具有可比性，我们从时间序列角度分析不同年份部门统计报表之间的关系。首先抽取每个统计报表中的文本，汇总得到词库 W。针对第 t 年的第 i 个制度文件 Z^{it} 构造词向量 V^{it}，词向量的长度为词库中的词语数量，词向量的第 k 维分量 V_k^{it} 为是否包含词库 W 中第 k 个词语的示性函数，见公式 3-1：

$$V_k^{it} = I_{W_i \in Z^{it}} = \begin{cases} 1, W_i \in Z^{it} \\ 0, W_i \notin Z^{it} \end{cases} \qquad （公式 3-1）$$

进而定义第 i 个制度文件的跨年文本相似度，见公式 3-2：

$$Similarity^{it,t+1} = \frac{V^{it} \cdot V^{i(t+1)}}{\sqrt{V^{it} \cdot V^{it}} * \sqrt{V^{i(t+1)} \cdot V^{i(t+1)}}} \qquad （公式 3-2）$$

之所以使用余弦相似度，首先是因为它在信息处理研究中应用广泛，性质得到了很好的理解，其次，它的网络和空间表现很直观，最后，该方法的归一化建立在对文字长度的控制上，可以测量单位球面上两个文本向量之间的夹角。

各部门制度文件各年份的文本相似度如图 3-3 所示。从图 3-3 中可以看出，各年部门制度文件相似度均在 0.8 以上，说明各年指标的变化不大。逐年对制度文件相似度求平均，发现 2014—2016 年的相似度大多为 1，说明 2014—2015 年与 2015—2016 年的具体指标没有改变，而 2013—2015 的平均相似度均为 0.90，说明有较大的变化。

2009—2011 年部门统计报表平均跨年相似度如图 3-4 所示。各部门制度文件跨年相似度的描述统计如图 3-5 所示。根据各制度文件的平均跨年相似度，我们可以看出科技的跨年相似度最小，人口就业社会保障的跨年相似度最大，体现了科技报表更新较多、较快，而人口保障等方面更新较慢，符合常理。最不相似年份即各制度的主要更新时点，主要分为两个时间点 2009—2011（人口、就业、科技、城市建设、对外经济贸易等）、2013—2015（环保、能源、市场监督管理、妇女儿童、司法、教育、文化等）。

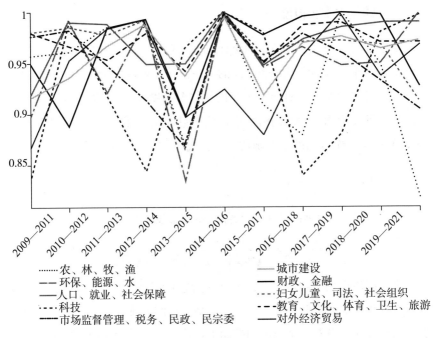

图 3－3　各部门制度文件各年份的文本相似度

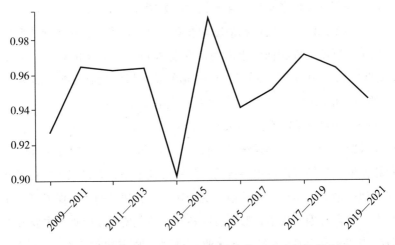

图 3－4　2009—2011 年部门统计报表平均跨年相似度

	平均跨年相似度	最不相似年份	最小相似度
农、林、牧、渔	0.937 550	2019—2021	0.816 658
环保、能源、水	0.948 908	2013—2015	0.832 046
人口、就业、社会保障	0.970 709	2009—2011	0.915 380
科技	0.929 461	2009—2011	0.833 416
市场监督管理、税务、民政、民宗委	0.946 545	2013—2015	0.866 243
城市建设	0.958 503	2009—2011	0.915 616
财政、金融	0.964 622	2010—2012	0.886 613
妇女儿童、司法、社会组织	0.962 167	2013—2015	0.864 952
教育、文化、体育、卫生、旅游	0.971 294	2013—2015	0.941 752
对外经济贸易	0.941 130	2009—2011	0.863 493

图 3-5 各部门制度文件跨年相似度的描述统计

第三节 统计报表分析

一、报表名称词频统计

统计报表的报表名称是一个关键的指标，我们将报表名称分词并统计词频，列出词频前十的关键词见表 3-2。根据词频表，部门统计报表较多集中在就业、教育、收入、户籍等民生方面，基层统计报表集中在企业、工业、能源等生产经营方面。

表 3-2 部门与基层统计报表制度报表名称关键词频

部门统计报表制度报表名称		基层统计报表制度报表名称	
关键词	词频	关键词	词频
就业	130	企业	1 054
人员	127	工业	759
教育	122	能源	647
收入	105	消费	642
户籍	103	经营	578
工作	97	活动	523

续表

部门统计报表制度报表名称		基层统计报表制度报表名称	
企业	95	财务状况	423
市场	91	项目	419
人数	87	生产	396
变动	86	法人	347

二、报表数量逐年变化

作为制度文件的重要组成部分，统计报表的数量也在随时间改变，很大程度上反映了统计制度的变化。从各部门统计报表数量走势图（如图3-6所示），我们可以看出各部门统计报表数量较为稳定。根据数量增长率图（如图3-7所示），教育文化报表在2015年前有所增加，科技报表在2017年之后有大幅增加，环保能源在2015年也有所增加。

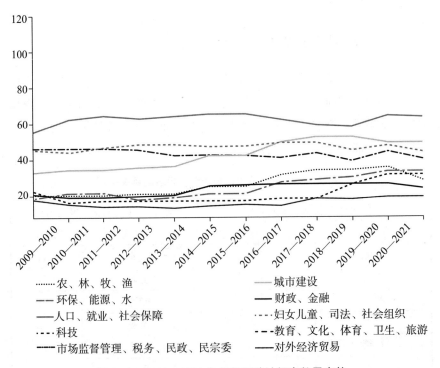

图 3-6　2009—2021 年各部门统计报表数量走势

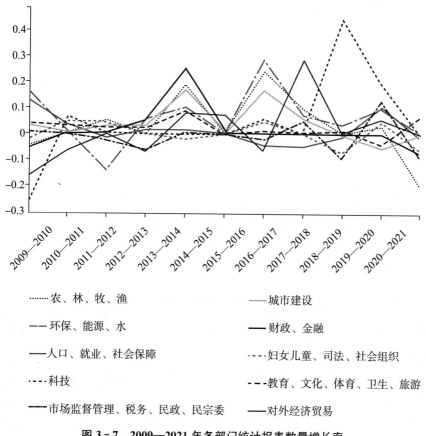

图3-7　2009—2021年各部门统计报表数量增长率

第四节　具体指标分析

我们进一步统计报表内容，对报表中的词语进行分词，统计词频，可以发现大多数的词语出现频率在10次以下，说明报表中的特殊词语较多，只有少部分词语出现20次以上，如图3-8所示。

统计报表中最为重要的内容是指标名称，对指标名称进行词频统计，删除停顿词以及区县（区县频数最高）之后，统计出频数前三十的指标名称，见表3-3。部门报表的指标名称主要集中在各个行业。

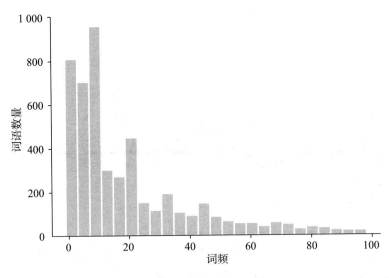

图 3-8 报表词频直方图

表 3-3 部门报表指标 top30 词频

指标	频数	指标	频数	指标	频数
女性	366	电力	142	专科生	120
文化	201	采矿业	140	修理和其他服务业	117
建筑业	193	制造业	139	居民服务	117
教育	192	房地产业	137	仓储和邮政业	113
交通运输	183	租赁和商务服务业	133	渔业	112
农村	178	金融业	128	农业	111
按行业分	156	信息传输	126	卫生和社会工作	109
批发和零售业	156	体育和娱乐业	126	公共电汽车	108
住宿和餐饮业	155	软件和信息技术服务业	126	经营贷款	106

我们可以分析各制度文件跨年的指标新增率（新增词语除以上一年词语总数）和指标减少率，见图 3-9、图 3-10。从指标数我们可以看出，大部分文件的指标变化不大，大多在 20% 以下。而环保能源指标数在

2013—2015 年突增，科技指标数在 2017—2019 年突增，体现了重要的时间点。

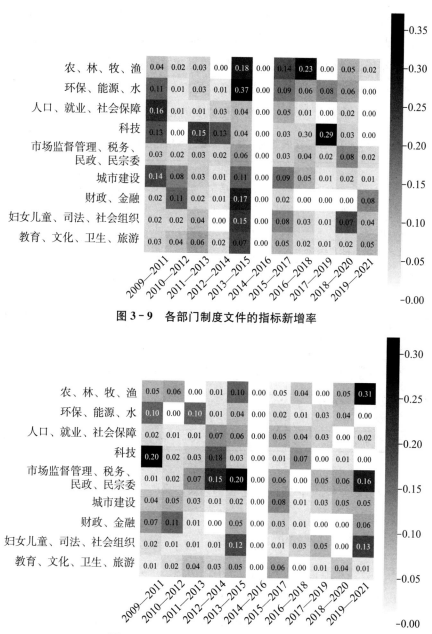

图 3 - 9　各部门制度文件的指标新增率

图 3 - 10　各部门制度文件的指标减少率

第五节 制度文件、统计报表数量、具体指标相关关系

随着时间推移，报表名称可能会发生改变，报表数量也会新增或减少，因此可以尝试探究报表数量增加率和指标新增率、指标减少率、制度文件跨年相似度的关系，见表3-4。根据表格，报表数量新增率和指标新增率、指标减少率的相关系数较高，绝对值达到60％以上的不在少数；相比而言，报表数量新增率与跨年相似度的相关系数并不高。

表3-4 部门报表新增、指标新增、跨年相似度的相关系数表

	报表数量新增率与指标新增率	报表数量新增率与指标减少率	报表数量新增率与跨年相似度
农、林、牧、渔	0.685 5	−0.495 6	0.004 4
环保、能源、水	0.320 6	−0.081 4	−0.251 6
人口、就业、社会保障	0.610 9	−0.316 4	−0.334 5
科技	0.277 3	−0.591 8	0.174 5
市场监督管理、税务、民政、民宗委	0.697 4	−0.391 6	0.168 0
城市建设	0.589 6	0.139 0	−0.524 1
财政、金融	0.589 5	−0.078 0	−0.310 7
妇女儿童、司法、社会组织	0.128 7	−0.655 4	0.334 0
教育、文化、体育、卫生、旅游	0.652 8	0.081 9	−0.415 1
对外经济贸易	0.480 3	−0.519 2	0.224 6

第六节 政策关键词与共词分析

一、政策关键词分析

共词分析法起源于20世纪80年代初期。该方法通过统计一组关键词两两出现在同一篇文献中的次数，将其进行聚类分析，以反映出这些词之间的亲疏关系，进而分析这些词所代表的学科和主题的结构变化。有学者将文献计量方法迁移至公共政策文本研究中，通过对公共政策文本主题词

进行文本聚类分析，反映政策主题热点与主题变迁轨迹，描述和印证了中国政府执政理念的转变。

我们使用国务院公文主题词表作为政策关键词表，该关键词分为综合金融、贸易、国防等15个方面。我们统计政策关键词在各年各部门统计制度文件中的出现频率，从时间维度和部门维度两个方面进行可视化。如图3-11所示。

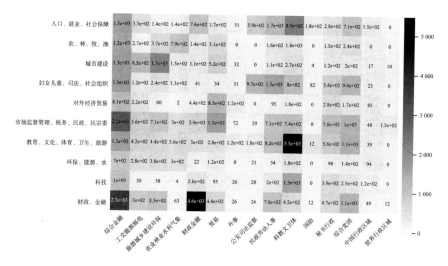

图3-11 部门的关键词词频图

观察部门的关键词词频分布，可以看出各部门在各方面的分工与涉足。例如财政、金融部门的关键词主要分布在财政金融、综合金融、综合党团等方面，农林牧渔的关键词主要分布在综合金融、农业林业水利气象等方面。而从关键词的角度出发，我们可以看到综合金融、科教文卫体方面的关键词出现频率最高，中国行政区域、外事、世界行政区域方面的关键词出现频率最低。

从时间角度出发，观察关键词词频随时间变迁，可以发现各方面的关键词词频随时间呈稳定增加趋势（见图3-12、图3-13）。无论是部门还是基层，在2019—2020年各方面关键词词频大多为最高，又在2020—2021年有所滑落，这可能与新冠疫情有关。政策关键词词频主要和报表的增删相关，例如我们发现2013—2014年之后部门的世界行政区域关键词数减少至 1，经检查，是因为删除了外国企业、我国港澳台企业常驻代表机构登记基本情况，导致国家名称指标骤降。

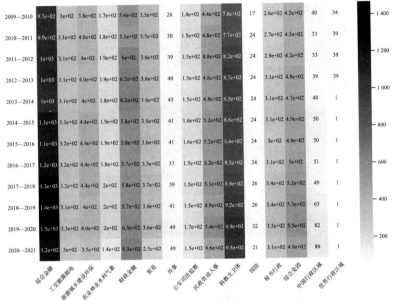

图 3-12　部门关键词词频随时间变迁

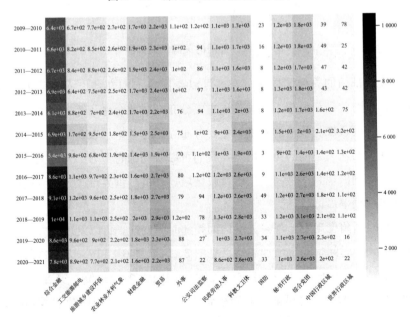

图 3-13　基层关键词词频随时间变迁

二、基层制度文件 K-means 聚类

由于基层制度文件各年的变化较大，难以像部门制度文件一样分类，故我们利用政策关键词，对基层制度文件进行分类。我们首先提取各基层制度文件中所有统计报表中的政策关键词，构建关键词词频向量。进而，我们对各基层制度文件的关键词词频向量使用 K-means 聚类，手肘图如图 3-14 所示。

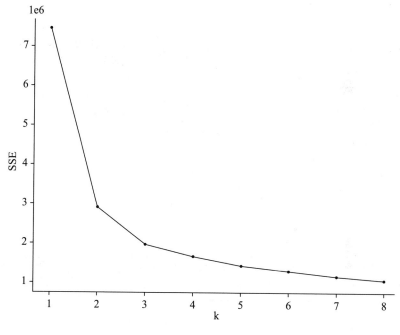

图 3-14 K-means 手肘图

根据该手肘图，选择 3 作为聚类的类数，根据 K-means 得到聚类标签如表 3-5 所示。我们可以看出 K-means 标签 0 主要是工业、建筑业等行业统计报表制度，K-means 标签 1 主要是科技园区、企业、区县等统计报表制度，而标签 2 则主要是 2016 年之后的新一批行业统计报表制度。

表 3 - 5　部分基层制度文件的 K-means 标签

标签 0	标签 1	标签 2
2009—2010 工业统计报表制度（B）（规模以上调查单位用）	2009—2010 中关村科技园区统计报表制度（Z）（限额以下调查单位用）	2016—2017 工业统计报表制度（B）（规模以上调查单位用）
2009—2010 建筑业统计报表制度（C）（资质内调查单位用）	2009—2010 企业景气调查统计报表制度（N）（统计机构、调查单位通用）	2016—2017 建筑业统计报表制度（C）（有资质调查单位用）
2009—2010 房地产业统计报表制度（X）（限额以上调查单位用）	2009—2010 劳动统计报表制度（I）（调查单位用）	2016—2017 批发和零售业统计报表制度（E）（限额以上调查单位用）
2009—2010 批发和零售业、住宿和餐饮业统计报表制度（E）（限额以上调查单位用）	2009—2010 区县社会综合统计报表制度（统计机构、调查单位通用）	2016—2017 服务业统计报表制度（F）（规模以上调查单位用）
2009—2010 服务业统计报表制度（F）（限额以上调查单位用）	2009—2010 固定资产投资统计报表制度（H）（统计机构、调查单位通用）	2016—2017 研发创新统计报表制度（L）（统计机构、调查单位通用）
2009—2010 运输邮电业统计报表制度（D）（限额以上调查单位用）	2009—2010 基本单位和个体经营户名录库调查统计报表制度（Y）（统计机构、调查单位通用）	2017—2018 工业统计报表制度（B）（规模以上调查单位用）

　　为了便于可视化，我们以基层制度文件为结点，使用 t-SNE 方法将文本向量降维至 2 维，作为各基层制度文件在平面上的坐标，从而构建基层制度文件的聚类网络。图 3 - 15 中结点的颜色则代表该点所属的 K-means 标签。

　　可以看出 t-SNE 降维后的坐标可以根据关键词词频向量分离不同制度文件，直观地体现了关键词词频向量所含的文本信息。K-means 聚类结果也和 t-SNE 降维后的坐标一致，相同 K-means 标签的文件呈现明显的聚集状态，说明聚类效果较好。

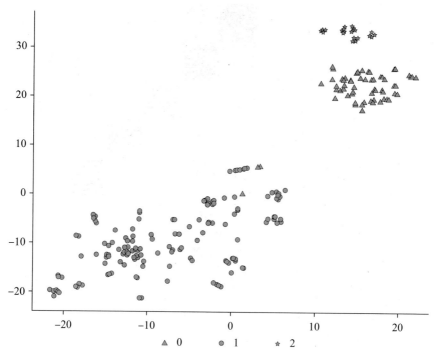

图 3 - 15 基于 K-means 聚类的基层制度文件网络

三、基层制度文件基于余弦相似度的分类

同样的,我们对各基层制度文件的政策关键词词频向量计算余弦相似度,我们使用简单的最小相似度阈值,将余弦相似度大于阈值的制度文件之间相连,并定义相连的制度文件所属同一个方面。我们可以发现基于政策关键词的制度文件分类具有语义上的优良性和分类大小的灵活性。

当选定取相似度阈值为 0.6 时,平均每个基层制度文件有 8 条边,即平均和 8 个基层制度文件相似。我们继续将基层制度文件作为结点,将 t-SNE 降维后的数据作为坐标。每条边连接两个相似的基层制度文件,结点的大小代表边的数量,即结点的度。我们可以从余弦相似度网络图中看出,相连的结点大多聚集在一起,展示了余弦相似度良好的分类效果。见图 3 - 16、图 3 - 17。

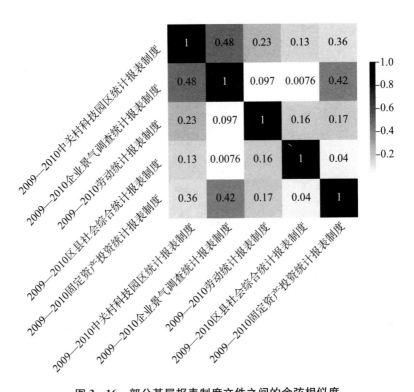

图 3 - 16　部分基层报表制度文件之间的余弦相似度

图 3 - 17　基层统计制度文件基于余弦相似度的网络

第七节 报送单位的工作变迁

每个统计报表都会有报送单位，部门统计报表中的报送单位为各政府部门和基层单位。我们可以根据报送统计报表的具体指标、数量，分析各政府部门和基层单位的工作方面，也可以将报送单位加入至知识图谱中。

2009—2021 年的部门制度文件中总共有 128 个报送部门和 846 个报送基层。政府部门中，其中北京市教育委员会需要报送的报表数最多，有506 个，而北京市住房公积金管理中心需要报送的报表数最少，只有 1个。基层单位中，限额以上批发和零售业、限额以上住宿和餐饮业需要报送的报表数最多，有 526 个和 501 个。见表 3-6。

表 3-6 各政府部门报送单位出现次数

报送单位	报送数量	报送单位	报送数量
北京市教育委员会	506	限额以上批发和零售业	526
北京市公安局	312	限额以上住宿和餐饮业	501
北京市人力资源和社会保障局	295	法人单位	232
北京市住房和城乡建设委员会	158	规模以上服务业法人单位	164
北京市民政局	147	有资质的建筑业	163
北京市水务局	140	辖区内规模以上工业	139
中国人民银行营业管理部	126	免报	122
北京市交通委员会	126	项目法人单位或项目单位	119
北京市体育局	111	除规模以上工业	110
北京市科学技术委员会	110	房地产开发经营业	96

从部门的报送报表分布图，我们可以大致看出各部门的工作方面。例如北京市公安局、北京市人力资源和社会保障局主管人口、就业、社会保障方面，北京市住房和城乡建设委员会、北京市交通委员会主管城市建设方面。如图 3-18、图 3-19 所示。

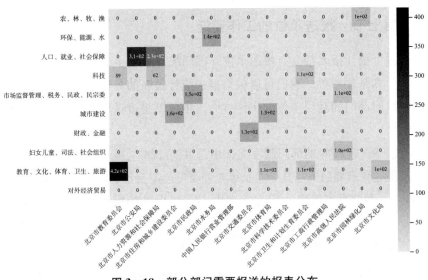

图 3－18　部分部门需要报送的报表分布

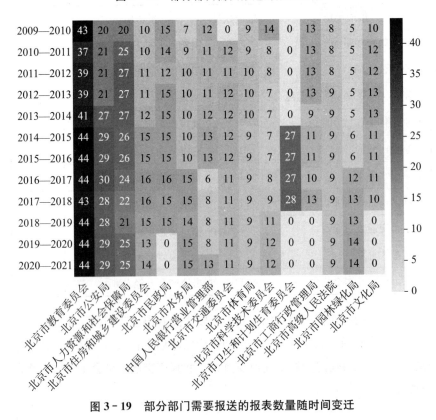

图 3－19　部分部门需要报送的报表数量随时间变迁

从报送部门报送报表数量随时间变迁图中（见图3-20），我们可以清楚地看到各报送单位工作的变迁，例如北京市民政局、北京市卫生和计划生育委员会、北京市工商行政管理局、北京市文化局在2019—2020年之后不再报送报表，而北京市园林绿化局需要报送的报表数逐渐增加。

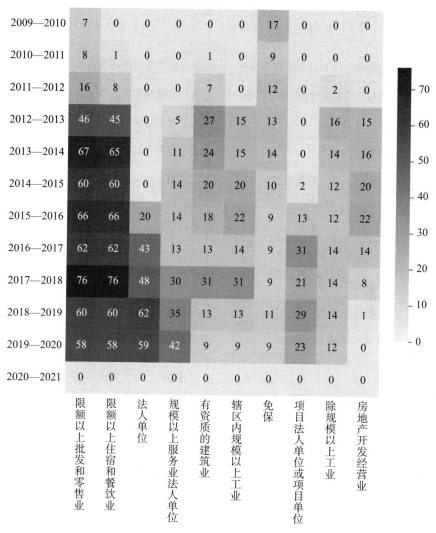

图3-20　部分基层需要报送的报表数量随时间变迁

　　另外，共有 339 份报表的报送单位发生改变。统计改变次数前十的旧报送单位和新报送单位，其中大部分改变是因为部门名称的改变，主要部门职能不变，例如从北京市商务委员会到北京市商务局、从北京市卫生和计划生育委员会到北京市卫生健康委员会。见表 3-7。

表 3-7　同一报表不同年份报送单位的改变

改变次数	旧报送单位	新报送单位
28	北京市卫生和计划生育委员会	北京市卫生健康委员会
21	北京市规划和国土资源管理委员会	北京市规划和自然资源委员会
18	北京市卫生局	北京市卫生和计划生育委员会
14	北京市商务委员会	北京市商务局
13	北京市工商行政管理局	北京市市场监督管理局
13	北京市民政局	中共北京市委社会工作委员会北京市民政局
13	北京市新闻出版广电局	北京市广播电视局
10	北京市国土资源局	北京市规划和国土资源管理委员会
9	北京市农业局	北京市农业农村局
8	北京市广播电视局	北京市新闻出版局

　　更进一步，根据各部门需要报送报表中的政策关键词构建词频矩阵，进而计算各报送部门之间的相关性。见图 3-21。

　　从政策关键词相关性随时间变迁图中，我们可以看出一些相关的部门，例如北京市水务局和北京市园林绿化局，北京市教育委员会和北京市科学技术委员会，北京市民政局和北京市卫生和计划生育委员会等，后续便可以据此挖掘报送部门之间的工作重合性以及分工。

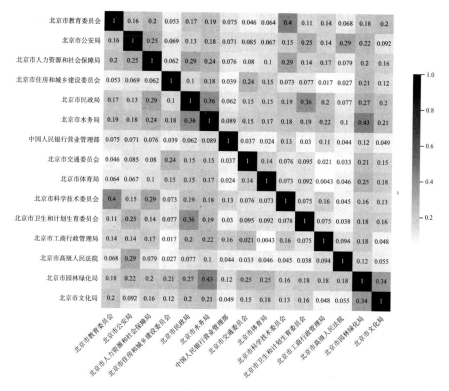

图3-21 各报送部门之间的政策关键词相关性

第八节 构建统计制度的知识图谱

我们可以根据统计报表制度构建出一个简单的层级知识图谱，节点主要分为制度文件、统计报表、具体指标这三层，且图像呈现金字塔型，单向无环。

表3-8 知识图谱关系

Subject	predicate	object
制度文件 A	所属单位	部门/基层
制度文件 A	所属方面	教育、文化……
统计报表 a_1	所属文件	制度文件 A
具体指标 a_{11}	所属报表	统计报表 a_1

由于该知识图谱节点数较多，故只展示部分。图3-22是知识图谱中制度文件（右）和统计报表（左）的关系，点的大小表示节点度的多少。

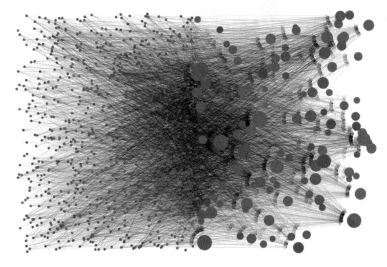

图3-22 部门制度文件（右）与统计报表（左）的知识图谱

图3-23是2009—2010年部门统计报表制度（城市建设）的知识图谱可视化，制度文件、统计报表和具体指标呈现出层级关系，点的大小依然表示节点度的大小。

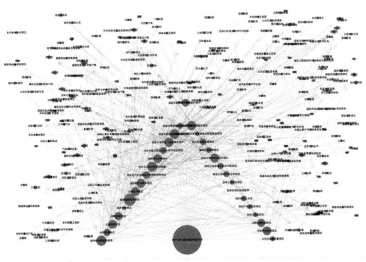

图3-23 城市建设制度文件的知识图谱示例

　　本章只是对统计报表的分析提供了一个基础的实例，用以研究相关统计制度的变化规律，读者可以自行探索，深入分析不同地方的制度相似性，并就彼此的关系展开进一步分析。

第四章　政府统计实践

第一节　国内政府统计的功能介绍和使用价值

政府统计是指国家为保证官方统一工作正常进行而指定的、涵盖较广、范围较全面的一种体制，其内容除了统计工作必需的特定的数据收集方法、国民经济核算处理体系、数据结果公布等之外，还包括制定的相关法律、相关组织机构、经费来源和分配、人员岗位设置等基本保障要求，以及数据公布之后的对外服务等。

政府统计职能明确了政府统计应担负的职责和所发挥的功能、作用的范围、内容、方式。按照《中华人民共和国统计法》第二条规定，政府统计主要行使"对社会经济发展情况进行统计调查、统计分析，提供统计资料和统计咨询意见，实行统计监督"的职能，即信息、咨询、监督三大职能。

信息功能是指统计部门根据科学的统计指标体系和统计调查方法，系统地采集、处理、传递、存储和提供的大量以数据描述为基本特征的社会经济信息。信息功能是政府统计的首要职能，也是最基本的功能，其他功能都是在此功能基础上衍生出来的，并且直接受其质量好坏的影响。

咨询职能是指统计部门利用已经掌握的丰富的统计信息资源，运用科学的分析方法和先进的技术手段，深入开展综合分析和专题研究，为科学决策和管理提供各种可供选择的咨询建议与对策方案。咨询职能是信息职能的延续和深化。统计咨询职能的核心是服务。目前，我国政府统计咨询职能总体说来主要是提供法定的无偿服务，即政府统计部门按照《统计法》和相关统计法规制度，履行政府部门序列职能，向政府领导、上级机构和相关部门提供统计数据和统计分析，以供决策参考。长期以来，我国各级政府统计机构为中央和地方党政领导和相关决策部门制定社会经济发展战略提供了大量的统计信息和咨询建议，为社会和经济发展做出了巨大的贡献。这种无偿服务是目前我国政府统计信息咨询服务的主要组成部分，业务量占政府统计信息咨询服务业务总量的绝大部分。我国政府统计信息咨询机构也开展部分有偿信息咨询服务，服务对象主要是跨国企业、国内大型行业、社会研究机构以及部分政府机构，在国家法律和政策允许的范围内，在不违背有关保密规定的前提下，从事相关调查和统计信息的分析业务，开展统计信息咨询服务。

监督功能是指统计部门根据统计调查和统计分析，及时、准确地从总体上反映经济、社会和科技的运行状态，并对其实行全面、系统的定量检查、监测和预警，以促使国民经济按照客观规律的要求持续、健康、协调地发展。监督功能依靠并建立在信息、咨询功能的基础上，是对信息、咨询功能的进一步拓展。从内容上看，政府统计监督包括两方面内容，一方面是政府统计对统计内部活动及其管理对象的监督，即统计法律监督，包括检查和揭露存在的问题，检查虚报、瞒报、伪造、篡改统计资料的行为；另一方面是政府统计对宏观社会经济运行的监督。统计法律监督是基础，统计对社会经济运行的监督是目的。从监督形式上看，政府统计监督分为内部监督和对国家经济、社会的监督。内部监督即对统计的全过程实行质量控制和统计监督，外部监督包括对国民经济和社会发展整体运行方向的监督，对国家（地区）实施政策的监督、实施对党政领导干部政绩的考核评价等。全面、科学地反映社会、经济、科技运行状况的统计指标体系，高质量的统计数据和信息，良好的监督软环境和有效的监督体系是有效发挥政府统计监督职能的必要条件。

一、信息功能——人口普查

人口普查（census）是按现行人口普查政策进行有针对性的人口数据统计和数据分析。统计内容包括总人口、民族、年龄、户口数、身体条件、是否残疾、有效劳动力和一二三产业各行业青壮劳动力占比和其他高素质人才资源数据统计、政策调整后的计划生育出生率、婚龄单身人口和性别比、近期出生性别比调查、职业、教育程度、婚姻构成分析汇总等数据。数据搜集方法为：在国家统一规定的时间内，按照统一的方法、统一的项目、统一的调查表和统一的标准时点，对全国人口普遍地、逐户逐人地进行全范围一次性调查登记。人口普查工作是一项重要的国情国力调查，它是当今世界各国广泛采用的搜集人口资料的一种最基本的科学方法，提供全国基本人口数据的主要来源。从 1949 年至今，我国分别在 1953 年、1964 年、1982 年、1990 年、2000 年与 2010 年进行过六次全国性人口普查。2020 年，我国进行了第七次全国人口普查，将彻查人口出生变动情况以及房屋情况。

2010 年 6 月 24 日，国家统计局、国务院第六次全国人口普查领导小组办公室颁布了《第六次全国人口普查方案》。提出了本次人口普查的普查原则、普查要求等。经国务院批准，第六次全国人口普查于 2010 年 11 月 1 日零时进行。此次普查的主要目的是查清 2000 年以来我国人口在数量、结构、分布和居住环境等方面的变化情况，为实施可持续发展战略，构建社会主义和谐社会，提供科学准确的统计信息支持。人口普查主要调查人口和住户的基本情况，内容包括：姓名、性别、年龄、民族、受教育程度、行业、职业、迁移流动、社会保障、婚姻生育、死亡、住房情况等。此外，首次将将居住在本国的外国人纳入人口普查。

2011 年 4 月 28 日，中华人民共和国国家统计局发布《2010 年人口普查主要数据公报（第 1 号）》公布快速汇总的主要数据，包括总人口、人口增长、家庭户人口、性别构成、年龄构成、民族构成、各种受教育人口、城乡人口、人口流动、登记误差十个方面。其中总人口方面，全国总人口为 1 370 536 875 人，其中普查登记的内地 31 个省、自治区、直辖市和现役军人的人口共 1 339 724 852 人，香港特别行政区人口为 7 097 600

人，澳门特别行政区人口为 552 300 人，台湾地区人口为 23 162 123 人。人口增长方面，2000—2010 年来我国人口增长处于低生育水平阶段。内地 31 个省、自治区、直辖市和现役军人的人口，同第五次全国人口普查 2000 年 11 月 1 日零时的 1 265 825 048 人相比，十年共增加 73 899 804 人，增长 5.84%，年平均增长率为 0.57%，比 1990 年到 2000 年的年平均增长率 1.07% 下降 0.5 个百分点。年龄构成方面，同 2000 年第五次全国人口普查相比，0～14 岁人口的比重下降 6.29 个百分点，15～59 岁人口的比重上升 3.36 个百分点，60 岁及以上人口的比重上升 2.93 个百分点，65 岁及以上人口的比重上升 1.91 个百分点。我国人口年龄结构的变化，说明随着我国经济社会快速发展，人民生活水平和医疗卫生保健事业的巨大改善，生育率持续保持较低水平，老龄化进程逐步加快。

二、咨询功能

以天津市统计信息咨询服务中心为例。

1984 年天津会议召开之后，全国和各地区相继建立了统计信息咨询服务机构。各级统计局领导下的统计信息咨询服务体系从国家统计局网站（http://www.stats.gov.err/）和与其连接的各省市的统计局网站中可以看出，除西藏外，国家统计局，全国各个省、市、自治区、特别行政区的统计局设置了多种形式的统计信息咨询服务部门或机构：大部分省份的统计局，如上海、江苏、山西等省市的统计局设置了国民经济综合统计处（有的简称为综合统计处、综合处）来提供宏观调控政策咨询建议服务；有较多的省份的统计局，如天津、浙江、山西等省市的统计局设置了统计信息咨询中心或者社情民意调查中心等机构来为领导决策或者社会运行与发展提供反映当下民情民意状况的信息咨询服务；有部分省份的统计局，如河北、福建、广东等省的统计局设置了统计信息服务中心等部门来履行统计信息咨询服务职能。这些统计信息咨询服务部门或机构是国家和省市各级政府统计信息咨询服务体系的主要构成。

天津市统计信息机构是建立较早而且是开展活动较好的统计信息咨询机构之一。天津统计信息咨询机构成立于 1985 年 8 月，开始设在综合处内，1987 年 8 月改设在统计科研所，1988 年 6 月经国家统计局和市编委批准为市统计局下属副处级自收自支的事业单位，1992 年 8 月更名为天津市统计信息咨询服务中心，内设市场调研部、数据库咨询部、开发部和财会部。为提高服务层次和质量，天津市统计信息咨询服务中心成立专家顾问组，参与国家和地区的咨询主任会议和民间座谈会，积极开展对外交流。天津市统计信息咨询服务中心服务的主要内容除了为领导决策或者社会运行与发展提供信息咨询，还包括为社会机构、企业、个人提供项目咨询服务。其主要服务形式有：

（1）经常性的信息咨询。为客户提供统计数据库和报表范围内的统计信息资料。

（2）为政府提供研究报告，为市内发展和政府决策提供无偿优质服务。天津市统计信息咨询服务中心组织专家学者撰写的《天津市工业企业研究》《天津工业化进程研究》和《全国电池市场研究》等报告都在调整、决策中发挥作用。

（3）各种统计书刊的发行。一是销售《天津统计年鉴》《中国统计年鉴》和其他省市的统计年鉴；二是自办刊物的出版发行，如《天津经济要闻》《天津工业企业信息》《外国和港澳台地区在津投资企业信息》《天津工业企业支柱产业》《天津企事业名录大典》《天津工业通览》和《新天津出行指南》等。

（4）开展国内外社会专项调查。自开展咨询服务以来，承接了大量的委托调查。如中央电视台收视率调查、消费环境和装饰材料的万名消费者调查，中美史克药品和药业调查，宝洁公司化妆品和卫生巾调查，各类汽车用品和使用调查等。其中最为突出的是 1991—1992 年的电梯预测调查，其预测的"八五"和"九五"时期的电梯年销售量准确度较高，得到全国电梯行业的一致肯定，并以专家身份出席电梯行业会议。

三、监督功能

测量经济社会发展。运用它可以把握经济社会发展的规律性。

为科学管理和决策提供信息。采用大量信息的国民经济核算体系，对计划、决策的确定和执行情况，起着重要的咨询、服务与监督作用。

为社会经济运行提供预警。对宏观经济运行是否正常，各种商品市场价格、供求状况等微观经济行为起着预警和导向作用。

为重大考核提供数据支持。重大考核中的指标体系涉及多种类别的统计数据：实现现代化指标、政府领导政绩考核、全面小康监测统计指标体系等。

为国际经济交流提供比较系统。运用它更便于国际经济技术交流和对比分析。

第二节　国内政府统计的工作安排及各统计调查项目简介

一、统计调查体系

政府统计主要指国家机关依法使用统计方法对国民经济和社会发展情况进行调查、分析，提供信息、咨询和监督等主要功能的一类活动的总称。我国自 1978 年恢复国家统计局以来，统计改革取得了重大成就，建立了以现代信息技术手段为基础、多种调查方法制度并用、多种调查组织形式并存的统计调查体系。采用了以"周期性普查＋经常性抽样调查"为基本框架的统计调查方法体系；实施了基于 SNA 的国民经济核算体系；形成了实施垂直管理的政府统计部门、行使地方管理职能的统计机构、新兴统计部门或机构等三种政府统计的组织形式。

以"周期性普查＋经常性抽样调查"为基本框架的统计调查方法体系具有方法多样化、制度规范化的特点。由原来基于统计报表进行全面统计调查的单一方式，发展成以普查为基础、抽样调查为主体、重点调查和科学推算相结合的多种调查方式。建立了周期性普查制度，在经过人口普查、工业普查和基本单位普查后，又将工业普查、第三产业普查与基本单位普查合并为经济普查；其次是投入产出调查、劳动力调查、家计调查、物价调查等相关专项调查，也建立了规范化的制度。

政府统计主要以国民经济核算为理论基础开展研究和实践工作的。在SNA 体系中国化长期实践中，我国的统计调查体系逐步内容完整化、标准国际化。根据产业结构和经济形态的发展变化，政府统计不断增加所需要的统计指标，使统计调查内容越来越完整；以 SNA 为导向，我国统计调查的方法制度、分类分组、指标口径、数据含义、数据质量控制等，都逐步趋于具有国际可比性，先后加入了 GDDS 和 SDDS，国际影响力不断扩大。

行政体系方面，我国主要形成了三种类型的政府统计：一是实施垂直管理的政府部门统计，例如工商、税务、银行、金融和海关等；二是行使地方管理职能的统计机构，统计职能依附行政职能，例如财政、公安、计生、卫生、体育、民政等；三是新兴部门或机构的统计，例如环境统计、开发园区统计、软件园区统计等。

国家统计局为推进中国统计工作现代化，于 2010 年起实行了统计"四大工程"，也就是重点推进的工作安排：首先是建立动态更新的调查单位名录库，其次是建立企业直接填报的一套表制度，再次是建立数据采集处理软件系统，最后是建设联网直报系统。为此，国家统计局做出了巨大努力，成果丰硕。通过连接各省级、市级、县级、大部分乡镇街道的统计机构的统计业务专网完善更新了已有的调查单位名录库，使用空间信息技术（遥感技术、地理信息系统 GIS、全球定位系统 GPS 等），构建上下五级基本单位统计空间信息系统和人口地理信息系统。在基层单位的价格调查和住户调查中大力推行手持电子终端，在提高数据采集信息化的同时也实现了资料存储的数据库化，建立了以国家统计数据中心为核心，13 个省级分节点数据中心组成的全国统一的统计数据采集体系和联网直报体系。各级统计机构或者数据使用单位可以按照权限到国家统计局获取相关调查对象的原始数据、使用其开发的统计业务应用软件，实现了数据资源在一定程度上共享开放、充分利用。而企业"一套表"制度将涉及企业的调查汇总成统一的报表，由企业自主在线填报，国家统计局也实行线上审核，大大提高了企业统计的效率和信息化程度。农林牧渔业、工业、能源等各领域的专业报表制度也在往企业"一套表"制度靠拢，制定了各领域的专业报表，辅以后期的调查修正，就能得到各领域数据。然而，由统计单位在线上自主填报数据，一方面提高了数据采集的效率，另一方面也对数据质量提出了难题，我们将在后面进行讨论。

二、业务流程

企业一套表业务流程是对企业一套表业务工作各环节及要素的总体描述，为各级统计机构及其内部的各专业部门制定了详细的工作流程及要求，提供了标准模式和基础。"企业一套表"核心是重构统计业务工作流程，将标准化的流程植入统计生产过程，来保证统计设计、调查单位的管理、软件开发等各方面工作有统一的运行规则。企业一套表工作流程根据统计调查的内容和要求，将统计调查流程确定为 6 大工作环节，即统计设计、调查单位确定和管理、任务部署、数据采集、数据审核验收和数据加工汇总。统计调查的工作流程：在横向上，某个层级统计调查机构的工作流程包括数据的收集、处理、输出三个环节；在纵向上，各个层级的统计调查机构将数据层层上报，最后归总到国家统计局。统计设计环节包括建立核心指标、制定元数据标准、设计统计调查制度、编制审核规则、确定数据采集处理要求并开发和完善数据处理软件等一系列业务活动；调查单位的确定和管理包括制定统计单位标准，创建调查单位库，对调查单位的历史数据、管理级别、统计机构、单位账户等基本信息进行更新和维护等业务活动；任务部署包括部署数据采集处理应用环境，分配系统和业务管理权限，布置业务培训，确定报表的定制、管理时间、处理要求、分配方式等业务活动；数据采集即调查单位的数据填报，包括调查单位内部业务分工，管理权限的分配，数据填报、查询、打印及储存等业务活动；数据审核验收包括各级专业部门在统一的数据采集处理应用环境中对基层数据进行审核、验收、查询评估等业务活动；数据加工汇总包含各级名录库管理部门和专业部门进行报表加工、处理、增设和数据管理、评估、分析等业务活动。

（一）制度设计

制度设计要根据数据来源、数据类型、现有的统计调查资源进行顶层设计，包括报表设计、统计制度设计等。政府及行业监管部门实现对企业及行业的监管和服务需要数据的支撑，设计合理的指标体系以及统计报表，便于及时发现存在的问题和不足，从而针对性的出台政策，规范和引领企业健康发展。统计实践的每个阶段都需要有相应的制度保障，如数据调查的制度、数据归纳统计的制度、数据核算的制度等。建立一套科学、统一、全面、简便、规范、可操作的统计制度体系，进而充分运用统计手段来达到研究目的。

（二）调查采集

调查采集数据的来源主要可分为调查与非调查两类。其中，调查的组织形式有普查和抽样调查，分别是对统计总体的全部单位和抽取的部分样本进行调查，以得到统计资料。非调查是指通过传统社会调查（例如统计、问卷调查、访谈、民族志等）以外的方法产生的数据，例如地理数据库、卫星数据和行政记录。其中地理数据库是应用计算机数据库技术对地理数据进行科学的组织和管理的硬件与软件系统；卫星数据是由卫星数据收集系统收集的包含气象、水文、水利、海洋、航运、森林、地质、远洋捕捞、环境监测、地震预报等领域的数据；行政记录是行政部门为实现管理、控制和服务等目的，通过办证、登记、审批等方式收集并保存的关于自然人或其他社会实体的相关信息。

调查采集的重点是划定调查对象后采用合适的统计方法得到数据，包含但不限于报表前催报、正式填报。主要取材于规模以上企业的报表和规模以下企业的抽样调查数据。数据整理上报主要包括数据的审核、整理，以及正式上报系统。数据的发布指的是政府统计利用统计快报、统计公报、统计年鉴等媒介方式向相关单位、社会公众发布统计数据，要体现的是政府统计的权威性、及时性。开发利用是说，政府统计根据统计数据开发出符合社会需要的统计产品，丰富统计指标体系，提高统计数据的利用率。

三、统计调查项目简介

（一）统计快报

根据数据生产过程以及所使用的数据资料来源和完备性不同，国家统计局调查的指标数据分为快报数据和年报数据。其中，快报数据是根据定期统计报表制度的调查范围和调查项目，在月度或季度统计的基础上，在下一年年初时统计出的各项指标的全年完成数据。快报公布的时间较早，能满足社会各界及时了解上一年度社会经济发展状况的需要。

（二）统计分析

统计分析是对收集到的有关数据资料进行整理归类并进行解释的过程，具有科学性、直观性和可重复性。大致可以分为收集数据、整理数据和分析数据三个步骤。主要的统计分析方法包括描述统计和推断统计。

（三）统计公报

统计公报是政府统计机构通过报刊向社会公众公布一个年度国民经济和社会发展情况的统计分析报告，一般由国家、省一级以及计划单列的省辖市一级的统计局发布，如《国家统计局关于 20××年国民经济和社会发展统计公报》。统计公报的政治性、政策性和权威性较强，主要用统计数字直接反应方针政策的贯彻执行所取得的成就和问题，一般不作统计分析。公报中的数据通常来自国家部门（如人力资源和社会保障部、生态环境部、财政部、交通运输部）、国务院部委管理的国家局（如国家外汇管理局、中国民用航空局、国家邮政局）、国务院直属机构（如国家统计局、国家市场监督管理总局、海关总署）、国务院直属正部级事业单位（如中国证券监督管理委员会）、国有独资公司（如中国国家铁路集团有限公司）等、事业单位（如中国互联网络信息中心）等。

（四）统计年鉴摘要

统计年鉴摘要是统计年鉴的摘要本，摘录了年鉴的章节和要点，宏观地、梗概地记录我国国民经济和社会发展的基本情况，是一本综合性简明统计资料性年刊，也是国家统计局的拳头产品之一。摘要遵循与年鉴相同的共性原则，如全面性、可比性、一致性和适用性；同时有其特殊性原则，如浓缩性、时效性、宏观性和高效用性。

（五）统计年鉴

统计年鉴是指以统计图表和分析说明为主，通过高度密集的统计数据来全面、系统、连续地记录年度经济、社会等各方面发展情况的大型工具书。1982 年，国家统计局开始出版《中国统计年鉴》，发布上年度详细统计数据。目前，《中国统计年鉴》在每年 9 月出版，已经成为国家统计局最具代表性的统计出版物。除了《中国统计年鉴》以外，国家统计局还出版各专业年鉴，省、地市级人民政府统计机构和部分县级人民政府统计机构也都编辑出版本行政区域的统计年鉴，形成了统计年鉴系列。国家统计局编辑出版的年鉴包括：各专业统计年鉴，如《中国工业经济统计年鉴》《中国农村统计年鉴》《中国县（市）社会经济统计年鉴》等；地方统计年鉴，包括主要省份统计年鉴以及主要地市（县）统计年鉴。

四、外国政府统计体制特点综述

（一）具有独立性、中立性和透明性，注重数据质量的监控和改进

各国国家统计机构（中央统计局）在行政上分别隶属于不同的部门，但是绝大多数国家法律规定，国家统计机构在业务工作上是独立的，统计工作不受政府干预，以排除各方面对统计数据的干扰。如日本的商业统计调查是由通产省负责，各地方的商业统计调查是由通产省设在各地的办事处负责，而不是地方政府统计机构承担；农业统计由农林水产省负责，地方农业数据是由设在地方的农林水产部下属的调查机构来承担，不是由地方政府统计机构调查。这种独立的垂直的调查体系有利于独立进行统计调查，不受来自地方的干扰，统计调查效率较高。除此之外，国外的统计工作建设有十分发达的信息公布渠道，能及时地将统计数据公布于众，保证各界能够及时地获得统计数据以及统计资料，接受社会的监督。

（二）统计法律体系比较完备，落实情况好

国外的统计工作起步较早，在漫长的历史发展过程中形成了完备的法律保障体系，确保统计工作依法独立进行。它一般由两部分内容组成：一是规定统计机构组织的法律地位，如统计机构的权利与义务，由谁确定统计工作项目和统计方法问题，如何收集数据，国家统计机构与进行统计工作的其他政府统计机构之间的关系、与地方统计机构之间的关系，以及国家统计机构首长（中央统计局局长）的地位，包括由谁任命和解职，向谁递交国家统计工作报告及其具体职责等。二是确立统计工作的法律规范。政府统计工作是政府管理的重要手段，必须依法统计。许多国家都有详细规定统计方法制度、数据收集、加工处理、公布和保密的基本法律条款，

如自愿的和法定的数据收集规定，对拒绝履行法定数据收集的处罚，一般的和具体的保密规则等。各国统计法律严格规定了统计调查对象的填报义务和调查主体的保密义务，以及统计数据同时对全社会公布的有关规定，保证依法行使统计职能。在大多数国家，还规定了统计调查项目的审批程序，要建立新的统计调查项目时，必须经过严格的法律审批程序。

（三）统计服务功能丰富

1. 服务对象广泛

各国在统计数据发布和对公众服务方面，注重了服务对象范围的广泛。日本统计体制改革的《最终报告》中明确提出，改革的基本方向是将"为政府服务的统计"转换为"作为社会信息基础设施的统计"。英国国家统计的服务范围也包括英国政府、工商界、分析研究者以及社会公众、欧盟和其他国际组织。

2. 服务渠道多样

国外政府以新闻发布、电话、出版物、磁介质、网络等多种渠道相结合的方式，发布统计信息；免费服务与有偿服务相结合，不断拓宽统计服务领域；建立统计图书馆，向社会提供完整的官方统计信息服务。这些统计图书馆会收藏国内外完整的官方统计信息，全面系统地向社会特别是大中院校、研究所等免费提供统计信息服务。美国商务部普查局将地理信息系统及关联起来的统计数据一同向全社会公布，大大提高了统计数据的附加值，极大地提高了数据的可用性及可分析深度。

3. 服务制度规范

各国制定了统计信息发布政策，增强统计信息发布的公正性、权威性和严肃性。统计发布政策主要规定官方统计数据必须同时向社会各界公开，任何利益主体不得优先获取有关信息。政府统计部门必须预先公布当年各项统计数据发布的时间表，并严格按时间表公布数据。

（四）综合协调能力强

1. 注重计划管理

为了强化依法行政和官方统计工作的连续性、规范性，许多国家统计法规定，国家统计机构每年应向上级部门提交官方统计工作的年度计划和中长期规划及其执行情况。各国普遍注重统计工作的计划管理，以推进统计事业发展，实现统计工作管理的科学化和现代化。计划内容一般包括组织机构的变动情况、各项统计工作的目标（如统计调查方法和数据发布方式的改进和提高、数据质量评价、在减轻调查负担方面的改进情况等）、统计经费收支情况、人员构成和变动、统计信息服务水平、信息处理技术改进、数据库发展等。通过统计工作的计划管理，增强统计工作管理的透明度，确保统计工作的经费来源和合理使用，提高工作效率，使统计工作具有连续性和一致性。

2. 根据专业和流程设置机构

各国中央统计局内设的机构一般可归纳为三个部分：一是统计业务部门，如经济统计司、社会统计司、各产业统计司等；二是反映统计工作流程本身的专业部门，如标准与制度方法司、数据收集司、信息服务司、数据处理技术司等；三是行政管理部门，负责人事与后勤工作。此外，发达国家的中央统计局非常注重内部管理的科学化和合理化，各内部机构之间的职能分工明确，严格规定各个统计工作项目的范围和职责，避免职能的交叉和重叠；注重内部协调，保持中央统计局内部统计分类标准、调查方法、计算机应用程序的统一、协调。

3. 国际化程度高

随着经济全球化进程的加快，以及互联网时代的到来，统计数据用户和质量评论者逐步从国内扩大到国外。各国普遍注重遵循国际统计定义、分类标准、方法，力争使本国标准与国际标准之间相互衔接、相互转换，提高统计数据的国际可比性。例如，尽管各国国民核算体系、统计分类标准各具特色，国内生产总值核算方法也有差异，但是大多数国家都以联合国 SNA 为基本框架，本国 SNA 体系与国际标准之间可以直接转换。

第三节　比较中的各国政府统计体制

1980 年，联合国统计司将各国统计体制划分为三类：集中型、分散型和混合型。以贺铿为组长的中外统计体系比较研究小组（2001）依据政府统计机构在政府体制内横纵两方面的作用和集中程度，提出了更为合理、清楚的划分类型："专业集中、地方集中"型、"专业集中、地方分散"型、"专业分散、地方集中"型、"专业分散、地方分散"型。我国政府统计体制与"专业分散、地方集中"型政府统计体制较为相似，是"专业统计分散、地方统计介于集中与分散之间"的混合型政府统计体制：分部门来看是分散的，各门类统计数据依托专业部门收集，统计体系"各家争鸣"，统计口径、统计方法、数据质量、信息化程度等方面有较大差异；垂直来看是集中的，国家统计局垂直领导下级统计机构，全国性、统一化的统计调查依托各级统计专网能层层向下推行，有利于集中管理。

我国政府统计体制与"专业分散、地方集中"型政府统计体制较为相似。分部门来看是分散的，各门类统计数据依托专业部门收集，数据质量难以有效保证，信息化程度有差异。垂直来看是集中的，国家统计局垂直领导下级统计机构，有利于统一管理。

一、美国

美国的政治构思，处处体现出"制衡"的思想：三权分立让立法、司法、行政三权相互制衡，立法机构中参众两院相互制衡，联邦制使得中央、地方各级权力组织保持相对独立，社会中持有各种各样乃至截然相反诉求的利益团体则通过两党制、游说影响政治过程，企业、公民自治、各种公民团体和 NGO 既代表社会制约政府、影响政府，又彼此相互制衡，其政府的统计体制，自然也是其政体原则与历史进程互动形成的结果。美国政府统计扎根于社会经济的发展和公民政治的变化中，在历史上形成了分散、分层、多元的数据来源，而分散数据的整合和分散部门的协调依赖立法机关、委员会和各社会组织的相互竞争、合作、妥协，最终各方通过立法程序、相关标准的出台和各种委员会的成立来解决矛盾。在这一过程中，美国政府和公民形成了融入行政逻辑和公民文化的数据意识、统计意识，用数据证明自己、说服对方，通过统计数据提炼出公共利益，有利于公民参与。

美国在立国之初，政府运行与统计工作便紧密地结合起来，这不仅是为了提升治理的效率和成果，而且是为了在国家层面上对民主程序中的利益和成本进行分配。独立战争之后，美国更多是一个名义上的统一国家，中央既缺乏权威认同等"软实力"，又缺乏汲取能量和执行能力等"硬实力"，各州在经济、政治上利益和代价的分配上矛盾重重。为了将新生的美利坚民族制度化地整合为一个国家，各州的精英代表们于1787年齐聚一堂，准备制宪。新宪法的制定过程充满了争议，争议最激烈的地方是大州和小州关于政治权力和经济义务的分配问题，会议的结果是众议院代表人数和纳税义务按照州的人口分配，并为了详尽了解各州人口情况、合理划分各州政治经济权益，将开展人口普查载入宪法之中。

统计学在美国历史开端扮演的关键角色既奠定了之后200余年统计工作在美国政治生活中的重要地位，也预示了现代政府统计工作诸多革命性特点的雏形。在此之前政府的统计工作，是为了国家更好地管理人民，而现代统计则是为了人民之中的国家更好地服务人民。如马克斯·韦伯所描述，传统的支配形式"家父长制""家产制"的权威来源是神圣传统和个人气质，运作过程是独断而难以受限制的，从而往往是非理性的。行政机关一方面是管理庶民、为民求福利的"父母官"，一方面又将人民和国家资源作为私产，人民在统计工作中感受到的往往是威胁和损失。而1787年宪法中确立的统计工作，意味着人民可以通过统计工作确定在公共权力机关中自己的代表。数据不仅意味着征税、参军、遭到控制的代价，而且可以带来代表权利、享受服务和规划的利益；人民化身数据，切实参与了治理，随着之后技术的发展，这种治理的参与渠道不断拓宽，其最终结果是在今天人民不仅是公共服务的受益者，也是海量公共数据的创造者和加工者。

1790年，美国进行了首次人口普查，此后每十年进行一次。随着政治的稳定和经济的发展，美国国内一方面要求政府更深入、具有前瞻性地参与社会事务，另一方面产生了新的更复杂的经济矛盾，美国政府的统计工作有了巨大的扩张：统计要求政治过程数据的记录、备案，甚至有限公开；统计内容不仅仅局限于人口和税收，而且开始分析出生与死亡率、犯罪率、婚姻状况、民族与宗教，描述和解释社会的公共卫生和治安问题；政府决策、国会立法甚至法院判案，面对针锋相对的利益诉求，越来越多地参考数据做出"最优判断"；统计还从政治走向经济，从政府走向社会，1810年美国进行了首次制造业普查，1840年还加入了农业普查和矿业普查，1841年美国统计协会（ASA）登记注册加速了统计学的专业化、科学化和社会化，广大企业主、农场主也积极地进行统计，规划发展。

南北战争时期，美国政府统计在职能完善、领域扩大、政学融合上产生了一个巨大的高峰，这种扩张随着南北战争解放的美国工业化进程经历了半个世纪的继续攀升。由于工业化的快速推进和社会矛盾的急剧变化，统计的粒度逐渐细化、规模逐渐扩大，更重要的是统计的政治影响力和社会影响力也不断增强。残疾率、贫民比率、生产总值、人均生产率、进出口额度、制造业和种植业状况普查成为南北双方证明各自政治经济体制先进性的舆论素材；战争、移民、扩张、交通发展、国际市场变动让农业发展和国内农产品市场产生了巨大的变革，农业统计部门的设立打击了南方种植园主的信息垄断、提升了北方的农业规划科学水平，助力美国农业飞跃式的成长；中央政府在历届普查中获得的对于南方资源、人口、族裔、交通信息的深入了解更是深刻影响了战争的进程，国家人口普查办公室的人员更是被派驻到军队之中协同军事决策。

美国第一个独立于人口普查的统计职能部门——国家农业统计局（NASS）就产生于此时，其农业普查包含了耕地面积、劳动力数量、农业科技进步、国内外农产品市场产量价格波动，覆盖面广、信息灵活，直接影响农民和政府的宏观、微观决策。劳工局、财政部、教育局甚至气象局也纷纷拓展了自己的统计工作——与农业统计局一样，这些部门最重要的工作就是收集、整理、分析、公布各个领域的统计数据和统计方法，劳工统计催生了劳工部，农业统计创造了农业部。1901年，美国建立了国家标准与技术研究院（NIST）；1902年，组织人口普查的机构从临时办公室转为固定常设的美国普查局（The Bureau of the Census）；1910年后美国产生了筛选国家统计部门专业人才的选拔考试。统计部门加强了相对于行政部门的独立性和专业性。

尽管取得了巨大的成就，然而美国统计部门工作的缺陷依然是显而易见的：数据部门过于分散，不仅统计结果有或大或小的差异，而且容易被不同利益集团捆绑，用不同的数据分析为本集团牟利，缺乏长远的规划，尽管数据能够指出唯一的真理，然而利益却能破坏公共政策的共识。政府部门本来就有"预算最大化"的倾向，何况政府部门也在社会之中，其工作人员也往往寻求自身利益的最大化。在美国的数据文化、统计文化的影响下，社会企业当然希望相关统计部门和社会统计组织的数据能够有助于自己将利益诉求反映到立法机关和行政部门中；在美国的分权制衡、地方自治影响下，不同政府部门、各级政府在争取自身利益时当然希望将自己的意志贯彻到项目审批和预算制定的过程中，扩张或者掩盖相关的收益与成本以换取民众支持或引导民众反对；如此一来，统计数据的科学性便被政治上的党同伐异、经济上的市场竞争和政企之间的利益输送所遮蔽，降低了决策的科学性与效率。

20 世纪下半叶，技术和学术逐渐跟上了社会的飞速发展，科学扩散、政治斗争和技术进步让美国的政府统计产生了革命性的变革。

首先，是统计科学学理的发展和现实作用的提升。在与现实生活接轨的过程中，统计学完善提升了自己的理论，也证明了自己在公共事业中的作用。概率抽样技术在 20 世纪 30 年代以后逐渐广泛应用于选举民意调查、市场调查等领域，并为美国政府、各委员会的决策与提案提供决策与辩论的科学依据，并在戴明为首的统计学家的推动下逐渐争取到政府统计部门工作人员的认可，最终在 50 年代推广到广泛的科学、经济学、社会科学领域，在积累经验中逐渐在提升统计科学性的同时降低了成本。更为重要的是，信息技术的出现让政府的统计决策产生了翻天覆地的变化。

其次，是数据信息成为美国社会寻求公民权利与国家利益新平衡的关键点。公民对于政府运转、决策、执行过程有知情权，尽管中央政府和各级行政部门极不情愿，面对广泛的社会压力和长期斗争，1966 年要求政府公开一切信息和文件的《信息自由法》经过"国会绝对多数否决总统之否决"的方式得以通过，国会之后还通过了《电子信息自由法》和《开放政府法》，进一步扩大政府开放信息的规模与范围，降低政府间、政府与社会间的信息壁垒，并在近几年建立了国家级政府开放数据平台Data.gov。

值得注意的是，此前提到的部门缺乏协调、政策缺乏统一长远规划、政府和议会被社会企业俘获的问题，也由于信息公开和各项标准的制定而在很大程度上得到了改善。一方面，权威、官方、多样的数据对社会开放后，有助于企业、智库、社会团体、行业工会、基层自治组织参与数据的整合、分析、提炼，实现静态数据的增值、检验；另一方面，面向整个社会的数据意味着公平、公正、公开，降低信息不对称的壁垒后，任何利益相关方都可以对政策进行监督，各个社会势力可以相互制约，公民也可以更合理、便捷地向地方政府反映情况、进行监督。

最后，信息技术和相关产业的发展，为美国政府统计工作服务信息化、又高效利用信息化成果创造了硬件、软件上的条件。信息技术极大降低了信息储存、流通的成本，计算机硬件日新月异地更新换代和普及；每一个在网络上进行消费的人都同时又生产了自己的数据，社交软件的兴起则让每个人都成为信息的生产、发布者，人类社会的信息数量呈现爆炸式的增长；而随着大数据时代的来临，美国政府统计部门若要进行数据整合、寻找规律，不再需要普查，甚至也不需要抽样，就可以通过数据挖掘获取大量的数据进行即时、大样本、多源头、低成本的分析，监控社会、记录社会、分析社会。

面对信息时代信息量的急速增长、信息壁垒的快速破除、信息技术的飞速进展、信息治理问题的迫切要求，美国成为世界上最早建立首席信息官（CIO）制度的国家，在联邦政府各部门设置首席信息官负责各个组织的信息资源管理，将部门信息作为政治战略资源，在部门内部主导信息公开的相关工作，并协同预算的制定。此外，美国还积极鼓励科研院校、社会组织与地方政府合作，利用新生的信息技术和统计分析解决社会问题，如判定交通拥堵的时间段、描绘犯罪集中的区域和时间、分析城市不同时期的人口变迁、天气预报和全球导航等，并且十分注意统计成果迅速转化为面向社会公开、便于操作分析的可视化成果。

当然，信息技术的高歌猛进也带来了各种各样的社会问题和伦理问题。个人隐私权利、商业隐私权利与公共利益的界限何在，企业对于用户、政府对于公民信息的利用存在技术垄断，都是一些长期备受争议的问题。同时，美国作为联邦制国家，长期以来中央政府的各种统计机构并不能直接要求地方政府进行数据整合，州之间的信息流动、政府对于个人与企业的数据要求也存在法律上的争议。"9·11"之后，尤其是通过《美国爱国者法案》之后，伴随着"国家安全"这一概念的强势复归和民族认同的高度膨胀，这些政府之间、政府与议会之间的制衡与矛盾有所受限，美国政府得以主导更多、更丰富的来自基层政府和企业提供的个人信息并进行整合。

可以说，美国政府统计体制的发展历程给我国统计体制改革的启示是多样的：第一，应当重视权利与义务相一致的原则，找到国家、企业、公民的收益与代价所在，而这种权利与义务的界定在必要时需要统一的量化标准；第二，现代统计以人民群众的权利和利益为出发点，应当让群众切实感受到统计工作给自己带来的权利和便利，让人民在统计工作中由被动的接受者变成主动的参与者，提升民众对于统计工作的信任感，感受到统计在生活中的正面意义；第三，应当高度重视理论学术、科学技术的更新换代和广泛联动，鼓励科研院所、企业利用公开的数据进行整合、研究，合法正名、争取自己的利益，形成市场与科技的良性互动；第四，应当即时注意以立法、设立公共标准、加强政府信息公开的方式稳定推进改革，避免来源分散的数据成为行政部门内部和政企之间利益代表、利益输送的遮羞布，导致数据权威性与科学性的下降。

二、法国

法国长期以来有着悠久的国家主义、理性主义、中央集权传统，这种政治体制和认知方式在其政府统计机构的发展过程中不断产生影响。中世纪法国拥有欧洲大陆最大的中央集权王朝国家、最为发达协调的官僚体制、规模最大的农业生产、最为举足轻重的地缘政治力量、影响最为深远的教育与科研机构；而步入近代，面对绝对主义国家兴起、殖民争霸战争的挑战，经过启蒙运动和法国大革命民主主义、民族主义、科学主义、理性主义的洗礼，法国形成了崭新的治理理念，催生了新生的治理工具，其影响一直延续至今。

中世纪的法国，一方面有着广阔的国土面积、庞大的人口数量、高度同质化的宗教认同，是一个欧洲首屈一指的统一王权国家；另一方面又是一个国内封建主林立、国王不得不寻求宗教领袖和土地贵族支持、农民负担极为沉重的典型封建国家。这一阶段的统计工作，主要服务于中央政府所掌握的资源的清点，尽力维系王朝统治。

由于中央政府实际控制的土地财税、军事力量、意识形态资源在国内并没有达到垄断地位，又缺乏有效的财税治理和经济调节手段，国家财政在王室和战争开销不断增长的情况下长期面临危机，有时候不得不长期化沉重的临时税收、操纵货币兑换率获取利润、长期依赖外国商业银行贷款、甚至利用行政力量强行侵占犹太债权人和国内富商资产。

不断产生的新税种、频繁进行的征税使社会各阶层的利益受到了侵害，然而由于缺乏一个强有力的中央政府，即使希望对财政状况进行整顿，也难以协调各方利益。城市中的工商业者、放贷为生的债务人、城市贫民，乡村中依赖地租、不动产收益的土地贵族和身兼多重压力的农民，拥有形形色色政治经济特权的贵族和具有特殊国内、国际身份的教士，四处追求军饷掌握暴力的地方武装和雇佣兵，都有着各式各样的利益诉求，有的利益诉求甚至截然相反、彼此冲突，而由于缺乏政党对于社会利益争端的制度化约束，每一场冲突都可以调动起一个阶级的不合作。在这样的情况下，法国一方面逐步通过内部管理和对外扩张加快中央集权绝对主义国家建立的步伐，一方面不时地通过"三级会议"等方式进行国内各阶层意见的整合协调，寻求获得臣民基于"同意"的支持。

在法国建立绝对主义中央集权国家的过程中，对法国内部而言，经历多次党派争端、阶层冲突、经济危机的广大民众积极支持一个强势、稳定、统一政府整顿政治经济秩序；对法国的外向政策而言，法国的巨大体量和初步统一已经让其在欧洲获得举足轻重的国际地位，要寻求更显赫的国际地位就需要更积极进取的外交政策和军事行动，而这就要求更稳定的内部秩序，尤其以充盈的财政作为基础。要进行国家内部治理的改善，就要求国家全面地了解自己；要巩固国家外交和战争的基础，就要国家不仅全面地了解自己，而且全面地了解其他国家。如此一来，内政外交两个方向的要求却在对于国家各项资源的清查、研究、预测、规划上重合，这不仅催生了法国现代政府统计工作的诞生，而且在很大程度上也深刻影响了统计学这一学科的发展进程。

政治上，法国稳步推进中央集权的过程中高度依赖一个中央控制地方、内部垂直管理的官僚大臣机构，这样的官僚化进程有助于国家自主性的提高，在推行各项改革时让中央免于地方势力的干扰，让科学规划免于土地贵族、农民、新型资产者、城市贫民各方特殊利益的干扰，尽力让特殊利益在服务国家的最终目的指导下相互协调。然而不能忽视的是，这些单向对上负责的官僚在腐败问题上几乎无一幸免，更重要的是随着资本主义的扩张和深化，城市化和全球化的发展导致内部利益的协调和对外战争的冲突越来越复杂，不是少数几个办事得力的旧式官僚足以处理的，于是以官僚大臣为核心的利益集团容易产生团块化、系统性的腐败，许多重要部门没有科学的预算限制。同样，垂直管理一方面让地方政府的各项工作尤其是财税工作避免了相互拆台、竞争，另一方面又由于地方官员的监察评价、人事选拔、寻租机会一应归于中央和上级部门，让地方政府缺乏对于地方利益的关注，法国的官位和爵位买卖也成为欧洲"首屈一指"的生意。

经济上，法国此时主要面临两个问题：财政危机和饥荒。法国的财政危机曾经是法国建立中央集权绝对主义国家的动力，然而此时不仅没有得到根本解决，而且有愈演愈烈之势：一方面，法国对外与英国争霸，积极开辟殖民地，又要常常参与欧洲大陆上的王朝战争，导致海陆两方面军事的过度扩张；另一方面，资本主义的发展给法国带来了崭新的经济结构和社会结构，然而在政治上土地贵族仍然保持着大量特权，农业税收在财政来源上占有决定性的高比例。经济危机、货币政策的不成熟、财政政策的不稳定、官僚体系征税成本高昂更是给问题火上浇油。

如果说财政危机显示出"旧的统治方式已经维持不下去了"，那么饥荒危机则昭示着"新的治理方式已经到来"。饥荒是封建时代农业文明难以绕开的问题，农业文明往往因为饥荒问题要求一个高效统一的政府兴修工程、赈灾安贫，处理饥荒问题的结果直接影响农业国家的政府统治的合法性和有效性。进入近代，随着科学的发展和科学对于社会问题的研究和反思，围绕法国的饥荒问题主要产生了"重商主义"和"重农主义"两种观点。重商主义一贯主张发展出口以为国家积累财富，在饥荒问题上主张政府主动干预市场，打击囤积粮食、控制粮食流通、禁止粮食出口、压低粮食价格，希望以此稳定粮价、压低工资和出口货物价格，扩大出口，积累财富，富强国家。

与此针锋相对，法国的重农主义者立足法国农民众多、农业带来的地租和赋税占国家绝大多数财政来源的国情，认为对于粮食市场产量、流通、价格的管制挫伤了农民产粮的积极性，如果放开国内市场的管制，放弃国际市场的保护主义，那么丰收时出口到国外，粮价不会走低；歉收时国外粮食自然涌入国内，粮价不会走高。他们主张不要管制，而要放任；不要封闭，而要开放；不要集权、服从指令，而要分权、发挥个人积极性；不要从追求国家的集体荣耀出发，而要从尊重个人的欲望和利益出发；不是通过人的道德要求和主观判断做出决策，而是通过研究自然经济规律、市场各个要素在经济活动中的自然诉求来作出决策。

如果说法国的统计思想和统计实践在此之前很大程度上是为了掌握国家财富状况，清点国家的人口、军队、资源、财富积累，以发展国家的力量、展现国家的荣耀，那么在此之后，其目标和手段都有了巨大的变革。就目标而言，统计机构和统计学的目标固然是了解国家的力量有多大、发展潜力有多强，然而人民的地位由被动转向主动，了解国民个人的利益诉求、生活状况不仅因为这是国家力量静止的一部分，而且是因为不彻底地了解这些问题就不能客观理解动态的经济规律和政治形势，不能真正长远地发展国家。就工具而言，行政机器不仅要负责自上而下的贯彻执行，而且要负责自下而上的传达认知，国家对于国民的了解也不仅仅有助于自身面对国家间激烈的竞争，而且也是国家在国民之间行使权力、彰显存在的一种方式。

1789 年开始的法国大革命，给法国旧制度带来了翻天覆地的变化，也创造了人类历史的新纪元。中世纪的法国，为后世留下了中央集权的官僚体制和各阶层各地域分权协商博弈的双重遗产；近代绝对主义国家的法国，则为后世孕育了民主主义和理性主义的思想。这两个时段的思想和制度遗产，最终在法国大革命的剧烈变革时期得到了进一步的发展，并在之后制度化为现代法国政治新的一部分。

饥荒难题已经折射出农民受到的巨大压迫和有产者在政治、经济、文化诸领域逐步兴起的社会地位，而财政危机则成为压垮旧制度的最后一根稻草。路易十六面对重农主义提出的改革方案，在旧贵族的压力下举棋不定，最终迎来了 1788 年的冬季寒流，粮食减产带来粮食骚动和工业震荡，在北美独立战争之后一直危机四伏的国家财政终于不堪重负。1789 年，法国国王路易十六出于财政危机召开由教士、贵族和资本家市民三等级代表参加的"三级会议",第三等级的代表强烈要求改革税制、取消贵族特权,遭到国王路易十六和贵族的拒绝,最终爆发了"法国大革命"。

"法国大革命"爆发后,法国政府发动的战争规模有增无减,随之而来的是巨大的财政压力。为了减轻军事行动带来的财政压力,大革命产生了义务征兵制,并在一段时间实施了管制经济,新的共和政府迫切地需要整合国内的经济军事资源,了解国民的生产生活状况。大革命的社会秩序逐渐恢复后,1800年,法国设立统计局负责组织实施人口普查;1801年,内政部长下令举行了法国历史上第一次全国人口普查。而法国的财政危机,也因为义务兵役制、对外战争胜利带来的赔款和战利品、民族主义情绪的激发得到了极大的缓解。

"法国大革命"之后,国家主义、民主主义的影响在于要求国家与民众相互了解,国家不再视民众为只是服从领导、贡献力量的"臣民"而是积极的公民,民众也将国家作为自己的一部分,积极了解、服务国家。科学主义和理性主义的影响则在于:理性不仅可以解释自然科学问题,而且可以捕捉纷繁复杂社会生活中的社会规律。而从现象中把握本质的前提是了解人们的自然欲望、规划预期,把握与人之间的理性考量、利益格局,以科学的方法处理科学的对象便可以得到科学的真理,最终服务人民的福利。这些思潮对于统计工作开展的指导作用是显而易见的。

在城市规划和公共管理领域,这种变化尤为明显。由于大革命打破了城市与乡村之间的界限,劳动力、资本、技术在城市之间、乡村之间、城乡之间流通,随之而来的不仅是经济的增长和技术的传播,还有城市人口规模的急速增长、城市公共治安和卫生防疫压力的明显加大。如何保证良好的公共治理,有了各种各样的新的考量:要保证城市生活的卫生、舒适,就应当规划楼房距离、道路走向、排污系统,保证空气流通、水源清洁,而这就要了解城市人口的地理聚居分布,了解这些人口的职业、年龄、性别;要保证新兴城市的快速发展,就要了解不同产业的分布与增长状况,保证原材料和市场沟通的基础设施建设,规划货物集散的场地、规则;要维护城市治安,就要关注乞丐、流浪汉、罪犯,一无法像旧制度一样对他们视而不见,二无法像旧制度一样把他们拒之城墙之外,新的治理逻辑要把他们的身份、年龄、生源地记录在案，并监督他们进行劳动，统计犯罪率、贫困程度；突然拥挤的城市、突然加重的污染、频繁进行的战争，让天花、鼠疫和各种流行性传染病在城市中集中爆发，这就要求对于发病率、发病人口、发病集中地区进行周密统计，分析传染源，进行隔离和疫苗接种，及时控制传播；要保证充足的军员储备，发掘战争潜力，更要统计人口、出生率、死亡率，进行工农业产值普查。

统计学和公共治理结合的经典例子是犯罪统计学的发展，这也很大程度上体现了新的治理逻辑和统计学应用发展的相辅相成。法国人格雷作为巴黎司法统计负责人，利用生态分布图对法国一些罪行的犯罪率进行了分析研究；数学家凯特勒被认为是把社会统计学运用于犯罪学研究的第一人，1836 年，他分析法国犯罪情况与道德情况后得出一个著名命题：社会本身在准备着犯罪行为，而实施犯罪的人只是一个工具。公共管理告别了古典的幻想，根除犯罪并不可能，然而也意识到经过全面、系统、科学的数据收集和统计分析后，可以总结社会规律将危害逐步降低，改善人们的生活。

可以说，当代法国的政府统计体制仍然深受法国历史遗产的影响，但也做出了相应改进：在国家主义、中央集权的影响下，一方面，法国保留了中央集中协调的国家统计局，垂直管理，决定地方机构的人事任免，划定全球统一的数据标准，避免重复统计、相互扯皮，中央统计机构独立于政党轮替，综合协调下级数据；另一方面，法国比较集中的统计体制也有分散、多元的一面，各个政府部门往往设有自己的统计机构，大区以下的地方政府统计也在议程设置和提取地方数据、维护地方利益、表达地方诉求上有很大的自主权。而由于理性主义、科学主义的影响，法国统计部门秉持公开、客观、权威的理念，以对民众负责的责任感和信任科学技术发展的信心，独立于特殊利益和政治变迁，进行收集、分析数据的工作，还设立了专门培养、储备统计人才的高级院校，并以专业化、科学化、精英化的指导思想不断对统计机构的专业人员进行定期深度培训。而民主主义，则体现在法国优良的立法保证统计工作进行的传统，相关统计工作都下发统计许可证，配合统计工作是共和国公民的义务，但没有许可证的统计工作公民也有充分权利拒绝配合。

法国的历史条件与我国有诸多相似之处，都长期处于农业社会，政治上发展为君主专制中央集权的单一制国家，在步入现代的过程中经历了宏大的革命建设过程，高度关切科学对于人民福利发展的作用。尽管仍有诸多差异，这样相似的政治、历史、文化背景，使得我们可以从法国政府统计的发展历程中体会到多样的经验教训。

第一，关于其国家主义和集权主义。法国政府统计体制如何将中央集权、垂直管理、协调各方，与发挥地方积极性、培养民众信任中央权威结合起来，是值得我们重视的：通过集中垂直的人事、财政管理，减少地方政府和部门利益对于统计工作的干扰；地方既要完成中央任务，又可以向中央提交统计议程和预算计划，通过相对独立、灵活的地方或部门统计活动激发部门和地方统计的积极性。

第二，关于其理性主义和科学主义。法国高度重视提升统计机构专业人员的技能和业务，从设立专业院校、培养输送人才、终身培养、深度学习，不放松在职培训，形成科研院所和统计机构之间的互联互通和"旋转门"效应，并通过立法执法、定期考核、定期考察规范、提升相关人员业务水平。统计学者能够处理公共管理现实的一手资料、积极解决公共管理问题，公共管理者也充分了解统计工作对于治理的重要意义。

第三，关于其民主主义。将统计思维、统计方法作为国民素质提升的重要部分，鼓励统计部门加大通俗统计刊物的出版工作，升级统计知识方法普及工作，通过统计工作的公开、透明、亲民，鼓励民众直接参与统计工作、向民众展示统计成果和科学方法，让公民意识到参与统计工作、提升统计素质的重要性，取得民众的信任。

第四节　现有的政府统计部门组织与实施的问题和原因

一、问题

（一）数据质量参差不齐，特别是地方统计数据质量难以控制

首先，现阶段的统计指标众多，也不是所有的指标都有明确、科学的定义。其次，基础数据大多来自不同部门，部门数据共享机制不健全，无

法精细管理指标的内涵和外延，数据衔接性问题待解决：口径不一，含义不明确，计量单位没统一，可比性降低等问题。再次，在基层统计实践中也存在许多误差，例如，一些单位和个人的统计观念不强，对统计工作的配合程度差，为图省事发生的虚报、瞒报等情况影响数据质量。

调查对象配合度不高。政府统计服务的主动性不强，很少给群众有切身获得感。数据收集方式有待改进：给调查对象任务多，服务少，调查配合度低，质量不好保证。经常性的抽样调查主要是为国家、区域的宏观调控服务，因基层单位样本量小，故难以进行有效推算，对区县以下的基层单位服务作用小。

收集统计信息的方式还比较落后。虽然信息化建设在逐步推进，目前收集统计信息还主要依靠统计报表、工作台账搜集，直接由电子信息生成统计指标较为困难。全面调查的"一套表"准入制度规定了一定标准上的企事业单位接受全面调查，实际中难以做到实时准入和退出。一般按照在地原则进行的统计，在实际中还是难以解决不重不漏的问题。难以抽样、难以核实、不好界定企业规模等问题尚待解决。

基层统计部门工作压力过大。虽然统计调查体系已经较为完整，各层次的政府统计机构已全面布局，但由于政府统计机构的繁杂，基层从事数据采集统计服务的人员数量少、任务重，他们常忙于统计报表的催报、填报，对数据进行严格审核是有难度的。我们应当注意的是，他们的业务水平的高低直接影响了数据质量，因此他们较大的统计压力可能对基础数据的准确性带来负面影响。

（二）现有政府统计体制在一定程度上限制了政府统计职能的充分发挥

数据传递方式单一。目前的统计信息传递流程基本上是统计部门通过统计调查、企业联网直报数据先整理汇总信息，再由统计机构的官方名义向社会定期、公开发布的单向方式。因此，数据从采集、处理，到最后的结果呈现，传递方式单向运转，无法实现社会群体全方位、多层次的实时信息查询。

统计产品短缺陈旧，更新速度慢，指标体系具有不适应性。现有统计指标体系沿袭于计划经济时期，虽然经过了几次重大调整，仍有部分指标在社会上并不具有普遍的接受度。计划经济下的统计调查方法和市场经济下的统计调查方法混用，老方法和指标体系无法跟上时代。具体来说，在指标体系上，计划经济的政府统计以生产指标、总量指标为主，缺少反映社会主义市场经济、科技进步、环境保护、可持续发展战略的政府统计指标。一方面是统计相关产品未能及时反映社会热点，社会知晓度不高，另一方面是数据利用率不高，统计创新产品少，经常有其他领域的研究者因找不到合适的、统一的、权威的指标，而不得不自建指标。

（三）统计生产力过剩与统计资源浪费并存

重复统计、多余统计、过时统计、虚设统计。政府统计部门之间存在信息孤岛，长期、规范、顺畅的信息共享机制尚未建成，造成统计信息资源的浪费，阻碍了互联互通。政府综合统计机构（统计局）和众多政府职能部门各自为政。政府综合统计过多关注统计调查服务，对政府部门统计的管理、指导和协调力度不够，对其应有的管理职能弱化。指标数据上各专业缺少相互支撑和互补，政府部门之间缺少统一共享，制约了数据再加工的能力和速度，严重影响数据质量和建立在数据基础上的分析质量。

耗费大量的人力物力。政府统计部门花费了大量人力资源在抽样调查具体实践中，上到国家统计局、省调查总队，下到街道统计人员、片区统计专员，不够信息化的统计上报体系使得任务安排、信息采集、汇总、更新、修改逐级传递，除时间慢之外还容易导致人为误差。

部门协作的信息共享机制不健全。在统计信息范围上，统计机构更注重经济统计，开展调查的方式固定，社会统计更多分散于其他政府部门，而部门协作的信息共享机制运转不畅，导致数据分散不全面。政府统计部门之间的统计联系不密切，大量指标的内涵、口径、范围存在差异，使得数据交流衔接存在障碍。

二、原因

我国政府统计具有上述面临的竞争性的原因是多方面的，探讨其中的原因有助于我们解决问题，也为政府统计如何在大数据时代带来相应的启示。

（一）统计法律尚不完善，落实不足

统计法律尚不完善，落实不足，主要体现在统计的独立性、中立性和透明度较差，容易受到影响。

（二）涉及政绩考核，形成人为干扰

政府统计在国内的使用价值除了其三大主要功能外，还广泛地被使用到各类重大政绩考核中，指标体系涉及多种类别的统计数据：扶贫脱贫状况、高质量发展指数、实现现代化指标、政府领导政绩考核、全面小康监测统计指标体系等，这一方面给政府统计的顺利展开提供了行政支持上的便利条件，另一方面也使得政府统计面临来自领导层、社会舆论等的各方压力。特别是在地方层面上，各级政府部门都在以 GDP 等统计数据为主要指标考核政府官员，而当地统计部门又不得不接受当地政府部门和上级政府统计部门的双重领导，传统的政府统计方式为人为篡改数据提供了可操作空间。在此情况下，党政领导对政府统计数据的干预将严重影响统计的独立性和中立性。

有时候数据并不只是会被多报，也有可能被漏报、少报、瞒报。党的十八大以来，国家加大了对贫困地区的扶持力度，税收优惠政策、产业扶持政策、教育资源倾斜等"福利"吸引着某些地方政府装"穷"，故意减少收入、资产等指标。有的领导为了凸显自己的执政能力，在其上任初期压低财政收入，等其即将卸任之时，又指示政府统计部门提高"牌面"数据。

（三）政府统计制度运行效率低，责、权、利不很清楚

基层统计人员负担大。虽然统计调查体系已经较为完整，各层次的统计机构已全面布局，但由于统计机构的繁杂，基层从事数据采集统计服务的人员数量少、任务重，他们常忙于统计报表的催报，难免对数据进行粗审核。我们应当注意的是，他们的业务水平的高低直接影响了数据质量，因此他们较大的统计压力可能对基础数据的准确性带来负面影响。

冗杂的调查体系难以精确控制成本和数据质量。实地调查面临的问题各式各样，调查成本无法用统一的标准衡量。一些政府统计部门仅仅统计自己方便统计、能够管理到的数据，存在漏报、漏统等现象，不够全面。

抽样调查时样本代表性易出问题，重点调查时指标数据不全面，普查的时间跨度长、周期久，各类调查的针对性单一。

（四）统计服务和创新意识不够强

新的数据源匮乏，亟待开发新数据源。进入互联网时代以来，人类记录的信息量以指数级增长，而这新产生的人类数据大部分存在于与互联网相关的公司。传统的统计体系下，政府统计部门没有动力、也没有能力去开拓新的数据源。

对数据指标的解读和开发不够。政府统计主要把精力放在数据的设计、采集、控制、录入、汇总等事务上，花费在统计产品解读和开发的精力有限。数据发布后，往往是媒体和机构在解读数据。可能是避免担责或过度解读的缘故，政府统计大多只是发布些中规中矩的指标，少有经济意义上的解释，使得群众对数据的理解程度难以提高，对于统计工作的意义少有切身感受，对统计工作的配合意愿有限。

花费在统计产品开发的精力有限。主要把精力放在数据的设计、采集、控制、录入、汇总等事务上。

没有及时有效地关注热点，时效性不强。传统的统计体系获得数据的周期较长，难以有效追踪时事热点、回应社会关切，容易在互联网媒体时代被掌握数据资源的机构削弱其重要性，在统计产品竞争中处于被动地位。

本章参考文献

[1] 李大航. 政府统计信息咨询服务创新的探讨 [J]. 统计与咨询，2012 (3)：14-15.

[2] 李金昌. 论建立现代化统计调查体系 [J]. 统计研究，2018，35 (5)：3-8.

[3] 李倩，韩晋雅，王艳子. 我国统计信息咨询服务体系发展完善问题研究：基于三大类服务体系的探讨 [J]. 现代情报，2017，37 (2)：151-156.

[4] 刘丹. 统计信息咨询的理论与实践 [J]. 统计科学与实践，2010 (6)：38-40.

[5] 张倩. 大数据背景下地方政府统计职能转变研究 [D]. 北京：中央民族大学，2016.

第二部分

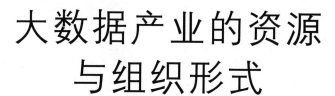

大数据产业的资源
与组织形式

第五章　大数据的发展逻辑

第一节　大数据的定义及特征

随着维克托·迈尔·舍恩伯格维克托·迈尔-舍恩伯格及肯尼斯·库克耶编写的《大数据时代》面世，大数据成为热点进入普通人的视角。大数据是指以数据生产、采集、存储、加工、分析、服务为主的相关经济活动，包括数据资源建设、大数据软硬件产品的开发、销售和租赁活动，以及相关信息技术服务。其定义在学界尚未得到一致认可，国家统计局在参考了联合国欧洲经济委员会的分类标准后，将大数据定义为"通过非传统调查渠道、从第三方获取的数据，包括政府部门的行政记录数据、商业记录数据、互联网数据、基于电子设备生成的数据和其他数据等5大类"。

大数据的特征很多，学者和业界并未给出一致的意见，从一开始的"3V"到"8V"，每一个说法都给出了合理的解释。其中流传最广、接受度最高的是 5V 特征：Volume（大量）、Velocity（高速）、Variety（多样）、Value（低价值密度）、Veracity（真实性）。

一、Volume——大量

大量包含大数据产业链的方方面面，例如采集、存储、计算和维护，数据的起始计量单位是 PB（1PB＝1 024TB，1TB＝1 024GB）。正常的单台计算机处理 1GB 的数据需要一分钟，处理 1PB 的数据需要四个多月，在没有分布式技术的前提下处理这些数据无疑是不可想象的。

二、Velocity——高速

大数据产业不仅高速产生数据，也对数据处理、分析、实时共享提出了高速的要求，例如精准营销算法要求在用户浏览新闻的几分钟之内完成用户个性化分析和产品推荐。

三、Variety——多样

智能穿戴设备和相应的应用软件在物联网进程中极大地拓宽了数据来源的多样性，例如智能手机、智能眼镜、智能汽车、智能手表等新智能用品层出不穷，数据类型也从传统的结构化数据拓展成了结构化、半结构化和非结构化数据，不断刷新着人类对数据的理解范围。

四、Value——低价值密度

信息感知多样性带来海量细而杂的数据，量大的同时带来的是价值密度低的难题，对数据挖掘和算法分析提出了更高要求。

五、Veracity——真实性

大数据的真实性指的是数据的准确度和可信赖性。大数据的价值需要建立在数据真实性上面才有意义。

大数据的真实性风险实质上就是指大数据的质量究竟是高还是低。大数据在现实中面临着三种风险，即数据出处来源的可靠性风险、数据传递过程的失真性风险、数据分析结果的可信度风险。

第一，数据出处来源的可靠性风险。数据出处来源的真实可靠是对大数据进行科学分析、挖掘和研究的前提条件，如果数据的出处来源环节就出了问题，待分析的数据本身就不具有可信度，那么得出的结论、做出的决策不仅毫无价值，往往还会产生不小的危害，甚至带来方向性的误导。在进行数据的初始收集和整理的时候，应该对所收集整理数据的真实性和可信度进行严格的监测和细致的过滤，通过严格鉴别数据的出处和来源，正确识别并剔除掉虚假的数据信息甚至恶意的数据信息，真正收集整理出真实有用的数据信息。

第二，数据传递过程的失真性风险。大数据信息在网络传播的过程中有可能失真，失真的原因大致包括三个方面及人为选择性失真、人为操作性失真、非人为性失真。一是人为选择性失真，即人为干预了数据的采集、收集、存储过程，有选择性地、有指向性地、有侧重地选取数据，或是采集、收集、存储了大量无用的或不科学、不真实的数据信息。二是人为操作性失真。无论是普通的数据上传者，还是经验丰富的数据管理人员，都有可能因操作不当导致数据出现误差与失真的情况。例如，误改、误删等操作。三是非人为性失真，主要是指由于数据版本的变更而导致数据出现误差和失真。任何数据的形成都不是一劳永逸的，随着时空的转换、政策的调整、技术的革新、人力和物力的投入，数据总会在原始版的基础上出现各种升级版，出现数据的 1.0 版、2.0 版、3.0 版、4.0 版……选择什么样的数据版本，就意味着失真的可能性将会有多大，版本的级别越高，失真的可能性就会越小，数据的真实性和可信度就会越强。

第三，数据分析结果的可信度风险。在大数据时代背景下，我们是否可以认为我们收集到的数据是全数据，并将数据处理思路从传统统计学中的通过样本推断总体向大数据时代的全数据研究转变。全数据这一概念本身就没有定量性的规定，全数据到底包括多少数据量是全数据概念界定与鉴定中需要注意、需要考虑的重要问题。实际上，尽管有大数据分析技术的支撑，研究者所接触和所获得的数据也很难包括全部数据，只有数据分析者自身本着求真求实的态度以及对数据分析技术、方法和手段的精准掌握与运用才能避免虚假信息和结论的泛滥，增强数据分析结果的可信度。

第二节　大数据产生的技术背景

一、网络宽带急速发展

带宽是"频带宽度"的简称，原指通信线路和设备传送信号的范围，而在网络中说的就是数据传输率，一般用单位时间内传输的数据量衡量，常用的 bit/s、Kbit/s、Mbit/s、KB/s、MB/s 等单位说的即是带宽。在信息高速公路上，带宽可以简单理解成是道路宽度，带宽越大，数据传输也就越快。网络宽带（相对于窄带）指的是满足一定带宽数值的一种传输标准，宽带的发展具体体现在带宽的提升。

自 2013 年提出《"宽带中国"战略及实施方案》，中国宽带网络政策环境显著优化。《中国宽带发展白皮书（2018 年）》指出，中国宽带网络实现了跨越式发展，固定宽带和移动宽带都在供给能力、下载速率、普及水平等方面显著增强，资费水平明显下降。

产业信息网数据显示，早在 2016 年，中国互联网普及率已经达到90%。中国宽带发展对互联网产业及实体产业的互联网化起到了支撑作用，为用户、企业等社会单位带来更好服务的同时，也为数据的传输铺就了一条金光大道。

二、智能终端全面普及

2007 年苹果公司发布了划时代意义的 iPhone，手机从功能机时代来到智能机时代。以智能终端为代表的基础设备在近十年来飞速普及，为数据的产生和应用奠定了基础。智能终端主要表现为智能手机、平板电脑、智能手表及其他可穿戴设备，越来越多的非智能化设备也逐渐进行了智能化改造。

智能终端依靠触屏体验、独立的操作系统、高性能的处理器等优良要素得到了用户的认可。经过数年的市场竞争，智能手机越来越便宜，智能手机普及率水涨船高。

发展离不开软件产品的开发，二者是相辅相成的。搭载的软件应用灵活拓展了基础设备的功能，是其长久生命力的源泉所在。表面上是人们购买了相应的硬件，实际上人们想要使用的是基于硬件之上的软件服务。

除了上述开放式服务，普及智能终端的另一利器是交互性，体现在与网络前端、与其他智能终端等多个方面，主要靠互联网接入和输出实现。所以说，带宽的增加为其交互性插上了翅膀，使用户获得了更好的体验，这进一步刺激了智能终端市场的发展。

三、有了硬件和软件的支持不足以产生大数据

（一）数据存储

朱熹有诗云："问渠那得清如许，为有源头活水来。"软硬件的支持只能说是铺设了优良的管道，用户数据才是流淌其中的活水。以往数据多以二维结构出现，而今各种智能终端带来了难以计数的视频、图片、音频、邮件、HTML、GPS 和传感器数据等半结构化、非结构化的数据，并以指数级方式增长。

数据常被人们认为是人类通过观察、统计、实验、总结出的数字，其实这只是狭义上的数据。抽象来看，数据主要指人类可识别的对客观存在的记录，涉及面十分广泛，包含文字、数字、图像、视频、音频等人类文明中存储的信息介质。举个详细的例子，外在世界通过各种感官收集、经验传授、自然习得等方式作用于人脑，人类的大脑记忆的是这个个体对外在世界的主观反映，这为个体后期的汇总、加工、积累和创造打下基础。那么，存储数据有什么用呢？首先，最重要的是数据实现了时间漂移，实现"历史重现"。假如没有存储数据，就像一个时时失忆的人，所能获得的新信息只能是当下这一瞬所产生的，既无历史的积累，也无未来的展望。其次，数据存储的物质性极大拓展了数据的应用场景。数据的存储不得不依赖于客观的物质基础，例如纸张、磁盘、软盘等信息存储介质，人类人脑的主观信息由此迁移到客观世界，继而为实现信息共享、复制、编辑提供了可能条件。

存储是影响计算机性能的关键因素，是数据应用的重要载体。大数据存储系统对数据存储提出了诸多要求，例如高可用、低成本、高速度和低开销，上述要求的优先级依次降低（即高可用＞低成本＞高速度＞低开销）。大数据存储的重要问题是，在保证数据高可用的条件下，实现存储容量（反映的是成本、速度、开销等问题）的最小化。大数据指数级增长，既给数据存储带来了挑战，也带来了机遇，众多关键技术应运而生，在本书"大数据技术"相关章节将会介绍。

智能终端的普及和网络带宽的发展带来的是数据流的增加，体现的是数据的动态特征。就像流水一样，假如只有流量没有静态的数据存量（此处的静态是相对的，并不是说数据没有变化），那么大数据也只是昙花一现而成不了气候。当流量跑起来时，配套的数据存储技术随之发展，存储数据成本长期来看呈降低趋势，大数据才有立足之本。

（二）数据存储技术发展——非关系型数据库

在过去的几十年中，关系数据库和结构化数据管理技术被广泛使用。大数据时代到来，对数据库带来了快速检索、实时处理和大容量解释的新挑战。数据来源复杂，数据结构转向无模式化，存储模式频繁更改等趋势使得传统的关系数据库不适合存储。将数据结构转换为关系数据模型、严格定义的关系模式以及简单任务过程的复杂性是关系数据库的基本特征，这是无法适用于大数据存储的。为动态增长的数据提供高度可扩展、可靠和高效的存储策略是大数据存储工具的主要目标，高效的分布式存储机制应运而生。NoSQL（不仅是 SQL）技术引入了灵活的数据模型、水平扩展性和无模式数据模型，提供了水平可伸缩、灵活、高可用、可访问和相对便宜的存储解决方案。NoSQL 数据库在实现一致性、容错性、可用性和对查询的支持方面表现出色，同时还保持着关系数据库的一些良好特性：可伸缩性、可用性、容错性、一致性和辅助索引。这些数据库旨在为大容量数据的可扩展性和管理提供便利。

Bigtable 是 Google 公司（Google Inc.）开发的产品，是一个分布式的结构化数据存储系统，Bigtable 的设计目的是可靠的处理 PB 级别的数据，并且能够部署到上千台机器上。Bigtable 是建立在其他几个 Google 基础构件上的。BigTable 使用 Google 的分布式文件系统存储日志文件和数据文件。BigTable 内部存储数据的文件是 Google SSTable 格式的。BigTable 还依赖一个高可用的、序列化的分布式锁服务组件，叫作 Chubby。Bigtable 使用 Chubby 完成以下的 5 个任务：确保在任何给定的时间内最多只有一个活动的 Master 副本；存储 BigTable 数据的自引导指令的位置；查找 Tablet 服务器，以及在 Tablet 服务器失效时进行善后；存储 BigTable 的模式信息；存储访问控制列表。Bigtable 是一个稀疏的、分布式的、持久化存储的多维度排序 Map5。Map 的索引是行关键字、列关键字以及时间戳；Map 中的每个 value 都是一个未经解析的 byte 数组。行名是一个反向 URL。列族存放的是网页的内容、该网页的锚链接、主页引用等内容。每个链接只有一个版本；而网页内容可能有多个版本，用时间戳对不同版本进行标识。Bigtable 和关系数据库很类似，使用了很多关系数据库的实现策略，但是 Bigtable 提供了一个和这些系统完全不同的接口，使得 Bigtable 不支持完整的关系数据模型，在非关系型数据的存储上也有良好的表现。

Bigtable 提供了建立和删除表以及列族的 API 函数，修改集群、表和列族的元数据的 API，比如修改访问权限。Bigtable 为客户提供了简单的数据模型，利用这个模型，客户可以动态控制数据的分布和格式；用户也可以自己推测底层存储数据的位置相关性。

Bigtable 已经在超过 60 个 Google 的产品和项目上得到了应用，包括 Google Analytics、Google Finance、Orkut、Personalized Search、Writely 和 Google Earth。这些产品对 Bigtable 提出了迥异的需求，有的需要高吞吐量的批处理，有的则需要及时响应，快速返回数据给最终用户。它们使用的 Bigtable 集群的配置也有很大的差异，有的集群只有几台服务器，而有的则需要上千台服务器、存储几百 TB 的数据。针对 Google 的这些产品，Bigtable 还是成功的提供了一个灵活的、高性能、高可用、可扩展的解决方案。

四、计算能力逐步跃升——云计算

数据规模随着数据采集和数据存储的不断增加，对数据的存量抑或流量处理都已经难以由单台计算机完成，不得不采用多台计算机共同分配计算任务的方式，也就是分布式计算，具体包括与存储系统的对接、计算任务分配、数据的传入传出、数据安全等实际情况。

大数据计算框架在批处理、流式计算、交互式分析、增量计算方面实现了巨大发展。Hadoop 在批处理技术（分布式计算）方面成为业内标杆，形成了较为完整的生态圈；业界使用的 DAG（有向无环图）计算模型更灵活地表达了各种复杂的依赖关系，提升了执行效率。流式计算框架使得源源不断产生的动态数据能够在短时间内得到处理，避免拥堵、遗漏或者重复等问题。交互式分析让数据分析人员得以使用类似 SQL 的语言进行交互式查询，为数据分析带来了便利性。增量计算框架处理的是数据新增或周期性更新的问题，只对部分新数据进行计算，从而极大地提高了计算效率。

如前所述，将大数据比喻成流水，智能采集是流水的源头，网络带宽是管道，存储技术是蓄水池，计算能力即是处理流水的能力。大数据计算能力的发展为数据应用插上了翅膀，为大数据实现从数据本身到数据价值的惊险一跃创造了可能。可以说，大数据有了计算能力的加持，才能如虎添翼。

随着宽带和无线网络的普及、存储成本的下降以及互联网计算软件的逐步改进，将计算和数据从台式机和便携式 PC 转移到大型数据中心成为 21 世纪的新趋势。用户将通过轻型便携式设备访问互联网服务，而不是通过传统台式 PC，用户不用关心数据计算，计算能力由云计算提供。近年来随着大数据及人工智能的突破性进展，被称为"ABC"的"人工智能＋大数据＋云计算"模式将在企业、行业及整个国家和世界发展中起到举足轻重的作用。其中云计算是大数据技术和人工智能的保障，没有高速的运算，大数据的价值就无法被开发，人工智能技术也无用武之地。

早在 20 世纪 60 年代，美国斯坦福大学教授、计算机科学家 John McCarthy 提出把计算机的计算能力作为一种像自来水、电力一样的公共事业产品提供给用户的理念，这成为云计算的起源。2006 年 8 月，时任 Google CEO 的埃里克·施密特（Eric Schmidt）首次将云计算（Cloud Computing）的概念引入人们视野。国内比较权威的是工业和信息化部电信研究院出版的《云计算白皮书（2012 年）》中给出的定义，即"云计算是一种通过网络统一组织和灵活调用各种 ICT（信息和通信技术）信息资源、实现大规模计算的信息处理方式"。也就是说云计算是一种革新的基于互联网的计算方式，通过这种方式共享的软硬件资源和信息可以按需提供给用户的计算机和其他设备，而对于用户来说看到的只有服务本身，不用关心相关基础设施的具体实现。目前，云计算基础设施和服务的主要技术基础包括虚拟化、面向服务的软件、网格计算技术、大型设施管理和能效。

当前中国云计算市场有腾讯云、阿里云、百度云、金山云、京东云等，市场份额呈"一超多强"格局，阿里云一直保持市场领军位置。阿里云创立于 2009 年，是全球领先的云计算及人工智能科技公司，致力于以在线公共服务的方式，提供安全、可靠的计算和数据处理能力，让计算和人工智能成为普惠科技。阿里云服务着制造、金融、政务、交通、医疗、电信、能源等众多领域的领军企业，包括中国联通、12306、中石化、中石油、飞利浦、华大基因等大型企业客户，以及微博、知乎、锤子科技等明星互联网公司。在天猫双 11 全球狂欢节、12306 春运购票等极富挑战的应用场景中，阿里云保持着良好的运行纪录。2014 年，阿里云曾帮助用户抵御全球互联网史上最大的 DDoS 攻击，峰值流量达到每秒453.8Gb。在 Sort Benchmark 2015，阿里云利用自研的分布式计算平台ODPS，377 秒完成 100TB 数据排序，刷新了 Apache Spark 1 406 秒的世界纪录。

阿里云认为，计算的终极意义是发挥数字的力量，去解决问题、创造价值，让数字不止于数字。云计算就是使用分布式的方法，针对海量数据大计算的一种解决方案。阿里云的品牌口号——"为了无法计算的价值"（Creating value beyond computing.），深入地阐释了阿里云的品牌定位及品牌价值。如果没有计算能力，就谈不上大数据的时代，谈不上海量数据的高效应用。

第三节 大数据产生的商业逻辑

一、积累海量数据

随着互联网的发展，尤其是移动互联网产业在软硬件上的创新和突破，网络宽带提速、智能终端普及带来了数以亿计的数据流量，而存储技术的进步和单位数据存储成本的降低为数据的海量积累创造了条件。当然，这里的"积累"主要指海量数据（起始单位 PB 级）的形成，单机可处理的数据、纸质材料等数据虽然也需要积累，但它们在数据形式、数据结构、处理技术、数量级等方面存在差异，难以催生出大数据产业的萌芽。

就生产和积累数据来说，基于数据本身的公司主要采用两种产业类型：内生型价值模式、外生型价值模式。它们的区别在于数据的产生方式、主要用途不同。内生型价值模式的企业积累数据是被动的，多用于企业自身营销、为客户服务，数据的产生往往和实体产品相关，例如淘宝、Amazon等电商；外生型价值模式的企业积累数据则较为主动，它们提供数据即是提供服务，积累数据是服务的基础，主要以授权、租赁方式将数据交付其他企业或独立部门使用，例如腾讯、Twitter、Google、百度。

二、挖掘数据价值——Twitter文本分析

数据挖掘包含多个方面，例如顾客交易数据分析、多媒体数据挖掘、隐私保护数据挖掘、文本数据挖掘、Web挖掘、社交媒体挖掘。数据挖掘取决于实践应用的需求，价值即体现在需求里面。由于大数据的价值密度低，传统的数据分析工具难以处理，要想从大数据中提取先前未知的、潜在的有用信息和价值，必须以算法、工具和平台为支撑，以具体的应用数据为原料，以实际需求为目标导向和检验标准。数据挖掘和机器学习算法的设计和开发，需要基于数据本身和应用需求的匹配，而算法的实现离不开高效的处理工具和平台。

Twitter作为全世界最流行的微博服务，由Dorsey于2006年3月创办并在当年7月启动的。Twitter用户每天会发表近10亿条推文，Twitte每天处理约20亿的网络搜索请求。Twitter文本情感分析一直备受关注。早期人们对于如何用Twitter中的文本检测情感做了大量研究，包括利用博文特征以及词的元信息检测Twitter中的情感，监督式的分类方法识别情感、微博中的情感分类技术等。2008年后逐渐投入到具体情境中。2008年美国大选演讲辩论时，依靠Twitter数据分析选民情感；2008年Bollen等通过Twitter文本分析公众情绪，从而预测股市；2009年德国联邦选举时，利用Twitter数据分析博文在政治方面的倾向性。

在Twitter数据进行股市预测情境中，Bollen等通过提取Twitter上

的关键词分析公众情绪，再将情绪曲线与道琼斯工业指数进行对照，分析股票市场。从心理学，行为金融学的研究说明了公众情绪可以推动股市价值。为验证这个想法，Bollen 等研究了大规模 Twitter 信息源产生的集体情绪状态的测量值是否与道琼斯工业平均指数（DJIA）随时间的价值相关。Bollen 等收集了 2008 年 2 月 28 日到 2008 年 12 月 19 日提交给 Twitter 服务的文本内容（约 270 万用户发布了 9 853 498 条微博）对于每个文本内容做基本文本处理，并将在同一日期提交的所有推文分组，且只考虑那些包含作者情绪状态的明确表述的推文，然后预测分三个阶段进行。在第一个阶段，将每日 Twitter 的收集置于 2 个情绪评估工具中：（1）Opinion Finder，它从文本内容中测量正面和负面情绪；（2）GPOMS，它从文本内容中测量 6 个不同的情绪维度。这导致共有 7 个公众情绪时间序列，一个由 OpinionFinder 生成，六个由 GPOMS 生成，每个代表了特定日期公众情绪的潜在不同方面。此外，从 Yahoo! 中提取了每日道琼斯指数收盘价的时间序列。在第二阶段，研究了用 gpoms 和 opinionfinder 测量的公众情绪预测未来道·琼斯指数值的假设。并使用因果关系分析将道·琼斯指数值与 gpoms 和过去 n 天的值关联起来。在第三阶段，对"公众情绪的测量可以提高 DJIA 预测模型的预测精度"假设进行验证。研究结果表明，在一定的情绪维度下，标准股票市场预测模型的预测精度得到了显著提高，而其他预测模型的预测精度则没有显著提高。

三、优化企业管理

大数据对于互联网信息的把握是十分强大的，企业根据用户搜索、浏览、购物等行为能够发现新的市场需求，进行精准营销，带来销量和利润的提升。

对于一个传统产业的大企业来说，从原材料的购置、产品的生产和存储，到最终的销售变现，少不了高额的数据管理和维护成本。基于物联网下的大数据技术，例如文本分析、实时物流管理，能够有效地降低企业内部信息不对称的程度，优化生产管理，降低运营成本，从而达到企业利润的进一步增长。

大数据加速向传统产业渗透，会驱动生产方式和管理模式变革，例如电信、金融、交通等行业利用已积累的丰富数据资源，积极探索客户细分、风险防控、信用评价等应用，加快服务优化、业务创新和产业升级步伐。

四、助力高层决策——大数据扶贫平台建设

大数据产业对传统行业的影响是贯穿整个产业链的，因此具有颠覆性。企业高层应提早布局，拥有大数据战略思维，为企业长期发展做好决策。

大数据产业的发展对于国家发展也有特殊的意义。数据被誉为"二十一世纪的石油"，可见数据对当今经济发展的重要作用。假如数据泄露到敌对势力手中、被不法分子利用，我们谈何安全？另一方面，假如国家能推动大数据产业成为新发展动力，重点布局大数据区域和行业，或将带来新一轮的产业革命。合理利用互联网大数据进行舆情监测，有助于引导民意表达，为社会的和谐稳定保驾护航。

2016开始实施精准脱贫工程，国务院扶贫开发领导小组办公室发布会表示将以户政数据、就业收入数据、农业数据、医疗数据、社保数据、企业经营数据等为基础，按照国家制定的统一扶贫对象识别办法，以县为单位，规模控制、分级负责、精准识别、动态管理为原则搭建扶贫大数据平台，开展扶贫行动，实施精准扶贫工程。调动各方面力量，完成对贫困村、贫困户的准确识别，并逐一建档立卡，建立扶贫信息网络系统。

甘肃省围绕"精准扶贫、精准脱贫"的总体要求，在全国率先出台了"1＋17"的精准扶贫系统性工作方案。"1＋17"大数据平台以医疗数据、交易数据、金融数据、物资数据、经济数据、地理数据等为数据源，运用语义引擎、可视化分析、数据挖掘、模型构建等方法进行数据分析，分析结果运用到扶贫贷款、阳光医疗、政策法规、物流监控、发展规划等场景。"1＋17"大数据平台整合了医疗、教育、农牧等所有与扶贫相关的职能部门，针对贫困户"量体裁衣"，释放了政策叠加效应。目前平台初步形成了信息采集、统计、分析、管理功能，下一步将不断完善平台功能，

加强信息采录管理，尽早实现与行业部门间的数据对接共享，更好地发挥大数据平台精准分析、精准管理的作用。

贵州省以贫困人口信息为数据源，建设扶贫云，通过大数据技术，扩大信息采集的渠道，提高数据加工能力和效率，深度挖掘数据的价值，为扶贫工作提供真实可靠、及时全面的决策数据。识别出已落实和未落实的贫困人口分布，关联显示帮扶的人或单位等相关信息。通过帮扶情况分析，清晰了解省、市州、县、镇、村贫困人口的实际帮扶情况，协助帮扶任务的落实。

青海海西州以省、州"两线合一"的安排部署，精准识别确定海西蒙古族藏族自治州的贫困人口。对识别出的扶贫对象以县为单位进行网络实名公示，并将贫困户信息录入建档立卡管理系统，按照有进有出的动态管理机制，建设完成海西州扶贫攻坚大数据平台，实现了扶贫对象电子信息档案的集中管理，为推进精准扶贫、精准脱贫提供了决策依据。

第四节　未来发展方向

一、国内政府对大数据产业的历年政策解读及背景分析

我国企业在大数据领域较早开始布局。2015 年 9 月，国务院印发《促进大数据发展行动纲要》，系统部署大数据发展工作。2016 年 3 月 17 日，《中华人民共和国国民经济和社会发展第十三个五年规划纲要》发布，其中第二十七章"实施国家大数据战略"提出：把大数据作为基础性战略资源，全面实施促进大数据发展行动。

我国大数据产业不仅在物理存储设备与处理能力等硬件设施上进一步建设，也加强在技术研发与人才培养方面的投入。在软硬件方面，国内骨干软硬件企业陆续推出自主研发的大数据基础平台产品，一批信息服务企业面向特定领域研发数据分析工具，提供创新型数据服务。在平台建设方面，阿里、百度、腾讯等互联网龙头企业在长期的技术积累和实践创新中，具备了建设和运维超大规模大数据平台的技术实力。在智能分析方面，科大讯飞、第四范式等企业在人工智能前沿技术，如语音识别、图像理解、文本挖掘等方面抢占技术制高点。在开源技术方面，我国对国际大

数据开源软件社区的贡献不断增大。在人才培养方面，我国已经在引进国外优秀人才、新增大数据科学与工程相关专业、提高大数据工作人员待遇等领域重视对大数据人才的吸引和培养。

二、国外政府对大数据产业的阶段性政策解读及背景分析

发达国家大数据发展战略的首要举措是将其上升为国家战略，并给予十分充裕的研究和应用经费。发达国家在应对大数据时代最为直接的举措和最为显著的标志之一就是建设政府数据开放门户网站（如美国的 www.data.gov、英国的 Data.gov.uk、澳大利亚的 Data.gov.au）进行数据开放。

美国作为全球大数据领域的先行者，在运用大数据手段提升社会治理水平、保障和改善民生、维护社会和谐稳定方面已先行实践并取得了显著成效。美国的人口、交通、医疗等公共部门通过对微博、社交网络、搜索引擎等用户产生的海量数据进行挖掘，实现了对人口流动、交通拥堵、传染病蔓延等情况的实时分析。大数据在美国之所以能被迅速、广泛应用，与美国高度重视大数据价值、积极推动数据开放和拥有一批掌握核心技术的信息技术企业密切相关。Google、易安信、惠普、IBM、微软、甲骨文、亚马逊、Facebook 等企业很早就通过收购或自主研发等方式布局大数据，成为大数据技术的主要推动者，并快速推出与大数据相关的产品和服务，为各领域、各行业应用大数据提供工具和解决方案，还有像盛庞卡（Splunk）、天睿（Teradata）等创新能力较强的创业公司。

发达国家还依托国家外交战略，促进国际合作，多在推进军民融合，确保制信息权。美国利用网络安全话题与其他国家开展外交活动，为美国信息产业谋求更大市场份额。德国推动建立和保持欧盟在世界范围内的广泛合作、联邦政府内部的合作、联邦政府信息技术特派员负责的公共和私营部门之间的合作。美国不断加强大数据资源开采，联合有关盟友组建"五眼联盟"，进行全球监控，有关机构对大数据投入巨资，目的是应对军事和国家安全领域面临的大数据挑战，提升维护国家安全和信息网络安全的能力。

三、国内外政府政策对比及趋势预测

以国家战略支持：政府将继续大力支持大数据发展，其国家战略规划格局短期内不会改变，争取抢占技术高地。

加快大数据产业落地生根：国家政策到具体落实还需要一段过程，以中美两国为代表的世界主要国家都在积极促进大数据产业的实地布局。在我国，各级地方政府新建了大批的大数据产业园。

加强大数据技术在各方面的应用：大数据技术的应用十分广泛。随着物联网技术的发展、各单位信息化建设的加强，每个单位、行业、区域都可能积累大量的数据。如何有效利用这些数据，加强大数据技术在各方面的应用早已提上日程。具体包括：

（一）细分行业的智能化

通过向各个细分领域渗透大数据思维，不断提高各领域的信息化程度和数据积累。

（二）数据收集的智能化

可穿戴设备的不断发展使得数据类型、形式、行业等数据特征变得丰富。

（三）数据存储

数据存储方式随着存储成本降低而发生改变。

（四）数据分析计算

从传统的大数据应用，到基于大数据之上的复杂模型构建、深度学习等人工智能运用。

（五）数据分析助力高层决策——杭州城市智慧大脑

2016 年 10 月 13 日，在杭州·云栖大会上，杭州市政府联合阿里云公布了一项计划：为这座拥有 2 200 多年历史的城市，安装一个人工智能中枢——杭州城市数据大脑。所谓城市大脑，就是政府部门和企业打通信息关卡，为智慧城市治理建一个共享数据的大平台。利用人工智能技术，对整个城市进行全局实时分析，自动调配公共资源，形成以数据为驱动的

城市决策机制。它以数据为核心，帮助政府各部门做决策，最终能够影响到普通市民的方方面面。

城市大脑由五大系统组成——超大规模计算平台、数据采集系统、数据交换中心、开放算法平台、数据应用平台。城市大脑计算平台采用飞天（Apsara）操作系统，该操作系统是由阿里云自主研发的超大规模通用计算操作系统。城市大脑涉及的数据量巨大，数以百亿计的城市交通管理数据、公共服务数据、运营商数据、互联网数据被集中输入。如果没有高速的数据处理系统，海量数据不但不能成为大脑智慧的源泉，还会卡住大脑运转的齿轮，给决策带来困扰。飞天可以将百万级的服务器连成一台超级计算机，提供源源不断的计算能力，以保证大脑能够"眼疾手快""当机立断"。

城市大脑项目组的第一步，是将交通、能源、供水等基础设施全部数据化，连接散落在城市各个单元的数据资源，打通"神经网络"。杭州交通硬件设施的完备，为城市大脑提供了丰富的数据，城市大脑在海量数据的基础上构建一个算法模型。有了模型，城市大脑就能对摄像头采集的城市交通实时信息进行实时分析，并及时反馈到红绿灯上调整车流。同时，大脑在不断决策的过程中不断优化模型，使得决策越来越准确。相比由人解决交通问题，该大脑的优势点是：全局分析、响应速度快、智能化。2016年9月，城市大脑交通模块在萧山区市心路投入使用。初步试验数据显示：大脑能够感知复杂道路下车辆的运行轨迹，准确率达99％以上；通过智能调节红绿灯，道路车辆通行速度平均提升了3％～5％，在部分路段有11％的提升，如果依靠人力去完成这些工作，大约需要15万个交警来协同处理。

2018年12月29日，杭州城市大脑（综合版）正式推出。这意味着，杭州城市大脑从原先单一的交通领域向城管、卫生健康、旅游、环保、信用监管、城市治安等领域全面延伸，从而真正建立起智慧城市的中枢系统。同时，不同领域的应用主体、业务数据和信息系统接入其中，与中枢系统及其他部门产生"化学反应"，使得各领域的决策更准确，让数据为整个城市治理和百姓生活提供服务。作为城市新的基础设施，城市数据大脑将是开放、不断完善、迭代发展的系统，随着城市数据大脑的逐步推进以及各建设行业系统开发的不断深化，必将激活城市其他行业以及跨行业的基于城市数据大脑的系统建设。有序推进其他行业系统接入及提升，最终实现城市治理领域的全覆盖。

本章参考文献

［1］池莲.大数据产业形成路径及其产业集群发展动力机制［J］.商业经济研究，2015（17）：66-68.

［2］丁兆云，贾焰，周斌.微博数据挖掘研究综述［J］.计算机研究与发展，2014，51（4）：691-706.

［3］郭朝先，胡雨朦.中外云计算产业发展形势与比较［J］.经济与管理，2019，33（2）：86-92.

［4］九次方大数据研究院.全球大数据案例汇编：政府篇［R］，2016.

［5］李涛，曾春秋，周武柏，等.大数据时代的数据挖掘：从应用的角度看大数据挖掘［J］.大数据，2015，1（4）：57-80.

［6］杨洁.杭州城市治理模式新探索：实施全国首个城市数据大脑规划［N］.中国建设报，2018-05-28.

第六章　大数据商业行为与产业组织

第一节　大数据产业的产业链

一、大数据采集与存储——以冷链物流企业为例

大数据采集与存储以如何获取海量数据、获取后的数据如何存储为重点，探讨了数据资源获取、数据采集手段、数据管理中心、云平台等内容。

近年来，我国生鲜电商的迅速发展，为冷链物流行业带来了更多的机遇与挑战。冷链物流（Cold Chain Logistics）泛指冷藏冷冻类食品在生产、贮藏运输、销售、消费的各个环节中始终处于规定的低温环境下，以保证食品质量、减少食品损耗的一项系统工程。而现阶段，我国冷链物流行业的信息化建设水平普遍较低。大多数企业并未将物联网、数据交换、云计算、大数据等先进的技术充分利用，使得行业效率与国外相比仍处于较低水平。

大数据项目对于冷链物流企业将会具有十分重要的作用。其运用广泛大量的数据来源进行分析处理，从而指明企业的优劣势以便保持和改善。大数据项目可以带来的具体收益包括：优化冷链物流内部管理流程，降低运营成本，提高配送效率，从价格竞争转向价值竞争，从而推动冷链物流企业加速转型为以数据为驱动力的创新企业。

在冷链运输过程中，需要采集的数据有：仓储信息、干线运输、配送过程、环境监控、警告信息、客户满意度等。仅考虑运输过程中的数据采集，以一家拥有50辆冷藏集装箱运输车的冷链物流公司为例，每5分钟采集一次车辆状态与位置，车厢内至少3个温区的温湿度、车厢开关门等数据，12小时内的数据总量就已高于十万条。这样可对运送全过程进行全面而有效地监控，同时产生的大量数据中也包含了重复、冗余的信息。而考虑管理信息的数据采集，则要对客户文件、订单合同、供应商合作资料、视频采集文件、媒体报道等各种非结构化数据进行处理。同时，这些非结构化数据还涉及多个社交媒体，如微博、微信、QQ、电子邮件、客户满意度调查等。对这些数据的采集中，也需要通过文本标记和注释来创建元数据（如什么产品、哪个客户、哪个位置）。随后，这些元数据就可以作为结构化数据的分析维度，从而帮助整合冷链物流的结构化和非结构化数据。

而这些收集起来的数据，不仅需要实时展示与结构化处理，还需要对全部数据进行存储，为客户、供应商和承运商的业务管理与商业分析系统提供数据调用接口，实现管理分析、市场预测以及经营决策。在大数据平台之上，系统需要对多种不同格式的数据混合存储，传统的关系型数据库设计原则已经无法适应新的需求，新型的非关系数据库设计模式主要有：

文档数据库：采用 XML 和类 JSON 的数据结构，提供嵌入或文档引用两种方式来为两个不同的文档对象建立关系；

列簇数据库：以高性能查询为设计核心，提供宽行和窄行设计决策；

索引数据库：以快速搜索为设计核心，优化每个字段内容的处理结果。

对于数据的存储和归档，必须通过建立一体化的数据中心和信息管理系统，建设操作便捷、安全稳定、实时自动更新、准确分析、可持续的集中化管理平台，以便于后续进一步的数据处理与分析。

二、大数据分析计算——以招商银行为例

大数据分析计算围绕如何对数据进行挖掘处理和分析计算，探讨大数据加工、大数据分析、大数据可视化、大数据人工智能等内容。

互联网金融和利率市场化对传统银行的经营管理模式提出了巨大挑战，各大商业银行如何发掘新的利润增长点，便是关键问题之一。而零售业务在商业银行具有广泛的客户基础，对银行来说是稳定性和成长性较高的业务板块。因此，如何强化银行经营管理中的零售思维，将决定其未来能否在新一轮竞争中占据市场制高点。大数据分析为商业银行深入了解客户、挖掘和预测客户需求、为客户提供个性化金融产品和服务以及实现精准化营销提供了强大的工具，推动了商业银行零售业务在营销上的创新和改革。

招商银行在业内较早地开启了零售大数据的布局与整合。2014 年逐步对借记卡、信用卡数据进行了整合，同时主要的借记卡基础数据按客户、渠道、事件、协议、产品、财务、资源项等七大主题完成整合。同年，招商银行开始建设信用卡数据及借记卡汇总数据，其中，信用卡的基础、汇总数据分三批进行了整合，对借记卡汇总数据进行了九宫格设计，完成了核心数据的建立。目前，招商银行零售大数据整合主要由四层组成，由里到外分别是：基础层、营销层、行内网络层以及行外互联网、三方数据层。

其中，基础层包含客户的基本信息、产品信息、交易信息，营销层包含营销接触信息，包括营销管理系统、财富管理系统、远程银行中的营销接触信息。行内网络层包括本行网银、一网通、手机银行、微信银行的客户接触信息。行外互联网、三方数据层包括行外微博、微信等互联网渠道的客户接触信息。

（一）产品需求评分模型

该模型原理是通过大数据分析找出决定客户购买行为的各类相关变量（特征变量），然后根据这些特征变量对客户行为的影响程度（用 IV 值度量）进行赋值，IV 值越大，表示该变量对用户购买行为的影响越大。最后综合各特征变量，对每位客户的购买行为进行打分，综合得分越高的客户越有可能购买该产品。

以"股票型"基金购买模型为例，特征变量包括有：受托理财产品购买时长、是否持有受托理财产品、持有重点产品数、负债业务类资产发展趋势、一卡通金卡持有数等级等，假定其他变量不变，进一步分析各特征变量是如何影响客户购买"股票型"基金这一行为。以"受托理财产品购买时长"为例，将客户已购买理财产品时长作为自变量，成功购买"股票型"基金为因变量，可以描绘出二者之间的变化关系。

（二）客户细分模型

1. 渠道偏好模型

根据客户交易、访问渠道的识别，构建"渠道偏好模型"。其又可分为：客户登录/访问渠道偏好、客户重点结算交易类型渠道偏好以及客户主要产品购买渠道偏好。

通过渠道偏好模型，银行可挖掘以下信息：第一，通过该模型可以看到客户渠道偏好的整体概貌，从而有效地进行渠道管理和建设。第二，该模型可以显示渠道的深度。第三，通过该模型可以了解到各渠道使用客户对银行的价值贡献。第四，通过该模型，可以掌握各渠道的宽度。

2. 零售客户消费细分模型

通过挖掘客户的消费交易行为，可以预测每位顾客的消费偏好，从而为客户推荐适宜的产品、卡片，或吸引客户参加特定的活动。招商银行将客户消费偏好分为超市控、商旅控、美丽控、娱乐控、文体控等几大族群。

（三）微信银行互动文本挖掘

基于微信银行互动文本的挖掘应用可以帮助银行弄清楚用户在微信银行的行为和偏好，了解用户办理业务的方式及种类、用户与微信银行的交互深度和宽度、交互时间偏好以及交互文本内容；通过对关键词以及交叉关键词的统计分析可以挖掘用户关注的焦点以及金融需求；而用户槽点的提炼也可以帮助银行优化微信银行系统设置及功能。

通过对招商银行零售大数据的应用分析，可以看到大数据时代，银行发展和决策必须从"经验依赖"向"数据依赖"转变，用数据说话，用数据指导决策。

三、大数据交易和大数据应用——以运营商发展为例

大数据交易围绕加工好的数据如何实现交易流通，对应的是大数据流通交易平台-数据需求商。大数据应用主要是大数据加速向传统产业渗透，驱动生产方式和管理模式变革，例如电信、金融、交通等行业利用已积累的丰富数据资源，积极探索客户细分、风险防控、信用评价等应用，加快服务优化、业务创新和产业升级步伐。

电信运营商在大数据的应用，主要用于内部服务，比如支持内部的客户流失分析、营销分析和网络优化分析，而对外的服务模式尚未成熟。运营商的数据则主要分散在总部和各省公司的 B、O、M 三域和业务系统中，分析型系统也多采用分域建设，难以进行跨区域的综合性分析和全网端到端分析。因此，要建设大数据平台以完善功能。

（一）模式一：全网集中建设大数据平台

总部统一建设全网大数据平台，统一采集全网数据，统一进行数据标准化预处理，统一保存明细及汇总等各类数据，统一开展应用开发和数据分析服务，结合数据集市为总部及各省提供服务。

（二）模式二：总部及东部省建设大数据平台

总部建设全网大数据平台，统一采集全网数据，统一进行数据标准化预处理，统一保存明细及汇总等各类数据，统一开展应用开发和数据分析服务，结合数据集市为总部及未建设大数据平台的省提供服务。东部省建设省级大数据平台，采集层将数据同时送给总部及省级大数据平台，独立采集省内个性化数据，省级大数据平台自行进行数据预处理，长期保存明细及汇总等各类数据，并以此为基础开展省内应用分析。

（三）模式三：总部、各省均建设大数据平台，分别支撑总部和各省大数据应用

大数据平台建设中也将面临以下挑战：

（1）企业数据统一建模、实现开放共享。数据统一建模涉及的数据范围广，数据模型复杂，重构难度较大。

（2）企业数据集中存储，数据安全性、稳定性要求较高。大量数据源系统的接口对接工作量大，海量数据处理和存储存在诸多技术难度和风险。

（3）依托云资源池，建立数据运营及应用开发模式，开发和建设经验缺乏，运维难度大。

对比国外电信的大数据应用，西班牙电信 Telefonica 成立了名为"动态洞察"的大数据业务部门，对某个时段、某个地点人流量的关键影响因素进行分析，并将洞察结果向政企客户提供。

法国电信 France Telecom 开展了针对用户消费数据的分析评估，以帮助法国电信改善服务质量，如对通话中断产生的原因进行分析以完善网络布局。此外，还承担公共服务项目的 IT 系统建设，如承建了一个法国高速公路数据监测项目，对每天监测到的记录进行分析，为行驶于高速公路上的车辆提供准确及时的信息，有效提高道路通畅率。

德国电信和 Vodafone 在利用大数据为自身业务服务之余，已向商业模式跨出了一步。主要尝试是通过开放 API，向数据挖掘公司等合作方提供部分用户匿名地理位置数据，以掌握人群出行规律。

运营商掌握丰富的用户身份数据、语音数据、视频数据、流量数据和位置数据，数据的海量性、多元性和实时性使其具有经营大数据的先天优势。随着智能手机和高速网络的普及，运营商能够获得的用户行为数据还将更为丰富，大数据应用前景更为广阔。

第二节　大数据产业的利益诉求与行业痛点

一、利益诉求

（一）对外充分挖掘用户的市场潜力——以图书网络营销为例

图书网络营销对传统的图书营销模式产生了巨大的冲击。伴随着大数据时代的到来，用户创造的海量数据又为图书的网络营销带来了新的机遇与挑战。如果有效分析数据，可以使图书网络营销得更加顺畅。

美国的莱斯特·伟门于 1999 年提出"精准营销"这一概念，指"以消费者洞察为手段，恰当而贴切地对市场进行细分，并采取精耕细作式的营销操作方式，将市场做深做透，进而获得长期效益。"在进行精准营销过程中，一般可以分为五个阶段：

一是客户信息收集与处理。对客户数据进行收集管理才能为精准营销提供坚实的基础。客户行为生成了大量的数据，而要有效利用这些数据，市场人员必须通过技术处理，将这些数据集中于数据库中，以形成后期分析、研究的可靠依据。

二是客户细分与定位。由于用户的个人爱好和需求会有所不同，需要对客户进行细分，主要是根据他们表现出来的特征相似程度来划分，基于这些将其分成若干用户群。从划分的各个用户群来看，虽然这些细分的群体内部特征相似度很高，但是在群体之间有着显著差异。因此，企业须对不同客户群采取差异化的营销手段，并根据细分的客户群需求提供不同的产品或服务。而数据挖掘技术则能对客户行为模式等进行准确判断与分析，从海量的客户资料中进行筛选，找出能够对公司带来价值的信息，从而为营销活动的顺利开展做铺垫。

三是营销战略制定。在对海量客户数据进行收集整理后，通过对这些数据的深入分析，找出细分后的用户群所具备的某些特征后，接下来市场人员就需要结合企业自身与市场方面的情况进行考量，通过对客户群体的挖掘、分析，来为企业找出商机，然后为目标客户群制定个性化的营销战略，同时还要采取一些措施以防客户流失，从而保证客户群的数量。

四是营销方案设计。针对客户群制定有效的营销方案设计，能够有效地锁定客户群体，从而提高营销效率。在制定方案的过程中，首先是要筛选出目标客户群，企业可以根据推出的营销重点来分析适合于哪些目标群体，确定目标客户群体后就对其采取有针对性的营销策略，再对各方案从多方面进行评估审核，找出最佳营销方案，促进营销活动的展开。

五是营销结果反馈。实施营销活动所产生的结果需要引起高度重视，营销活动中所收集到的客户群体数据有较大的使用价值，应该对其进行分析，从而为以后开展的一些活动提供必要的数据。另外，还要对营销活动的执行情况与预期效果进行比较，在营销渠道方面是否做到位等多方面进行评估，为下一轮的精准营销做一定的基础准备，因此，针对营销活动进行有效的结果反馈能够为以后带来很多有用的资源和数据。

简而言之，"精准营销模式可以概括为 5W 营销分析框架，在合适的时机（When），将合适的业务（Which），通过合适的渠道（Where），采取合适的行动（What），营销合适的客户（Who）。"而且在精准营销的过程中要贯彻"以客户为中心"的理念，有助于改善营销管理。

近些年来，通过对数据挖掘的方法进行图书网络营销的趋势不断增强，其中，最为典型的就是全球电子商务的创始者——亚马逊（Amazon.com），自1995年首创网上售书开始，亚马逊便得到迅速发展，当初仅30万美元的售书网站，到如今已取得年销售额超过500亿美元的佳绩，所销售的商品种类达到几十种，亚马逊彻底颠覆了图书行业最初的很多行业市场规则，并在短短十年内，就把很多百年老店逼到破产或濒临破产的境地。例如，已于2011年破产的博德斯集团（Borders），另外美国最大的实体书店——巴诺书店（Barnes & Noble）也受到亚马逊的强大冲击，在近两年销量持续下降，虽然该书店也在从纸质书向电子书转变，以满足读者的需求，但是巴诺书店目前依然面临巨大挑战，主要是缺乏较为强大的数字内容生态系统。

虽然图书行业的利润并不丰厚，但亚马逊依然能在激烈的竞争中取胜并赚取较高的利润，其根本原因则是对数据的战略性认识与使用，在很多企业对电子商务不太了解的情况下，亚马逊就已通过互联网手段获取了众多用户行为信息，并且对获取的有效数据进行深入分析，制定相应的营销方案，带动图书销量。

（二）向内优化企业管理，降低成本——以企业财务会计管理为例

财务会计的工作对于公司发展至关重要，在大数据背景下，会计人员接触和处理的信息也大量增加。在传统财务会计的工作中，财务报告的验证和记录等内容通常需要依靠人工来处理，在如此大量的工作量下也不可避免地会出现纰漏，情况严重时对企业发展方向也会造成不良影响。此时，在保证评估数据精度的前提下，利用算法集成，最大限度保证企业财务会计的准确性和真实性，这不仅是财务会计工作者的福音，更对未来的企业发展战略和管理方案起到了决定性的作用。

在互联网信息技术的帮助下，企业各部门之间形成了实时的信息共享，这不仅优化了财务会计信息的存储方式，而且有助于财务部门有效地识别真实准确的财务会计信息。简而言之，在依托大数据的背景下，财务信息已经成为集生产、销售于一体的复杂管理部门，高效的信息处理模式也极大地拓展了财务会计的范畴。信息源的引入，深化了财务信息与应用的集成，也提高了企业数据信息分析的准确性和效率。

同时，互联网技术的普及使得财务会计的转型更加迅速。在财务会计信息技术处理过程中，互联网技术提供了良好的技术支持。与财务会计相关的人员也要跟上时代的步伐，及时掌握专业的互联网信息技术，然后从上到下完成财务核算。

在大数据发展的时代，提高人才队伍的专业化建设是十分必要的。首先，可以选择企业内部继续教育的方式，提高员工的专业素质。其次，要帮助专业会计师把企业的整体经济发展效益作为工作的核心内容，积极将财务会计师所学的大数据信息管理技术应用到财务会计管理工作中。从单一的财务会计领域逐步转变为与各部门联动的综合领域，进一步完善财务会计人才队伍的专业建设。

大数据的完善和发展为信息共享增加了更多的不确定性。对于企业的财务管理来说，管理人员的远见卓识决定了企业能否实现高质量的良性循环发展。在促进财务会计管理转变的过程中，首先，从大数据的角度来看，相关管理部门的财务会计管理体系，要进行有关管理人员建设和合理使用网络分析技术的思考，深入讨论和研究企业财务状况，通过对企业现阶段发展状况和未来财务状况做出准确的预测，进一步提高企业对资金管理和使用的有效性。其次，企业自身也需要尽可能扩大互联网的思维方式，通过调查和分析宏观经济市场，挖掘并掌握相关的信息数据，把握可能适合企业发展的内容，通过探索和分析市场的经济管理数据，对企业本身可能存在的风险进行管理与严格控制。

企业财务管理系统信息化建设技术是保证大数据条件下财务会计工作有效实施的必要工具。因此，只有加强企业财务管理信息系统的信息化建设，才能从根本上保证财务信息源的真实性、及时性和准确性。首先，在财务管理系统技术交流平台上构建有效的信息，通过企业与企业之间及时的信息共享和互动，形成企业与企业之间的双赢合作。另外，各部门对企业财务管理信息系统进行透明、有效的公众监督的同时，也要及时发挥过去的作用，收集各部门的意见和建议。其次，要加强企业财务管理体系安全的研究与开发。在大数据的背景下，数据不仅要满足共享，还要保证自身企业资金链的安全。因此，企业有必要建立一个快捷的财务管理系统，进行适合于自身发展的基于大数据特点和信息技术的优化和升级，以形成企业的管理竞争力。

　　总的来说，通过大数据对企业财务会计管理体系进行有效的处理和分析，是企业在未来发展中实现转型的必然趋势。企业不仅要加强人员专业素质的培养，还要协调各部门有效地发展和完善互联网的思维模式，在协调整体财务会计管理工作的同时实现工作思维的转变。只有全面构建新的会计核算体系，才能促进在经济一体化条件下企业长期可持续的发展。

二、行业痛点

（一）大数据的公开性与个人隐私性的矛盾——以医疗领域为例

　　医疗大数据与人类的健康生活息息相关，随着大数据的发展、信息化的加快，医疗卫生信息平台、数字化的医疗设备与仪器迅速普及，导致医疗领域内的数据呈爆炸式增长，且类型繁多、关系复杂。敏感的医疗数据安全问题同样备受关注。

　　在我国，近30年来信息化工作不断地进行着改革与探索。医疗信息化的普及不仅限于大型医院，包括小型社区卫生服务中心等很多医疗机构已经构建了业务信息系统，随之而来的是医疗数据爆炸式增长，医疗数据的潜在利益让隐私数据安全问题面临着极大的挑战。特别是近年来云服务的出现，大量的个人隐私数据都存放于网络空间，增加了隐私数据泄露的风险。例如，2017年某黑客组织通过3次非法侵入，盗取并公布了18万份患者病历，其中包括3 400余份纽约地区牙科美容诊所的病历，3.41万份加州的牙科护理诊所的病历，以及14.2万份佛罗里达州坦帕湾地区的病历；同年，某健康组织的软件开发员在互联网上上传了资料库备份，超过91.8万份老年人的个人健康数据被泄露。这些重大的隐私数据泄露事件，特别是和健康息息相关的医疗领域的隐私泄露，严重影响了相关人的生活。

通常，把大数据的特征概括为 4 个"V"应用于医疗领域中，即：(1) 规模（Volume）——全体住院患者、全息数据（患者的全过程数据）；(2) 快速（Velocity）——快速、实时收集患者信息；(3) 多样（Variety）——多类型、多种格式、多来源、多时间、多空间、多渠道等的数据；(4) 价值（Value）——真实数据通过深入的大数据可视化分析挖掘，发现问题，总结和预测发病、治病规律，提高患者、医院及政府的有价值应用。除此之外，医疗大数据的时间性（例如病人的发病以及医学检测的波形、图像信号等都具有时效性，属于时间函数）、多态性、隐私性（医疗数据当中不可避免会涉及患者的隐私信息，这些信息的泄露会对患者的生活造成不良的影响）、冗余性也是目前讨论的医疗大数据的特点。于广军等将医疗大数据的来源主要分为 4 个方面，包括：(1) 制药企业、生命科学；(2) 临床医疗、实验数据；(3) 医疗费用、医疗保险；(4) 健康管理、社交网络。

隐私泄露行为可概括为随着信息化的发展，个体通过 PC、移动终端等连接互联网所留下的数据信息，例如就诊时所提供的姓名、性别、出生年月、就诊日期、电话、婚姻、疾病等病历信息在采集、传输、存储及应用过程中都有泄露的风险，即使是一些常规加密的病历信息，例如隐藏了姓名、年龄、住所等隐私信息的个人病历，在大数据条件下，隐私信息窃取者经过广度、深度的搜索，结合已有的公开数据，完全有可能将被隐藏了的个人信息还原出来。这些数据如被第三方利用都会给用户自身带来极大的隐患。在隐私泄露分类当中，可将隐私泄露分为直接隐私泄露与间接隐私泄露，但以大数据生命周期对隐私泄露进行分类是现阶段研究者的主要方式。

1. 信息采集、传输过程中的隐私泄露

在医疗领域，信息采集传输隐私泄露行为主要集中在网络传输过程中，比如匿名攻击者利用一些软件工具截取医院发送的患者信息。

2. 信息存储过程中的隐私泄露

在存储过程中，攻击者通过截取传输过程中的加密信息（一般的医疗数据都会对用户的姓名等敏感数据进行匿名化的加密）对数据进行解密分析，追溯存储服务器地址，获取属性数据。通过对比用户的特征数据如用户位置信息、浏览记录、通信录等与服务器数据进行对照，最终获得隐私信息。

3. 信息应用过程中的隐私泄露

应用中的泄露如人们平时在移动终端上的各种活动都会留下痕迹，医疗健康类终端应用开发商会收集患者信息以提供更好的服务，攻击者可以利用此途径获取对自己有利的信息。例如现阶段，微信、支付宝当中的城市服务、医院在线挂号系统多由第三方服务商提供，患者在进行在线挂号时，用户会将自己的身份信息如姓名、年龄、所挂号的科室等上传至服务商的服务器进行验证，攻击者可在数据传输过程中直接截获患者的隐私信息。

信息化之后如何在庞大的数据资源中快速获取信息且尽可能地保护敏感隐私数据，是医疗大数据未来重要的研究领域。首先需要对隐私泄露的行为加以分析，在此基础上需要通过对原有隐私算法的改进以适应新环境下对隐私数据保护的要求。在对数据本身进行保护研究的同时，也应高度重视数据共享保护问题。

（二）大数据资源的垄断、不对称性——以欧盟社交网络为例

以 Google/双击合并案以及 Facebook/瓦次普（WhatsApp）合并案为研究对象，这是因为：（1）"大数据市场"概念是在 Google/双击公司合并案中首次提出，开始引起欧美司法界及学术界对大数据集中的关注；（2）Google 和 Facebook 已分别成为全球最大的搜索引擎和社交网络服务提供商，并在全球占有绝对的市场支配地位，而且两家公司 2017 年在欧盟分别因滥用市场支配地位而被处以高额罚单，因此研究这两个合并案相关市场界定的论证过程及对后期竞争效应的影响，可以更好地审视在现行反垄断法框架中进行相关市场界定对大数据垄断的规制效果及存在的挑战，有助于对以后类似合并案例的相关市场界定提供有建设性的借鉴意义。

2007 年 Google 同意以大约 23 亿欧元的价格全资收购和控股双击。双击是一家从事网络广告管理软件开发和广告服务的公司，在提供服务时会以广告商和广告主的名义在自己的服务器上存储用户数据用于定位广告。用户所提供的个人数据以及由此在网络广告服务市场带来的网络效应，是决定双击在网络广告投放市场和网络广告中介市场龙头地位的关键因素之一，但是双击通过合同和客户约定不享有交叉使用用户数据的权利。

在市场调查中，第三方认为合同约束不能排除 Google 与双击进行大数据重组从而精准投放广告。在资产和大数据合并后，Google 拥有其他竞争者无法超越的市场地位。在该绝对市场支配地位下，双击对交叉使用用户数据的兴趣会提高，并想方设法修改合同中用户数据使用条款。例如，向客户施加压力以获得交叉使用用户数据的豁免权；抑或向客户提供价格优惠以换取扩大用户数据使用范围；甚至作为回报，允许客户使用其他客户数据，从而诱使他们修改合同用户数据使用的条款。

2014 年 Facebook 决定以 190 亿美元全资收购并控股瓦次普。Facebook 的核心业务社交网络服务，旗下有一个用户通讯应用程序——Facebook 短信（Facebook Messenger）。瓦次普是一个用户通讯应用程序。Facebook 短信和瓦次普的主要区别是用户数据使用和登录方式不同。欧盟委员会根据合并双方的业务将相关产品市场界定为用户通信服务市场、社交网络服务市场和网络广告市场，并在用户通信服务市场和网络广告市场对大数据合并进行了评估。

以网络广告市场为例，Facebook 在社交网络平台上提供网络广告服务。为了提供定位广告服务，Facebook 收集和分析大数据，但不向广告主或者第三方以单独的产品形式出售大数据，也不提供大数据分析服务。瓦次普不收集和存储有利于广告的大数据，用户通过瓦次普发送信息只存在用户的移动设备或选择的云上面。针对第三方的担忧，欧盟委员会审查了合并后 Facebook 使用瓦次普用户数据及向瓦次普用户投放广告的可能性。对此，Facebook 回应称由于瓦次普所获得的用户数据并不具有独占性，所以瓦次普的大数据最多只能作为 Facebook 广告定位的外围设施，不能提高 Facebook 广告定位能力。Facebook 也公开表示合并后不会修改合并双方用户数据使用的政策，所以交易不会对用户产生影响。欧盟委员会对此没有提出异议。

从上述两个案例可以看出，反垄断执法机构被传统"没有价格就没有市场"的观念所误导，没有很好地区分双边市场交易和无交易市场。欧盟委员会在界定相关市场时受传统反垄断法原则的限制，认为没有直接进行大数据交易和提供大数据分析服务，就无法评估大数据合并对用户服务产生的影响。

但是，Google 和 Facebook 都是具有交叉网络外部性特征的双边网络平台，平台两边互相关注用户数量和特征。网络外部性与规模效应的存在使得双边平台倾向于尽可能地扩大其双边规模，以尽可能地创造交易机会，实现交易的匹配，促使双边平台间的经营者集中。在双边市场中，向用户提供"免费"服务就意味着还存在"双生"的补充产品，两个产品的经济价值相互交融。欧盟委员会在 Google 滥用市场支配地位案中承认，之所以将相关市场界定为通用搜索服务市场，是因为虽然用户在使用服务时没有支付金钱对价，但用户所提供的个人数据为通用搜索服务的创收做出了贡献，所以通用搜索服务已构成"具有经济性的行为"。实际上，用户在输入查询问题时就已经和 Google 缔结了合同关系。所以，如果仅因为现行反垄断法制度规制不充分就忽略新商业模式不断引起的反垄断问题，这着实令人惋惜。

（三）大数据的价值利用率较低——以共享金融行业为例

Ayasdi 的联合创始人兼 CEO G. Singht 曾指出："每天收集的大量数据中，有 99% 的数据完全未被利用。研究人员仅对 1% 的数据进行分析，而就是这 1% 被分析的数据支配了革新和见解。"我们无从考据 1% 数据利用率的统计数据来源，但某种程度上确实说明了目前大数据有效利用率较低的事实。Forrester Research 对大量大型企业进行调研，显示企业大数据的利用率仅为 12% 左右。

而且从理论上讲，数据规模越大，可挖掘到的价值越高。将数据从政府、企业以及各种应用中释放出来之后，可以采用大数据技术进行洞见与分析，实现数据价值的最大化利用。但是，大数据的存储能力和利用能力之间的不平衡性导致了数据利用率与其规模之间的矛盾。

为此，一些发达国家从政策制定入手，为清除数据开放障碍，创造良好的数据利用环境，实施了一系列举措，见表 6-1。

表6-1 主要发达国家数据开放行动

国家	数据开放行动	主要内容
美国	《开放透明政府备忘录》	建立更加开放透明、参与、合作的政府
	《开放政府令》	明确各政府机构要在线发布政府信息，提升政府信息的质量，营造一种开放政府文化并使其制度化
	《开放政府合作伙伴—美国第二次开放政府国家行动方案》	承诺美国政府将按照战略资产来管理政府数据，对 Data.gov 门户网站进行改进，开放更多数据
英国	《开放数据白皮书》	建立开放透明的社会，提高数据开放能力和数据利用水平，形成良好的信任机制
	《政府许可框架》	该框架提出了3种许可方式：开放政府许可协议（Open Government License，OGL）、非商业性使用政府许可协议（Non-Commercial Government License）、收费许可协议（Charged License）
	《八国集团开放数据宪章2013年英国行动计划》	在门户网站 data.gov.uk 上发布《八国集团开放数据宪章》中明确的高值数据集；与社会各界协商应优先公布哪些数据集；鼓励开放数据创新；政府部门更新开放数据战略；为政府数据建立国家级的信息基础设施
法国	《开放数据发布指南》	规范了政府开放数据的行为
	《八国集团开放数据宪章法国行动计划》	发布高价值数据集；建立开放平台；完善开放数据政策；支持法国和全球的开放式创新
日本	《电子政务开放数据战略草案》	居民可浏览各级政府公开数据的网站；政府利用信息公开方式标准化技术实现公共信息在紧急情况时可以较少的网络流量向手机用户提供信息；网络上实现行政信息全部公开并可被重复使用

中国信通院 2018 年 4 月发布的《中国大数据发展调查报告（2018）》的数据显示，企业大数据应用场景主要集中在营销分析、客户分析、内部经营管理三大领域。

共享金融行业的大数据利用存在的主要问题包括：数据的过度分散化、数据源多样不统一、数据内容类型众多、数据质量参差不齐等。P2P

平台传统获取金融数据的方式主要源自网站的采集数据以及用户的提交信息数据，在这两方面又都受到平台格局的制约，仅限于自身既有客户的运营，而无法进行全行业甚至全社会的用户分析，在采集方式上也掣肘于简单的用户瞄选平台的被动式采集方式，缺乏有效而主动的平台自主探寻潜在用户的采集方式。

金融数据体量巨大、类型繁多，传统数据采集模式下的P2P平台难以形成大规模、多种类、多层次的数据资源，不论是从先发性还是从后发性的角度出发，都容易滞后于市场、落后于用户，难以借由数据进行高效、主动的数据分析工作。

P2P平台要进行大数据利用有两个条件：

一是外部性数据需求巨大。从2018年的数据来看，2017年全国1 572家企业中，经由互联网公开渠道获取数据的企业占比达30％，而选择从外部购买数据的企业占比也达15％。外部性的数据引入，为P2P平台提供了更多维度的数据，也为P2P平台拓展业务渠道提供了无限可能。海量的电商交易数据、支付企业交易数据、社交网络数据都成为P2P平台数据金融可行性的支撑之一。

二是数据实时性要求高。金融行业进行数据分析的一个显著特点就是对数据的实时性要求高，市场行情预测、标的实时报价等都需要采集第一手的数据信息，数据信息一旦滞后形成信息闭塞，对金融决策和行为的作出都具有至关重要的影响。对于P2P平台而言，由于P2P平台主要是将数据信息进行营销分析和客户分析，因此在信息时效性上，也同样要求信息不能滞后，如果用往月的数据来预测当月用户的金融行为，不利于形成对用户的定向跟踪评估，因此要求大数据既要解决P2P平台对数据相关性的需求，还要解决对数据时效性的需求。

面对大数据利用率较低的问题，我国也正处于数据开放的起步准备阶段，政府正在积极推进数据开放工作。例如，2013年国务院发布的《关于促进信息消费扩大内需的若干意见》中明确指出要促进公共信息资源共享和开发利用，推动政府机构开放信息资源；2015年国务院印发的《促进大数据发展行动纲要》中则提到，要在2018年年底前建成数据统一开放平台，2020年底前逐步向社会开放政府相关数据集。

本章参考文献

[1] 何露露. 大数据时代我国图书网络营销的困境与出路 [D]. 武汉：华中科技大学，2014.

[2] 刘昭，张海峰，李玮，韦薇. 运营商发展大数据技术及建设模式展望 [J]. 电信工程技术与标准化，2015，28 (3)：12 - 16.

[3] 杨倩倩，路海娟，朝乐门. 大数据产业发展中存在的主要矛盾分析 [J]. 情报理论与实践，2016，39 (10)：11 - 15.

[4] 张华. 冷链物流大数据中心设计与构建 [D]. 杭州：浙江工业大学，2019.

[5] 钟凯，刘章荣. 共享金融视角下的数据利用及其规制：以数据权利为中心 [J]. 证券法律评论，2019 (10)：148 - 164.

第七章　现有大数据资源与利用

第一节　现有大数据资源状况

一、从产业链纵向看大数据资源

整体而言，我国大数据企业竞争格局总体呈现数据资源型企业、技术服务型企业和应用服务型企业"三足鼎立"局面。

（一）数据资源型企业——以阿里巴巴为例

这些企业基于自身的海量高价值数据开始对外提供金融、生活、语音、旅游、健康和教育等多种服务。互联网企业积累的数据，其中以百度为首的搜索引擎企业的优势在于搜索数据、浏览器数据；以阿里为首的电商企业的优势在于电商数据和支付数据；以腾讯为首的社交类企业的优势在于社交、游戏等数据，这些互联网企业逐渐利用自身优势开展各种数据服务。典型代表企业有腾讯、百度、阿里巴巴、数据堂、星图数据、优易数据等。

阿里巴巴是由马云等人在 1999 年成立，业务主要涉及核心电商、云计算平台的建设、数字媒体等方面。阿里获取数据资源的途径主要有三种：一是为消费者提供其感兴趣商品的信息和商品所在店铺信息；二是整合消费者信息，以消费者浏览记录为切入点，将数据提供给卖方，并为卖方实时关注竞争对手动态，卖方可以实现知己知彼；三是将消费者和商家的信息进行系统分析并进行一定预测,再将预测结果提供给第三方。阿里巴巴大数据内部来源见表 7-1。

表 7-1 阿里巴巴大数据的内部来源途径

序号	数据类型	数据来源
1	电商数据	淘宝、天猫、阿里巴巴
2	支付数据	支付宝
3	交友数据	旺旺
4	社区数据	
5	新闻资讯	
6	视频数据	优酷
7	浏览器数据	淘宝浏览器
8	搜索数据	一淘
9	游戏数据	阿里游戏
10	音乐数据	虾米音乐网
11	旅游数据	穷游网
12	地图数据	高德地图
13	ID 数据	淘宝账号

除了内部数据外,外部数据也是大数据的重要组成部分,因此,阿里通过收购多个领域的企业来获得更多的外部数据,并购之后基本实现了涵盖消费者衣食住行的各方面。其大数据的外部来源见表 7-2。

表 7-2 阿里巴巴大数据外部来源表

	被并购方	阿里巴巴并购后所占股份	并购时间
搜索引擎	雅虎中国	40	2005.08
	搜狗	—	—
本地生活	口碑网	100	2010.1
	美团网	10	2011.07
	快的打车	100	2013.04
	高德地图	100	2014.04

续表

	被并购方	阿里巴巴并购后所占股份	并购时间
电子商务	中国万网		2009.09
	宝尊电商		2010.01
	Vendio		2010.06
	深圳一卡通		2013.11
社交与移动互联网	陌陌		2011.08
	新浪微博	18	2013.04
	UC浏览器	100	2014.06
	Tango		2014.03
文化	虾米音乐	100	2013.01
	文化中国	60	2014.03
	华数影视	20	2014.04
	优酷土豆	16	2014.02
	恒人足球	50	2014.06
	21世纪传媒	20	2014.06
金融	天弘基金	51	2014.03
	恒生电子	100	2014.04
物流	百世物流		2007
	日日顺物流		2012
	新加坡邮政	10	2013

阿里巴巴2005年推出的"淘数据",是一个为企业内部财务报表服务的工具,它通过取得平台上海量的卖家和消费者的数据来改善自身经营;2011年,商家可以通过"数据魔方"方便地取得所在行业的概况,并且根据搜索关键词的变化,及时地调整商品信息和排名情况;2012年"聚石塔"数据分享战略全面展开,这为天猫和淘宝平台上的电商及电商服务商提供了数据存储和数据计算的服务。阿里巴巴大数据发展的简要情况见表7-3。

表 7-3　阿里巴巴大数据发展年表

年份	事件
1999 年	马云等成立阿里巴巴集团
2002 年	阿里巴巴 B2B 开始盈利
2003 年	阿里巴巴个人商务网站淘宝成立
2003 年	发布在线支付系统支付宝
2005 年	推出了第一款数据产品"淘数据",阿里由此进入了数据运营阶段
2009 年	大数据应用开始由企业内部走向外部
2009 年	创立中国的云计算平台——阿里云
2010 年	淘宝平台首次面向全球范围开放数据
2011 年	淘宝推出的"数据魔方"正式上线
2012 年	"聚石塔"正式推出,标志着大数据平台初步形成
2013 年	新的阿里云计算公司成立
2013 年	菜鸟网络利用大数据来优化物流信息
2015 年	控股易传媒,逐步实现了大数据营销能力的普及化

阿里大数据运用具体表现在如下两方面:

其一,对用户数据分类的细化和精准。阿里按业务归类将数据分为交易类数据即电商交易的流水单号、会员信息、信誉等级等。在进行粗略分类后,还会对海量数据进一步精准分类。以淘宝平台为例:大学生群体是主要的用户,针对这一情况,淘宝对这一群体进行定位和地理位置的收集,再结合其他信息来了解大学生的购物水平和周边商户的商品信息。

其二,实现消费者行为全链路覆盖。阿里可以最大限度地还原用户的行为路径,一些资料和研究显示:用户有着"逛"网络的显著特点,他们可以通过网络中的信息进行比价、询问、购买,或者是可以很快地参与到电商企业的优惠活动之中。由此可以看出,顾客的行为逐渐趋于随机化、碎片化和难以预测化，所以对用户行为路径的解释不能再局限于传统的单链路消费模型。

综上所述，大数据在电商企业的应用趋势势不可挡，但由于目前处在发展的初级阶段，很多事物还处在不断完善之中，也存在着一些问题。例如：数据安全和用户隐私保护一直是让用户忧虑的事，电商企业即使是阿里巴巴也不能百分之百确保用户的信息不会被泄露出去；消费者保护隐私和维权意识不够强；相关法律法规还处于不断完善之中。

现阶段虽有诸多问题亟待解决，但在不远的将来，随着数据的广度和深度的不断增加和科技水平的发展，大数据将不再是电商企业的专属，线上、线下的企业和其他行业都会拥有海量可自己支配的数据资源，将这些资源与企业原有的经营理念、经营模式结合，开辟出一条适合企业不断壮大的道路。此外，对于大数据的发展和应用，国家宏观环境和政策也提供了有利条件，国家大力推荐各地发展大数据基地。所以说，大数据会让整个社会最终进入数据时代，并有着全新的社会运作模式。

（二）技术服务型企业——以联想为例

主要是以技术开发为主的，即专注开发数据采集、存储、分析以及可视化工具的企业，包括软件企业、硬件企业和解决方案商。代表企业有华为、用友、联想、浪潮、星环科技、永洪科技、南大通用、曙光等。

过去几年，联想成功构建了联想大数据平台，具备了全价值链的产品和业务优化能力，实现了覆盖全球的大规模云化部署，支撑工业制造业领域 500 多个大数据场景优化，全面提升了产品研发、生产、供应链、客服等运营效率。

联想工业大数据经历了 1.0、2.0、3.0 三个阶段：从 2010—2014 年是联想大数据 1.0 阶段，这一阶段是大数据应用的启蒙与拓荒阶段，主要是帮助业务建立量化分析能力，分析软件和设备的日常运营数据、异常状况，并推进了全图形化集群配置管理，实现了千台集群的可视化运维。此外，计算引擎的透明化、万条计算任务的图形化调度和管理也都在 1.0 阶段实现。

从 2014—2016 年，联想大数据进入大数据全球化部署，全面整合企业数据之路的 2.0 阶段。在这一阶段，联想建立了统一数据平台，实现了全球化的数据整合和数据治理，并形成了企业内数据分析能力。同时，为了应对全球化部署带来的挑战，联想大数据形成了构建满足企业不同场景应用需求的混合云架构能力。

2014 年，全球大数据集成软件领导者 Talend 宣布联想选择了 Talend Enterprise 大数据，通过从各种接触点（如第三方、API 和社交网络源）获取数据集，并将这些数据转化为端到端客户旅程的视觉画面，帮助了解客户。

从 2016 年开始，联想大数据步入 3.0 阶段。为了应对 2.0 阶段所面临的挑战以及工业物联网应用的日渐深入所带来的全新需求，联想大数据在双态融合和大数据平台能力方面再作突破，以生产数据与企业信息化数据融合为基础，以大数据平台能力提升为引擎，以 AI 技术应用为助力，实现了对工业大数据的全面支持。

经过长达八年的历练，在产品和业务优化能力方面，联想大数据形成以用户需求为驱动的产品研发闭环，构建了面向产品全流程的敏捷化和精细化优化能力，而用户价值驱动的新型供应链也支持联想千万数量级产品，按全球消费者需求进行个性化柔性生产，并对产品质量实时追踪，实现了关键环节的预测和优化。

伴随着工业 4.0、智能制造或 IoT 等概念的深入探索，真正的工业互联网的核心架构不应该只有串联虚拟世界的信息技术（IT），更应该偏向工厂营运的实体世界的操作技术（OT）。

在 IT 域，联想大数据以 LeapHD 大数据平台软件为核心，帮助企业客户建立数据湖，并提供托管式私有数据云服务，并从未来角度出发，帮助企业整体数据应用向混合云模式演进。同时，在 OT 域，联想大数据推出全新的物联网平台产品 LeapIOT，以此为核心帮助企业客户建立信息物理系统，并为企业客户提供基于公有云的、开放的联想工业互联网平台 LeapAI.com。

2018 年 9 月 20 日，联想物联网平台 LeapIOT 在 2018 中国国际工业博览会上正式发布。从核心功能上看，LeapIOT 整合了包括终端接入、边缘计算、时序存储、数字孪生、实时数据处理和工业大数据分析以及数据洞察等在内的核心功能，并且预设多种适应工业场景的人工智能算法，可收集和分析全量工业数据。

如对于某汽车企业大数据分析平台的案例，联想 LEAP 工业大数据解决方案包括三个功能层次。

其一，LEAP 平台提供不同技术手段保证了企业内外部数据的高效联通，其完善的数据集成工具支持对多源异构数据的高效集成与处理，工业物联网采集及边缘计算能力能够实时采集企业设备数据及生产数据。

其二，基于 LEAP 产品家族，联想构建了企业统一数据湖方案，可以帮助制造企业高效融合 OT、IT 以及 DT 数据，打通制造企业内部的关键设备与工业系统中的数据孤岛，以私有云、公有云或混合云的方式实现企业内部的数据互通和与外部关联企业间的知识共享。

其三，根据不同制造业细分领域客户的应用需求，LEAP 提供了丰富的、可集成的行业应用集合，通过 LEAP 产品家族的行业算法库快速构建分析模型，提供制造流程中关键场景业务优化能力。

联想为该企业构建了基于车联网＋互联网的大数据分析平台，实现了产品持续追溯，为该企业从产品需求敏捷规划和产品质量持续改进两个维度实现产品优化能力提升。一方面，基于平台自然语言理解技术＋流处理能力，联想通过车辆产品舆情画像实现汽车产品需求敏捷规划，帮助企业实现产品设计周期的快速优化，关键产品需求探索时间降低 30％。另一方面，平台通过车联网实现活跃车辆全周期运行状态追溯，实现持续产品优化。联想基于流数据处理技术，实现了车联网数据实时采集，从采集到处理时长降至分钟级。基于实时采集车联网数据，企业能够构建全生命周期车辆数字画像，实现车辆运营指标趋势分析，为车辆设计优化提供指导。

（三）应用服务型企业

应用服务型企业主要是为客户提供云服务和数据服务的企业，这类企业广泛对接各个行业，专注于产品的便捷化和易维护性，同时要针对不同行业客户的需求提供差异化的服务和解决方案。代表企业有百分点、明略数据、TalkingData 等。

二、从细分行业看大数据资源

(一) 行政记录/商业纪录

行政监督信息资源是政府信息资源的重要组成部分,它是指一切产生于行政监督部门内部或虽然产生于行政监督部门外部但对行政监督各项业务活动有影响的信息的统称。行政监督信息资源共享从其共享主体和共享内容上进行划分,主要分为三个层次上的共享:其一,行政监督部门内部之间的共享;其二,行政监督部门与其他政府职能部门之间的共享;其三,行政监督部门与企业、社会组织和公民之间的信息资源共享。

在大数据背景下,行政监督信息共享有如下特点:

一是行政监督信息资源的内容日益丰富。政党之间的监督、国家权力机关、司法机关和行政内部的监督本是监督的最广泛的主体,在大数据的环境下,借助先进的电子技术,政府成为信息资源的"笼络"区域,同时也就拥有了更多的行政监督信息,监督信息能够节约在上下层级之间的传达时间。这些行政监督的信息种类日益多样化,可能不只是涉及政府间的行政行为,也会包括行政机关内部的社会与经济信息以及行为数据,军事内的信息也变得更加容易掌控。大数据时代下,电子政务的发达与政务微博的畅通,社会公众监督越来越成为行政监督中的重要组成部分,公众的生活条件、经济状况、社会意识、精神需要和物质生活的变更、公共资源分配以及教育供给等这些信息的暴露,也是在促进政府行政职能转变的同时,提高了行政监督的实效。

二是行政监督信息共享的技术现代化。比较典型的 NOSQL 数据存储技术,随着新代码的开发与应用较好地解决了大量数据非结构化的弊端。大数据平台的"得力助手"云计算技术也很好的储存了行政监督信息,保护了国家行政人员和行政事务以及群众的隐私。同时,从物理上来说,云计算技术使行政监督信息分散放置,服务器也采取分布式,如果出现系统漏洞或是遭受到恶意软件和病毒的侵害,也能降低行政监督信息损失与外泄的风险。从硬件上来说,大数据环境下行政监督信息网络传输高度密集,系统安全防范水平比较高。将公民监督、司法监督、审计监督、社会舆论监督以及对权力机关的这一系列的行政监督信息进行提炼和分析后，在大数据平台上进行集中统一使用，充分发挥大数据对行政监督信息共享的积极影响。这种逻辑下的行政监督信息资源比较集中，经过统一规划，更是增加了行政监督信息的可靠性与价值。

三是行政监督信息共享的形式多样化。大数据环境下的行政监督信息共享主要依托计算机网络技术。通过计算机网络技术构建安全的网络信息空间，然后整合利用信息资源，最后实现信息资源的共享。

大数据背景下行政监督信息共享也有如下功能：

一是降低行政监督的成本。政府大数据不受时间和空间的限制，行政监督信息可以随时随地的进行分享，尤其是政府的动态及时在网上进行公布，公众只需要动一动手指头就可以关注政府的最新动态，获取最新的与行政监督相关的信息。而且这些信息可以得到反复的利用，不存在瞬间信息被掩盖或者被抹去的现象，公众可以选择简单有利的方式对自己关注的信息进行保存。

二是提高行政监督信息的使用效率。一方面，大数据环境下行政监督信息的获取渠道很多，也比较便捷，网络媒介比较丰富，能够有效地获得行政监督主体的行为数据，这些数据经过自动化的管理、公式化的处理，能够减少以往的文件和手工处理存在的误差与遗漏，得到监督主体想要的准确的和真实的数据。而且，大数据环境下的行政监督信息的收集，对象广泛，总体单位众多，样本具有代表性，数据来源多维度、多源头，数据检验多角度，能够及时将虚假的不靠谱的行政监督信息排除在外。提高行政监督信息的质量。另一方面，政府数据日益开放，公众要求政府数据公开透明。这在一定程度上也冲击了固有的行政监督的体制模式，迫切要求创新行政监督信息管理体制，变革行政监督信息共享的流程，变繁为简。大数据为行政监督信息共享提供了新思路和新理念。

三是促进了行政监督部门之间的合作。行政审批、许可、处罚、文件制发和备案审查等行为是政府和各行政机关对其管辖范围内业务部门的日常管理和监督。就监督而言，主要包括事前监督、事中监督和事后监督。这种"条"与"块"之间的分割管理方式，每个行政部门只能够掌握到一部分的信息，行政监督信息沟通存在技术障碍，行政监督信息传递不够及时，监督的力度和深度具有局限性。大数据程度的逐渐深入，信息流通的方式多样化，推动着行政监督信息共享机制的建立，各个部门积极进行行政体制改革，转变政府管理方式，刺激行政监督跨部门合作机制水平和效率的提高。

利用大数据的手段与技术，政府收集信息资源和管理信息资源的能力不断提升，行政监督工作也日益信息化和现代化，并在信息共享方面取得了不小的成就。在以后的工作和生活中，也应该继续关注大数据的发展动向，积极转变自己的思维方式，主动发挥社会群众的监督作用，尽到监督的义务。

（二）电子商务

电子商务指个人同企业之间、企业和企业之间、企业和政府之间、企业和金融业之间通过互联网进行物品和钱的交易活动，经历了 3 个发展阶段：基于电子数据交换—基于因特网—基于移动互联网。如今，移动电子商务已经渗透到人们生活的方方面面，衣、食、住、行问题都可以在线上解决、线下享受。而目前，在供应链成本控制方面的研究已经日趋成熟，但只有少数学者将大数据技术融入电商企业的供应链成本管理中。

基于大数据的电子商务企业进行成本控制时建立的组织架构主要包括三个主体：第一个是成本控制委员会，主要负责从整体角度制定成本控制目标，选择成本控制方案；第二个是各成本责任中心，负责保证每个部门的员工各司其职，并对其工作内容进行监督；第三个是执行层面的控制主体，负责在业务执行过程中实施成本控制，形成具体的可行性成本控制方案。

电子商务企业在大数据下进行成本控制的程序一般包括事前预测、事中控制和事后控制三部分。事前预测是在业务开展之前，根据之前工作中所记录的数据，通过大数据技术对未来的工作进行成本预测，并以此结果作为企业在实际业务开展过程中成本费用发生情况的衡量标准；事中控制是指在业务开展过程中，当实际发生的成本数额与预测结果偏离程度较大时及时进行调整，避免产生更多的成本支出；事后控制是指在业务结束后，对控制过程中的每一环节进行总结分析，找到实际成本和预测成本产生差异的原因，并呈交给上层管理者，通过管理者的讨论研究，针对造成差异的原因制定相关解决方案，使未来的工作更符合预测结果。大数据技术的应用使企业可以对供应链成本进行整体控制，当某一过程的成本超出标准时，可以通过减少其他过程的成本维持总成本在可接受范围内。有时不同环节成本的升降调节反而有利于总成本的降低。

由此，基于大数据的电子商务企业供应链成本控制的措施有以下几点。

1. 与上游供应商之间的成本控制措施

利用大数据的存储和挖掘功能建立供应商数据库：大数据技术将企业可选择的各个供应商的供货记录、评价结果和项目信息储存到云空间，采购人员在进行采购时可以从云空间提取供应商有关信息，获取信息优势，提高议价能力。同时，大数据技术还可以帮助企业在较短的时间内从众多供应商中选择出最合适的合作对象，采购到质量高、价格低的产品，降低采购成本。

2. 采购流程自身成本控制

在采购计划管理方面：一方面，大数据技术使企业的采购流程实现自动化，测算出标准的采购量和采购间隔，节省了此过程的成本消耗。另一方面，通过在采购计划制定过程中引入大数据技术，可以科学计算出实际所需采购数量，并将过程中容易对采购数量产生影响的风险纳入考虑范围之内，避免因采购过多或采购不足带来其他的损失。

3. 库存成本控制

在预测阶段，通过对数据的分析运算得知消费者的购买偏好、消费者更有可能购买的商品，缩短了消费者从下单到收到产品过程中所需要的时间，提升消费者对该电商企业的好感和信赖；在收货管理阶段，企业收到供应商提供的产品时，可以利用射频识别技术判断产品的各项指标是否达到采购合同约定的标准，不合格的产品会自动退回到供应商处，然后重复以上流程，直到产品合格后才能入库上架，这样也可节省人工检验成本；在仓储管理阶段，大数据技术可以对商品的信息进行自动识别，然后对产品进行归类，给拣货环节提供了极大的便利。同时，通过大数据技术实现商品的合理摆放，可以最大限度地利用仓库空间，降低仓库成本；在出库管理阶段，通过大数据技术对产品信息的统计，可以帮助工作人员准确迅速找到商品所在的货架，提高拣货效率。

此外，大数据在销售成本控制、物流成本控制等方面，也有十分重要的作用。

这就是大数据资源在电子商务领域的一项运用。大数据技术通过汇集电子商务企业相关数据得到价值信息，利于企业加强供应链的成本控制，采用智能化、数字化的分析方法提升电子商务企业的核心竞争力。

(三) 社交网络、即时通信

海量用户的不断增长，在给社交网络带来无限商机的同时，也为其如何存储、分析、处理、挖掘这些海量数据的价值带来了新的挑战。社交网络的特点决定了它对实时性的高要求，数据从收集、清洗、分析到结果筛选，要求快速处理并进行大量数据传输，这就要求数据的集成要实时化，整个数据的基础架构要有很强的水平扩展性。用户和数据是社交网络的最大财富，如何通过大数据的收集和分析，提供高质量的各种服务，创造更大的价值，成为社交网络生存和发展的新的挑战。有一组来自 VentureBeat 的数据反映了社交网络数据的价值，见表 7-4。

表 7-4　社交网络数据价值[①]

社交网络	Foursquare	Twitter	Dropbox	LindeIn	Facebook
估值/美元	6 亿	百亿	40 亿	百亿	千亿
每个用户的价值/美元	40	71	80	104	118

Facebook 当前的大数据技术架构是在 LAMP（Linux、Apache、MySQL、PHP）技术架构的基础上对数据传输通道和数据处理系统进行了优化，主要包括分布式日志系统（Scribe）、分布式存储系统（HDFS 和 HBase）、分布式计算和分析系统（MapReduce、Puma 和 Hive）等。

---

① 车凯龙，铁茜. 国内外社交网络（SNS）大数据应用比较研究——以 Facebook 和腾讯为例. 图书馆学研究，2014（18）：18-23.

其中，存储层使用了 MySQL、HBase（NoSQL）、Haystack（for BLOBs）等多种存储系统。MySQL、HBase 是 SQL 和 NoSQL 数据库，Haystack 是一个用来存储照片、音频、邮件附件等 10 亿量级的大对象存储。Scribe 用来聚集日志、点击、订阅传输等方面的数据，使用 Scibe-HDFS 被记录和存储在 HDFS 中，允许使用 MapReduce 进行扩展分析。Facebook 通过 HBase 和 Hadoop 处理实时数据。Puma 是流聚合引擎，PTail 将数据从文件系统转换成流动数据。在当前架构中，一部分数据处理仍然以批处理的方式通过 MapReduce 进行小时级的处理，存储在中央的 HDFS，每天通过 Hive 进行分析处理。另一部分接近实时的数据流则通过 Puma 来进行分钟级的处理。

作为全球最大的社交网络 Facebook，每秒钟都在生成海量的数据，这些数据实时更新、海量聚集，且不会被搜索引擎抓取，构成了 Facebook 最核心的数据资产。它的市值约 869 亿美元，其中 85% 的收入来自企业的广告，只有 15% 的收入来自个人用户的增值服务。它为个人用户提供的服务主要有时间轴、礼物、活动、上传、市场、状态、标识语言、应用程序、直播频道、业务拓展、热门话题等，这些服务项目是 Facebook 吸引并形成海量用户的砝码。有了这些数据，Facebook 就可以制定有针对性的广告方案，并针对用户进行有针对性的营销活动，获得更多广告主的青睐，将数据创造出更多的价值。

（四）搜索引擎

Google 趋势是一个属于 Google Inc. 的公共网站，提供基于 Google 搜索的数据，可显示与不同地区和语言中的所有其他搜索字词相比，输入特定搜索字词的频率。

Google 趋势的一大优势是它可以收集大数据，处理信息以便于分析，甚至可以免费发布这些信息。因此，Google 趋势是展示利用大数据的可能性和局限性的主要候选者。此外，使用 Google 趋势的研究为大数据利用率和应用程序的发展提供了重要见解。

根据 Google 趋势案例研究的结果，可以利用大量数据来为我们服务。在 Google 趋势的应用中，除了创建搜索引擎和 Google 趋势的计算机科学和信息系统领域之外，最积极使用这些数据的领域是制药领域。如果可以预测流行病的爆发，如流感等，政府将能够采取措施加强公共卫生，制药公司将能够更有效地管理药物库存，这将给他们有机会增加市场份额和盈利能力。然而，与研究趋势不同，专利申请趋势表明，商业利用的第一次尝试发生在营销和商业领域，这可能是因为这些领域的研究人员甚至在Google 趋势发布之前就已经意识到使用网络搜索统计数据的潜力。当然，也存在大数据应用程序使用 Google 趋势以外的来源的情况。电信公司、银行和信用卡公司正在使用大数据开发营销工具，根据客户消费模式分析推荐服务。制造商使用大数据来更好地管理他们的设备并延长其使用寿命，从而降低成本。在 2010 年年初，监测是研究中的关键词，但近年来，关键词已扩展到包括预测。随着越来越多的人认识到这种潜力，应用领域扩展到包括医疗服务和健康、经济和商业，现在甚至包括社会学、政治和法律。

通过使用 Google 趋势之类的研究，可以对大数据源进行分析。首先，关于应用领域，包括 IT 和通信，以及医学、健康、商业管理和经济学，这些大数据已经被用于分析各个领域的社会变量。此后，我们可以预见到应用于其他领域，如地理、规划与开发、通信、地球与行星科学与管理、监测、政策与法律等。其次，我们应该观察到对适用领域（例如高参与产品）的某种程度的探索，而不是追求利用领域的无限扩展，现在我们正在看到更具体的细分和多样化的来源。最后，要使用大数据进行精确分析，应扩大对原始数据的访问。只需选择搜索字词，Google 就可以充分利用搜索信息。例如，目前，不可能找出在特定搜索词之前或之后使用的其他搜索词（仅提供排名最高的词）。这意味着只有 Google 本身才能充分访问所有可利用的 Google 搜索信息。

（五）网络游戏

半个世纪以来，随着计算机技术全面融入社会生活，信息爆炸已经积累到了一个开始引发变革的程度。针对用户规模超 10 亿户、月活跃用户数超亿户、在线游戏内容达到数万款的游戏平台而言，每天新增数据量超过 100 GB。为了实现精细化运营，需要跟踪所有游戏产品的市场效果，以便及时调整运营手段；同时，需要随时跟踪用户最新状况，以新增、付费、活跃和流失等不同纬度判断总体健康状态，以便及时进行用户激励、挽留等市场策略，促进游戏业务的可持续、健康发展。

为了满足游戏平台海量数据从无序到有序，从碎片化到规律化的转化，需要构建基于分布式＋关系数据混合多元处理架构的大数据处理机制。针对游戏平台无序和海量的基础采集数据源，采用分布式机制处理，将大量无序数据转化成为有序数据；数据规范化后，为了提升处理速度和展现便捷性，采用传统关系型数据库构建关系化模型并展示。

互联网常见的大数据分析平台，例如 Google、淘宝等，支撑网络搜索和电子商务等业务，采用并行计算＋分布式存储架构，汇聚海量服务器计算能力，提升处理时效和响应规模，满足瞬间上千万次服务请求。该类平台处理的都是海量的网站信息、图片等非结构化数据，具有适合统一分布式分片处理和存储等特点。而针对游戏平台而言，其数据量没有达到 Google、淘宝等大数据分析平台的海量化，而且具有相当部分的用户鉴权/支付等核心结构化数据，同时投入数据分析的服务器数量有限，因此在大数据处理和分析过程中，必须同时兼顾针对大量非结构化数据分布式处理能力及结构化数据处理的时效性。

游戏大数据平台采用多元化数据处理技术，兼容分布式计算，以便提升非结构化数据的处理规模和结构化数据处理能力，实现快速的处理效率，将总体架构可分为 4 层：第 1 层是数据源采集，第 2 层是数据存储，第 3 层是数据处理，第 4 层是数据可视化与数据服务。

游戏大数据分析平台的数据源，是直接通过客户端、游戏业务平台和相关渠道获取的所有原始数据，主要包括常量数据和变量数据两大类。常量数据是指在一段时间内保持不变的游戏内容编号、内容提供商编号、渠道编号等，主要是以数据形式展示内容、厂商和渠道，为其相关数据及其分析结果逻辑对应奠定基础；变量数据主要包括用户数据、内容数据和渠道数据等。

对于游戏用户、游戏内容和渠道三种不同的碎片化数据，如用户本身日常登录/登出、页面浏览与点击等运营数据，游戏内容下载、卸载、用户实时行为及渠道带来流量的实时变化等，一般以零散的日志形式存在，需要采用 Flume 技术进行海量采集和 Hadoop 分布式模式进行数据处理。

对于用户充值/付费、游戏收入和平台总收入等经营分析的关键数据，需要满足实时精确化查询和统计要求，而且本身就有传统结构化数据属性，适合采用 Oracle 等关系数据进行处理。

为了满足游戏大数据平台的上述要求，需要采用创新的多元化混搭模式的数据处理机制。

通过上述的多元化混合制数据分析和处理后，既能实现全面数据分析，又能满足关键经营分析数据的高效处理和输出，能够满足游戏平台精细化运营分析和处理的需求。

（六）电子地图

随着城市经济的发展，信息化建设和应用也在不断地深入，为此国家测绘地理信息局牵头决定建设国家地理信息公共服务平台，也称"天地图"。"天地图"是采用分布式多节点协同工作方式，纵向分为国家级节点、省级节点和市级节点，横向连接各委办局，实现地理信息一站式服务。例如"天地图·无锡"是市级节点之一，主要负责处理、管理和更新无锡市的地理信息数据。

"天地图"主要分为三个版本：基础专业级、政务应用级、公共服务级。不同级别的电子地图显示的内容不同。以公共服务级为例，其数据构成包括：DLG 数据集、DOM 数据集、POI 数据集、瓦片数据集。

（1）DLG 数据集：以基础地形数据为数据源，提取出制作电子地图所需要的 8 种基本比例尺为 1∶1 000 的矢量数据，主要包括：定位基础、水系、居民地及设施、交通、管线、境界与政区、地貌、植被与土质。DLG 数据主要来源于江苏省的基础地形数据库，同时包含无锡市交通部门、住建部门等其他政府部门的最新数据。对其所有数据应进行整合提取出制图所需要的定位、水系、居民地、交通、管线、境界、地貌和植被等主要框架数据。

（2）DOM 数据集：DOM 数据主要包括：1∶10 000DOM 和 1∶2 000 城市高分辨率影像。经过数据匀光、坐标系转换、影像拼接以及数据裁切等方法，处理生成影像地图数据。"天地图•无锡"影像数据主要包括 1∶10 000DOM 和 1∶2 000 城市高分辨率影像。1∶2 000 比例尺的城市高分辨率影像为现成影像，无须过多处理，主要用来制作城市大比例尺影像电子地图、1∶10 000 影像数据集的处理。

（3）POI 数据集：江苏省 1∶10 000 基础测绘数据库中，包含大量的 POI 相关信息以及无锡市地方提供的 POI 数据集。POI 数据集的来源分两个部分，一是江苏省 1∶10 000 基础测绘数据库，二是无锡市地方提供的 POI 数据集。

（4）瓦片数据集：电子地图制图工作结束后，按照《国家地理信息公共服务平台电子地图数据规范》，根据不同的分辨率、范围等，以金字塔数据组织方式发布瓦片数据集。根据《地理信息公共服务平台电子地图数据规范》，"天地图"服务级别为 20 级，从 1～20 级。此次无锡市采用市级节点，对应的级别为 18～20 级，详见表 7-5。

表 7-5　天地图服务级别与数据

服务来源	级别	比例尺	源数据比例尺
市级节点	18	1∶2 254.47	1∶2 000 或 1∶1 000
	19	1∶1 127.23	1∶2 000 或 1∶1 000
	20	1∶563.62	1∶1 000 或 1∶500

现在网络技术空前发展，GIS 在空间数据相关的分析和处理方面占有绝对的优势。所以在天地图制作过程中采用 ArcGIS 软件，其软件中 ArcGIS for Server 就是结合网络和 GIS 的强大功能使其协同工作，从而更好地发挥两者的优势。

（七）媒体

互联网作为媒体传播的重要领域，对于社会发展、舆论导向、国家安全而言具有重要意义。传统广播电视在实现面向互联网的技术转型之后，与互联网融合形成了包括 IPTV、OTT、网络视频、网络电视台、App 手机电视等多种融合媒体形态。伴随大数据时代的到来，互联网融合媒体利用虚拟化的媒体信息传播技术和交互技术已经成为数据产生的重要源泉，由此也衍生了众多的新型数据。利用大数据对互联网融合媒体领域进行数据管理与数据挖掘具有重要的科研价值与实际意义。

互联网融合媒体，通常是指广播电视机构利用国际互联网信息传播平台，将文字、声音、图像、视频等各种形式的数据进行数字化处理后，在计算机、手机、平板电脑等终端上进行传播的媒体形式。其具有数字化、交互性、全球性、易存储、易检索、多媒体化等特点。伴随大数据时代的到来，互联网融合媒体正在经历新的技术变革，由此也展现出新的特点：

（1）数据增长日益趋向非结构化。

伴随互联网技术的不断发展，网络数据正在朝向非结构化方向发展，更加多样的文本格式、丰富的音视频与图像展示等，显示非结构化数据已经成为互联网融合媒体的重要数据源。然而，如何实现文本文档、PDF文档、XML、图像和音视频等非结构化数据的有效分析一直都是数据分析中的难题，大数据作为全新的数据存储与处理技术，能够提供新的解决方案。

（2）信息量增长更快。

互联网融合媒体在交互技术与移动互联网技术的发展下，已经实现了用户在任何地方、任何时间访问互联网进行信息发布、交流互动等操作。这促进了网络信息的增加速度不断加快，数据规模不断增大。

（3）信息检索难度加大。

随着数据规模的扩大与数据异构问题的日益严重，互联网信息检索难度在不断增大，准确度也在下降。

大数据在互联网融合媒体中的应用技术主要包括大数据获取技术、大数据分析技术与Hadoop平台。

（一）大数据获取技术

大数据的数据类型结构主要分为结构化数据、半结构化数据和非结构化数据。结构化数据包括预定义的数据类型、格式和结构的数据，半结构化数据指具有可识别模式并可以解析的文本数据文件，非结构化数据指没有固定结构的数据，通常被保存为不同类型的文件。

（二）大数据分析技术

面对互联网融合媒体带来的快速增长的数据量，为了更好地分析和利用这些海量的数据资源，必须利用有效的数据分析平台和技术。运用大数据带来的理念与技术革新对数据资源进行深入的处理，挖掘数据内部存在的潜在价值，对互联网融合媒体发展进行有效的指导。

（1）大数据分析平台。大数据带来了更加复杂的数据结构和类型，以及更加庞大的数据资源，对于大数据分析平台提出了更高的要求。因此，其具有新的技术特点。分别是：

规模达到 Pbyte 级别的高容量存储空间，拥有线性扩展能力；

高效快速的运算能力，提供低延迟的访问、搜索和分析等处理；

具有集成分析环境，进行更加高级的分析处理和建模。

（2）大数据分析方法。基于大数据挖掘的主要分析方法有：

聚类分析（K-means 算法），利用相似度对数据进行分组，找到数据中的共性；

回归分析，确定输入变量与结果之间的关系，主要有线性回归与逻辑回归；

关联规则分析，寻找行为之间的关系，主要有 Apriori、FP-growth 算法；

分类，对处理对象进行标签处理，主要有决策树、朴素贝叶斯等。

（三）Hadoop 大数据支撑平台

Hadoop 作为 Apache 基金会旗下的一个开源分布式计算平台，为用户提供了系统底层的分布式基础架构。具有高可靠性、高扩展性、高效性以及高容错性，利用计算机集群进行数据存储与运算。数据能够在节点之间动态移动，确保节点的动态平衡，同时，平台允许进行节点扩展，增加平台容量。因此，Hadoop 是一种适合进行大数据存储与处理的平台。

大数据的出现不但引领数据技术的革新，同时也在应用领域建立一个新的生态体系——大数据生态系统。该系统包括数据设备、数据采集者、数据汇总者以及数据使用者和消费者。数据设备主要包括产生与收集数据的相关设备；数据采集者主要包括从相关设备和客户端进行数据获取的实体；数据汇总者主要负责对数据进行分析与处理，提取大数据所蕴含的价值与规律；数据使用者/消费者主要对具有价值的数据分析结果进行使用和消费。在互联网融合媒体中运用大数据，将可以更好地实现海量网络数据处理和分析，完成用户行为分析、舆情监测，为互联网融合媒体的健康有序发展提供指导性的建议。

第二节　现有大数据资源的优缺点

相较于传统统计数据资源，现有大数据资源在数据获取、处理加工过程、数据存储、后期维护、应用的深度和广度方面呈现出独特的优缺点。

一、优点

（一）更高的时效性

传统政府统计费时费力，从上至下布置调查任务，再从下至上收集数据，统计产品生产周期长。大数据数据量增长快，计算能力强，信息传输快，因此大数据有条件建立预警机制，及时动态地更新数据，还能根据实时的数据匹配到原始数据。

（二）应用广泛

大数据伴随互联网的发展愈演愈烈，不论是"互联网＋"，还是"＋互联网"，大数据几乎渗透到每个行业。例如，电子商务数据是拥有交易流程的详细数据，大大小小的环节都存在着电子记录。

电子商务背景下，竞争环境日益严峻，信息技术快速发展，供应链作为企业核心网链，将会对企业商业模式、市场边界、运作模式以及业务组合等内容产生深远的影响。大数据的合理利用，能够为供应链管理提供相对完备的决策方案，能够提升企业的经营质量与效果。近年来，国内外诸多企业开始注重大数据平台的建设，通过开展大数据分析、应用等形式抢占战略高地。

1. 大数据＋物流

电商的发展无法离开物流。物流是电商供应链中的重要组成内容，其在采购、运输、配送以及仓储等诸多环节中都会生成大量的数据，并为企业创造利润。在采购阶段，通过查询历史采购记录，有助于选择优质的供货商，从而将运营成本以及运作风险降到最低。运输环节当中，利用 GIS 技术，通过图片、视频以及定位等多种形式全面的掌握实时的路况情况，合理的规划行车的路线，进而实现远程调度，全程监控物流。使用网络平台以及现代通信技术，挖掘和使用社会运力，防止出现空载浪费的情况，建设智能化、全方位的物流运输平台。在仓储环节中，合理化的使用 RFID 以及传感器技术，实现仓储库存控制、货物分拣与储位管理的智能化。从历史流通数据出发，对仓储中心位置进行合理的规划。配送环节中，系统化的使用地理位置数据、业务订单数据以及交通情况数据，对配送路径进行优化。使用大数据平台，不断创新配送的模式。包装环节中，对于一些生鲜类的产品，其对于包装有着较高的要求，因此在包装之前可以查阅历史数据，使用合理化的材料，实现绿色物流。

2. 大数据＋电商

电商作为连接供应链不同节点的信息平台，其可以全面的掌控数据信息，电商企业在应用大数据的过程中有着天然的优势。随着电商的发展，电商后台数据增长速度呈现出指数倍，大数据价值密度相对较低，可是具有较高的商业价值。电商企业能够利用大数据对电商模式进行创新。在产品竞争激烈化的背景下，借助大数据本身的挖掘以及应用功能，为不同的客户提供差异化与个性化的服务体验。使用大数据对产品进行精准预测、营销与推广，使用产品消费品之间的关联度合理化的搭售产品。通过对页面点击量的捕捉预测群体消费习惯，从而有针对性的生产产品。还能够通过电商平台，通过开发数据产品以及拓展互联网金融业务，为企业主体提供管理决策方案，使其在为企业提供服务的基础上，不断拓宽自身的发展与利润增长点，加强抵御风险的基本能力。

3. 大数据＋服务

物流数据雷达可以提供详尽的区域，帮助电商平台与物流企业做出决策。此外，还能够和交通部门、气象中心构建合作关系，获取道路实况以及气象信息，将这些数据传递给物流企业，为他们防范风险打下基础。还能够帮助整合供应链，整体规划物流系统。企业能够全面掌握供应链的基础性数据，然后结合自身运营能力以及资源，控制与监督供应链，帮助物流企业更好地提供服务。

4. 大数据＋金融

供应链金融主要围绕着核心企业开展，参与上下游企业物流管理以及资金流的管理，使用供应链管理的方法、原理，将个别企业的风险转变为供应链企业的可控风险。立体化的获取相关的信息，将真实交易作为基础，在采购、销售以及生产等相关环节中将风险控制到最低化的金融服务活动。

通过大数据能够对行业以及价格波动情况展开分析，尽快做出预警，加大控制环节以及可预见程度，实施精准金融以及物流服务。借助大数据技术，能够实现信息交互、交易透明以及业务协同。积极的发展电子供应链金融，动态化实时管理质押物，实现监控风险的最终目标。此外，对供应链金融的上游与下游客户开展全面的信用管理，产生互动监督以及控制机制，有效降低交易的风险与成本。从源头获得用户的相关需求信息，洞察客户的潜在需求，为供应链提供相应的信息咨询服务，分析和预测供应链绩效，指导供应链的管理工作，特别是供应链协同数据运营，能够有效提升大数据驱动下的供应链运营效率。

（三）数据质量有保证

虽然大数据的价值密度低，也存在许多虚假信息，但是能够积累起来的大数据资源通常是真实的互联网行为的反映，在数据质量上有一定的保证。例如电子商务数据涉及具体的实物交易，有诸如会计、审计、配送、顾客、卖家等多方验证，数据错误的可能性大大降低。

大数据金融的快速发展给以银行业为代表的传统金融机构带来了巨大的影响。银行业为抵御其冲击被倒逼转型，尤其在运营模式上发生了明显转变，正在向大数据金融方向发展。目前，银行通过大数据金融服务小微客户主要有两种方式：一是银行基于对过去所积累的大量数据资源的深入挖掘，依托大数据技术主动建立自己的大数据金融服务平台，如中国银行"中银易商"、建设银行"善融商务"和工商银行"融E购"等，为中小微企业提供在线融资业务；二是银行与电商大数据金融平台合作，运用银行内部和外部大数据创新小微融资服务产品，增强小微客户体验与客户黏性，如2015年中国建设银行率先提出转型发展规划，并于2017年与阿里巴巴签订了战略合作协议，随后，工商银行、中国银行和农业银行分别与京东、腾讯、百度达成了全面战略合作协议，重构了大数据金融服务生态圈。

　　大数据能够在银行业小微信贷业务中发挥重大作用：一是精准营销即智慧营销，掌握更多客户行为数据去预测其偏好和兴趣，继而构建用户360°立体画像，提升营销效果；二是大数据风控，能够使银行更好地完善内外部风控体系，应用大数据技术统一管理银行内部多源异构数据从而保障数据的完整性与安全性，通过外部征信数据控制用户风险；三是改善经营状况，使用大数据分析为管理层的决策提供可靠的数据支持，使银行的经营决策更加精准、快速和高效；四是服务创新，应用大数据来改善银行与用户对象间的交互并提升客户的黏性；五是产品创新，利用高端数据分析和综合化数据分享对接各类金融产品，使银行做到跨界借鉴并创新出新的金融产品。

　　在金融功能方面，金融系统中最重要的基础功能是清算与结算功能，电商大数据金融平台支付结算方式与银行业大体相同。目前，商业银行的社会影响力大，仍然是我国社会支付结算的主体。随着互联网、大数据应用发展的成熟，大部分社会群体包括小微企业通过网上银行、手机银行与当前着重发展的银行大数据金融平台进行支付结算。电商大数据金融平台主要是通过第三方支付平台或者与知名度高的银行合作完成支付清算功能。金融系统中的核心金融功能是以最低成本完成更加合理的资源配置。与银行以存、贷款的方式进行间接融资不同，电商大数据金融平台的融资方式具有去中介化的特点，更为直接，资源配置的成本更低而效率更高，平台与小微企业通过信用评估的"0抵押"或者知识产权等抵押方式直接将资金转移，正在实现以银行业"长尾客户"为服务对象的普惠金融。

　　在风险管理方面，传统银行业的大数据金融平台将小微信贷业务从线下人工授信审核升级为网上办理，提高业务审批效率，节约平台与小微企业的业务成本，同时基于大量客户的历史数据在信用评价或者是抵押方式上通过大数据技术把控小微企业贷款风险。但是以蚂蚁金服、京东金融为代表的电商大数据金融企业有着根深蒂固的网络思维，内含较大的技术风险。电商平台将融资业务纯线上化，所有的交易数据、客户信息都需要稳定运行的系统，如此海量的数据对计算机系统、信息技术、大数据技术等的水平要求则更为严格。

（四）使用成本低

大数据的前期成本高，但是只要它带来的商业价值可以覆盖成本，大数据产业链就有发展下去的动力。而在后期，大数据的使用成本是较低的，获得数据库权限后可直接获取原始电子数据，省去了耗时费力的数据收集环节。

物联网促进了产品智能化的发展，也开启了企业间竞争的新时代，越来越多的制造企业也对产品制造的本质有了更深的认识。格力为此构建了一个综合性系统数据处理平台 PLM，对产品生产的整个生命周期产生的成本数据进行收集、分析、处理、传递和管理，通过对成品生产前后流程的集中管理，显著提高了格力公司的产品质量和生产效率。在成本生产过程中，如果遇到一些变更情况，通过传输至数据集成平台，对受影响的范围进行分析、处理，对数据进行变更，再将变更后的数据及时下发到 ERP、MES 等系统，覆盖整个产品全生命周期，确保各相关业务部门工作的正常进行。大数据对于格力成本管理的效果，主要有以下两点。

1. 实现生产计划与物流协同

格力公司采用自主开发的检测系统，在产品生产前的物料订单出库运输前每一件物料都有对应的条形码通过物联网的方式进行数据采集后再运输至车间，在生产前检查生产订单的完整物料领用流程，根据检查结果安排生产，避免出现因物料短缺导致停工的情况，保证生产过程的顺利进行。

生产计划产生的数据看似只是单方面的数据，只能负责从仓库到车间，但实际上，对大数据的应用可以从产品生产后端销售价格的制定延伸至前端物料准备与运输的过程，影响到企业产品从采购、生产到销售的全流程。大数据的广泛运用使得整个产品生产单元变得更有效率的同时，成本也得到了降低，通过整合最终实现成本的全面降低。

2. 实现执行过程与账务管理协同

车间的制造执行过程严格遵循配额匹配的原则，在数据化系统平台的帮助下，用成品材料的数量等同于实时反冲生产物料的消耗数量，每当生产出一件产品在反冲消耗的材料信息至数据信息管理平台，实现"消耗物料与成品的一一对应"。如果在数据反冲中产生了不同于以往的异常数据就及时揭示了生产过程的物料用量不符的问题，促使相关车间开展内部排查并进行改进。最后，再利用正常的数据与改进后的数据进行对比，以验证改进后的效果，所生产的产品数量与实际消耗物料的数量无差异是生产环节闭环管理的目标，这使得原材料损耗成本得到了有效降低。

大数据时代下，企业可以更轻松地获取和筛选各种与成本相关的数据，通过对数据的挖掘、处理、分析与应用，可以保证企业在生产过程中的成本控制更加及时、准确和有效。

二、缺点

（一）具有成熟大数据技术和应用的产业有限，应用方向不明确

虽然大数据产业已经受到了业界的广泛关注，但不可否认的是它还有很长的一段路要走，只有诸如电子商务、智慧城市、交通等大数据细分产业有较为完整的产业链和数据资源，其他领域的应用尚需交给市场和时间检验。

物联网、智慧城市、增强现实（AR）与虚拟现实（VR）、区块链技术、语音识别、人工智能、数字汇流是大数据未来应用的七大发展方向。

1. 物联网

物联网是新一代信息技术的重要组成部分，也是"信息化"时代的重要发展阶段。物联网英文名称是："Internet of things（IoT）"。顾名思义，物联网就是物物相连的互联网。物联网在 1999 年被提出：即通过射频识别（RFID）（RFID＋互联网）、红外感应器、全球定位系统、激光扫描器、气体感应器等信息传感设备，按约定的协议，把任何物品与互联网

连接起来，进行信息交换和通信，以实现智能化识别、定位、跟踪、监控和管理的一种网络。

物联网用途广泛，遍及智能交通、环境保护、政府工作、公共安全、平安家居、智能消防、物业监测、环境监测、路灯照明管控、景观照明管控、楼宇照明管控、广场照明管控、老人护理、个人健康、花卉栽培、水系监测、食品溯源、敌情侦查和情报搜集等多个领域。

2. 智慧城市

智慧城市（Smart City）是指利用各种信息技术或创新意念，集成城市的组成系统和服务，以提升资源运用的效率，优化城市管理和服务，以改善市民生活质量。

智慧城市的具体定义比较广泛，目前国际上广泛认同的定义是，智慧城市是新一代信息技术支撑、知识社会下一代创新（创新2.0）环境下的城市形态，强调智慧城市不仅仅是物联网、云计算等新一代信息技术的应用，更重要的是通过面向知识社会的创新2.0的方法论应用，构建用户创新、开放创新、大众创新、协同创新为特征的城市可持续创新生态。

智慧城市用途范围分为十大智慧体系。十大智慧体系分别为：智慧物流体系、智慧制造体系、智慧贸易体系、智慧能源应用体系、智慧公共服务、智慧社会管理体系、智慧交通体系、智慧健康保障体系、智慧安居服务体系、智慧文化服务体系。

3. 增强现实（AR）与虚拟现实（VR）

AR增强现实技术（Augmented Reality，简称AR），是一种实时地计算摄影机影像的位置及角度并加上相应图像、视频、3D模型的技术，这种技术的目标是在屏幕上把虚拟世界套在现实世界并进行互动。这种技术1990年被提出。

AR技术被应用于广泛领域，诸如尖端武器、飞行器的研制与开发、数据模型的可视化、虚拟训练、娱乐与艺术等领域。

由于其具有能够对真实环境进行增强显示输出的特性，在医疗研究与解剖训练、精密仪器制造和维修、军用飞机导航、工程设计和远程机器人控制等领域，具有比VR技术更加明显的优势。随着随身电子产品CPU

运算能力的提升，预期增强现实的用途将会越来越广。

VR 是 Virtual Reality 的缩写，中文为虚拟现实。虚拟现实技术是一种能够创建和体验虚拟世界的计算机仿真技术，它利用计算机生成一种交互式的三维动态视景，其实体行为的仿真系统能够使用户沉浸到该环境中。

VR 已不仅仅被计算机图像领域关注，它已涉及更广的领域，如电视会议、网络技术和分布计算技术，并向分布式虚拟现实发展。虚拟现实技术已成为新产品设计开发的重要手段。如地产漫游（在虚拟现实系统中自由行走、任意观看，冲击力强，能使客户获得身临其境的真实感受，促进了合同签约的速度）、网上看房（租售阶段用户通过互联网身临其境地了解项目的周边环境、空间布置、室内设计）等。

4. 区块链技术

区块链技术，简称 BT（Blockchain technology），也被称为分布式账本技术，是一种互联网数据库技术，其特点是去中心化、公开透明，让每个人均可参与数据库记录。

最早是比特币的基础技术，目前世界各地均在研究，可广泛应用于金融等各领域。用途范围：艺术行业、法律行业、开发行业、房地产行业、应用场景分析、物流供应链、公共网络服务、保险行业投保人风险管理等。同时区块链技术将应用于金融行业的征信、交易安全和信息安全。金融的数据安全、信息的隐私以及网络的安全正适合分布式区域块技术，区块链在金融方面可以形成点对点的数字价值转移，从而提升传输和交易的安全性。

5. 语音识别

语音识别技术就是让机器通过识别和理解过程把语音信号转变为相应的文本或命令的高技术。与机器进行语音交流，让机器明白你说什么，这是人们长期以来梦寐以求的事情。中国物联网校企联盟形象地把语音识别比作为"机器的听觉系统"。语音识别技术主要包括特征提取技术、模式匹配准则及模型训练技术三个方面。用途范围：语音识别在移动终端上的应用最为火热，语音对话机器人、语音助手、互动工具等层出不穷。

目前，国外的应用一直以苹果的 siri 为龙头。而国内方面，科大讯飞、云知声、盛大、捷通华声、搜狗语音助手、紫冬口译、百度语音等系统都采用了最新的语音识别技术，市面上其他相关的产品也直接或间接嵌入了类似的技术。

近二十年来，语音识别技术取得显著进步，开始从实验室走向市场。人们预计，未来 10 年内，语音识别技术将进入工业、家电、通信、汽车、电子、医疗、家庭服务、消费电子产品等各个领域。

6. 人工智能

人工智能（Artificial Intelligence），英文缩写为 AI。它是研究、开发用于模拟、延伸和扩展人的智能的理论、方法、技术及应用系统的一门新的技术科学。人工智能是计算机科学的一个分支，它企图了解智能的实质，并生产出一种新的能以人类智能相似的方式做出反应的智能机器。该领域的研究包括机器人、语言识别、图像识别、自然语言处理和专家系统等。

用途范围：机器翻译、智能控制、专家系统、机器人学、语言和图像理解、遗传编程机器人工厂、自动程序设计、航天应用、庞大的信息处理、储存与管理、执行化合生命体无法执行的或复杂或规模庞大的任务等。

值得一提的是，机器翻译是人工智能的重要分支和最先应用领域。不过就已有的机译成就来看，机译系统的译文质量离终极目标仍相差甚远；而机译质量是机译系统成败的关键，在人类尚未明了大脑是如何进行语言的模糊识别和逻辑判断的情况下，机译要想达到"信、达、雅"的程度是不可能的。

7. 数字汇流

对未来冲击最大的一项趋势，就是将上述六项趋势合并起来的效果。例如：像是 84 亿个物联网设备，可用区块链技术加强安全性；智慧城市通过物联网就能产生海量数据，这些数据需要由人工智能进行分析；虚拟现实和语音识别也需要通过人工智能不断学习，这些科技发展息息相关，相辅相成，所以数字汇流是最重要的趋势。

(二) 样本覆盖面并不全面

有些群体的数据无法通过大数据方法得到，例如一些不会上网的老年人、农民、未成年人。对于大数据产业链上的企业来说，缺少这部分样本并不会影响大数据给它们带来的好处，毕竟，对于企业来说，有效针对企业的目标群体、抓住大多数的用户需求就是胜利。然而，政府统计的公益性要求它不能忽略一些有偏样本。

一般来说，大数据样本与总体存在以下几种关系：(1) 大数据样本就是研究总体；(2) 大数据样本是组成研究总体的一部分；(3) 大数据样本存在不属于研究总体的噪声数据。针对不同的大数据类型，统计工作者应该采取不同的研究分析方法，来确保统计结果真实可信的反映社会经济运行状况。

在第二种关系中，大数据中每个样本都是研究总体的一部分，且没有重复的样本，同时大数据又没有包括总体抽样框中所有的样本，或者说大数据样本是总体的真子集。源自二手数据的大数据并不是统计部门直接掌握的数据，因此数据的总体和政府统计研究的总体可能不一致。例如搜索引擎数据、社交媒体数据和网络调查数据，这些大数据都没有覆盖研究总体中的全部数据。这个背景下，大数据并不是研究总体，大数据也不是从总体随机抽取的有代表性的样本，大数据的统计特征不一定与研究总体一致。用大数据进行推断整个社会和经济情况，需要首先对大数据样本的代表性进行评估。

如果大数据样本有代表性或者可以视为总体的随机样本，就可以直接使用大数据的分析结果来提供统计资料和咨询意见，实行统计监督等活动。比如某些产品价格，电商价格和实体店价格几乎没有差异，这个时候，便可以完全依靠电商大数据来监测该商品价格。如果大数据样本没有代表性，直接利用有偏的样本进行推断，纵然样本量非常大，也会得出差之千里的结论。例如：利用新浪或腾讯微博文本数据来挖掘大众对某一政策的支持率时，这些样本没有覆盖到无法上网的人，在这种情况下，即使有 6 亿的互联网用户的样本量，如果互联网用户和非互联网用户在对该政策存在巨大分歧时，也无法得到真实的支持率。

另外一个例子是在利用卫星遥感图像来计算农业统计数据时，首先要判断的是遥感图片数据是否覆盖了所有农业用地，如果是这样，判断大数据样本等于总体，这时就可以处理遥感数据并直接进行统计推断。如果遥感图像有缺失数据，即没有覆盖所有农业用地，我们判断大数据样本是总体的真子集，这时需要分析数据缺失的原因，如果是由于随机的短暂的天气影响等因素造成的，大数据仍可以将其视为随机的有代表性的样本，能够按照抽样调查的方法对总体进行推断。如果数据缺失来自人为的干扰，为了避免系统偏差，就需要对缺失的图像进行进一步的分析，例如对缺失部分进行抽样调查，最后结合大数据样本层和抽样数据样本层来对总体进行分析。

在第三种背景下，大数据中样本可能重复出现，也会有些样本不在研究目标里，统计推断就显得比较困难。而现实统计工作中的大数据，由于是二手数据，没有经过事先的指标设置，也没有行政监督和质量审核，更可能是这种与研究总体存在重合关系的有噪声数据。比如利用手机客户监测流动人口时，手机用户可以很好地代表人口，但是一个人可能拥有多个手机号，这样便会有重复样本。在淘宝等电商的数据中，店主也可能对自己的销售数据作假，会有一些虚假的销售记录。在这种背景下，大数据的数据分析就显得格外困难，除了要进行常规数据清洗外，还要采用特殊的方法来确保清洗后的数据是研究总体的样本。一般来说，数据噪声来源有以下几种：一是录入错误，在数据录入过程中由于人为或技术原因带来了数据噪声，这种情况下数据清洗需要花费大量的人力和时间来对数据进行审核和确认。二是数据冗余，造成的原因或者是因为数据是由不同的采集系统汇总的，或者是因为数据搜集的目的和研究目的不相同，这种情况下，需要结合其他信息来判断数据是否为冗余信息。三是数据缺失，需要判断是否需要对缺失数据进行插补。大数据样本在经过数据清洗后，才能进一步判断大数据是否等于研究总体，是否是总体有代表性的样本，进而选择合适的分析方法来研究。

（三）数据完整、真实性难以保证，面临数据公开性与隐私性的矛盾

即使对于那些能通过大数据技术获取到信息的群体，也难以确保数据的完整和真实，例如一些敏感的隐私问题。网民出于隐私保护考虑，往往会以一个虚假的身份在互联网海洋中遨游。对于相关企业来说，网民的"马甲"身份无伤大雅，只要它的产品和服务卖得出去就行。然而，政府统计对基础数据的质量要求远高于大数据行业标准。

大数据的重要性，就在于是否可以有效地对决策进行支持，而大数据的真实性，是获得有用思路和准确内容的要素之一，也是决策得以成功进行制定的根底。真实的数据才能有效地反映出真实的情况，数据的真实性包括三个方面。首先，数据的来源必须是可靠的，在计算初期对数据进行获取收集时应确保所获取数据的真实性，并对数据的可信度进行严格的考察。正确识别数据真实性剔除虚假数据，确保数据在其源头处是真实的，为后期数据处理奠定基础。其次，数据处理的可靠性。数据处理要确保其处理过程的客观性，数据处理过程中不应进行人为干预，提高数据操作员的技术水平，降低数据传递过程中的失真率，提高数据处理真实度。最后，分析结果的真实性。利用科学的数据分析方法对客观真实处理后的数据进行分析，科学的方法能够有效避免虚假信息和结论的干扰，从而有力地增强数据结果的可靠性。

此处，以电子邮件为例讨论电子数据的真实性。电子数据的真实性是一个广义的概念，依据褚福民的观点，电子数据的真实性有三个不同的层面：电子证据载体的真实性、电子数据的真实性和电子证据内容的真实性。

第一个层面，电子证据载体的真实性是指存储电子数据的电子设备完整，在物理以及软件层面不存在对完整性破坏的情况。

第二个层面，电子数据的真实性是指电子数据信息中的数据是否存在不一致等影响其真实性的情况。其真实性主要包含两个范畴："伪造"和"篡改"。"伪造"有无中生有、凭空捏造之意，被伪造出来的电子数据原本是不存在的，可能来源于当事人的想象、日常经验或者类似的电子数据。"篡改"则是在已有的电子数据上添加、改动、删除了部分数据，使其所反映的事实产生了改变。

第三个层面，电子证据内容的真实性是指电子证据所包含的信息能够与案件的其他证据包含的信息相对应。

以微信聊天记录"我订购了一箱水果"为例，电子证据载体是发送此微信的电子设备,比如手机等;电子数据信息是"我订购了一箱水果"这几个文字的数据信息;电子证据内容是"我订购了一箱水果"所表达出来的信息。上述的三个层面既有本体论的部分,即从静态层面考察电子数据是否一致;也有实践论的部分,即从动态层面对电子数据的收集、保管、鉴定、提交和审查判断等环节对电子数据真实性认定作出程序性的保障。由此可以发现,第二个层面真实性属于本体论层面,是对电子数据中的数据信息等内涵是否存在伪造或者变造的真实性的分析,在这一层面更加偏向技术分析,褚福民认为其在本质上是技术问题而非法律问题。第一个层面和第三个层面属于实践论层面,作为法学的研究对象,注重在司法活动中的规范性问题研究,具体到电子数据的真实性认定问题上,其本质是对司法实践中真实性认定的程序性保障问题的解决。

目前,我国对电子数据真实性认定存在以下问题:

(1)电子数据证据原件的要求难以落实。造成这一问题的原因在于,电子数据原件的识别难度较大。电子数据原件识别难度较大的原因有以下几个方面:

第一,人工识别电子数据的原件和复制件难度较大。第二,对原件识别成本较高。第三,信息服务企业方面的阻碍。

(2)电子数据的证据保全存在诸多问题。在实践中,电子数据在证据保全方面的问题包括以下几点:

第一,公证机关作为收费的法律服务机构,容易丧失中立性。第二,电子数据保全方法缺乏规范,容易导致电子数据受到破坏或者污染。第三,保全前提条件过于严格,对及时保全电子数据证据造成困难。

(3)区块链技术应用于电子数据仍存在风险。首先,第三方存证公司缺乏可信度。此外,为了整个系统的稳定性和运行效率,区块链底层信息共识算法大多数是容错的,这与我国司法证据的理念不符。区块链的原始设计目的,是通过分布式信息共识机制,达到在没有权威机构背签的情况下获取公信力的目的,但是在技术层面存在着一定的容错率,因此单纯依赖区块链保存哈希值无法完全保证原文的真实性。

(四)大数据资源呈现垄断性,并带来信息不对称

大数据资源作为相关企业的资产,具有重要的战略意义。由于互联网领域的"赢者通吃"的行业特点，龙头企业一家独大的现象十分普遍。倘若没有新技术或者新的商业模式出现，先发者的优势对于后发者是碾压性的。大数据资源的垄断性带来了信息不对称，大数据资源的发展成果并不能由社会成员共享。

领英成立于 2002 年，2016 年被微软收购，主要从事商业和职业社交网络，用户超过 5 亿。hiQ 是一家数据分析公司，也是一家纯粹的寄生公司，其数据分析业务完全（wholly）依赖使用爬虫技术从领英抓取的数据，特别是领英用户公开的个人信息。领英允许 hiQ 访问并使用数据持续多年。但在 2017 年初，领英向 hiQ 发出了"停止侵权函（cease and desist letter）"，并采取技术措施阻止 hiQ 抓取数据，并威胁称：如果 hiQ 不停止对用户数据的访问，将以违反《Computer Fraud and Abuse Act（CFAA）》（计算机诈骗及滥用法案）提起诉讼。2017 年 6 月 7 日，hiQ 却率先提起诉讼，称其遭受无法弥补之伤害，并请求法院颁布禁令救济，要求领英停止技术限制，允许 hiQ 继续访问数据。2017 年 8 月 14 日，美国加州北区联邦地方法庭法官发出初步禁令（Preliminary Injunction），要求领英取消技术拦截措施（以下简称"领英案"）。

1. 市场势力的扩展

领英案中，hiQ 认为领英不公平的利用其在职业网络领域的主导地位，扩展到数据分析市场，在不同的市场中获取不当的竞争优势。

领英在本案中使用了杠杆（leverage），即意图将自己在相关市场中的优势地位扩展到新的市场中。杠杆理论是处理垄断者进入第二个市场的反垄断法理论。"传导效应"一般只可能发生在互补产品或服务之中，而且并非任何的扩展都构成了非法。合理原则、效率分析导向而不是平等导向、经济分析和行为标准成为法院反垄断案件审理关注的重点。领英寻求在数据分析市场与 hiQ 竞争。2017 年 6 月，领英的首席执行官在一个节目中宣称，领英想要做的是利用已经拥有的 5 亿用户产生的海量数据，使得个人用户发现工作职位信息；为雇主提供企业技能需求以及如何找到相关的人才。领英似乎正在开发一种直接与 hiQ 技能 Mapper 竞争的产品。当然，经营者利用原有的优势扩展至新的市场领域，未必构成了垄断力的滥用。如在微软案中，微软虽然在操作系统中推出了 IE 浏览器，事实上是在自己的系统和平台上附加新的产品和服务。美国法院并未认定微软构成垄断。而且微软而并未设置接口障碍,阻碍用户在 Windows 系统中使用 Netscape 等公司的浏览器。

在本案中,如果领英推出相同或者类似的服务,扩展经营领域,可能不会引起反垄断的质疑;但领英终止了 hiQ 对公开数据的访问,旨在对数据进行独家控制,以实现自己的业务目的,可能就构成了垄断力的滥用。《谢尔曼法》禁止公司利用垄断势力来"阻止竞争或获得竞争优势,或消灭竞争对手"。美国地方法院 8 月发布的禁令中,认同了 hiQ 面临的严重损害(甚至 hiQ 面临着根本性的生存威胁),称领英在职业网络市场上以反对竞争为目的,不公平的使用其市场势力。

2. 利用大数据"关键设施"拒绝交易

英美法系国家将"关键设施"(the essential facilities doctrine)界定为:某一企业在相关市场上为了与其他的企业竞争所必要的,却因法律上或事实上的理由,实际上不可能由两个或两个以上的企业重复构筑的设施。由于这种"必须性"和"不可替代性","关键设施"的持有者就有了排除或者差别对待竞争者对该设施接触的可能性,持有者不得通过拒绝交易排除竞争。例如在美国高等法院裁决的"联合通讯社诉美国案"中,法院认为联合通讯社对其新闻信息拥有著作权,通过限制成员资格壁垒,使得非会员无法使用该信息。通讯社行为违背了美国反垄断法。

3. 数据驱动的收购

近年来大数据相关的合并案件显著增加。数据驱动的合并(data-driven mergers)并非由成本节约驱动的,收购者意在取得目标企业的基础数据。美国的反垄断机构开始关注大数据在合并中的作用,合并各方越来越多地提出数据驱动的效率,为合并提供合理性,并取得不同程度的成功。2012 年,在线产品评分及评论网站 Bazaarvoice 收购竞争对手 Power-Reviews。Bazaarvoice 与 PowerReviews 都成立于 2005 年,属于在线产品评分及评论网站,主要帮助制造商和零售商收集、整理、分析顾客评价。2012 年 6 月,Bazaarvoice 收购了 PowerReviews。由于交易金额未达到反垄断法规申报标准,无须申报和接受政府审查。但随即美国司法部就对涉嫌违反反垄断法的情况展开调查:公司内部文件显示两家企业之间的竞争对于驱动彼此创新非常重要。司法部和审判法院驳回了双方"效率"主张。执法机构认为，没有证据显示该交易能在数据获取方面更高效，并带来产品的改进、价格的降低或更多的创新。但相反的是，2010年司法部调查微软和雅虎之间的搜索合作协议时，接受了双方数据驱动效率的主张，认为该交易增加了对数据的访问并使微软能够迅速改善搜索，从而能够与 google 开展替代竞争。对并购产生的影响不仅仅着眼于对搜索市场的影响，应当关注平台的双边市场的特征，数据互补的公司之间的合并对一侧市场的改变进而可以带来整个平台的经营状况的变化，影响的范围和规模都超出了原有的相关市场。

（五）大数据资源的价值密度低，如何挖掘其中的统计价值成难题

不说数据来源，单说存储、处理和维护 PB 级的大数据就需要非常高的成本，数据价值密度低是其不可被忽视的重要因素。大数据的应用方向还不十分明确，隐含其中的数据价值如何挖掘、如何正确估值摆在了大数据分析工作者面前。

电力大数据除"3V"（Volume、Velocity、Variety）特征外，还具有数据源多样、空间广泛性、时间跨度大等特征。考虑到这些特性，借鉴其他领域对相关价值密度的定义：如经济学中商品价值密度定义为单位重量商品的价值；计算机科学中作业价值密度定义为作业在 t 时刻的价值与作业的剩余执行时间的比值。此处所提到的"数据价值"，不是将数据作为资产的经济价值，而是数据本身所含的信息价值，即数据信息对于实现特定业务目标的贡献和作用。

从空间、时间 2 个指标进行评价可以看出，电力大数据的价值密度评价指标具有以下特点：

（1）依赖性：价值密度指标依赖于特定的业务目标，如果面向不同的业务需求，即使同一数据集也很可能有不同的指标计算结果。

（2）非线性：价值密度指标考虑了内存占用、运行速率和误差的非线性关系以及时间、空间维度间的非线性关系。

（3）易计算：价值密度指标简单直观，计算方便，适合工程实践推广。

（4）多维度：空间维度与数据库结构、数据编码方式、存储规则等有关；时间维度与挖掘算法的效率等有关。实际应用可能会侧重于不同维度，比如对于实时性要求较高的电力业务会更加关注数据集的时间价值密度指标。

对于数据库，通常将表的列称为"字段"，表征数据的属性；将表的行称为"记录"，是属性值的一个集合。下面将相关技术路线定义为"三层过滤机制"——面向数据库的"脏数据"过滤，面向记录的"横向"过滤，面向字段的"纵向"过滤。

1.面向数据库的"脏数据"过滤

第一层过滤是面向数据库的"脏数据"过滤。如上述电力大数据具有类型多、数据源多样的特点，面向不同电力业务，必须有针对性的过滤数据库。其次，电力大数据由于信道错误、远程终端故障、干扰信号影响等会产生一定的"脏数据"，显然这部分数据降低了价值密度，甚至会影响最终业务结果的准确性。因此需要对"脏数据"进行处理。本文梳理相关研究，总结常见的"脏数据"类型及处理方法见表7-6。

表7-6 "脏数据"类型及相应处理方法

"脏数据"	具体含义	方法
数据缺失	数据为空集	替代法、平滑回归法
数据异常	格式不一致、超出量纲、正负值异常等	离群点监测、数据拟合
数据不同步	不同记录的采集频率不同；不同字段的采集频率不同；不同次采集起止时间不同	插值法、强制同步法
数据冗余	异名同义、同名异义、属性重复	数据集成、相关性分析
信息冗余	定量特征只关心所属区间；定性特征需要处理	对定量特征二值化、对定性特征哑编码

2.面向记录的"横向"过滤

许多电力大数据记录都表现出相类似的规律和特性，导致信息熵比较小。第二层过滤是面向记录的"横向"过滤，基于聚类算法，可以选取具有相同规律和"共性"的簇，既可以提取业务目标所需求的特征簇，也可以对相同特征的簇进行简化，从而提高了价值密度。表7-7是现有研究中常见聚类算法的比较。

表7-7　常见聚类算法的比较

聚类原理	常见算法	优点	缺点
基于层次的聚类	DIANA，BIRCH，Chameleon 等算法	算法简单易懂；可聚合多个局部簇	存储相似度，不适合处理大规模数据；不能实现增量式聚类；时间复杂度高
基于划分的聚类	K-means 算法及其各类变体算法	可实现增量式聚类，适合大规模数据	对初始簇中心敏感；对异常点比较敏感
基于密度的聚类	DBSCAN 算法及其各类变体算法	能检测异常点；适合发现不同形状的簇	对存在密度相差较大的簇聚类效果较差；需要提供聚类最小对象数及邻域个数
基于网络的聚类	DCLUST，CLIQUE 算法	处理速度快	无法处理分布混乱的数据；易导致维数灾难；精确性较低
基于模型的聚类	高斯混合、SOM 等算法	软聚类，结果以概率形式表示	执行效率低
基于模糊的聚类	模糊C均值等算法	对满足正态分布聚类效果较好；能检测孤岛点	收敛性较差；聚类效果依赖于初始聚类中心

3. 面向字段的"纵向"过滤

基于上述结果，第三层过滤是面向字段的"纵向"过滤，结合关联算法提升电力大数据的价值密度。传统数据挖掘方法不考虑电气背景，从数据本身特征进行属性降维，不适用于电力大数据。第三层过滤基于FP-network算法，对于特定电力业务，选取与该业务目标支持度较高的字段，约简支持度较低的字段，从而提高电力大数据的价值密度。

在本章中，从产业链和细分行业列举了多种现有大数据资源，实际上，在提及的例子中，那些大数据的"拥有者"本质多是作为一个平台，集中了产生于各方的数据。在实际生活中，各个行业生产都会产生大量的数据资源，无非是可否利用，而对于那些并非简单由单个或几个主体获取或管理的大数据，一个平台的构建，将数据集中、加工、处理，显然有助于更好地利用大数据资源。

以此作为出发点，我们将在下一章以工业行业的数据集成为例，以工业统计数据云为例，通过研究案例的形式展示如何构建云平台，综合地利用大数据生产信息，为工业信息统计提供新思路。

本章参考文献

[1] 汪闫林，汪丽玲，李光林，等. 基于 ArcGIS "天地图·无锡" 电子地图数据制作研究 [J]. 勘察科学技术，2018 (3)：47-49，58.

[2] 王赛一，余建平，孙丰杰，等. 电力大数据的价值密度评价及结合改进 k-means 的提升方法研究 [J]. 智慧电力，2019，47 (3)：8-15.

第八章　研究案例——统计云建设的路径和方法探索研究：以工业统计数据云平台为例

工业互联网旨在充分利用工业经济活动中产生的数据，借助现代数据处理技术，促进开发、运营、生产和销售等经济活动中的决策效率和能力。伴随着工业互联网的快速发展，高效、安全的工业数据采集与传输工作成为可能。同时工业互联网应用的效率、质量、全面性与安全性被人们广泛关注、传统工业统计的数据采集、处理、加工等流程中的方式、场景和实施主体等方面都值得借鉴工业互联网技术。是否能够结合二者优势实现工业统计数据上云，改进统计调查技术、扩充统计调查内容，并实现工业统计和工业互联网有机结合，将有助于实现更好的经济社会管理。工业统计数据云平台能够有效推动政府统计现代化，从而推进国家治理水平和治理能力的现代化。

第一节　我国工业互联网建设现状

当年，我国工业互联网平台仍处于发展初期，具有布局分散且快速迭代的特点。现阶段工业互联网建设主要有三种模式：一是流程行业的集团式工业互联网（简称 A 类平台），如大型央企集团内部建立的工业互联网等，数据集中在生产侧；二是离散行业的供应链式工业互联网（简称 B 类平台），如产业链上的主导企业推动建立的工业互联网，数据集中在生产与流通侧；三是传统互联网＋的定制化销售模式（简称 C 类平台），如通过零售平台上的最终消费引领上游生产企业加入的工业互联网，数据集中在流通与消费侧。三类平台以行业和产业链为根基，从长期来看会保持一定独立性，不会轻易融合，未来近百家工业互联网平台可能长期共存。在此背景下，工业互联网建设方案的研究在关于如何落地、如何深入、如何搭建平台等方面仍面临众多的困难与挑战。我们认为推动工业互联网实现工业统计数据上云，应重点研究两个关键点：平台融合技术、数据资源集成机制。

第二节　工业互联网平台技术框架

若想依托工业互联网开展工业统计数据上云的平台建设，首先需要开展工业互联网的平台技术研究。通过基于云端的制造业数字化、网络化、智能化变革，工业互联网为工业企业跨工序、跨系统、跨厂区、跨地域的数据共享与互联提供便利，使企业可以在全局层面对产业活动的各个环节进行优化，为企业的技术创新和管理创新提供技术条件。

工业互联网平台是工业互联网的具体实现方法，其基本架构可以粗略划分为边缘层、基础设施层（即 IaaS 硬件层）、工业平台层（即 PaaS 层）和工业应用层（即 SaaS 层）四个层次。这四个层次的特性分别为：边缘层以数据采集与接入为基础，利用泛在网络和感知技术对工业设备、信息系统、运营平台、岗位管理等要素实施高速收集汇聚；基础设施层即 IaaS 硬件层，其核心为虚拟化技术，同时充分利用分布存储、并发式计算、高负载调度等新技术实现计算机资源的动态管理，可根据用户需求进行定制化的弹性分配，并确保系统资源利用的安全与隔离；工业平台层即 PaaS 层，是工业互联网的核心，其根本是在 IaaS 平台上构建一个可扩展的应用支持系统，为工业应用和服务软件的开发提供良好的基础平台；工业应用层即 SaaS 层，旨在对企业的制造、运营等活动环节进行逻辑抽象，建立应用服务。主要功能是面向特定工业应用场景，利用制造技术、经验知识和系统数据进行建模，服务于生产经营和管理实践，形成基础的、共性的工业信息化应用模块。现今国内已有多个公司基于上述架构打造了自己的工业互联网平台，其中包括海尔集团 COSMOPlat 平台、华为 Fusion-Plant 平台等，其部分经验可以作为借鉴参考。

第三节　工业统计数据上云机制

工业统计数据上云的成败关键点在于数据的获取和使用，因此云平台的稳定运行需要数据源的稳定、数据的安全，以及数据获取和管理行为的规范。对此，我们着重对工业互联网当前的数据运行机制开展了研究，并在此基础上勾画出政府统计利用其建设工业统计数据云平台的可行机制。

不同于传统互联网平台的"To-C"（面向消费者）模式，工业互联网建设以"To-B"（面向企业）模式为主，企业用户对于工业互联网平台的态度不同于个人用户对互联网平台的态度，且以行业内循环为主，使得其对外数据封闭的倾向较为明显。对于 A 类平台，集团组织权利即数据权利，集团管理者对数据信息拥有近乎绝对的话语权，在安全和效益之间一般会优先考虑安全。对于 B 类平台，产业链话语权即数据权利，产业链上的核心企业利用其一定程度的垄断权和信任感来建立平台，并以用户的数据和相互间的信任感作为平台的核心竞争力。对于 C 类平台，销售渠道权利即数据权利，可以看成消费类互联网平台向生产端的延伸，数据开放机制建立在更接近消费互联网的基础上，其数据开放难度为三类平台最低，但也高于消费互联网本身。

第四节　工业统计数据云平台建设构想

我们认为，工业统计数据云平台建设的关键点在于工程建设、资源建设、指标建设。

一、工程建设

考虑政府统计的整体代表性，面对未来可能的上百个成熟工业互联网平台，工程建设的关键是融合这上百个工业互联网上的统计数据。换句话说，利用工业互联网建设工业统计数据云平台的工程实践手段就是利用各个工业互联网的工业应用即 SaaS 层，开发上百个以传输统计指标所需数据为目的的工业 App。类比一个微信要适应多个操作系统，需要有 IOS、Android、Windows、Linux、Mac 多个版本才能服务到所有用户和场景，工业互联网是一个更分散的体系，需要形成资源富集、多方参与、合作共赢的制造业生态。故工业统计数据云平台将建立在工业互联网平台的生态之上，与工业互联网架构衔接的方式如图 8-1 所示。

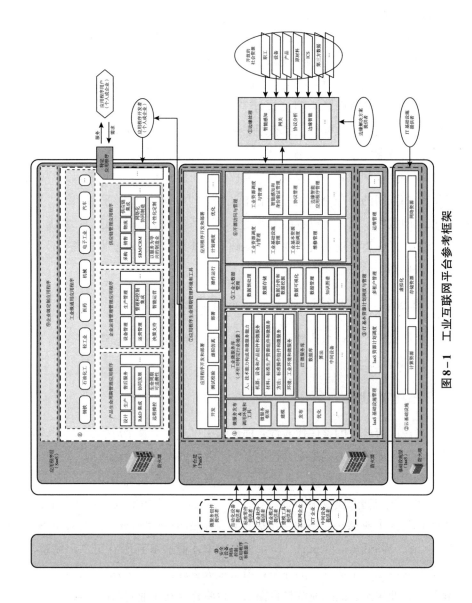

图 8-1　工业互联网平台参考框架

　　在工业应用背景下，企业在工业互联网平台的应用层会产生大量的工业数据，这些工业数据通过边缘处理，可以作为工业统计数据云平台的数据源接入其基础设施层，从而实现工业数据上云，其过程可以简略表示为图8-2。

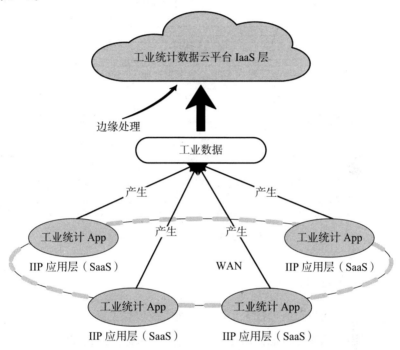

图8-2　工业互联网平台与工业统计数据云平台的连接

　　通过对各类云平台建设情况的调研，我们认为工业统计数据云平台的设计架构仍可大致划分为基础设施层（IaaS）、平台层（PaaS）、应用程序层（SaaS）。基础设施层可以实现工业数据等基础信息资源的灵活调度，使用云计算技术提供虚拟化的计算、存储、网络资源。同时为了有效管控和运维全行业信息化资源，在虚拟化资源之上需建立统一的云资源管理调度平台和运行监控管理平台。平台层主要提供数据仓库、数据抽取转换装载、企业数据总线、取数服务、数据质量管理、元数据管理、海量数据处理等几项服务。应用程序层主要提供统计业务应用、工具支撑以及用户管理。其中统计业务应用主要有统计报数、统计数据发布、统计数据查询与分析、业务专题分析。图8-3描述了工业统计数据云平台的架构。

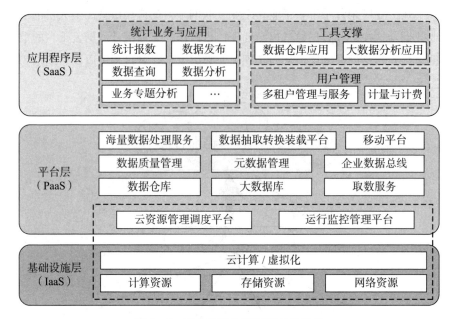

图 8 - 3　工业统计数据云平台的架构

二、资源建设

工业互联网只是通过技术手段高效地实现数据收集，获取工业互联网平台数据还必须充分考虑数据提供者的意愿。考虑到过去在消费类互联网平台获取数据遇到的困难，我们认为，如果希望建设工业统计数据云平台并利用工业互联网数据，统计部门可以从方法制度层面着手，在《中华人民共和国统计法》框架下，通过不断调整和优化统计方法制度来推进数据机制建设，解决平台建设的数据来源问题。我们初步认为可以从下面两个方面进行攻关。

一是以统计行为规范为准绳，协调调查数据提供与获取方的关系，明晰各自权利与义务的范围。依照《统计法》对各级人民政府、县级以上人民政府统计机构和有关部门组织实施的统计活动做出的规定，法律授予统计机构和统计人员统计调查、统计分析等权力以从事统计相关行为，且并没有限制数据收集的具体方式，因此通过工业互联网获取数据是有可行性的。统计部门可对现行方法制度进行相应的调整和优化，可令企业将数据接入工业互联网平台的特定端口作为上报统计数据的方式。此外，有了制度保障后，统计部门可联合其他行业主管部门，推动工业企业在工业互联网平台的基础上为工业统计数据云平台提供数据；若存在企业不予配合的情况，可以依法采取相关措施。一般认为，在现有《统计法》框架下推进工业统计数据云平台建设所需的数据资源建设是具有一定可行性的。

二是以明确的法律法规为数据安全保驾护航。数据安全建设同样需要从相关法条入手，当前诸多法律条例涉及数据安全，如《中华人民共和国网络安全法》《数据安全管理办法（草案）》《中华人民共和国数据安全法（草案）》《信息安全技术网络数据处理安全规范（征求意见稿）》《个人信息保护法（草案）》等。上述法律条例均未完全限制公共部门获取互联网或者工业互联网数据。如《数据安全法（草案）》第二十九条、《统计法》第九条及其他数据保护条例的相关规定，对统计机构和统计人员接入工业企业数据的行为进行严格要求，避免数据的泄露和不当利用，保障数据安全。在这样的约束下，工业互联网平台上的企业更容易接受和认可。

三、指标建设

整个工业互联网还处于初步建设阶段，处于后期的指标建设方案虽然不可或缺，但现阶段主要做探索性研究。首先，我们对现有利用工业互联网形成的指标进行了梳理，它们通常是由企业或者研究机构发布。其次，工业互联网基础指标的形成机制是以服务企业自身业务为中心，且工业互联网系统的基础指标可能存在差异，统计指标工作应注重基础数据的一致。

四、建设步骤

总体上判断，工业统计数据云平台的工程建设进程应从网络基础建设、平台中枢建设两个方面循序开展；工业统计数据云平台的数据资源建设和统计指标建设进程依赖于工业互联网的发展以及相关法律制度的保障，应该在开展数据资源规划建设的工作基础上，探索开发多款工业

App，实现数据传输到工业统计数据云平台，并开展测试，最后结合宏观统计指标的使用需求，设计基于工业统计数据云平台的统计指标；工程建设、资源建设、指标建设应该并行开展，同时注重外围安全保障建设，为整个工业统计数据云平台的建设打造安全环境，并最终落实到工业统计数据云平台的生态体系建设上来。

第五节　可行性分析

一、工程技术可行性

工业统计数据云平台建设的目标是搭建一个个性化、高效率的云平台，既要有统一的标准进行约束，又要有个性化的考量，以提高效率和信息价值。工业互联网是以建设系统生态为出发点的，统计应用的接口技术并不复杂，工程技术上是可行的。

二、数据代表性

工业互联网平台未来将会连接大量规模以上企业，有必要对其数量进行预测。我们利用"研究与发展（R&D）"指标来预测未来规模以上工业企业上云数量，预测结果表明，未来五年规模以上工业企业连接工业互联网的数量将持续增长，达到 20 万家左右。上云企业的数量不断增多，工业统计数据云平台在处理数据时使用的数据集也不断扩大，有趋向于总体数据集的趋势，而这有效支撑了工业统计数据云平台构建的宏观统计指标体系的代表性，样本和总体的误差关系能够被控制在可以接受的范围内，进而提高工业统计数据云平台建设宏观统计指标的可行性。

三、数据资源获取可行性

数据资源获取的可行性是充满争议的，项目组内部一开始也没有对此形成统一意见，在研究过程中考虑过路径与实现方式的多种方案。但我们最终判断纯粹的社会合作模式难度较大，只有获得法律或相关条规的保障才能实现工业统计数据云平台的成功建设。

四、建设效益

数据层面而言，工业统计数据云平台能够降低获取数据的成本，提高数据的质量和数据源的广度，提高各类指标的时效性和更新频率，有利于工业统计电子台账的推广实施，便于及时细微地制定相关政策。指标体系层面而言，结合现有指标，基于工业互联网基础数据的工业统计数据云平台应用可以丰富基础数据、构建新指标、拓展现有指标体系。

五、成本分析

在预见工业统计数据云平台对数据采集和使用效率带来明显提升的同时，我们也注意到建设工业统计数据云平台需要相应的工程建设成本、制度变更成本以及平台运维成本，而这些成本投入很难靠市场化行为实现，主要靠财政支持。但与传统数据采集方式相比，工业统计数据云平台能更好地实现资源配置、提升数据生产效率，例如降低现有的人力资源成本。

第六节　工业统计数据云平台的价值与未来展望

工业统计数据云平台的构建对提升国家统计能力有着重要意义。工业互联网的迅速普及是可预见的，它将连接我国相当比例的经济活动。一定程度上，基于工业互联网的工业统计数据云平台发展水平代表了我国的工业统计工作水平。同时，工业统计数据云平台既是传统工业部门信息化、智能化的"创新"突破口，也是新兴的 5G、物联网、人工智能等多重技术落实整合的平台，其发展与完善可以为社会生产与经济发展带来重要的决策依据，将助力我国从"数据大国"迈向"数据强国"，最终实现政府统计工作、企业生产经营、国家统计能力全面提升的良好前景。

工业互联网旨在充分利用工业经济活动中产生的数据，借助现代数据处理技术，促进开发、运营、生产和销售等经济活动中的决策效率和能力。伴随着工业互联网的快速发展，高效、安全的工业数据采集与传输工作成为可能。传统工业统计的数据采集、处理、加工等流程中的方式、场景和实施主体等方面都值得借鉴工业互联网技术，同时工业互联网应用的效率、质量、全面性与安全性被人们广泛关注。

若想依托工业互联网开展工业统计数据上云的平台建设，首先需要开展工业互联网的平台技术研究。通过基于云端的制造业数字化、网络化、智能化变革，工业互联网为工业企业跨工序、跨系统、跨厂区、跨地域的数据共享与互联提供便利，使企业可以在全局层面对产业活动各个环节进行优化，为企业的技术创新和管理创新提供技术条件。

工业统计数据上云的成败关键点在于数据的获取和使用，因此云平台的稳定运行需要数据源的稳定、数据的安全，以及数据获取和管理行为的规范。对此，我们着重对工业互联网当前的数据运行机制开展了研究，并在此基础上勾画出政府统计利用其建设工业统计数据云平台的可行机制。

不同于传统互联网平台的"To-C"（面向消费者）模式，工业互联网建设以"To-B"（面向企业）模式为主，企业用户对于工业互联网平台的态度不同于个人用户对互联网平台的态度，且以行业内循环为主，使得其对外数据封闭的倾向较为明显。对于A类平台，集团组织权利即数据权利，集团管理者对数据信息拥有近乎绝对的话语权，在安全和效益之间一般会优先考虑安全。对于B类平台，产业链话语权即数据权利，产业链上的核心企业利用其一定程度的垄断权和信任感来建立平台，并以用户的数据和相互间的信任感作为平台的核心竞争力。对于C类平台，销售渠道权利即数据权利，可以看成消费类互联网平台向生产端的延伸，数据开放机制建立在更接近消费互联网的基础上，其数据开放难度为三类平台最低，但也高于消费互联网本身。

一、工程技术可行性

工业统计数据云平台建设的目标是搭建一个个性化、高效率的云平台，既要有统一的标准进行约束，又要有个性化的考量，以提高效率和信息价值。工业互联网是以建设系统生态为出发点的，统计应用的接口技术并不复杂，工程技术上是可行的。

二、数据代表性

工业互联网平台未来将会连接大量规模以上企业，有必要对其数量进行预测。我们利用"研究与发展（R&D）"指标来预测未来规模以上工业企业上云数量，预测结果表明，未来五年规模以上工业企业连接工业互联网的数量将持续增长，达到 20 万家左右。上云企业的数量不断增多，工业统计数据云平台在处理数据时使用的数据集也不断扩大，有趋向于总体数据集的趋势，而这有效支撑了工业统计数据云平台构建的宏观统计指标体系的代表性，样本和总体的误差关系能够被控制在可以接受的范围内，进而提高了工业统计数据云平台建设宏观统计指标的可行性。

三、数据资源获取可行性

数据资源获取的可行性是充满争议的，项目组内部一开始也没有对此形成统一意见，在研究过程中考虑过路径与实现方式的多种方案。但我们最终判断纯粹的社会合作模式难度较大，只有获得法律或相关条规的保障才能实现工业统计数据云平台的成功建设。

四、建设效益

数据层面而言，工业统计数据云平台能够降低获取数据的成本，提高数据的质量和数据源的广度，提高各类指标的时效性和更新频率，有利于工业统计电子台账的推广实施，便于及时细微地制定相关政策。指标体系层面而言，结合现有指标，基于工业互联网基础数据的工业统计数据云平台应用可以丰富基础数据、构建新指标、拓展现有指标体系。

五、成本分析

在预见工业统计数据云平台对数据采集和使用效率带来明显提升的同时，我们也注意到建设工业统计数据云平台需要相应的工程建设成本、制度变更成本以及平台运维成本，而且这些成本投入很难靠市场化行为实现，主要靠财政支持。但与传统数据采集方式相比，工业统计数据云平台能更好地实现资源配置、提升数据生产效率，例如降低现有的人力资源成本。

本章参考文献

[1] 蔡永鸿, 刘莹. 基于大数据的电商企业管理模式研究 [J]. 中国商贸, 2014 (11): 74-75.

[2] 陈良华, 祖雅菲, 韩静. 供应链成本分配的权变结构研究 [J]. 会计研究, 2016 (10): 50-55, 97.

[3] 程梦瑶. 联想大数据: 进入工业的深水区 [J]. 软件和集成电路, 2018 (12): 33-38.

[4] 贾晓燕, 封延会. 网络平台行为的垄断性研究: 基于大数据的使用展开 [J]. 科技与法律, 2018 (4): 25-33.

[5] 解明明. 政府统计视角下的大数据样本与总体关系探讨 [J]. 中国统计, 2014 (12): 54-55.

[6] 寇飞. 电商环境下我国物流企业成本控制问题探讨 [J]. 商业经济研究, 2017 (14): 101-103.

[7] 刘雨心. 浅谈大数据营销在电子商务中的运用 [J]. 中国管理信息化, 2019, 22 (14): 141-142.

[8] 孟静. 大数据背景下电商企业运营思维的转变: 以阿里巴巴为例 [J]. 电子商务, 2015 (4): 1-2.

[9] 孙小东, 王劲松, 李强, 等. 工业互联网平台的架构设计 [J]. 工业加热, 2020, 49 (5): 48-50, 54.

[10] 许雅玺. 基于大数据的电子商务企业供应链成本控制 [J]. 会计之友, 2019 (8): 130-134.

[11] 颜叶娟. 大数据背景下行政监督信息共享能力提升策略研究 [D]. 湘潭: 湘潭大学, 2017.

第三部分

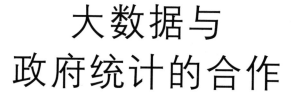

大数据与
政府统计的合作

第九章　大数据与政府统计之间的基本理论关系

第一节　大数据的"技术中性"

一、大数据的含义

"大数据"一词最早是由美国 NASA 的研究人员 Michael Cox 和 David Ellsworth 于 1997 年提出，是他俩第一次用该词描述 20 世纪 90 年代出现的数据方面的挑战——超级计算机所生成的巨大数据量。在实验过程中，Cox 和 Ellsworth 对产生于飞机周围的大量模拟气流数据觉得无法处理，也难以可视化，他们对自己当时的感受是这样描述的："数据集相当大，对主机内存、本地磁盘甚至远程磁盘都造成挑战，我们称此问题为大数据。"这就是"大数据"一词的由来（或起源）。

一般认为，大数据的产生与以互联网为标志的信息技术密切相关。例如著名的 Facebook 拥有超过 9 亿的用户，并且用户量仍在不断增长；Google 每天都有不少于 30 亿条的搜索查询；而 Twitter 则每天要处理 4 亿次以上的短信（相当于 12TB 的数据量）。

到底什么是大数据？有的学者认为，大数据是指太大或种类太多，以至于传统工具无法有效管理的数据。也有人认为，大数据即一般软件工具难以捕捉、管理和分析的海量数据；通过对这些海量数据的交换、整合、分析，可以发现新知识、创造新价值，从而带来大知识、大科技、大利润和大发展。

研究机构 Gartner 对于"大数据"（Big data）给出了这样的定义："大数据"是需要新处理模式才能具有更强的决策力、洞察发现力和流程优化能力来适应海量、高增长率和多样化的信息资产。

《促进大数据发展行动纲要》对大数据有完整清晰的表述：大数据是以容量大、类型多、存取速度快、应用价值高为主要特征的数据集合。大数据产业是对规模海量、来源分散、形式多样的数据进行采集、存储和分析，从中发现新知识、创造新价值、提升新能力的新一代信息技术和服务业态。

关于对大数据的定量描述，最早由 Laney 提出的方法是通过三个维度描述——也称 3V（Volume，Velocity，Variety）。在此基础上，IBM 的研究人员作了补充，认为应当用 4V——即容量（Volume）、速度（Velocity）、多样性（Variety）和真实性（Veracity）等四个维度来描述大数据。其中，容量在大数据情况下应是大容量，是指增长到百万兆字节甚至千兆兆字节的信息；速度在大数据情况下要求高速度，因为及时、快速处理大数据往往起着关键性的作用（例如分析大量当日呼叫的详细记录，可实时预测客户流失程度）；多样性是指数据形式多种多样（包括文本、图像、音频、视频）；真实性则是指大数据提供信息的可信度，以及据此作出决策的可靠程度。在维克托·迈尔-舍恩伯格及肯尼斯·库克耶编写的《大数据时代》中大数据指不用随机分析法（抽样调查）这样的捷径，而采用所有数据进行分析处理。大数据的 5V 特点（IBM 提出）：Volume（大量）、Velocity（高速）、Variety（多样）、Value（低价值密度）、Veracity（真实性）。

关于大数据的类型，目前学术界认为大致有三种：即非结构化数据、半结构化数据和结构化数据。非结构化数据是指没有固定格式的数据，如 PDF、E-mail 和一般文档。半结构化数据是指类似 XML 和 HTML 的、有一定加工处理的数据。结构化数据则是指具备一定格式，便于存储、使用，并可从中提取信息的数据，例如传统的各种事务型数据库中的数据。

二、大数据和政府统计的立场

对于大数据企业，最简单地讲，大数据生产的业务流程始终贯穿着大数据思维、大数据技术和大数据结果三个方面。所谓大数据思维主要指大数据业务的定位设计，如 Google 的搜索引擎及盈利模式、百度糯米网的"线上对线下"的互联网＋营销等；所谓大数据技术是为实现大数据思维的硬件、软件，以及数据处理、存储和展现的技术手段等；而所谓大数据结果，则是在这样的业务流程下所产生的结果，这种结果可以是主产品，也可以是附属产品，关键取决于相关大数据企业的业务需求和核心目标（利润最大化）。进一步地，大数据结果的开发应用反过来也可以推动大数据生产的设计和技术改进。

将大数据思维、技术与数据进一步展开，则形成涵盖数据获取、传输、存储、处理、分析、共享、服务、可视化、个性化定制应用与产品等大数据具体生产活动和价值链的全过程。依据大数据企业在数据价值链所处环节的不同，整个大数据产业又形成包含上、中、下游持续发展的产业链。

其中，产业链上游以数据生成、采集、传输和存储的基础设施为核心。产业链中游以数据挖掘技术为核心，提供数据处理、分析、共享、应用和可视化为主的产品以及技术支持。大数据产业链的上、中游强调设备与技术，主要被少数 IT 厂商所占据。产业链的下游，则以数据终端应用为核心，面向消费者提供大数据相关的个性化定制应用与产品。在大数据产业链下游，也即数据应用，产业发展如江河入海一般开阔，既有腾讯这类能够提供丰富应用的大型企业，也有受旺盛需求牵引、提供各种数据定制服务的小微企业。

当然，政府统计机构才是本文分析的主体。对于政府统计机构，其所处的位置在大数据业务流程之外，也在大数据产业链之外。这是由政府统计机构的主营业务和核心目标所决定的。依据联合国统计署《政府统计基本原则》的描述，政府统计为"政府、经济部门和公众提供有关经济、人口、社会和环境状况的数据"，并公正不偏地编纂"有实际用途的官方统计结果并加以公布"。换句话说，政府统计机构的主营业务是为描述一个国家基本状态而进行的统计产品生产，政府统计产品的核心目标是为国家或地区的经济、人口等基本状况提供一个总体描绘蓝图。

因此，虽然政府统计机构与大数据企业（特别是下游企业），均是以数据搜集、整理、分析和应用为生产流程，但由于其核心目标的不同，政府统计机构与大数据企业对大数据现象的关注重点存在显著的差别。从主营业务上讲，政府统计机构和大数据产业下游企业均提供数据应用和数据产品。所不同的是，政府统计产品以信息汇总为特征，规避个体隐私；大数据下游企业的数据应用则以个性化定制服务为特征，个体信息的推断构成这类服务的核心商业价值。从大数据业务组成部分看，大数据思维、大数据技术构成了大数据企业的核心竞争力，数据结果的累积虽然也是重要财富，但主要体现为业务设计和实施的结果。而政府统计机构往往并不关心某个行业的业务细节，但作为大数据业务流程的结果——大数据，为辅助现有统计生产、改造现有统计产品提供了重要的信息。

三、大数据在政府统计中的运用

虽然两者立场不同，政府统计机构是大数据生成机制的"局外人"，鉴于政府统计机构内外的核心价值不同，统计生产与大数据现象最重要的交集是称之为"大数据源"的原材料。在这种认识下，政府统计机构对大数据的应用与传统业务流程就有了天然的相似性：均是关于数据搜集、处理、分析和应用的生产过程。事实上，由于基于"发现"大数据源与基于"设计"的传统数据源存在本质差别，大数据企业的数据思维与技术又难以直接用于统计机构对大数据源的开发利用，统计机构乃至整个统计科学面对大数据源都应当"改变统计思维，创新统计分析方法……建立新的统计测度标准"。当然，建立新的统计思维、方法和测度标准具有理论上的紧迫性，但实际应用上任重而道远。在此之前，对大数据源的特征，特别是统计应用特征展开分析，是不无裨益的。

从统计应用价值角度，规模海量、复杂多样的大数据源应当具备值得挖掘的潜力，即价值性。否则，大数据对政府统计应用来讲，毫无意义。

政府统计机构必须按照一定准则定期发布统计产品，即它要对大数据源有"化繁为简"的能力。

　　从数据生成机制角度，大数据是数据有机体。传统统计生产流程基于"设计"，统计生产按照事先的调查计划进行数据搜集、整理和分析，最终数据按照统计研究人员的目标和意图形成。与传统统计生产一个显著的不同在于：在大数据应用中，统计工作者无法对数据的生成机制、统计口径、体量等进行干预和控制，大数据由自身的业务目的有机生成，属于某个"生态系统"的产品或附属产品，通常具备非统计目的原始用途。统计机构处于大数据业务流程和大数据产业链之外，大数据对于统计机构或统计工作者而言，二手数据只能被"发现"而不能被"生产"。

　　从生产流程角度，大数据源的非"设计"特征，意味着大数据源的统计应用是对非统计用途废旧资源的再利用过程。理论上则表现为对大数据源直接测度的再测度，与传统统计生产形成显著差异。因此，对于政府统计机构而言，有了大数据不等于有了信息，有了信息也不代表就是有了统计产品。政府统计机构要利用这些外部数据源进行统计生产，关键在于筛选、聚焦和整合，大数据的统计应用能力应当是把废弃的数据整合成有价值的统计产品。这种利用程度取决于政府统计机构"变厚为薄"的能力。

　　从质量控制角度，大数据的质量问题尚不明确。有观点认为，"发现"的数据是质朴的，未经干预的数据或许更准确地代表了真实观点或行为。这种可能性不可否认，但现有的技术难以验证这一点。截至目前，世界范围内尚未有政府统计机构正式发布以大数据为基础的统计产品。

　　政府部门利用大数据的并不多，目前属于起步阶段，但很多国际组织、部分国家及跨国企业等已经开始积极探讨大数据在价格统计、就业、农业、人口、税务、卫生、交通运输等领域的统计应用。

（一）大数据在价格统计中的应用

1. 基于 Twitter 数据对价格的调查

联合国全球脉冲与一家叫作 Crimson Hexagon 的社会媒体分析公司合作，分析了美国和印度尼西亚 1 400 万 Twitter 用户中与食物、燃料和住房相关的数据，以更好地理解人们的关注点。分析者以"负担"等为关键词，根据人们交谈主题和关键词数量的变动研究人们的行为特点，结果发现，印度尼西亚 Twitter 用户提到大米价格的数量变化与官方公布的实际食品价格通货膨胀指数密切相关。

2. 利用超市、商场和卖场的商品结算信息实现 CPI 采价

长期以来我国的 CPI 调查采用的方法是在全国按统一的方法随机选一些调查点，调查员上门进行调查。现阶段国家统计局正在研究通过网上的交易数据、电商企业的数据来补充和完善，这样可以大大减轻基层统计调查员的负担。阿里网购核心商品价格指数（aSPI-core）就是根据零售平台上近 100 000 种核心商品作为固定"篮子"，每月追踪该特定篮子内商品和服务所需价格变化，体现网购市场价格相对于宏观经济的敏感性，虽然与国家统计局每月公布的 CPI 还有些差异，但是也让我们看到了大数据在实时 CPI 采集中的重要性。

（二）大数据在人口统计中的应用

近年来，在国内如北京、上海、广州、深圳等经济发达的地区，对人口实施网格化动态、无缝管理，为人口普查和抽查统计提供了便利。公安部联合民政部、教育部、人社部、卫计委建立全员人口信息库，里面涵盖了出生、教育、就业、死亡等多项信息，通过这些信息，就能很快地统计出人口的变动。大数据在人口统计中还有一个重要的应用就是对流动人口的统计，以前由于通信不够发达，对流动人口的统计只能通过抽样调查的方式来统计，而现在可以通过采集手机信号的变化，就可以分析出流动人口的流动情况。比如统计北京市的流动人口，可以通过对各交通枢纽区（火车站、长途汽车站、飞机场）等周边地区手机信号的解析，了解到每天出入北京市的外地人口数量。虽然通过移动基站得到的信息无法区别这些外地人员是进入还是离开北京市，但离开的人员必定是先前进入的人员。

（三）大数据在公共卫生统计中的应用

自 2003 年暴发 SARS 之后，疫情的发生受到了前所未有的重视。从最初的人工报送、电话报送发展到现在的网络报送。随着互联网技术的快

速发展和社交网络的广泛应用，使得互联网络中充满了人群社会化活动的大量非结构化公共卫生信息。如何利用这些海量的、价值低的、动态的信息，是公共卫生监测大数据应用的新需求。美国在预防动物疫情领域采用海量传感器数据就是一个典型的例子。2004年，美国联邦政府农业部启动了"全国动物身份识别系统"，为全美的新牲畜建立档案，并配置射频识别耳标。这种耳标应用了射频识别标签这一新的无线传感器，它具备无线存储、发送和读写数据的功能。联邦政府农业部通过这种移动传感器对牲畜进行了连续跟踪和数据采集，建立了牲畜信息数据库。若家畜疫情暴发，就能通过数据库查找传染源头，确定传染地区。Google 2009年利用5 000万条美国人频繁检索的词条，成功地预测了流感的发生。

第二节　国家数据的重要资源——传统政府统计数据资源

翻阅历史资料，新中国成立以来的各个阶段有关政府统计建设和工作推进的记录有很多，各级、各专业统计机构的设置，各种统计调查制度尤其是统计报表制度的建立和完善，各种统计指标的开发和落实，各级领导对统计工作的关注，都有详细记录，但相比之下，有关各级统计部门针对国家经济社会发展公布统计数据的记载却比较少见。以下是对截止到1982年的数据发布情况的总结：

（1）1953年9月发布《1952年国民经济与文化教育恢复与发展情况的公报》，这是第一次公开发布全国统计数据，此后数年均以大致相同的模式和频率发布上一年统计数据。

（2）1959年4月公布《关于发展国民经济的第一个五年（1953—1957年）计划执行结果的公报》，这是第一次发布跨年度全国经济统计数据。

（3）1959年为庆祝建国十周年编辑出版《伟大的十年：中华人民共和国国民经济和文化建设成就统计》，这是第一本综合性统计出版物，覆盖了建国十年的时间。

（4）1960年1月发布《关于1959年国民经济发展情况的新闻公报》，仅公布了一些主要指标的当年完成和较上年增长数据，内容明显少于此前的统计公报。

(5) 1979 年 6 月发布《关于 1978 年国民经济计划执行结果的公报》，自此恢复了中断了十八年的按年发布统计公报的制度。

(6) 1982 年 8 月出版发行《中国统计年鉴 1981》，其中包括 1981 年中国经济建设和社会发展的各项统计资料，还针对一些指标列有中华人民共和国成立以来逐年或重要年份的数据，篇末附有主要指标解释，此后一直按年度出版至今。

从上述总结不难看出，作为第一部以年鉴形式公开发布的综合性统计数据年刊，《中国统计年鉴 1981》的出版发行堪称是一个标志性事件。与各年统计公报相比，《年鉴》提供的统计数据覆盖面更大、内容更加详细；与《伟大的十年》相比，《年鉴》按年发布，不是纪念性、一次性的内容，以提供统计数据为主，不做分析判断，因而更具统计中性特点。因此，它并非是简单地接续以前的数据发布传统，而是中国政府统计历史过程中的一次跨越。

可以说，在这 30 年中，多数年份并不是统计部门没有"生产"统计数据，只是出于各种考虑没有将生产出来的数据作为公共产品提供给社会公众，用现代观点评价，就是在一定程度上剥夺了公众的"知情权"。或许正是在此意义上才凸显出《中国统计年鉴 1981》问世的意义：代表着中国政府统计逐步走向公开、逐步服务于社会的过程的开始。

《中国统计年鉴 1981》并不是凭空出世的，盘点此前在统计资料发布上留下的"遗产"，不难发现从统计公报到统计年鉴之间的历史传承。以 1953 年第一份统计公报为例，其内容大体覆盖：工业计划执行情况、工业技术改进与推广、农业生产发展、基本建设完成情况、交通邮电事业发展、国内外贸易增长、职工数、劳动生产率与职工生活、文化教育事业发展等。再看 1979 年恢复发布的统计公报，内容分为十个部分：工业、农业、基本建设、交通邮电、国内商业、对外贸易、劳动工资、科学技术教育文化、卫生体育、人口。对《年鉴》的读者而言，这个内容架构已经非常熟悉。从早年的统计报告到后来的统计年鉴，两者之间在内容格局上的传承是非常明显的，可以说，前者为后者奠定了基本内容格局，即使翻开最新年份的《年鉴》，仍然能够看到当年内容格局的影子。此外，1979 年国家统计局内部编印了《建国三十年国民经济统计提要（1949—1978）》，

1980 年又继续汇编了《1949—1979 年国民经济统计提要》，这些都在内容架构、编辑形式等方面为《中国统计年鉴 1981》的编辑出版积累了经验。

从 1982 年出版《中国统计年鉴 1981》到 2011 年出版《中国统计年鉴 2011》，在这 30 年间，《年鉴》一直在变化。开本变大了，从大 32 开本改为 16 开本（1986 年）再到大 16 开本（2000 年）；页码加厚了，从五百余页逐步增加到一千余页；篇目增加了，从 13 篇（外加两个附录）增加到 24 篇（外加两个附录）；原来只显示中文，1994 年起开始出版中英文双语版本；原来只出版纸介质版本，1997 年起开始附赠光盘，目前用户只要稍晚一点就可在国家统计局网站上查阅。以上种种，均从外在特征上形象地反映了《中国统计年鉴》30 年间的进步，统计数据信息发布量在成倍扩大，为用户提供越来越便捷的统计服务。

更重要的是内容变化可以从新篇目的出现、老篇目的分拆而见其一二。比较重要的变化可以归纳如下：（1）1986 年，"固定资产投资和建筑业"拆分为"固定资产投资"和"建筑业"，由此把宏观的投资行为与建筑业的产业活动区分开来；（2）1988 年，"人口和劳动力"拆分为"人口"和"劳动力与工资"，人口作为经济社会生活之第一变量的意义得到体现；（3）1990 年，"财政金融保险"拆分为"财政"与"金融与保险"（后于 2004 年更名为"金融业"），显示出财政作为政府收支手段开始与金融这个市场资金融通手段分离；（4）1991 年，伴随城市化进程，增设了"城市概况"；（5）面对可持续发展过程中的资源环境问题，"能源""资源与环境"等经过多次整合最终均独立成篇；（6）1998 年，国民经济核算有关内容经过脱胎换骨的变化，最终从"综合"中脱身出来成为独立的篇目。在演变过程中，统计对象发生了扩展，形成了一些新的统计分类标准，出现了许多新指标，原来的老指标要么被淘汰要么通过重新命名定义，尤其是那些用以观察经济社会发展的综合性指标，更是伴随国民经济核算体系的转型而发生了很大变化。其中最典型的，是以 SNA 之下的国内生产总值（GDP）、国民总收入（GNI）替代了原来 MPS 下的工农业总产值和国民收入，使得我们所使用的"语言"与国际规范具有了基本一致性。

以年度 GDP 核算为例，了解传统政府统计的数据资源。

（1）以供应面为主进行 GDP 核算。中国当前无论国家层面还是地区层面，都是以建立在行业增加值基础上的供应面核算为主，所发布的 GDP 及其经济增长率都是供应面测算结果，包括经济总体 GDP、按不变价 GDP 计算的经济增长率以及分行业增加值、分行业不变价增加值增长率。至于支出法 GDP，国家层面可以做到独立核算，但其与供应面核算结果的差异则作为统计误差被归结到支出法 GDP 一方；在地区层面，受制于区域间货物服务输出输入（不仅是与国外之间的进出口）数据的不可得，没有健全的支出法 GDP 核算，只是对居民消费、公共消费、固定资本形成、存货增加诸项目进行核算，然后以供应面 GDP 核算结果为控制总量，倒推出货物服务净输出（或输入）。这个倒推出来的结果，实际上混杂了在所有支出法 GDP 组成项目核算、供应面各行业各项目核算过程中的统计误差。这就是说，在地区层面无法利用支出法结果作为参照，对供应面核算结果的质量予以制衡和检验。

（2）供应面 GDP 核算通过分行业增加值实现，多数行业以收入法核算结果为准。生产法和收入法都是基于行业增加值进行 GDP 核算的方法，但二者所依据的基础资料大有不同，一个要基于总产出和中间消耗相减求余值，一个要基于增加值的四个基本构成项目——劳动者报酬、生产税净额、固定资产折旧、营业盈余——求加和。根据当前中国 GDP 核算制度，只有农林牧渔业依据生产法思路核算其增加值，其余属于第二产业和第三产业的各行业增加值都是基于收入法思路进行核算的。实际做法是：先独立核算各行业的总产出，同时分别选择生产法或收入法核算其增加值，然后完成另一侧相关项目的推算。在农林牧渔业，是以生产法计算出来的增加值，扣减生产税和固定资产折旧，推算出包含营业盈余的劳动报酬；在其他行业，则是以总产出扣减按照收入法计算出来的增加值，推算出中间消耗。在此情况下，虽然可以同时提供生产法和收入法的相关分项数据，但并不是独立提供的，统计误差会在不知不觉间包含在最后出现的推算项目之中，由此难以通过不同方法对核算结果予以制衡和检验。

（3）行业增加值核算包含现价增加值、不变价增加值、行业增长率三个相互关联的计算点，具体核算过程中包含了不同思路和核算方法。基本思路是：首先核算现价增加值，进而计算不变价增加值。这意味着，现价增加值的核算是相对独立的。进一步看，不变价增加值计算有两种思路：一种思路与现价增加值有关，是在现价增加值基础上，通过价格指数缩减法去除其中的价格变化影响，获得可与基期增加值相比的当期不变价增加值，然后与基期不变价增加值相除，计算出行业增长率；另一种思路与现价增加值无关，是基于基期不变价增加值，用物量指数外推法计算当期不变价增加值。此时，如果不另做调整，这个用于推算的物量指数就大体相当于该行业增加值的增长率（实际操作中会有调整，但即使加以调整，两者之间也是高度相关的）。分行业看，价格指数缩减法是主要方法，农林牧渔业、工业、建筑业这几个大行业均采用此种方法。在第三产业中，只有交通运输业（大部分）、邮政业、证券业等少数行业采用物量指数外推法。在此情况下，行业不变价 GDP 及其增长率的数据质量，不仅取决于现价增加值核算，还极大地受到用于进行价格缩减的价格指数的影响：是否具有对应的价格指数，价格指数的编制质量等。总体来看，当前所用的价格缩减指数都是针对总产出的单向价格指数，即所谓单缩减法，无法同时体现总产出和中间投入两方面价格对增加值的影响。

（4）专业统计深度参与了 GDP 核算。所谓深度参与表现在两个方面：第一，各项专业统计构成行业增加值核算的基础，其中大量运用了专业部门业务统计数据、企业财务统计数据、财政收支统计数据等。例如：农林牧渔业总产出和增加值核算的基础是农业统计数据；营利性行业的总产出大都依据主营业务收入等企业财务数据核算，收入法增加值各构成项的核算大都从企业财务取得数据，为了通过分劈技术有效使用这些财务数据，相关专业（比如工业）统计还开展了专门的成本费用调查。不难想象，这些基础数据的完备性和精度对 GDP 的数据质量具有重要影响。第二，依据当前中国 GDP 核算的组织分工，各项专业统计不仅提供基础数据，一些重要行业增加值的具体核算工作也是由专业统计司（处）完成的，比如农林牧渔业、工业、建筑业。他们向国民经济核算司（处）提供的并非核算用的"原材料"，而是行业增加值这个"成品"；而且，不仅要负责本级（比如国家层面）该行业增加值的核算，甚至还要负责下一级（比如各省区）该行业增加值核算值的审定和反馈。这样分工的结果，可能会减轻核算司（处）的压力，但核算过程中却有可能将专业统计的偏好带进 GDP 中来，损害 GDP 核算的中立性。

（5）经济普查结果对 GDP 核算具有重要影响。经济普查为 GDP 核算提供了丰富的基础数据，不仅是经济普查年份各行业（农林牧渔业除外）增加值核算的依据，非经济普查年份行业增加值核算中也会大量利用最近一次经济普查数据以及经济普查年份 GDP 核算数据形成的基数、比例参数，作为推算的依据，以应对常规年份统计的数据缺口问题。仔细考察当前常规年份的 GDP 核算方案，有以下三种形式的延伸应用：一是外推，以经济普查年份提供的直接计算数据为基数，借助于相关指标发展速度外推该指标在常规年份的数值。比如当期个体及其他道路运输（以及物业管理业、各种非营利性行业）总产出，是以上年总产出为基数通过道路运输业营业税发展速度推算出来的，而这个"上年"基数追溯上去就是经济普查年份直接计算总产出的结果。二是放大，利用经济普查年份某行业内部不同部分的构成比例，对常规年份能够得到统计数据的那个局部指标予以放大，以此获得全行业口径的指标数据。比如将资质内建筑业总产出和增加值放大为全社会建筑业口径，或者基于限额以上批发零售业、住宿餐饮业总产出和增加值放大到包括限额以下企业和个体户在内的全行业口径，其间就要利用经济普查年份 GDP 核算中前者占后者的比例进行推算。三是分劈，利用经济普查年份提供的总产出各项目的构成比例，即收入法增加值各要素构成项目在总产出中所占比重，对当期总产出实施分劈，获得各分项核算结果和行业增加值。在一些没有建立起常规统计的行业，比如教育、卫生、公共管理等非营利性行业，大多依赖这种方法进行增加值核算。

（6）增加值核算过程中存在不少估算和推算的成分，其中的参数确定值得关注。GDP 在内容上覆盖了一些没有发生交易但必须加以核算的项目，还有一些核算内容在实际中具有混合性质，需要剥离其中的一部分作为行业增加值，对这些项目必须借助于一些参照进行估算。比如：供自身最终使用的产品价值（典型的是自产自用的农产品、自有住房服务），要参照同类被交易产品的价格估算其价值；非营利性部门持有的固定资产并不实际计提折旧，为此要设定一个折旧率，估算其固定资产折旧并计入收入法增加值中；企业财务统计的营业费用、管理费用、财务费用中，有些项目（比如差旅费、工会经费、会议费、公杂费等）既有劳动报酬性质又有中间投入性质，需要借助于相应调查（投入产出调查、工业成本调查）予以分解，将其中相应部分计入增加值。这些处理在方法上无可厚非，但估算过程中所使用的参数却值得关注，可能会对 GDP 的最终核算结果产生影响。比如非营利部门的折旧率，当前设定为 4%，意味着是按照 25 年平均使用年限计算的，而农户持有的农用固定资产折旧率设定为 6.7%，对应的平均使用年限是 15 年；又如当前核算中将工会经费的 60%、差旅费的 6.5%等作为分劈劳动报酬的比例。如果对这些参数加以调整，即可对 GDP 结果产生直接影响。

（7）地区层面核算基本方法与国家层面相同但行业细分程度有区别，同时会涉及区域间的各种分摊、调整，主要行业数据从测算到审定都要接受国家层面核算的强力约束。行业细分程度差异主要体现在工业这个门类：国家层面核算按照大类区分为采矿业、制造业、电力燃气水的生产供应业 3 个行业，然后细分为 39 个小类行业；在地区层面则仅限于 3 个大类行业。区域间的分摊和调整涉及多种情况、多个行业。第一是一些国家统一核算的项目，比如关税及海关代征的增值税和消费税、铁路建设基金收入等，需要由国家统计局根据一定标准对各个地区进行分配；第二是法人单位在注册地之外设置产业活动单位所造成的错位，需要按照所在地统计原则进行调整，当前比较显著的是建筑业，要由国家层面实施调整并反馈调整后的数据；第三是针对财务基础资料中那些同时包含增加值和中间投入内容的费用项目（营业费用、管理费用、财务费用），需要按照一定比例分劈，各行业所用分劈比例全部由国家层面核算提供，各个省区使用同一系数；第四是在一些重要行业，主要是工业，即使没有数据口径的分摊调整，各地区核算结果也要由国家层面统一核定然后反馈至各个地区。

第三节　政府统计和大数据是人民生活必不可少的组成部分

一、政府统计工作的重要性

统计工作是经济社会发展的重要综合性基础性工作，统计数据是国家宏观调控和科学管理的重要依据，统计能力是现代国家治理能力的重要组成部分，建立健全"用数据说话、用数据决策、用数据管理、用数据创新"的管理体制机制，客观上需要更加强有力且高效健全的政府统计。

政府统计工作的应用价值巨大。一方面是因为政府统计工作的成果大部分将服务于各级政府，这对于各级政府摸清家底、了解实情、查摆问题、制定政策都将起到至关重要的作用。在当今中国的市场经济发展中，政府扮演了不可或缺的角色，如果政府的决策准确、到位，对该地区的经济发展、产业规划、经济活力的提升以及民生水平的提高都将起到决定性作用，显然政府统计工作的价值不言而喻。另一方面是因为在相关的重大考核评比中都要使用政府统计数据。现阶段，国际和国内有关评价机构以及国家、省、市对各自的评价和考核所使用的指标体系当中，标准全部都来自政府统计的相关数据和资料；甚至在某些指标体系的设立当中，政府统计部门就是牵头部门。此外，在重大的国情国力调查、抽样调查、重点调查以及地区的经济和社会的相关发展情况的实时监测和评估等方面，政府统计工作所拥有的资源以及开发数据所形成的资料和成果，对于相关行业的应用价值都是巨大的。

二、大数据资源的重要性

大数据及以大数据为基础加工形成的信息和知识，都具有独特性、不容易被模仿性、有价值性等多重特征，可以被视作符合核心能力意义的战略资源。与传统的企业生产投入要素不同，依据产生源来区分的话，大数据资源具有明显的多重属性，如公共部门和私人部门、客户和供应商、网络媒体和自媒体等。因此目前互联网时代最需要解决的问题是对于大数据的资源属性以及其带来的变化如何看待，将会有助于企业商业模式的构建与转换，以及如何利用隔离机制来巩固企业竞争优势。邵剑兵等认为，大数据资源可以分为市场资源和非市场资源，前者具有私人物品特征，后者则属于公共物品，其对应的分别是市场战略、非市场战略及市场战略与非市场战略的整合模式。

大数据从传统和新媒介中获得庞大的结构化和非结构化数据。冯芷艳等认为，以大数据为动力，未来有三个层面发生变化，即社会化的价值创造、适时化的市场洞察和网络化的企业运作。本文分别以科学大数据、商业大数据和政府大数据为例进行分析。

（一）科学大数据资源

科学大数据是支撑国家科技创新的战略资源，党和政府高度重视科学大数据的发展。《促进大数据发展行动纲要》中，强调了发展科学大数据，积极推动由国家公共财政支持的公益性科研活动获取和产生的科学数据逐步开放共享，构建科学大数据国家重大基础设施，实现对国家重要科技数据的权威汇集、长期保存、集成管理和全面共享等。

科学大数据是以数据科学为本位学科的专有术语，目前图书情报学科与数据科学的相融愈加密切，基于该范畴出发，科学大数据有狭义与广义之分：狭义的科学大数据是指科学实验、科学设计等科学研究领域产生的一系列原始性、基础性数据，其本质上是以数据论（强调数据体量、类型与传播）为代表的科学大数据集合；广义的科学大数据存在于科研活动与科学研究的整个生命周期之中，包括科研启动、科研合作、科研结果与成果利用过程中涉及的科研人员数据、科研资料数据、科研技术数据与科研环境数据等。

在科学大数据范式建构总体框架下，科学大数据的价值实现体现出特殊的表征形态与培育路径。

1. 价值共创情境下的科学大数据

大数据助推科研行为方式与科技创新模式的变革，科学大数据由此承载了更多科技领域未来探索的潜在愿景。从科学大数据的范式新特征可以看出，科学大数据呈现出典型的"迭代优化"特征，而这种演进的最终意义是通过高度的创造性释放其价值，为国家战略需求提供科技应用服务，为政府管理与决策提供政策指导。

目前，"互联网＋"为科学研究与发现搭建了前所未有的新空间和新平台，众筹、众包、众创等新兴理念为科技创新模式提供了更多的选择。在创新2.0时代，全要素开放式的综合服务成为主流，面对"大众创业、万众创新"的时代号召，科技管理部门应从为传统的科研创新主体及决策主体提供信息服务，拓展到为产业及创业主体，通过优化配置各类科学大数据资源，构建符合创新创业需求的科学大数据服务新形态与生态链。从逻辑上来看，科学大数据的价值创造是需求用户通过布局科技管理规划，科学研究主体再通过相关科技平台将科学大数据转化为社会公众服务的过程。在这个过程中，科学大数据的服务对象得到了扩展，形成了科学大数据独有的"众创空间"。不同主体关于科学大数据的价值协调与价值传递出发点虽然不同，但其范式体现出的共同契约指向一致，形成价值共创情境的科学大数据生态系统。而为了保障科学大数据价值共创的效率和效果，就必须以数据资产为核心，以科研需求为牵引，以社会应用为落地，将科学大数据参与主体及相应的生态系统、支撑体系等进行有机整合，实现科学大数据价值链的转型与升级。

2. 科学大数据价值链提升的现实路径

科学大数据的价值链是一个从科学大数据生成、获取、整合、分析、挖掘到转化为价值的过程，是以科学大数据资源为基、以科学大数据管理为力、以科学大数据挖掘为核、以科学大数据服务为标的数据价值创造过程。当前，科学大数据价值链的提升与培育可以从以下三个方面着力突破：

第一，激活科学大数据的"全源"特征。科学是一个大范畴，在全科学范式建构思路下，科学大数据体系的边界往往很难把握，如社会大数据、政务大数据、教育大数据等往往会以一种另类映射的方式衔接到科学领域。由此，科学大数据理应在大数据环境下实现"全源化知识/信息"的拓展，其实质就是融合学术论文、专利、科技报告、政策文件、科学数据、（人际）网络信息等多源数据。具体来说，包括文献数据（一次、二次、三次文献数据）、事实数据（科研机构、领域专家、基金项目）、要素词表数据（案例、命名实体）、网络数据（网络社区、社交媒体）、用户行为数据（Web日志、高频词）等。科学大数据的"全源"激活，需要在研究意识与实践理念上进行强化，包括基于科学大数据与社会计算的交接问题、科学大数据资源库的多样化建设问题等。目前应尝试通过统一协同的科学大数据平台建设实现多渠道科学大数据的接入、多源科学大数据与多维科学大数据管理，以支持科学研究基础数据与采集数据的实时更新与即进即用。

第二，提升科学大数据的开放共享度。开放共享是实现科学大数据良性流转与价值转化的有效途径，科学大数据的有效利用依赖于数据开放共享程度的提升。提升科学大数据的开放共享度，需要针对科学大数据的跨学科、跨区域、多类型特点，改变传统科学的大数据获取与引进方法，降低用户科学大数据获取难度，促进资源的有效配置与利用。目前科学大数据开放共享模式主要有两种：一种是政府主导的公益性模式，即科学大数据的开放共享机制由政府、跨政府组织等来制定，按照自上而下的模式逐步推进；另一种是市场主导的商业化模式，即科学大数据的使用者与资助者按照一定的协议许可进行有偿式使用。我国由于体制方面的原因，科学大数据的开放共享推进仍然是以政府主导为主、市场配合为辅。在具体开放共享机制层面，应坚持"开放为默认、不开放为特例"的基本原则，根据不同区域背景、数据结构的环境差异来进行规则设定与综合引导，包括强制性数据汇交制度、数据联盟专项交换机制、申请审核数据开放机制、积分制数据开放共享推广机制、社会力量数据分享参与机制等。

第三，注重科学大数据服务的内容竞争力。科学大数据呈爆发式增长，由此引发的内容过剩问题成为科学研究与实践各个领域与环节的新思量。科学研究、科技管理决策乃至社会应用依赖于高质量的科学大数据产品及其服务，内容价值是其根本。传统的科技生产力模式专业门槛较低，大数据支持下的科学研究与实践在内容定位上将更加专业、细分、协同与高效，逐渐走向个性化、定制化与系统化。因此，提高科学大数据服务的内容竞争力，就必须面向需求提升内容研究基点，创新产出成果内容。所谓"取之于科学，用之于科学"，依托科学大数据驱动的科技成果从内容导向上应积极服务于社会发展与经济建设。如中科院就通过对"一带一路"沿线国家的人口、地理、环境等各类数据进行整合，为"一带一路"科学家联盟提供科技数据服务，为相关决策提供科技战略咨询。与此同时，还要加强科学大数据服务质量控制，对科学大数据获取渠道及其内容进行质量评价。目前应该尝试构建多维度嵌入、多主体参与的科学大数据质量评价指标体系，从数据源、数据媒介与数据产出等角度来保障科学大数据服务。

（二）商业大数据资源

1. 降低市场进入门槛，降低决策成本

企业决定是否进入市场时，需要支付一定的进入成本，这个成本主要用于了解现有的市场供给和需求情况，如进行行业需求调研、成本分析等，这一成本的大小高度依赖于企业对市场信息的掌握程度。均衡时，进入成本会等于企业对进入市场的预期收益，当进入成本下降时，会降低市场进入壁垒，活跃市场进入，有利于更多企业家精神的发挥和消费者福利的提高。这一机制对于已经进入市场的企业在决策是否继续留在市场时同样适用。新经济时代，大数据提供的市场信息，使得企业对需求方和供给方有更为全面的了解，能够显著降低市场进入门槛和企业是否退出市场的决策成本。

2. 促进企业自我发现，提高优胜劣汰的概率，加速资源流通速度，优化资源配置

经济能够持续增长的动力在于资源能不断流向效率更高的生产者，以产生最大的产出。让优秀的企业做大做强，让低效的企业尽快退出，这是市场"看不见的手"调节资源配置的精髓。企业在刚进入市场时，并不完全知道自身的生产率水平，以及在本行业的真实地位，大数据能使企业加速自我发现，再结合企业对市场信息的迅速获取，就能在很大程度上提高退出概率 p1、p2、p3，加速资源重组，优化资源配置，提高经济增长速度和质量。

3. 细化分工，扩大先行优势

大数据时代，信息集聚使得分工进一步细化，分工的细化会扩大产品种类，以满足不同消费者的差异化需求。而产品种类的大规模增加会使得行业内部的产品替代弹性相对上升，一种产品的价格小幅下降会对相关产品的需求产生较大的冲击，行业的自然壁垒上升。因此，在位企业如果能较好地利用先行优势，降低平均成本，提高行业进入壁垒，就能够在市场竞争中占据更为有利的地位，改变现有的市场结构，扩大市场份额，提高垄断地位。

（三）政府大数据资源

根据表 9-1，大数据深刻改变社会生产方式，社会最重要的资源也

将由农业社会的土地、工业社会的资本转变为大数据时代的数据。大数据时代通信技术与交流方式将使人与人之间的联系更为便捷，同时获取信息、知识也更为容易，从而促使人们思维方式和决策模式发生深刻变化。

表9－1　三种社会形态的关键要素比较

	农业社会	工业社会	信息社会	
			网络时代	大数据时代
时间	19世纪40年代以前	19世纪40年代以后	20世纪70年代以后	2008年以来
生产方式	自然力帮助生产	机器帮助生产	计算机的使用	物联网和云计算
生产工具	铁器牛耕	大机器大厂房	计算机和人工智能	计算机和人工智能
战略物资	土地	资本	网络信息	数据
价值创造	农业劳动	生产有形商品	生产服务	生产数据与服务
沟通工具	信件、书籍等	电话、电视等	计算机等通信技术	计算机等计算技术
时间观念	看过去的经验	看现在的事实	关注现在与未来	精准地预测未来
联系关系	单线性的联系	机械式的联系	网络化联系	网络化虚拟化联系
样本统计	少数样本	抽样与回归	大样本抽样与回归	全样本与相关关系

1. 大数据重塑社会治理环境

大数据技术重新塑造信息社会的政治现象和治理活动，它将政治现象和治理活动的场域拓展到虚拟空间，同时也在改造政府、公民、政党等政治行为主体的行为模式及其关系。

（1）随着大数据技术的发展，公共事务的治理空间更具公平性和民主性。每个政治活动主体和治理参与主体（政府、企业、团体和个人等）都是数据的发生源和联系纽带，"它们都在特定的数据空间内赋予一定的数字身份（Digitai Identity），即每一主体都有独一无二的数据信息"。数据身份伴随着活动主体参与场域的变化而变化，特别是在数据网络化的场域下，参与主体在网络中产生海量数据，这些数据记录下它们的思想、情感、行为等，这是大数据时代现实社会与网络融合的产物，蕴含丰富的社会内涵和很多有规律的信息。网络与数据的深度融合给社会治理主体提供一个公平的机会和舞台，它们可以以自由的、公平的数据化的方式表达自身利益、行为、思想、信仰和情感需求。同时，保罗·德克尔（Paul T. Decker）将大数据视为"颠覆性创新"，认为它带来"数据的民主化"，为研究者提供新的机会，有助于推动更高效、更具创新性和更透明的政府建设。换言之，大数据时代的社会行为主体将更为平等，社会生活也将更为民主。数据、信息和技术正在成为一种重塑与创新公共部门的变革型力量，它促使政府职能转变，创新公共组织设计，使政府与社会、政府与市场的关系更加紧密化和民主化，使公共决策和公共服务供给更加科学化和民主化。

（2）大数据促使公共事务的外部治理环境更加具有包容性和共享性，治理环境成为一个更加生动、有效和包容的场域。对海量数据的生成、分析、存储、分享、检索和消费等构成大数据生态系统，在系统内的每一环节通过大数据技术融合社会应用，正在催生多种社会价值的形成。通过为弱势群体提供数据平台和安全网络，最大限度地让经济社会福利实现普通民众共享，从而减轻政治冲突和降低社会制度的脆弱性，大数据将社会生活变得更为包容。从根本上讲，大数据生产过程既是一种公共价值以数据资源的形式生成、传播、分配和消费的过程，也是一种公共性和建立在其基础上的共享性叠加的过程。因此，大数据使得社会环境变得更具有公共性和共享性。

（3）大数据改变组织与个人的思维和行为方式。毫无疑问，大数据给组织和人们的行为方式带来深刻的变革。对组织而言，大数据打破工业社会中形成的线性思维模式以及"中心—边缘"的格局，要求组织在思考时必须具有开放性思维和非线性思维。同时，大数据也促使组织行为从之前专注于内部向着眼于外部转变，从之前的关注于目前向着眼于未来与长远转变。就个人而言，大数据使得人们在思考问题时从样本思维向总体思维转变，有利于更全面地把握整体信息；从精确思维向容错思维转变，允许出现一定程度的嘈杂和误差；从注重因果关系思维向注重相关思维转变，有效地挖掘事物之间的相关关系；从自然思维向智能思维转变，发现新的知识和价值。同样，大数据也使个人的行为更具有主动性和指向性，即通过数据的引导使每一个个体行为具有意义。

2. 大数据重塑现代公共生活

大数据改变信息社会的行为主体与行为方式，重新塑造社会生活，使之成为公共生活，社会生活真正具有"公共性"。如前所述，农业社会是一种国家与社会不分、国家统摄社会的形态。在这样的社会中，只有身份之别，没有地域之差，也没有真正意义上的公私领域的区分，所有"私"的都是"公"的。在农业社会向工业社会转型的过程中，身份共同体的社会形态不断被肢解，人们不断地发现自我、区隔他者，社会生活有了公私领域的分野。公共生活和私人生活分化为两个方面："一方面，在个人直接动机驱使下，通过个人间的交往形成私人生活领域；另一方面，为谋求私人生活的健全和不受侵害，又建构起公共生活体系。"因此，公共生活得以发生是农业社会向工业社会过渡中两种力量分化的结果，它是近代社会发展的产物。20 世纪 80 年代以来，随着网络信息技术的发展，突破官僚制的呼声也越来越强烈。在这样的背景下，尤其是大数据技术的发展，为重塑公共生活、重新定义"公"与"私"提供另一种可能。

（1）大数据技术创造新的公共生活空间，有效地拓展传统公共生活空间范围。传统的公共生活空间主要是教堂、广场、咖啡馆和其他民间集会的一些实体性场所，报纸、杂志、广播等各种媒介也是进行信息交流传播重要载体。随着网络信息和大数据技术的发展，使网络虚拟空间的出现成为可能，信息以数据化的形式收集、处理、传播、计算和分析，实现公共生活领域的运行机制由传统的物理空间转向虚拟空间。虚拟空间内的公共生活最明显的特征便是交往主体的平等性和匿名性、交往媒介的多样性和便利性、交往过程的即时性和开放性。虚拟公共空间更为方便、快捷，因此相比于传统公共空间而言，它更容易实现公共生活，更具有"公共性"。

（2）大数据使公共生活的主体普遍化。每个人都是网络空间的数据生产主体，每个人都身处社会之中，人与人之间的交往形式和信息交流方式既受到制度的约束，也受到技术的限制。在信息社会，尤其是在大数据时代，每个人都可以通过网络参与讨论。这使得民众在传媒时代被排斥于民主对话之外的大量个人和团体获得权力，任何人都具备超越国家监控而向其他人和组织传播言论、发起公共行动呼号以至组织或参与公共行动的条件。

（3）大数据创造公共生活的新型权力。大数据本身并不是一种实体化的、建制化的权力，它只是通过数据符号的方式将社会网络的海量信息进行数据的价值转化。虽然对数据的获得和解读直观上看是人对数据信息的再调整，然而，就像工业社会的资本以及物质资源一样，数据是信息社会最为重要的资源。对数据的拥有、控制就是对社会资源的拥有和控制，这就是工业社会的"权力"。因而，信息社会中人与信息的互动就是数据提供者对使用者的支配，占有数据的一方意味着占有相对优势的资源，基于这种资源的占有便拥有支配的条件，这就是一种权力，只不过这种"权力"形态与人们所熟悉的权力形态不同罢了。

第四节　法律规范下的数据治理

一、现有统计法律体系

《中华人民共和国统计法》是统计工作的根本大法，是依法统计、依法治统的基本依据，是调整政府机关组织实施统计活动中所形成的社会关系的行为规范的总称。

统计法的渊源可以追溯到几千年前，是随着对人口、土地、赋税的统计而发展起来的。春秋时期齐国名相管仲有言："不明于计数，而欲举大事，犹无舟楫而经于水，险也"。此处之"数"，即一定范围内的人口、土地、财富等方面的统计数字，而统计就是在这样的背景下应运而生的。

统计法的雏形：统计制度。我国最早的统计法律始见于周朝。据《周礼·天官冢宰》和《周礼注疏》等记载，下级向上级报告称为"入其书"，其后发展为"上记"制度，就是一种统计制度。历代王朝虽有关于统计的登录和报告、统计工作的机构建制及对违法行为的惩处等规定，但与现代意义的统计法律还是有根本区别的。从世界范围看，现代意义上的统计法律是进入20世纪后，随着统计活动的发展而发展起来的。我国第一部现代意义上的统计法律，是1932年的《中华民国统计法》。国民党统治时期，颁布了一些统计方面的单行法规，如 1942 年《户口普查条例》，1947 年《户口普查法》。但是，并没有形成一套系统的、科学的统计制度，也没有形成完备、系统的统计法律制度。

新中国成立后，党中央和国务院多次发布关于充实统计机构、加强统计工作的指示和决定。在当时的历史条件下发挥了统计组织法的作用，促进了我国统计系统基本骨架的形成和统计工作的开展。党的十一届三中全会以来，统计工作逐步得到恢复，在恢复中发展，在改革中前进。法制在社会生活中的地位得到确认，统计法制建设也走上健康发展的道路。统计法诞生于 1983 年 12 月 8 日第六届全国人大常委会第三次会议。它的诞生，结束了我国统计工作无法可依的局面。从此，中国统计工作迈入了法制轨道，统计法制建设步入一个新的发展阶段。

在统计体系里，统计法是调整统计活动过程中所发生的社会关系的法律规范的总称。不仅规定了各级人民政府、政府统计机构和有关部门与各类统计调查对象、统计产品用户在统计活动中的权利和义务，而且规定了违反规定或不履行职责义务应承担的法律责任等。统计法有广义和狭义之分，狭义仅指《统计法》，广义则包含了所有规范统计活动的法律、法规、规章及规范性文件。不同的范畴决定了统计法的双重身份，也决定了统计法既是统计大家庭中的一员，也是法律家族中的一分子。从统计体系来看：我国现行的统计法律体系框架，根据统计法律效力的不同，分为统计法律、统计行政法规、地方性统计法规和统计行政规章。在统计法律的指引和指导下，相继诞生了系列相配套的地方统计法规、部门和政府统计规章等。统计行政法规主要包括《中华人民共和国统计法实施细则》《部门统计调查项目管理暂行办法》等。《中华人民共和国统计法实施细则》，2017 年改名为《中华人民共和国统计法实施条例》（以下简称《条例》）。《条例》是经国务院批准，于 1987 年 2 月国家统计局发布实施。《条例》是对统计法规范的具体化，也是有力补充。地方性统计法规包括全国 31 个省（区、市）的统计法规。统计行政规章包括两类：地方统计行政规章，即各省、自治区、直辖市人民政府及较大的市人民政府所制定的统计行政规章；部门统计行政规章，即由国务院各部门制定的统计行政规章。

统计法的职责就是科学、有效地组织统计工作，推进统计工作的现代化进程；规范国家机关、社会团体、各种经济组织以及公民在统计活动中的行为，保障统计资料的真实性、准确性与及时性，以求保障统计数据的真实、准确，进一步提升统计的公信力。自 1983 年颁布施行，统计法于1996 年与 2009 年进行了两次修订，自 2010 年 1 月 1 日起施行。修订的宗旨就是保障统计数据质量，进一步提高统计的公信力，有效预防和制止行政干预统计数据。将保障统计资料的真实性列入立法需求，明确禁止领导人员的行政干预行为；对保障统计人员行使职权、统计调查对象真实报送统计资料、监督检查工作等作出制度性的规定。后来，统计法更加成熟，由 7 个章节、50 款条文、600 多字组成。从统计工作的基本原则、统计调查管理、统计资料的管理和公布、统计机构和人员、监督检查、法律责任等方面对统计工作进行规范。《条例》历经三次修订，现行《条例》于2017 年 4 月 12 日国务院第 168 次常务会议通过，自 2017 年 8 月 1 日起施行。《条例》首次明确了与统计工作有关的各方在防范和惩治统计造假、弄虚作假中的责任，把确保统计数据真实准确贯穿到整个法律规范中。在严惩统计违法行为方面，重点规范了三大责任，严肃追究严重统计违法行为的领导干部的失察与行政干预责任；加大对统计机构、统计人员违法行为的追究；明确统计调查对象的严重违法情形。同时在规范统计调查活动、维护调查对象合法权益及提升统计工作效能等方面进行了明确规定。现行《条例》对保障《统计法》顺利实施具有重大的意义。

二、大数据时代，统计数据法理性再探

（一）问题背景

随着大数据、云计算技术的成熟，物联网、大数据的应用已经越来越受到人们的青睐，个人信息的商业价值不断显现。发展以数据利用为基础的大数据产业，已成为我国提升创新活力的迫切需求。我国大数据产业继续保持强势增长态势，当前企业对于数据的需求快速增长。据有关机构统计，2016 年大数据市场年复合增长率仍将达到 30％以上。据 2015 年工信部电信研究院研究报告显示，企业迫切希望政府开放更多的公共信息资源

（64.7％）和促进数据流通交易（63.6％）。可以说，在将来的商业竞争中谁拥有了数据资源谁就占有商业先机。从国外的大数据应用来看，个人数据信息的利用已经拓展至金融、医疗健康、生物基因等领域。美国在数据产业中特别注重挖掘数据商业价值，甚至出现了专门从事数据交易的数据经纪人行业。在产业实践中，数据经纪人之间已经开始出售和交换信息。

在大数据应用中，最为大众熟知的是定向精准广告。基于大数据的精准广告以其特有的"精准"和"个人化"特征正在与每个互联网用户建立"如影随形"般的亲密关系。通过分析、描绘个体的"肖像"，精准营销真正实现了以"消费者为中心"，丰富了用户体验。近两年来，大数据产业在我国蓬勃发展，国内部分城市已经试点成立了大数据交易中心。规范的数据流通平台的搭建，对于抑制黑市信息交易、减少骚扰垃圾信息、规范数据交易行为以及促进数据产业的发展意义深远。

大数据时代，数据作为一种重要的资源，给我们的工作、生活增添了许多便利，但其宛如一柄双刃剑，如若使用不当，则会伤人、伤己，危及国家安全。人们在享受大数据应用带来的高效与便捷时，个人的信息安全和隐私风险也越来越凸显。根据公开信息，2011 年至 2015 年 3 月，已有 11.27 亿条用户隐私信息被泄露，仅 2015 年全球有 61 个国家出现 79 790 起数据泄露事件，其中 2 122 起已经得到确认。由于我国缺乏统一的个人信息保护立法，法律规定零散，位阶低，大量规定分散在部门及地方各种规范性文件中，且特别规制多，普遍规则少。而我国现有法规明确规定个人信息不得交易，数据产业在其发展中存在着诸多不确定因素和法律风险。如何在保护消费者隐私的前提下实现数据产业的快速发展，已经成为立法者亟须解决的问题。

（二）我国个人信息界定

在大数据时代下，亟须了解我们的个人信息到底是被谁收集及存储，信息将会被存储多久，在什么时候、什么人可以访问这些信息，在什么情况下他人可以依法强制获取这些信息等。这些问题都回归到个人信息权的本源问题：个人对其个人信息是否享有权利？如果享有，这种权利性质如何？齐爱民教授认为，个人信息权是指本人依法对其个人信息所享有的支配、控制并排除他人侵害的权利。该定义以支配、控制、排除侵害在定义中概括个人信息权的权能，既反映了个人信息权的积极权能也体现了消极权能。事实上，关于该权利的称谓，仍有许多不同的观点，有个人信息权、个人数据权、资料隐私权等。这些分歧大多基于学者们对我国当下个人信息权利的认识与其所参照的国外立法与理论的差别。

在我国，个人信息权成为一种独立的人格权有其必要性、可行性。个人信息权独特的范围、内容无法为其他权利所替代。其独特的内涵是由大数据的时代特征所决定的，现代社会情况的深刻变化呼唤个人信息权的诞生。

1. 个人信息的范围

国家质量监督检验检疫总局、国家标准化管理委员会 2012 年发布的《信息安全技术公共及商用服务信息系统个人信息保护指南》第 3.2 条规定，个人信息指"可为信息系统所处理、与特定自然人相关、能够单独或通过与其他信息结合识别该特定自然人的计算机数据。个人信息可以分为个人敏感信息和个人一般信息"。工信部 2013 年发布的《电信和互联网用户个人信息保护规定》第 4 条指出，"本规定所称用户个人信息，是指电信业务经营者和互联网信息服务提供者在提供服务的过程中收集的用户姓名、出生日期、身份证件号码、住址、电话号码、账号和密码等能够单独或者与其他信息结合识别用户的信息以及用户使用服务的时间、地点等信息。"

从以上规范性文件中可见，个人信息的定义重在识别。学界普遍认为，个人信息的首要特征即识别性，即"把当事人直接或间接地认出来"。笔者认为，参照《德国联邦资料保护法》第 2 条的规定，个人信息权下的个人信息应定义为，凡能识别特定自然人的所有属人或属事的信息。因此，包括但不限于自然人的姓名、性别、种族、年龄、出生年月日、身份证号码、护照号码、驾驶证号码、工作证号码、身高、体重、指纹、血型、基因信息、遗传特征、健康情况、病历资料、户籍、家庭住址、电子邮件地址、家庭成员、婚育情况、教育经历、工作经历、财务状况、社会活动、头衔、犯罪记录、联系方式等，一切能识别特定自然人的信息均属于个人信息。这些个人信息又可分为敏感的个人信息与非敏感的个人信息。敏感的个人信息即与隐私相关的信息。诚然，敏感的个人信息在内容上能为隐私所覆盖，但是还有一些非敏感的个人信息，尤其是在一定范围内公开的个人信息，人们常常主动告诉他人这些信息，如电话号码、通信地址等。对于这些个人信息，虽然人们主动在一定范围内公开，但往往并不愿意被全世界所了解、利用。

近年来，无论是不当运用大数据进行的"人肉搜索"，还是前文谈到过的"精准营销"，无一不涉及非敏感个人信息不当利用对个人人格利益的损害。目前来看，单纯通过隐私权、姓名权、名誉权等具体人格权难以保护这些非敏感个人信息客体。唯有通过个人信息权，对敏感个人信息与非敏感个人信息均予以保护，方能适应时代发展的需要。

2. 个人信息权的内容

与传统意义上的人格权不同，个人信息权既有消极的权能，也有积极的权能。参照欧盟《数据保护指令》的相关规定，信息主体应具有知情权、进入权、修改权、反对权、删除权、不受完全自动化决定约束权等权利。关于个人信息权的具体内容，王利明教授认为，至少包括处分权、要求更正权、更新权、了解信息用途的权利。齐爱民教授认为，应包括决定权、保密权、查询权、更正权、封锁权、删除权、报酬请求权。个人信息权的这些权能具有特殊性，无法用其他权利进行解读。

首先，个人信息权的知情权、决定权、处分权，是个人信息权所具有的最显著的积极权能。在前个人信息权时代，知情权一般体现为"知政权"，是一种公民对国家机关的、宪法行政法上的权利。而个人信息权所强调的知情权是信息主体（自然人）对信息持有、使用人的权利，是调整平等主体之间法律关系的民事权利。个人信息权的知情权是自然人行使个人信息的决定权、处分权的前提，自然人的处分权、决定权是当代人格权商品化发展的必然结果。如前所述，大数据时代下个人信息财产价值利益凸显，个人信息显然也是一种具有显著财产价值的人格要素。自然人对其个人信息财产价值的支配可体现为个人信息权的决定权、处分权。2013年我国《消费者权益保护法》修订后第 19 条第 1 款，即体现了个人信息权的知情权、决定权、处分权。该条款规定，经营者收集、使用消费者个

人信息的，应明示其收集、使用信息的目的、方式和范围，并经消费者
同意。

其次，个人信息权的修改权、更正权表现为，一个人发现其个人信息
被错误记载时，有权要求修正。错误的信息有时会对个人生活造成重大影
响，如征信信息的错误记录。2012 年以前，关于信用记录错误的问题，
不少法院仍支持以名誉权侵权进行保护。如在 2010 年的"中国银行股份
有限公司广州白云支行与卢润娟名誉权纠纷案"中，广州市中级人民法院
判决认为，银行报送不真实的个人信用记录的行为侵犯了客户的名誉权。
然而，根据《最高人民法院公报》2012 年第 9 期"周雅芳诉中国银行股
份有限公司上海市分行名誉权纠纷案"的相关指引，关于信用记录错误的
问题应根据名誉权侵权要件进行审查，没有造成社会评价降低的后果的，
不能判决构成名誉侵权。至此，个人信息权里的修改权、更正权在实务上
处于无法可依的状态。

最后，个人信息权的保密权也无法完全为隐私权或其他人格权利所涵
盖。2011 年，武汉农业银行某支行直接将 200 多份客户资料丢弃在闹市
垃圾堆里，造成客户个人信息泄露的重大风险。由于缺乏个人信息权的相
关规定，且丢弃客户资料难被认为是"公开他人隐私"，实际上又难以证
明客户隐私受到侵犯的后果，因此造成了客户维权难的状况。

3. 社会情况的变化呼唤个人信息权的诞生

大数据时代下，社会情况已经发生了深刻变化。当下信息的传播方式
已经脱离了传统媒体中的线性传播方式，裂变传播方式已经成为信息传播
的主流方式。在当今这个去中心化、开元、共享的大数据时代，每个人只
要拿起手机，都成为类似报纸、电台的传播媒介，信息的流动呈几何增长
的趋势。生活中无处不在的摄像头，内嵌于每个人智能电子设备上的定位
系统，运用物联网射频识别（RFID）技术的电子标签，云（could）存储
上海量的数据信息等等，这些大数据技术手段与工具时时刻刻了解着一个
人的一举一动。可以说，一个全景敞视式的利维坦已经开始形成。

人格权是一个随着时代发展的范畴。隐私权、姓名权、名誉权等人格
权立法是在前数据时代设立的保护自然人人格利益的具体规则。但是，这
些规则在大数据时代中已远远无法达到保护个人信息的需要。在这个人信

息乃至个人自由均受到前所未有的威胁的时代中，对个人信息的保护已无法停留在保护个人秘密或者事后寻求救济的层面。

个人信息权以其独特的范围、内容，以其支配、控制、排除他人侵害的各项权能对各类个人信息在收集、处理、加工、存储、流转、交易的全方面予以保障，适应了社会情况的变化与时代发展的需要。尽快确立作为独立人格权的个人信息权，是大数据时代下保护个人人格的必然要求。

（三）"个人信息被遗忘权"法理性分析

"个人信息被遗忘权"（personal data right to erasure or right to be forgotten）的概念最早见欧盟《关于涉及个人信息处理的个人保护以及此类数据自由流动的第 2012/72 号草案》（简称《GDPR 草案》）。该文件附件四对"个人信息被遗忘权"定义如下："被遗忘权是指公民在其个人数据信息不再有合法之需时，有要求将其删除或不再使用的权利，如当时使用其数据信息是基于该公民的同意，而此时他/她撤回同意或存储期限已到，则其可以要求删除或不再使用该数据信息。"

法理上，隐私自主与言论自由之博弈既涉及私权之间权利边界的划分，事关公权与私权关系的合理定位。从大数据时代"个人信息被遗忘权"的现实价值和未来前景看，应当在言论自由与隐私权冲突的平衡中完善其法理逻辑的再定位。

1. 探寻隐私自主与言论自由在价值理念上的交集

在现代法治社会，强调言论自由的重要性自不待言，而隐私权之保护也不容忽视。从信息社会的未来趋势及隐私权保护的角度看，确立"个人信息被遗忘权"这个新型权利甚为必要，但是从保护言论自由的角度看，又必须对"个人信息被遗忘权"这个"新型隐私权"进行限制。所以，如何调节和平衡隐私自主与言论自由之间的关系是确立"个人信息被遗忘权"制度亟待解决的问题。从博弈论的角度看，虽然隐私自主与言论自由是相互冲突的，但在一个权利至上的时代，任何一种权利都不应当绝对化，隐私自主与言论自由的博弈不应是你死我活的结果，应当确立调和两者冲突的理念，积极探寻二者在某些价值理念上存在的交集点。

客观而言，隐私自主与言论自由都有利于促进个人自主。言论自由的价值基础是"个人自主"，即公民自由自主地发表言论，表达思想、主张、见解和观点，这种权利不仅包括"说"的权利，而且也应当包括"知"的权利，"对他人个人信息的揭露"属于"说"的范畴，而是否能"说"又是"知"的前提，对隐私权的保护似乎遏制了"说"和"知"的权利。但从另一角度看，隐私自主保障了"说"者的自由，因为如果每个人都要对自己曾经讲过的话负责到底，那么他可能会因为畏惧遭到揭露而不敢"说"，因而可能会严重抑制个人自主及自我发展，进而可能压抑人们探索自己的喜好。另外，隐私权的保护还可以使人们能够匿名发表言论，无须恐惧他人的报复，可以最大限度参与讨论政治问题、批判社会问题，同时这些言论也可以让他人通过阅读而知晓，这实质上都属于自主及自我决定的核心问题。所以，言论自由及隐私保护均具有促进个人自主的功能，只不过方式不同而已。从"言论自由权"广义的内涵看，不仅包括"说的权利"，而且也应当包括"不说的权利"，信息主体应当拥有"收回自己以前说的话的权利"，也就是要求删除其不想继续公开的信息，如此看来，言论自由权似乎不应排斥"删除权"。与"删除权"同类的"个人信息被遗忘权"可以被认为是广义言论自由权的应有之意。

宏观上看，隐私自主与言论自由都是实现民主政治的必要条件。民主政治有两个要件，即公民参与和权力监督，而言论自由既是公民参与的工具也是权力监督的工具，要表达政见、充分交流、对当权者提出批评都离不开言论自由。然而，言论自由并不是毫无限制的，如揭露他人与公益无关的隐私则是法律所不允许的。隐私对于民主社会非常重要，甚至保护隐私也应当构成民主政治的一部分，如投票、集会以及公民参与对权力的监督，为免于受到报复，一般都采取匿名的方式，如果此时不对隐私加以保护，必然会使民众无法畅所欲言。所以，言论自由与隐私保护都是实现民主政治不可缺少的条件。

2. 平衡隐私自主与言论自由博弈中的"公益"与"私益"

言论自由作为一项宪法性权利，其背后所代表的利益更多层面属于"公益"的范畴，正因为言论自由可以保障公民批评监督政府和公权力，防止权力的滥用导致对公民权利产生侵害，所以言论自由可以间接保障公民的私权利，譬如对"警察非法侵入他人住宅"的行为提出批评，实际上就间接保障了公民的住宅权。同理，虽然隐私自主直接对应的是"私益"保护，但宪法作为"一张写着人民权利的纸"，作为公法的宪法不能回避诸如"被遗忘权"等新型私权的保护。任何借口"私益"服从"公益"而随意侵害诸如"被遗忘权"等私权利的做法都是对权利平等原则的亵渎。

隐私自主与言论自由的博弈必须围绕"公益"与"私益"的平衡。在大数据时代，尽最大可能保障公共信息有效传播的同时，必须保障公民信息自主的权利，在保护言论自由的同时必须考虑对隐私自主的保障。近年来，美国在强调言论自由的同时也逐渐开始关注隐私权立法保护，如2010年12月联邦交易委员会公布了一份有关保护消费者隐私的初步报告，目的是为相关政策制定者提供制定隐私概括性保护的指导。不久后，美国商务部公布了有关"网络经济下商业数据隐私暨创新"报告，报告中设定美国隐私保护政策有四个主要目标：透过信息合理使用原则以促进消费者联机操作、通过与政府之合作以鼓励自愿性且可执行的隐私规范发展、鼓励全球性信息互通、确保国家一致的隐私规范。

3. "目的和约定优先"原则是平衡隐私自主与言论自由的关键

"个人信息被遗忘权"等新型私权的确立是大数据时代人权保护的必然要求，但是任何权利都有其边界，"个人信息被遗忘权"的行使同样需要法定的限制条件。笔者认为，"目的和约定优先"是推动隐私自主与言论自由博弈达到协调的关键，"个人信息被遗忘权"也只有坚持"目的和约定优先"原则才能在保障言论自由的框架下不断拓展其生存空间。

所谓"目的优先原则"，是指信息收集主体在收集储存某种信息的目的已经实现的情况下，就不应当再对被收集信息对象的其他信息进行收集，也就是在目的实现后其他信息应当被删除或"被遗忘"。另外，"目的优先原则"的题中之意还包括信息收集主体在收集储存某种信息的目的无法实现的情况下，也不应当再对被收集信息对象的其他信息进行收集。尽管对被收集信息对象的其他信息进行收集可能是为了进一步佐证或者实现最初的目的，但在收集目的已经实现或者目的无法实现的情况下，对其收集的不能证明其目的的所有信息都应当删除或"被遗忘"。需要强调的是，如果收集信息的主体怀有非法目的和动机而收集他人信息，则会触犯法律明令禁止的条文，法律应当禁止其借口言论自由而将这些信息上传网络。

"约定优先原则"是指信息收集主体与被收集信息者之间存在约定的情形下，信息收集主体只能对在约定范围内的信息进行收集，超范围的信息则应当删除；或者信息收集主体与被收集信息者之间虽然不存在约定，但是在被收集信息者对已经被收集的信息以声明或其他合法的方式明确提出删除、修改或更正，或者明令禁止信息收集者继续收集使用其信息的情况下，信息收集者（包括网络服务提供者、用户和社会组织）应当尊重其决定，将相关信息设置于"被遗忘"状态。上述第二种情形类似于美国保护网络知识产权中的"红旗规则"，即未经权利人许可，任何上传知识产权保护的信息到网络空间的行为并不当然违法，除非在权利人发布申明、通知删除或者申请禁令后信息传播者仍不改正。

（四）规范隐私自主与言论自由的权利空间布局

从权利空间布局的角度看，确立"个人信息被遗忘权"实质上是在网络"公共空间"中划分出"私密空间"作为隐私信息的载体。尽管在网络上个人或者其他私法主体可以建立"私密空间"，但是基于现代网络信息的特点，"私密空间"即使有密码保护等手段来保障其"私密性"，也可能无法保证该"私密空间"不受他人窥探或传播。所以，只有赋予信息主体可以自主删除或"个人信息被遗忘"的权利，这样的"私密空间"才是法律意义上的"权利空间"。另外，虽然在网络"公共空间"中应优先保障公共信息的安全和有效传播，但公共信息的传播不可避免会涉及个人信息的保护问题，如果在这个"公共空间"完全不考虑个人信息保护，那么在网络空间保护个人隐私极有可能成为一句空话。所以，在网络"公共空间"中必须根据严格的条件划分出"私密空间"，在特定的情形下也必须赋予信息主体"被遗忘权"，隐私自主与言论自由的权利空间布局才能得到规范，其权利行使的合理性才能得到保证。

基于优化国家管理和保障公民基本权利的需要，法律必然要在"公共空间"和"私密空间"之间的布局上实现恰当的平衡，从而实现隐私自主与言论自由的协调统一，最终保证公民既积极参与公共事务，又能对自身的隐私权利进行必要保护。国家在网络环境下划分"公共空间"与"私密空间"界限的一个重要方式就是赋予信息主体"被遗忘权",从而为权利和权力之间划清边界。以反恐为例,"公共安全至上"使得"私密空间"的个人信息权利受到挤压,尤其是在广场、街道、商场、宾馆等线下的"公共空间"采集的个人信息以及网络公共空间存储的个人信息,个人在何种情形和条件下有多大权利要求上述相关信息"被遗忘",取决于国家对"私密空间"和"公共空间"给予多大程度的隐私权利的法律界定,特别是在推崇言论自由和坚持公共利益至上的条件下,规范隐私自主与言论自由的权利空间布局显得尤为重要。

本章参考文献

［1］C. CORONEL, S. MORRIS, P. ROB. Database systems: implementation, and management [M]. 10th ed. Boston: Cengage Learning, 2013.

［2］GROVES R. M. Three eras of survey research [J]. Public opinion quartedy, 2011, 75 (5): 861 - 871.

［3］P. BALTZAN. Business driven information systems [M]. 3rd ed. New York: Mc Graw-Hill, 2012.

［4］高敏雪, 付海燕. 当前中国 GDP 核算制度的总体解析 [J]. 经济理论与经济管理, 2014 (9): 5 - 14.

［5］高敏雪, 穆旖旎.《中国统计年鉴》: 政府统计窗口建设的回顾与展望 [J]. 统计研究, 2012, 29 (8): 38 - 43.

［6］黄其松, 刘强强. 大数据与政府治理革命 [J]. 行政论坛, 2019, 26 (1): 56 - 64.

［7］金耀. 个人信息去身份的法理基础与规范重塑 [J]. 法学评论, 2017, 35 (3): 120 - 130.

［8］李金昌. 统计测度: 统计学迈向数据科学的基础 [J]. 统计研究, 2015, 32 (8): 3 - 9.

［9］李希平, 王孟正.《统计法》自述 [J]. 中国统计, 2018 (4): 34 - 35.

［10］马建堂. 大数据在政府统计中的探索与应用 [M]. 北京: 中国统计出版社, 2013.

［11］邵剑兵, 刘力钢, 赵鹏举. 大数据资源的双元属性与互联网企业的商业环境重构及战略选择 [J]. 辽宁大学学报 (哲学社会科学版), 2018 (5): 67 - 75.

[12] 孙建军，李阳. 科学大数据：范式重塑与价值实现 [J]. 图书与情报，2017 (5)：20 - 26.

[13] 杨汝岱. 大数据与经济增长 [J]. 财经问题研究，2018 (2)：10 - 13.

[14] 张里安，韩旭至. 大数据时代下个人信息权的私法属性 [J]. 法学论坛，2016，31 (3)：119 - 129.

[15] 赵英妹，戴明锋. 大数据时代政府统计转变及思考 [J]. 中国统计，2017 (1)：11 - 13.

第十章 政府统计利用大数据现状：运用与探索

第一节 大数据运用

一、经济发展

为了全面反映经济发展总体状况，监控宏观经济发展健康态势，传统政府统计需要分月度、季度、年度发布国民生产总值（GDP）核算、固定资产投资额、采购经理指数、企业平均利润率等宏观总量指标。由于调查体系的迟滞性，这些数据的发布在一定程度上存在滞后。捷克通过扫描价格数据用以估算国民核算总量指标，提高了政府统计刻画经济发展的及时性、准确性。

比利时使用电力、煤气和水智能电表数据用于能源和环境统计（例如非占用率、家庭消费）的可行性研究。由于智能电表预计在不久的将来普及，这项研究会是一个中间步骤，并把重点放在使用分销商公司提供的、许多客户已经在网上输入电表读数的"哑巴表"数据。

加拿大统计部门对加拿大非住宅建筑库存（商业、工业、政府和机构建筑）的开发进行了可行性研究。他们开发了两种原型，一种用于市政当局，第二种用于建筑物类型学。预计清单将用于存储、查询、分析和传播，特别注意数据开放性和在空间框架内整合大数据。预计该清单可用于从大数据来源生成统计数据。加拿大统计局将非官方数据来源与官方统计来源结合起来，实施了一套评估可达性和偏远程度的指数，可用于研究、政策分析和方案交付。该项目表明，就该项目而言，非官方数据源比来自官方统计来源的可比数据更适合。

2014年秋季，加拿大开展了他们的第一项大数据试验项目——使用智能仪表数据。2014年秋季，加拿大统计局资助了其第一个大数据试点项目。该项目的两个主要目标是：（1）使用智能仪表数据作为大数据的一个例子，探讨哪些是可行的，哪些是不可行的，所需的工具和技能，以及在加拿大统计局利用这种规模的数据可能带来的好处和缺陷。（2）检验用智能电表数据替代和（或）补充加拿大居民用电调查数据的可行性。目前，加拿大统计局有几项调查和统计项目，收集或利用居民用电量数据或与居民用电量有关的数据；这些项目包括电力配置季度部门调查、电力供应配置年度调查、家庭消费调查、季度家庭最终消费支出、详细家庭最终消费支出、消费者价格指数、购买力评价、城市间差价指数、人口普查。这九项调查可能受益于智能电表数据，每项调查都代表了一个可以探索的机会。智能电表数据的潜力在于未来我们可以直接从智能电表实体收集数据，而不是测量单个公用设施或家庭，这将大大减少调查负担，同时提高相关性、及时性和准确性。

喀麦隆国家统计研究所进行政府统计使用大数据资源的能力建设，以培养国家官员处理统计数据的能力，并与其他国家分享经验和制定基准。作为一个发展中国家，喀麦隆需要在这一新的统计领域建立能力和技能。他们正在探索这些学习、调整方法和处理的机会，并预计这比传统的调查成本要低，但就覆盖范围和公众接受合作而言，挑战似乎是巨大的。

中国国家统计局利用卫星和航空遥感技术得到的卫星图像或航空图像数据进行农田作物调查，帮助估算农业统计数据。具体来看，利用土地使用情况调查和农业普查数据建立空间抽样框架，然后通过卫星和航空遥感更新抽样框，接着利用空间抽样方法选取的样本，对作物种植面积和各季节产量进行了估算。

中国也尝试着在对银行间业务数据与零售业务数据进行比较：用于验证零售业务。他们每月从银联总部获取不同行业信用卡交易金额的同比数据和数据链，然后利用这些数据来验证零售业的增长趋势。

中国使大数据在公路水路运输统计中得到了应用。2014 年，交通运输部研究了收费公路系统和海事签证系统的网络，得到了道路传感器数据和船舶识别数据。他们找到了一种将这两个系统的大量行政记录数据应用于公路和水路运输统计的方法，目前该方法已在全国大部分地区进行了试用。

二、价格统计

（一）大数据价格指数调查中的应用

国家统计局自 2012 年开始推行 CPI 手持终端采集系统，提高了信息化水平，但未从数据源头解决信息化问题。美国麻省理工学院的"十亿元价格项目"在网上了采集 50 万条商品价格信息，涵盖了几乎所有类型的商品，最终制定"每日网上价格指数"。淘宝网于 2008 年、2011 年分别推出淘宝 CPI、淘宝 ISPI 等价格指数，借以综合评价国内网络商品价格的一般水平。乔晗等人（2014）研究了瑞士、挪威与荷兰利用扫描数据编制 CPI 的经验，提出了从超市等市场交易电子数据源头中提取信息编制 CPI 价格指数的方法。陈梦根、刘浩（2015）就如何利用大数据技术印证线下 CPI 调查提出了建议。

奥地利统计部门利用大型零售连锁店的扫描仪数据来收集价格和数量，编制 CPI 指数，目前正在进行一个具有小数据快照的试点，与零售连锁店的谈判正在进行中。另外，他们还使用网络抓取和网络爬虫从互联网上自动收集价格，评估自动收集的数据的质量和效率增益及其对其他统计数据的适用性，进行价格指数编译。

比利时使用大型连锁超市的详细扫描仪数据，特别是食品和个人卫生产品的数据，作为每月国家消费物价指数的输入数据，并很快推广到欧洲调和消费者物价指数（Harmonized Index of Consumer Prices, HICP）。

丹麦也进行了将两大连锁超市的扫描仪数据用于生产消费物价指数的研究。

捷克将扫描仪数据用于国民账户、家庭收入和支出以及商业统计。他们与最重要的零售连锁店共享扫描仪数据。该项目旨在为价格统计创建新的数据源，并预测国民账户、家庭收入和支出或商业统计的潜在二次用途。

厄瓜多尔国家统计和人口普查研究所以网站上公布的价格为基础，进行各种技术和方法练习，根据网上发布的信息生成不同类型的分析和发展指标或指数，如消费者价格指数。

罗马尼亚尝试使用扫描仪数据来改进价格统计和其他经济统计指标，其成果将用于开发新的统计技术、监测新产品、在不同区域之间进行比较。

南非通过评估大型零售连锁店的交易数据，以确定它们是否适合成为消费价格指数的数据来源。此外，当地统计局还评估了它们为零售业统计提供销售量的适用性。

美国管理和预算办公室通过网络抓取与应用程序接口（API）接入，从而获取价格数据，探索补充价格统计的新方法。

学者们普遍认为在 CPI 调查中引入大数据资源有以下优点：降低线下调查成本；选定辅助规格品，提高样本代表性和准确性；自动聚类确定规格品的种类和数量；根据实时动态数据选择、更新规格品。

以电子商务交易数据为主的各类数字经济数据是 CPI、PPI 价格统计的新数据源，价格统计在利用大数据上有常见的三种途径：第一是利用超市、医院等采价点扫描、报送电子化数据；第二是根据公开的市场信息收集商品交易价格数据；第三是与电商企业开展合作，从交易系统内部实时动态反馈交易数据。

（二）国家统计局利用互联网搜索数据进行房价研究

房地产业是国民经济发展的大头，也是关乎国计民生的大事。一直以来，房价备受社会公众关注，但是传统的政府统计发布的数据具有时滞性，往往都是事后统计。国家统计局（2015）通过筛选出对房价变动影响较大的 20 个关键词，根据关键词的百度指数，采用 8 种模型对国内六大城市的二手房和新房价格进行了拟合和预测，与实际值趋势基本一致，达到了预期效果。

三、企业活动统计

无锡市统计局依托财税信息联网系统，整合财政、国税、地税的资料信息（例如纳税人税务登记、申报、征收、入库信息）到统一的平台，由中心数据库节点和依据电子政务内网数据提供的单位节点有机组成，实现数据交换、管理、授权。通过统一平台汇总经济综合发展情况，开展课题研究，提供政策制定依据。在经济普查全过程中，综合对比财税信息联网系统的法人纳税情况、工商和民政部门的行政记录，保证了普查单位名录库、经济活动数据的完整性和真实性，在质量控制过程中防止大的数据偏差。他们还通过挖掘财税信息联网系统里的数据价值，分析了无锡市小微企业的税收影响，辅助当地政府制定减税降费政策。

匈牙利统计局通过使用零售商店的在线收银机数据用于零售贸易统计。在未来几年，匈牙利的零售统计数据将主要由两种并行方式产生（基于"传统"数据收集和在线收银机数据）。匈牙利统计局正在与行业协会协商，争取接收在线收银机的月度数据，用于零售贸易统计和可能的其他目的。根据当前和未来的探讨，如果将来收到更详细（如每日）的数据集，它将成为真正的大数据源。

四、人口统计

欧盟统计局积极推进移动电话数据在移动和城市统计中的应用，使用呼叫详细记录（CDR）进行人口、机动性和城市统计的估计和推断。

欧盟统计局探索将用户浏览维基百科页面视图的行为作为官方统计数据的来源，使用 Google 产品的大数据来实时预测失业率，希冀在人口和社会统计、劳工统计中得到应用。他们也在探索航班预订系统数据用于官方统计的潜力。

华盛顿大学 DSSG（社会公益数据科学）项目使用意大利的移动电话数据、开放式街道地图、国家统计局人口普查数据进行人口统计研究。随着越来越多的人居住在城市，政府和其他组织不得不确定最需要干预的地区，例如，设计此类干预措施的一种方法是使用贫困地图。贫困地图旨在同时显示福利的空间分布和决定贫困因素的不同维度。然而，在地图上绘制此类信息严重依赖于不经常的全国家庭调查和人口普查数据。但由于这类数据收集过程的高成本，贫困地图在捕获当前贫困状况时往往不准确。在该项目中，他们通过一种方法来解决这一挑战，这种方法使用大数据源替代传统数据源，从中可以在非常精细的空间粒度级别得出最新的贫穷指标。基于从利益相关者那里收集到的方法和设计要求，他们为决策者设计和实施了一个贫穷地图工具，据此对米兰市的方法进行了验证。

传统政府统计在人口普查或者抽查中得到的数据主要是全国和各地区的人口数量，具体维度又可细分为地域、城乡、性别、年龄、出生率/死亡率等。在互联网时代，尤其是在移动互联网普及、互联网实名制后，借用电信运营商、互联网企业的大数据资源，政府统计能够快速地对网民进行统计分析并提取人口特征，还可根据其特定互联网行为得到更加丰富的统计产品，例如人口流动和分布统计（意大利、荷兰、韩国等）、移民统计（波兰）、交通统计（以色列）等。

五、住户活动统计

城乡一体化住户调查是关于居民消费、收入和支出的综合性民生调查，是反映人民生活水平的重要指标体系。我国城乡一体化住户调查数据一般是根据分层抽样出的四五十万户数据测算出来的。在城乡一体化住户调查中引入大数据资源有以下优点：降低线下调查成本，记账户的网购数据自动采集入样；利用电商数据对原有数据进行质量审核，利用大数据和原有数据进行校准和指标衔接；形成记账户的数据反馈机制，记账户进行简单的剔除或补充即可，无须填报大量表格。

自电子商务蓬勃发展以来，网上购物改变了众多中国消费者的购物习惯，而政府统计对这一数据资源和消费行为的测度尚还处在起步阶段。雷超（2016）探讨了大数据背景下改进居民收入统计的可行性，并提出政策建议：根据电商数据、网络搜索等指标，反映消费市场的关注点，从而构建居民收入和消费的测度模型，评估住户收支数据质量，辅助城乡一体化住户调查。

国外也有将大数据应用于住户活动统计的案例。瑞典根据信用卡数据改进住房收支调查，美国管理和预算办公室利用信用卡数据评估住户消费支出，加拿大将水电气智能表的居民电消费量数据部分取代住户调查，荷兰和厄瓜多尔分别使用社交媒体数据研究消费信心指数、幸福指数。

六、就业统计

传统政府统计主要通过调查毕业生人数、就业岗位数量和薪酬等情况进行就业统计，而互联网企业则可以通过网民对就业领域网页（例如智联招聘、拉勾网、boss 直聘等招聘网站）的查询、点击、咨询等行为直观地反映社会就业状况，及时把握社会就业的供需对比，为政策制定提供重要支持。匈牙利通过网络抓取的价格数据估计职位空缺数。波兰中央统计局通过抓取最大的门户网站的就业机会数据，用以补充现有的劳动力市场统计。

七、医疗卫生统计

传统的政府统计往往通过医疗机构的行政记录、诊疗记录等基础信息进行医疗卫生统计，既有收集、传输信息的麻烦，也有信息少、数据用处有限等劣势。美国政府前助理信息官、纽约大学法学院教授贝丝·诺维克在《维基政府：运用互联网技术提高政府管理能力》中提出一个医疗卫生统计利用大数据的例子，美国的医疗部门收集了全美近乎所有医院的感染率数据，但是政府部门对于这些数据无能为力，不知如何挖掘其中的价值。不过，当数据被挂到公开网站上后，Google 等公司据此制作了医院感染率地图，通过可视化的方法给群众提供了是否住院、判断医院水平的工具。利用网民的疾病搜索、点击、咨询行为，能够分地域、分疾病类型、分医院群来把握最新的医疗卫生状况，辅助监测流行病、医患配比，从而达到合理分配医疗资源、优化医疗卫生服务和管理的目的。

美国管理和预算办公室通过大数据中介商收集医生和医院使用的电子病历（EHRs）数据，并考虑如何使用电子病历更有效地提取患者的数据。例如，建立医疗保健卫星账户，将医疗记录用于医疗支出和医疗保健价格的预算。该项目的目的是提高医疗卫生统计产品的及时性，研究补充或者替换现有数据源的可能性。

八、旅游统计

捷克开展了将移动定位数据用于旅游统计的试点项目。该试点项目旨在评估使用移动设备（例如智能手机）的定位数据生成捷克共和国入境和国内旅游流量统计数据的可行性。他们选择了六个地方，将移动运营商的记录（定位数据）与面对面调查收集的访客数量进行比较。这些结果将用于入境（和国内）旅游的调查。

欧盟统计局评估了使用移动定位数据生成国内、出境和入境旅游流量统计数据的可行性。这项研究集中在旅游统计和其他领域中涉及移动定位数据使用的各个方面：移动数据使用情况概述；从法律、技术、金融和商业方面获取数据，包括可能的成本和负担；统计数据收集和汇编的方法论，包括使用不同质量方面的评价，并将结果与现有的传统方法进行比较；数据源使用所提供的机会以及其固有的局限性。结果在很大程度上不局限于旅游统计（即适用于其他统计领域）和移动定位数据源（即适用于其他"大数据"源）的数据，特别是对访问可行性的全面讨论。

传统政府统计的旅游统计是基于事后对旅游地的调查得出的，而且无法细化到每个旅游景点，对旅游产业研究者、政策决策者等非游客群体帮助较大，而对于更广泛的游客群体来说显得过于滞后、数据价值有限。基于网民对旅游景点、交通路线、酒店住宿的搜索指数，利用大数据的旅游统计将能预测各景点的旅游趋势，及时做好客流量高峰预警，完善旅游管理。此外，还有助于游客理性出游，合理安排行程，达到资源优化配置的效果。

九、基础设施统计

在部分案例中，随着物联网技术的逐步成熟和大范围应用，对基础设施的统计成功引入了大数据技术。

利用卫星图像或者遥感数据，众多国家在农业和资源统计（中国、美国）、统计单位等各式地理信息（比利时、墨西哥）、建筑物住宅统计（蒙古）方面做出了重要探索。道路感应器和船只识别数据也被广泛用于高速公路和水运等交通统计（中国、以色列、荷兰）、社区统计（芬兰）。

十、社会文化统计

厄瓜多尔人口普查和统计研究所试点了利用社会媒体建立幸福指数的项目，根据社会网络数据的使用情况制定幸福指数。

十一、农业统计

美国管理和预算办公室使用高频市场交易数据来研究重要农业市场中的信息冲击，以及由此产生的价格、波动性和市场反应。

十二、综合利用

欧盟统计局开展了利用互联网收集信息社会和其他统计数据的方法分析。项目的目的是，评估采用现代和增强的方法和指标从非传统数据源（如互联网或大数据源）收集高质量统计数据的可行性。该框架考虑到诸如一般的定义、观测和统计单位的定义、观测单位的选择以及特征或指标的定义等，从非传统数据来源出发，以探索扩大欧盟统计局收集信息和通信技术官方统计数据的方法和指标的可行性。探讨直接通过用户收集数据的可行性，阐述从企业网站收集统计数据的方法。另一个目标是实施和测试为这两种不同方法开发的方法和指标，证明收集可能大规模实施的信息并利用大数据存储库作为官方数据源的可行性，并检查它们作为补充官方数据源的潜力，甚至完全取代官方统计指标的可能，特别是以用例的形式描述与统计领域相关的五个数据仓库，并在技术、组织、方法、成本效益、法律和社会政治层面评估其可行性。另一个目标是制定一个认证程序，该程序将分析和评估董事会一系列可能资源所需的质量方面，以便将统计数据作为官方统计数据。认证程序应符合欧盟统计局有关质量保证的原则和指南以及欧洲统计实务守则。

联合国亚太经济社会委员会认为，宽带接入与社会经济发展之间的联系已从各种途径进行了实现。然而，大多数方法都没有细化到消费者层面。由于互联网连接的质量和性能因地制宜，一个强大的分析方法应该将这些细微差别纳入研究工作中。这项研究活动利用大规模的用户数据得出行业标准指标，如抖动、延迟、数据包丢失和传输速度等。这些指标使研究人员能够利用这些定量数据，获得更详细的信息图景，从而提高分析的准确性。

第二节　政府统计和大数据资源的全球合作

一、美国政府统计中的大数据建设与应用

在大数据建设方面，2009年5月，美国政府组织了国家级政府数据开放平台data.gov，以改善公众对政府数据的收集、利用能力，加快信息化和民主化建设进程，提高政府效能。截至2022年2月13日，该平台囊括了地方政府、气候、老年人健康等多个话题与主题的341 876个数据集；同年12月，美国联邦政府发布的《开放政府指令》，明确了各个政府部门在信息开放层面的具体任务和评价标准；在2011—2013年先后发布的《联邦政府云战略》《大数据研究与发展计划》《数字政府战略》《国家空间数据基础设施战略计划》等战略规划为大数据在美国国家层面的发展提供了资金、政策、基础设施建设等方面的支持；随后，2016年的《联邦大数据研究与开发战略计划》对联邦机构的大数据研发领域进行了指导。

在大数据应用方面，美国社会保障局（SSA）利用大数据策略分析大量的非结构化伤残索赔数据，快速高效地识别可疑的不实索赔；美国联邦住房管理局（FHA）则利用大数据分析构建现金流模型，管理正向现金流基金；美国食品药物管理局（FDA）在相关实验室部署了大数据技术，以便研究食源性疾病的模式；美军的大数据支撑决策战略主要围绕海量数据的组织（如Insight项目）、复杂类型数据的检索（如VIRAT）和大规模数据分析（如XData项目）3个方面开展，并与非军事部门有较为明确的分工和配合，其中大数据基础设施、产业结构等战略布局由非军事部门完成，为美军大数据战略提供支持。

二、英国政府统计中的大数据建设与应用

在大数据建设方面，2012年6月，英国颁布开放数据白皮书（Open Data White Paper），建议各政府部门制定数据开放政策。英国政府在

2013 年 10 月发布了政策文件《抓住数据机遇：英国数据能力战略》，提出了提高数据分析能力、改善基础设施、重视调查研究、加强数据安全共享等战略，从而提高英国数据能力，并制定了 11 项具体措施。截止到 2022 年 2 月 13 日，其数据公开平台 data.gov.uk 能查询到教育、环境、社会、政府收支等 14 个主题分类的 51 907 个数据集。

在大数据应用方面，英国政府于 2012 年 5 月注资十万英镑，支持建立了世界上首个开放式数据研究所 ODI（The Open Data Institute），以利用和挖掘公开数据的商业潜力，推动经济发展和个人收入增长。2013 年 5 月，英国成立了首个综合运用大数据技术的医药卫生科研中心"李嘉诚卫生信息与发现中心"，以促进医疗数据分析，降低药物研发成本。此外，Policy Exchange 公开的报告《大数据机遇》显示，通过运用大数据来改善效率，英国政府潜在的可节约金额为每年 160 亿～330 亿英镑。

三、新加坡政府统计中的大数据建设与应用

在大数据建设方面，新加坡建立了完善的数据开放法律和制度保障体系，政府通过 data.gov.sg 开放来自 60 多个公共机构的 8 600 多个数据集，并在 2008 年提出了一项全国性新加坡地理空间信息库（SG-SPACE）计划，实现土地、人口、商业和公共安全四大已有数据库的整合，推进地理空间信息共享。

在大数据应用方面，新加坡自 2003 年着手建立风险评估与扫描系统（RAHS），并逐步将该方法的应用范围由国家安全扩大到政府采购、经济预测、移民政策等经济社会问题；政府在 2014 年公布了"智慧国家 2025"的 10 年计划，利用大数据技术建设覆盖全岛的数据收集、连接和分析的基础设施和操作系统，以制定更合理的公共政策，提供更好的公共服务；新加坡的医疗卫生部门在利用大数据方面不遗余力，医疗病例的数字化和共享平台的建立为快速诊断提供了可能，居家保健及远程护理服务降低了乐龄人士和行动不便人士的医疗成本，GPS 技术和数学模型的应用强化了骨痛热的监控与预测。

四、澳大利亚政府统计中的大数据建设与应用

在大数据建设方面，自 2009 年始，澳大利亚政府就通过 data. gov. au 公开政府信息，积极践行开放政府的愿景和目标，截止到 2022 年 2 月 13 日，共有 105 894 个来自澳政府的数据集公开；2013 年 8 月，澳大利亚政府出台《澳大利亚公共服务大数据战略》，以六条"大数据原则"为支撑，推动公共领域的服务改革；2013 年 8 月，隶属于澳大利亚财政与解除管制部门的 ICT 采购部发布《数据中心结构最佳实践指南》草案，提供了数据中心建设的相关建议；2019 年 9 月的发布的《数据共享与公开立法改革讨论文件》提出了新的数据共享、责任和监管机制，以简化和现代化政府共享数据的方式，同时确保个人隐私和安全。

在大数据应用方面，澳大利亚犯罪委员会花费 1.45 亿美元开发大数据系统，以预测全国各地潜在的犯罪趋势，保卫国土安全；国家血液管理局借助于数据和移动技术创新，部署供应链管理系统 BloodNet，对血液业务运营流程实施跟踪，实现效率的提高和成本的节约；农业部门利用大数据技术，如在农场电脑中安装信息采集和测产系统，在地面信息采集中利用卫星观测和地理信息系统，在 CSIRO 的 IVEC Pawsey 中心安装用于大数据收集和分析利用的超级计算机，积极开展农业信息的采集与挖掘，不断完善农业信息监测预警体系。

第三节　大数据和政府统计的技术合作特征

一、大数据企业为政府统计提供原始数据接口

随着信息技术、网络技术的飞速发展，我国环境信息化建设工作也得到了较快发展，以国家级环境信息网络系统为中枢、省级环境信息网络系统为骨干、城市级环境信息网络系统为基础、县级环境信息网络系统为补充的四级全国环境信息网络系统已初具规模。环境信息网络系统建设、环境管理办公自动化应用、环境管理数据库系统开发、地理信息系统应用、环境信息共享和发布，以及 Internet/Intranet 等一系列信息技术、网络技术的开发与应用，都取得了很大进展，并在环境管理工

作中得到了广泛应用，为环境管理和决策提供了良好的技术服务与支持。

以博控污染源监测系统为例。由广州博控研发的污染源在线监测系统主要由水域水质自动监测系统、城市空气质量监测系统、城市噪声监测系统、废气监测系统和监测中心组成，可进行自动采样、对主要污染因子进行在线监测；掌握城市污染源排放情况及污染排放总量，监测数据自动传输到环保监测中心；由监测中心的服务器进行数据汇总、整理和综合分析；监测信息传至环保局，由环保局对污染源进行监督管理。

K37 环保专用数采仪在整个污染源在线监测系统中起到核心作用。没有它，企业的排污数据就不能被采集也不能被及时上传到环保局，环保局也就不能实时在线监测到企业排污情况。K37 环保专用数采仪针对国家环保局对数据采集设备的最新要求而研发，按照工业级标准设计。K37 通过模拟信号接口、数字信号接口、智能串口与前端仪表连接，使得对前端仪表的监控更加方便快捷，满足环保领域各级国控、省控及市控污染源在线监测的要求。以 K37 在矿区中的应用为例：为了有效监管辖区分布在各个矿区中工作的各个气体参数如气压、风速等重要的环境因素，各级安监部门已开始采用矿区气体在线监控系统对相关企业各个矿区的每个工作通道的气体参数和相关设施的运行情况等进行实时监控。各个矿区每个工作通道的实时环境参数通过广域网络传送到安监部门的矿区气体在线监控平台，从而使得安监部门对矿区的气体情况进行集中和实时监管，有效提高了监管效率和效果，大大提升了管理的智能化程度，有效降低各种安全事故的发生。一个典型的矿区工作通道常需采集监控的参数如下：各气体参数、风速、风压、温湿度、烟雾、设备开停等。矿区配置相应的分析仪器有：气体传感器、风速计、风压计、设备开停工作状态传感器等。K37 具有多种数据采集手段，能有效管理这些分析仪器、汇总数据，并将数据自动上报到案件部门的矿区气体在线监控平台。

二、大数据企业为政府统计供应统计成品——统计指标或结构化数据库

在现代人的日常生活中，有三种卡是我们最常使用的，包括银行卡、身份证、社会保障卡。现在的银行卡和身份证使用非常方便，已经实现了在全国范围内的通用。与这两张卡相比，社保卡的便捷性和通用性则要差一些。当社保卡承载的功能不断丰富，业务范围从医疗保险、养老保险、就业、培训扩展到金融支付，覆盖范围从城市延伸到农村（如新农保），支撑社保卡的现有信息系统开始显示出不足，特别是各地独立建设的系统制约了社保卡功能的扩展以及跨地区的使用。如何重新规划、重新架构这一涉及民生的重要系统摆在了社保部门面前，面对这一难题，内蒙古自治区人力资源和社会保障厅勇于探索，建立了自治区级的社保信息大集中模式，大胆迈向了社保卡"一卡通用、一卡多用"的探索之路。内蒙古自治区的社保信息化项目始于原来的"金保工程"，但在原来的"金保工程"基础上做了一些比较大的变动，重点是在内蒙古自治区进行了省级大集中。

以内蒙古社保一卡通为例。社保卡的一卡通首先卡在信息系统的互联互通上，内蒙古自治区率先尝试省级社保信息大集中模式，为社保卡的最终"全国通"打下了良好的基础。自 2010 年以来，中国联通内蒙古分公司与内蒙古自治区人力资源和社会保障厅共同建设社会保障"一卡通"建设项目（金保工程）。作为该项目唯一的设备供应商和集成服务商，内蒙古联通为内蒙古全区大集中社会保障"一卡通"系统建设提供了优质的集成设施、高效的运维保障服务、国家四星级机房环境和全球领先的 4G 移动技术。内蒙古联通通过高标准推进基础建设，提升应用支撑能力。项目目标项目建设按照"统一建设、应用为先、体制创新、保障安全"的原则，实现全区社会保障"数据向上集中、服务向下延伸"的社会保障"一卡通"建设目标，实现对信息系统的精细化管理。项目亮点是按照"自治区大集中"建设模式，统一建成自治区数据中心、灾备中心、监控中心和金保工程五级服务网络，建成涵盖人力资源、社会保险核心业务的自治区大集中系统，开发部署 12333 门户网站等核心业务系统。

2010 年底全面贯通自治区盟市-旗县-乡镇苏木-嘎查村五级金保专用网络，把网络延伸到每个经办机构，无线网络覆盖每个角落，使老百姓足不出户，随时随地通过民生手机终端查询社保缴交情况，通过手机民生钱包缴纳或领取保险金。实现了"网上受理、协同办理、网上反馈"全流程网上服务，实现了全区社保一卡通，使异地就医变为可能。同时，将社会保险、户籍等数据，统一存储在服务器集群当中，实现数据交换，实现省级政府数据资源的"互通、共享、开放"，打破壁垒共享互通，变数据孤岛为信息热岛。

三、大数据企业为政府统计贡献技术支撑

以美国大数据研究的计划和发展为例。近些年，大数据相关公司已积累了大数据相关的技术和经验，并且给大学提供大数据研究的资助；大学也争相开设大数据相关课程，以培养下一代数据科学家；一些无国界组织帮助非营利性机构对公益性服务的数据进行采集、分析和可视化处理。在此背景下，白宫科技政策办公室非常有兴趣支持并建立一个与大数据相关的论坛，包括最新的公私组织之间的合作。2012 年 3 月，美国政府发布了"大数据的研究和发展计划"（Big Data Research and Development Initiative）。该计划涉及美国国家科学基金、美国国家卫生研究院、美国能源部、美国国防部、美国国防部高级研究计划局、美国地质勘探局六个联邦政府部门和工业界、大学研究界、非营利性机构与管理者。该计划旨在提高从海量数字数据中提取知识和观点的能力，从而加快科学与工程发现的步伐，加强美国的安全和实现教学变革，是美国为应对大数据革命带来的机遇，推进相关研究机构进一步进行科学发现和创新研究的重大举措。大数据研究和发展计划中包含很多项目和计划，例如多尺度异常检测（ADAMS）项目、网络内部微信（CINDER）计划、Insight 计划、Machine Reading 项目、Mind's Eye 项目等，其中 XDATA 项目、能源部数据管理项目、HPSS 项目、Globus 项目、医疗保险和医疗补助服务中心数据仓库、和 GEOSS 项目最能体现大数据企业为政府统计提供技术支撑。

XDATA 项目计划旨在开发用于分析大量的半结构化和非结构化数据的计算技术和软件工具。最核心的挑战是，可伸缩的算法在分布式数据存

储应用、如何使人机交互工具能够迅速有效地制定不同的任务以便对不同数据进行视觉化处理。由企业提供的开源软件工具的包，使得国防应用中的大量数据可以被处理。能源部（DOE）科学办公室和高级科学计算研究办公室提供数据管理、可视化和数据分析的社区，包括数字化保存和社区访问。其套件程序里包括广泛使用的数据管理技术，如雅虎的 FastBit 数据索引技术等。高性能储存系统（HPSS）是对磁盘和磁带系统上 PB 及数据进行管理的软件，由美国能源部和 IBM 公司共同开发，可在处理庞大的科学数据集提取信息的同时发现其主要特征并理解其间的关系，在国防应用、美国国家航天局（NASA）和美国国会图书馆中被广泛利用。网络方案支持工具 Globus 中间件也是得克萨斯大学、软件公司和石油公司一起研发的。医疗保险和医疗补助服务中心（CMS）正基于 Hadoop 建立数据库，将支持医疗保险和医疗补助的分析和报告。主要目的是建立一个支持可持续可扩展的设计，同时可容纳在数据库中进行积累和补充现有技术。在全球地球观测系统（GEOSS）项目中，美国宇航局和 Cray 公司合作，使用一个高度集成的 NOSQL 数据库作为数据传出的手段以加速执行建模和分析。

四、大数据企业参与政府统计调查体系的管理和优化

大数据企业与政府统计部门合作创新当前，以云计算、社交网络、移动互联和大数据分析为代表的信息科技革命，正在逐渐改变传统的 IT 服务商业模式，也改变着政府统计调查的数据管理方式。在政府信息化领域，从现有模式的核心供应商转型成为云模式的领先供应商，大数据企业正在持续落实其战略举措。

以丽水智慧政务为例。2012 年 8 月中软国际有限公司宣布其与阿里云计算有限公司、浙江省丽水市政府签署丽水市智慧政务战略合作协议。根据协议，三方将共同致力于浙江省智慧政务云示范试点项目建设。丽水政务云作为浙江省 13 个"智慧城市"首批试点项目之一，旨在将云计算技术应用于电子政务公共平台建设，构建支持众多第三方服务的云服务平台，受到浙江省的高度重视，在省内电子政务领域推广。阿里云作为该项目的云计算服务提供商，负责智慧政务云平台的建设与运维工作。中软国

际作为该项目的云集成商承担咨询、规划、调研、总体设计和实施工作，负责将丽水市政府现有政务应用迁移至新建的云平台，基于阿里云计算平台为后续云应用提供其自主知识产权产品"ResourceOne Cloud"（"Rl Cloud"）中间件，对丽水智慧政务应用进行整体规划并承担核心云应用的建设工作以及项目后期运营工作。

本次战略合作是中软国际与阿里云继 2012 年签署战略合作协议后，在云计算领域的进一步深化合作，涵盖了在基础计算设施、中间件平台和应用软件三个层次的云服务，是双方在电子政务国产化云解决方案方向的落地之举。后续双方将会在 PaaS 方向持续投入，并共同拓展更多的包括国家重点关注的民生领域在内的大型政务云应用。

2013 年，国内首个"人社一体化信息系统"在阿里云平台上诞生。该模式通过建设共享式应用平台，市、县两级实时数据联动，信息沉淀生成基础信息库，逐步形成大数据中心，最终实现各部门共享政府服务资源。该系统包括浙江省淳安县社会保险、就业、执法、仲裁等几十个政府业务系统，承载着全县 45 万人的社会保险信息以及超过 3 000 家的参保单位信息，连接全县几十家医院、卫生院、100 多家药店以及财政、银行、地税等单位，是当地政府部门最为复杂、重要的民生应用信息系统。据介绍，该系统是由阿里云与华数集团、浙大网新联合共同推进的政府信息化系统，是在云计算上的成功应用案例。同时，阿里云作为浙江省智慧城市大型软件技术创新综合试点企业之一，承担着基于智慧政务专有云平台与系统的开放与建设。对此，阿里云也专门针对政务系统的特点提供云上电子政务的解决方案。

五、大数据企业与政府统计部门合作创新统计产品——FYMEI 指数

长期以来，全球的有色金属定价体系主要掌握在《英国金属导报》（MB）和伦敦金属交易所（LME）手中。然而英国并不是世界铜、铝、铅、锌等金属的主要产地，也不是有色金属的主要消费大国。中国是稀有金属、小金属及稀土的生产和出口大国，却没有定价权。此外，中国占据优势的稀有金属，由于国内生产企业恶性竞争，价格长期偏离价值，使行业内企业大部分亏损严重。这些稀有金属，广泛应用在高科技、现代航

空、现代军事等领域，成为世界各大经济体争夺的战略资源。泛亚有色金属交易所的成立，不仅给国内生产企业提供了产品随时销售的平台，还打通了民间资本参与稀有金属商业收储的渠道，对我国稀有金属产业升级意义重大。

泛亚有色金属交易所成立于 2011 年，已经成长为在全球稀有金属领域具有一定话语权的交易所。为便于行业内外共享稀有金属的价格信息及趋势，2012 年 10 月，泛亚有色金属交易所启动了"泛亚有色金属交易所指数编制"项目，邀请国家统计局统计研究所和中国有色金属技术研究院有关专家参与了指数编制研究工作，确保指数编制科学。课题组参考了全球具有较大影响力的 CRB 商品指数、高盛商品指数（GSCI）、标准普尔商品指数、道琼斯 AIG 商品指数、伦敦金属交易所指数（LMEX）等指数的编制方法，编制出了泛亚有色金属交易所指数 FYMEI。

目前全球行业内，除泛亚交易所外，没有其他权威的稀有金属交易平台，更没有任何指数系统，因此，建立一套科学、权威的指数体系，编制出 FYMEI 指数对于指导整个行业发展具有突破性的意义。在各类稀有金属中，多数品种的生产量、出口量中国都占世界绝对领先地位，因此，在我国编制和发布稀有金属价格指数，一定程度上可以作为国家制定政策时的参考，也将成为中国争夺国际定价权、提升中国稀有金属产业链价值的重要组成部分。

泛亚有色金属交易所在开市两周年之际，正式发布泛亚有色金属交易所指数，即 FYMEI 指数。FYMEI 指数通过目前交易所已上市品种的价格进行等权和简单几何平均这一统计算法获得，以 2011 年 4 月 21 日开市当日价格为 1 000 点指数基期，指数发布当日 2013 年 4 月 22 日 FYMEI 指数为 948.73 点。

2011 年初，随着欧债危机的深化，稀有金属价格从高位快速下滑。至年底随着欧盟及欧洲央行财政政策和金融干预措施的明朗，欧债危机避免了继续恶化，到 2012 年下半年危机在波动中有所缓解。稀有金属价格在此期间也处于较低水平。之后，国际经济形势有所缓和，国内经济逐渐好转，稀有金属价格也在缓慢上升之中。泛亚有色金属交易所指数走势与经济形势的变化基本吻合。

泛亚有色金属交易所指数编制形成的所有数据成果，都将与国家统计局有关部门无条件共享，为国家统计局大数据库建设提供稀有金属领域的数据补充和参考。此外，目前，泛亚交易所的数据不仅每周报送国务院办公厅信息处、国家发改委产业司、国家储备局、国家商务部市场司、云南省政府，成为政府进行行业监测的重要数据。

国家统计局专家在课题报告中表示："泛亚指数推出的时机选择得恰到好处，目前大数据库建设的历史性要务，社会统计将成为大数据库建设的重要组成部分，中国推出网络 CPI 已在计划内，泛亚有色金属交易所指数有望成为网络 CPI 在稀有金属领域的重要采样来源。"

第四节　大数据和政府统计合作的经验总结

黄如花、陈闯等（2016）通过研究美国政府推动数据开放共享的模式，发现我国政府在数据领域的政企合作进程上的差距较为突出。结合美国数据领域的政企合作模式，根据我国政企合作实践进行经验总结是有必要的。

本章参考文献

[1] 陈梦根，刘浩. 大数据对 CPI 统计的影响及方法改进研究 [J]. 统计与信息论坛，2015（6）.

[2] 范小巧. 丽水政务智慧启航 [J]. 信息化建设，2014（4）：40-41.

[3] 雷超. 大数据背景下政府改进居民收入统计的探讨 [D]. 北京：北京理工大学，2016.

[4] 乔晗. "大数据" 背景下利用扫描数据编制中国 CPI 问题研究 [J]. 统计与信息论坛，2014，29（2）：12-19.

[5] 张明康. 大数据应用于政府统计的探索与实践：基于财税数据应用的研究 [J]. 调研世界，2014（3）：45-47.

第十一章 研究案例——经济指标的语义表示

宏观经济指标作为国家经济的温度计，一直以来都是研究国家经济情况、经济政策决断的重要依据。国家统计局针对各类行业以及产出品设定了相应的宏观经济指标，详细描绘了各类行业或产出品的总体规模以及规模变化趋势。随着经济和社会的不断发展，这些经济类指标也会相应出现新增或删减，导致绝大多数经济指标在一些时间段上没有观测值，这对于经济研究和计量分析造成阻碍，因此有必要对宏观经济指标进行插补，对指标的未来值进行预测。

宏观经济指标的命名有一套成熟的规则，这意味着其名称中包含潜在的数据信息，与此同时，指标名称之间也可能存在潜在的联系。机器学习为挖掘经济指标名称中的语义信息提供了广阔的思路，基于抽象出的语义信息可进行数据的生成和预测。除此之外，提取指标的语义信息也能为其他数据生成模型提供更多的信息输入，提高模型效果。有鉴于此，本章考虑此前从未有过的从指标名称语义角度出发挖掘解释，解决宏观指标数据的生成问题，最终建立一个可用的宏观指标数据语义挖掘模型。

第一节 相关研究发展

挖掘指标名称中的隐藏信息，需要把文本转化成向量的形式，同时基于向量形式的文本信息进行时间序列数据的生成。

一、文本信息提取

文本信息提取是一种从文本中提取结构化的数据信息的方法。1953年，IBM 公司的研究员 Luhn 第一次使用词频的概念，开启了对文本信息的探讨。1960 年，Maron 发表文章提出自动关键词分类技术，开启了自动文本分类技术的研究。1962 年，Borko 等人提出利用因子分析法来抽取文本信息从而实现文献的自动分类。其后，许多学者主要也是将文本信息提取的方法应用到文本分类领域，但概括起来，这个阶段的文本信息提取仍旧处于"人类认知范畴"内，当时是从词频统计、句法分析和语义分析三个方面来开展研究的。在这里，基于词频统计分析的文本信息提取实验最成熟，已经开始工业化和商用化，在机器翻译、信息检索、信息过滤、热点话题发现与追踪等领域开展应用。

随着计算机技术的发展，如果说从 20 世纪 50 年代到 80 年代末的文本信息提取研究还停留在需要专家来人工构建知识工程技术和人工制定信息提取规则的阶段，那么从 90 年代开始，随着以机器学习为代表的一系列理论技术的快速发展，文本信息提取的研究也逐渐进入"机器认知范畴"阶段。机器学习的方法本质一般是通过对训练集进行特征提取，然后通过某种确定的任务目标，例如文本分类、文本预测等，来不断学习和总结特征提取的模型或算法。文本信息提取也逐渐有了不同的研究领域：抽取文本主题、寻找文本表示、文本特征降维等。文本主题抽取模型中，先后有隐语言索引（LSI）、潜在狄利克雷主题模型（LDA）以及随机映射模型（RP）等。文本表示是指将文本进行向量化的过程，从而起到用结构化的向量或矩阵来表示文本的目的。文本特征降维是为了解决由于表示文本的向量维度过大，主要是通过聚类的方式进行特征降维，例如基于文本分类的词分布的聚类，以及在信息检索中通过特征降维进行的表征学习。

二、文本向量化

文本向量化是自然语言处理中的重要领域，从最简单的用词频来代表一段文本，到后来随着机器学习等方法技术的不断发展和应用，文本向量化的研究也在不断创新，实验效果也在不断提高。文本向量化领域包括词嵌入（word embedding）以及文本嵌入（doc embedding）。

词嵌入模型的发展从 1954 年开始，Harris 提出语言分布假说，本质上是"上下文语境相似的单词，在语言学意义上的含义也应当相似"，奠定了后续词嵌入领域研究的基础。词嵌入模型的研究者们利用不同的方法工具创建出三大流派，分别是基于矩阵、基于聚类和基于神经网络的分布表示模型派。基于矩阵的分布模型代表是 2014 年 Jeffrey 等提出的用于单词表示的全局向量模型 Glove，其主要思想是生成词语向量时，要组合全局信息和上下文局部信息；基于聚类的分布模型代表是 1992 年 Brown 提出的 Brown 聚类模型；基于神经网络的分布模型则是现在的主流，影响力比较大的分别是 2001 年 Bengio 等人总结的神经网络语言模型 NNLM、2008 年 Collobert 等构建的 C&M 模型、2013 年 Mikolov 等人创建的 CBOW 和 skip-gram 模型，以及 2018 年由 Google AI 研究院提出的一种语言预训练模型 BERT。这些模型的共同点是将独热编码形式（One-hot）的词向量，转化为词嵌入形式的词向量，通过将词语表示成一个 20～300 维的实向量，可以直接计算词与词之间的相似性，同时也为后续的文本嵌入提供"砖瓦"。目前 Mikolov 团队开源了基于深度学习的计算词向量的工具 Word2vec，Google AI 研究院同样开源了 BERT 预训练模型的代码和结果，而中文词嵌入模型的研究也在英语语言模型的基础上取得了不错的进展，例如北师大团队进行的中文 Word2vec 语言模型，哈工大讯飞联合实验室发布了全词覆盖的中文 BERT 预训练模型。

尽管词嵌入的研究发展比较令人欣喜，但是真实的文本数据通常是以句子、段落或篇章的形式出现。各种预训练好的神经网络模型可以得到文本在词语粒度上的低维稠密的向量表示，那么如何得到更大粒度的文本表示，减少文本信息的损失，各类文本嵌入的研究也在相继开展。当前主流的生成句子含义的方法，通常是将组成该句子的词语的词向量简单平均，但缺点是无法利用词语顺序的信息，属于比较粗糙的组合方法。Shi 等人在如何对词向量进行加权的问题上，设计了权重指标体系，根据集中度、分散度以及频率这三个指标构建权重，使得句子向量包含更多文本特征。

2013 年，Deng 等人设计了一种新的特征选择方式，以 KL 散度以及 tf-idf
值为基础构建词向量的权重，使得选择出的特征能够更加准确地表达文本
语义。朱磊则在以 tf-idf 值作为权重进行词向量加权平均后的基础上，拼
接上该文本的 tf-idf 向量，最后运用到文本分类上的效果有明显提升。
2014 年，Mikolov 等人在 word2vec 的基础上构建了 doc2vec 模型。而
BERT 语言模型也可以使用句子开头的空置符的词向量，来代表该句子的
向量表达。2014 年，Kim 等人提出 TextCNN 模型，并应用于句子分类任
务上，该模型本质是四层卷积神经网络，但也能收集到文本 N-gram 特
征。2015 年，Ma 等人设计了 DCNNs 模型，利用句法依存分析和 N-gram
特征一起输入卷积神经网络，从而解决 TextCNN 不能收集句子结构和长
距离依赖结构信息的问题。同年，Yin 等人又在 DCNN 的基础上，提出
了句子四种粒度特征表示的理论，从而设计了 Bi-DCNNI，进一步丰富了
该模型。

　　可见，文本向量化的核心基础是词向量模型，句子粒度的向量化主要
也是从词向量加权平均、卷积神经网络等开展研究，但是句子向量化一般
应用在文本分类、信息检索等领域。

三、序列数据生成

　　序列数据生成包括序列数据的预测和补全，预测代表着生成未来未观
测到的数据，补全代表着生成曾经未观测到的数据。

　　经典的时间序列数据生成主要关注的是序列数据预测问题，传统的时
间序列预测起源于 1930 年，主流的方法主要包括移动平均法、Box-
Jenkins 法、分解法、指数平滑法、季节系数法、阈值自回归模型等。但
这些传统的方法理论性很强，应用的前提比较苛刻，很难应用到日常更加
复杂的序列数据生成上。

　　现在主流的时间序列预测方法更加集中在机器学习上，例如，支持向
量回归、高斯过程、神经网络。而神经网络由于复杂的结构，可以根据实
际问题进行模型变化。例如，基于 SVM 和 LSTM 的 EnsemLSTM 方法
用于长期风速时间序列多步提前预测，基于递归策略和 RNN 的 MARNN
模型用于多步交通流预测等。在这些非线性的序列数据预测问题上，神经

网络能够有效捕捉到时间序列的特征，相比传统经典方法能够提高预测的精度。

在时间序列数据的补全任务上，前后观测值之间往往存在着较大的联系性，利用这一特性，Sridevi 等人提出了基于自回归模型的时间序列缺失数据插补；Liew 等人还提出了基于 KNN 的聚类算法来处理数据集缺失；Fuzzy 等人基于相似性聚类和数据项相似性度量，提出了基于模糊聚类框架的缺失值处理算法和基于模糊糙集的缺失值填补方法等。后来随着一些优化算法的发展，基于遗传算法的数据缺失处理方法也成为时间序列数据插补的一个方向，越来越多的学者提出了新的结合两种或两种以上算法的缺失值处理框架。

可见，时间序列数据的生成始终会利用前后观测值之间的联系性，无论是数据预测还是数据插补，都需要利用到时间序列前后数据，本章研究打破时间序列的时间连贯性，将时间序列数据转换成特殊的三元组数据形式，不考虑前后数据的关联性，论证指标名称也包含指标序列数据信息。

第二节　研究设定

基于上述三个方面的研究发展现状，本章探索的主要目标是总结出合理可行的指标名称文本和时间信息的特征工程，能够最有效地包含指标取值的信息。后续任务分为两部分：一是进行指标的特征工程，构建出宏观经济指标名称的 Embedding 生成模型和时间信息向量的生成模型，Embedding 生成模型本质是采用 word2vec 模型、BERT 预训练模型得到指标文本向量；二是进行数据生成模型，以多元线性回归模型为基准，比较分析多神经网络模型的数据生成效果。

本章最终想要挖掘宏观经济指标名称中的语义信息，结合时间信息去进行指标数据的生成，因此需要提取指标名称和时间中的特征信息，本节主要介绍指标名称向量（Word Embedding）的生成模型、时间信息向量（Time Embedding）的生成模型以及生成的向量效果评价体系，从而确定出最佳的特征信息组合。

一、指标名称向量的生成模型

指标名称向量的生成，本质上就是文本向量化，属于自然语言处理（NLP，Natural Language Processing）的细分领域。如同搭建房子，词语是砖瓦，句子是墙面，段落是房间，文档是建筑，所以自然语言处理问题的基础就是从词语入手，想要找到一个映射方法 f，将任意的词语 w 映射或者说嵌入一个 d 维实数空间中，即 $f:w\to x$，$x\in R^d$。这种嵌入或者编码方式就成为词嵌入（Word Embedding），而不同的映射模型就是自然语言处理中不同的"语言模型"。

（一）word2vec 模型

词语的编码方式主要分为两种：一种是 One-Hot 编码，另一种是分布（Distributed）编码。

One-Hot 编码也称为独热码或者一位有效码。假设语料中有 N 个词语，那么 One-Hot 编码方式就是将每个词语映射到一个 N 维的向量空间中，只有索引词对应的维度特征是 1，其余维度特征均是 0。这种方式虽然令每个词语都有了独立的向量表达，但也存在着缺陷：词与词之间的联系性没有表达出来，所有词语都是独立的；当语料规模较大时，词袋大小可能成万上亿，容易造成维度爆炸。

Distributed 编码可以将每个词语用低维的实数域向量表示，并且还能利用到词语的语义信息。Distributed 编码方式的经典代表就是 Word2vec 模型，其基于的就是语言分布假说，即相似上下文的词语对应的实数向量就会比较相似。

Word2vec 介绍了两种语言训练方式，分别是 CBOW（Continuous Bag-of-Words Model）模式和 Skip-gram（Continuous Skip-gram Model）模式。CBOW 是根据上下文来预测目标词，Skip-gram 是用目标词语来预测上下文。

（二）CBOW 模式

CBOW 的主要思路就是输入一个词语周围的上下词语，输出这个词语本身。

1. 单一上下文

图 11-1 是一个简化版的 CBOW 模型，假设是每个单词只考虑一个单词上下文，词袋大小是 V，隐藏层大小是 N。

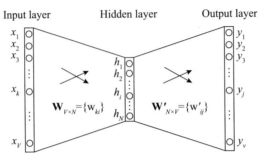

图 11-1　单一上下文的 CBOW 模型

输入层是上下词 w 的 One-Hot 编码向量 x，$x \in R^V$，其中第 k 个维度特征是 0，其他特征都是 0。输入层和隐藏层之间的权重矩阵 W 是一个 $V \times N$ 维的矩阵。W 的每一行都是 N 维向量，只有第 k 行的向量会被保留下来。即给定一个词 w，假设 $x_k = 1$，$x_{k'} = 0$，$k' \neq k$，那么隐藏层将如公式 11-1 所示：

$$h = W^T x = W^T_{(k, .)} = v^T_k \qquad \text{（公式 11-1）}$$

隐藏层和输出层之间的权重矩阵 $W' = \{w'_{ij}\}$ 是一个 $N \times V$ 维的矩阵。利用这个权重矩阵，我们就可以计算出词袋中每个词语出现的分数 u_j，这个分数与根据这个上下词出现词语 j 的概率相关，如公式 11-2 所示：

$$u_j = v'^T_j h \qquad \text{（公式 11-2）}$$

其中 v'_j 是矩阵 W' 的第 j 列。然后我们可以用一个 softmax 函数计算每个词语的后验分布，这个后验分布本质上是一个多项式分布，如公式 11-3 所示：

$$p(w_j \mid w) = y_j = \frac{\exp(u_j)}{\sum_{j=1}^{V} \exp(u_{j'})} \qquad \text{（公式 11-3）}$$

2. 多词上下文

图 11-2 是一个典型的 CBOW 模型，假设是每个单词会有多个上下文词语，假设每个单词有 C 个上下文词语。

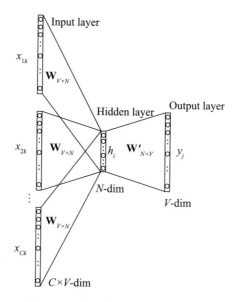

图 11 - 2 多词上下文的 CBOW 模型

与单一上下文的 CBOW 模型不同的是，输入层是目标词语的 C 个上下文词语（w_1，w_2，$\cdots$，w_C）的 One-Hot 编码向量，而隐藏层的计算是对输入层的 C 个向量求平均后进行的权重计算。

由上下文词组（w_1，w_2，$\cdots$，w_C）预测输出词语 w_O 的最终训练的损失函数如公式 11 - 4 和公式 11 - 5 所示：

$$h = \frac{1}{C} W^T (x_1 + x_2 + \cdots + x_c)$$

$$= \frac{1}{C} (v_{w_1} + v_{w_2} + \cdots + v_{w_c})^T \qquad \text{（公式 11 - 4）}$$

$$E = -\log P(w_0 \mid w_{I,1}, w_{I,2}, \cdots, w_{I,C})$$

$$= -u_j + \log \sum_{j'=1}^{V} \exp(u_{j'})$$

$$= -v_{w_0}'^T \cdot h + \log \sum_{j'=1}^{V} \exp(v_{w_j}'^T \cdot h) \qquad \text{（公式 11 - 5）}$$

（三）Skip-gram 模型

Skip-gram 的思路是输入一个单词，输出这个单词的上下文词语。我们用 w_I 表示输入的那个单词，预测的上下文词语有 C 个，分别记作

$(w_{O,1}, w_{O,2}, \cdots, w_{O,C})$，图 11-3 代表着经典的 Skip-gram 模型。

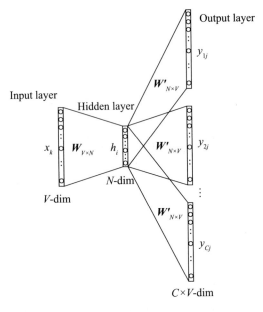

图 11-3　Skip-gram 模型

输入层是输入单词的 One-Hot 编码向量，经过第一个权重矩阵 W，W 是 $V \times N$ 维的矩阵，得到隐藏层向量，如公式 11-6 所示：

$$h = W^T x = W^T_{(k,\cdot)} = v^T_{w_I} \qquad \text{（公式 11-6）}$$

在输出层，与 CBOW 不同的是，不再是输出单一的单词的分数，即不是输出一个多项式分布，而是输出 C 个多项式分布。每个输出都使用相同的隐藏层到输出层的权重矩阵进行计算，如公式 11-7 所示：

$$p(w_{c,j} = w_{O,c} \mid w_I) = y_{c,j} = \frac{\exp(u_j)}{\sum_{j'=1}^{V} \exp(u_{j'})} \qquad \text{（公式 11-7）}$$

其中 $w_{O,c}$ 是输出层第 c 个面板，即预测的第 c 个上下文（一共有 c 个上下文）；$w_{c,j}$ 代表着第 c 个上下文是词典中第 j 个单词；$u_{c,j}$ 是输出层第 c 个面板第 j 个维度上的，$y_{c,j}$ 代表着第 c 个上下文是词典中第 j 个单词的预测概率。

Skip-gram 由一个单词预测它的上下文词语的损失函数就在 CBOW 的基础上修改，见公式 11-8：

$$E = -\log P(w_{O,1}, w_{O,2}, \cdots, w_{O,C} \mid w_I)$$

$$= -\log \prod_{c=1}^{C} \frac{\exp(u_{c,j_c^*})}{\sum_{j'=1}^{V} \exp(u_{j'})}$$

$$= -\sum_{c=1}^{C} (u_{c,j_c^*}) + C \cdot \log \sum_{j'=1}^{V} \exp(u_{j'}) \qquad (公式 11-8)$$

（四）BERT 模型

Devlin 等人公布了一项对自然语言处理领域十分重要的语言表示模型 BERT（Bidirectional Encoder Representations from Transformers），能够根据上下文对未标记的文本进行预训练。而 BERT 作为预训练模型，也为各种下游任务提供了良好的输入。下面简单介绍一下 BERT 模型的框架。

1. Transformer 模型

Transformer 模型是 BERT 模型的核心，是 Vaswani 等人在 2017 年提出的一种序列传导（seq2seq）神经网络模型。图 11-4 展示的就是 Transformer 的整体结构。

（1）编码器和解码器。

与大多数主流的 seq2seq 模型一样，Transformer 网络分为两种结构：编码器（Encoder）和解码器（Decoder）。为了方便模型的介绍，我们将输入的序列记作 $(x_1, x_2, \cdots, x_n)$，解码器将这段序列编译成一个连续的序列，记作 $z = (z_1, z_2, \cdots, z_n)$，而解码器的作用就是将这段编码后的序列解码成我们想要的序列，记作 $y = (y_1, y_2, \cdots, y_n)$。

a. 编码器。

Transformer 的编码器是由 N 层独立连续的网络层构成的，每层网络层都由两个子网络层组合而成，分别是一个多头自注意力机制层和一个全连接前馈网络层。每个子网络层之后都会进行残差连接，然后再连上归一化层进行处理，即 $LayerNorm(x + sublayer(x))$，其中 $sublayer(x)$ 表示的是那两种子网络层的输出，$sublayer(x) + x$ 是残差连接。

b. 解码器。

解码器同样也是由 N 个独立的网络层构成的，每个网络层有三种子

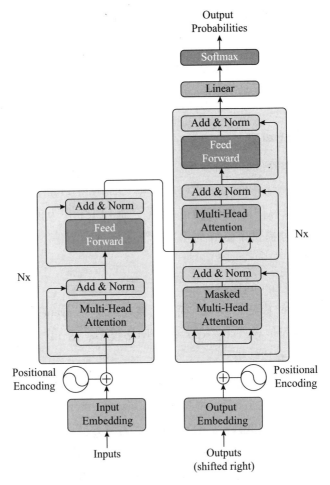

图 11 - 4 Transformer 的整体结构

网络层，其中两个子网络结构与编码器一样，不同的是增加的第三个子网络结构，这是一个遮盖过的多头注意力机制层，这样做是为了防止预测的位置偏移，确保位置 i 的预测序列只能依赖于位置 i 之前的预测序列。

（2）注意力机制。

注意力机制输入一个查询和一对键值映射，输出一个向量，其中查询、键、取值、输出都是向量。输出结果本质上是所有取值向量的加权平均和，只不过每个取值向量的权重是由它对应的键向量以及共同的查询向量决定的。

输入包括 d_k 维的查询向量和键向量，d_v 维的取值向量。在实践中，一般会同时计算一组打包在一起的查询矩阵，记作 Q，是 $d_{\text{model}} \times d_k$ 维的矩阵；同样的，键和取值向量打包在一起的矩阵分别记作 K 和 V，分别是 $d_{\text{model}} \times d_k$ 维和 $d_{\text{model}} \times d_v$ 维的矩阵。最终我们得到的注意力机制的输出矩阵，矩阵的公式见公式 11 - 9：

$$\text{Attention}(\boldsymbol{Q}, \boldsymbol{K}, \boldsymbol{V}) = \text{softmax}\left(\frac{\boldsymbol{QK}^T}{\sqrt{d_k}}\right)\boldsymbol{V} \qquad \text{（公式 11 - 9）}$$

多头注意力机制模型是由多个注意力机制模型拼接构成的，每个注意力机制中，查询、键、取值矩阵都分别映射到不同的矩阵空间中，见公式 11 - 10。

$$\text{MultiHead}(\boldsymbol{Q}, \boldsymbol{K}, \boldsymbol{V}) = \text{Concat}(\text{head}_1, \cdots, \text{head}_h)W^O \qquad \text{（公式 11 - 10）}$$

其中

$$\text{head}_i = \text{Attention}(\boldsymbol{Q}W_i^Q, \boldsymbol{K}W_i^K, \boldsymbol{V}W_i^V) \qquad \text{（公式 11 - 11）}$$

权重矩阵 $W_i^Q \in R_{\text{model}}^d \times d_k$，$W_i^K \in R_{\text{model}}^d \times d_k$，$W_i^V \in R_{\text{model}}^d \times d_v$，$W^O \in R_{\text{model}}^{hd} \times d_v$。

（3）Position-wise 前馈网络。

除了注意力子网络层以外，编码器和解码器中都包含一个完整的全连接的前馈网络。这层网络由两个线性转换组成，这两个线性转换中间有一个 ReLU 激活函数，见公式 11 - 12：

$$FFN(x) = \max(0, xW_1 + b_1)W_2 + b_2 \qquad \text{（公式 11 - 12）}$$

尽管结构相同，但不同位置的线性变换使用的参数是不同的。

（4）位置编码。

为了让模型能够利用序列的顺序，我们会加入一些关于词语相对或绝对位置的信息，这就是"位置编码"。在 Transformer 中，使用的是 sine 和 cosine 函数。每个词语的位置编码仍旧是 d_{model} 维的向量，通过这个位置编码函数能够学习到词语的相对位置，其特点是：位置是 pos 的词语和位置是 pos＋k 的词语，其位置编码向量是一个线性的关系。

2.BERT 模型框架

BERT 的训练框架是由两阶段组成的：预训练阶段和微调整阶段。预训练阶段是模型将针对没有任何标注的文本语料进行训练，训练得到的网络参数将会作为微调整阶段的模型参数的初始值；微调整阶段是对下游任务的有标注的数据继续训练，因此对于每个下游的任务都会有一个专门的微调整模型。

（1）预训练模型。

BERT 模型的核心是 Transformer 模型，因此本质上也是一个序列转换模型，即将一个由一系列单词组成的句子序列的初始 Embedding 作为输入，希望能够输出这些单词训练后的 Embedding。BERT 模型的输入可以是一个单独的句子，也可以是一对有语义联系的句子（一般是（问题，回答）的组合），值得注意的是，这里的句子不是真正语言学上的句子，而是一段任意长度的文本。图 11－5 是 BERT 输入向量示意图。

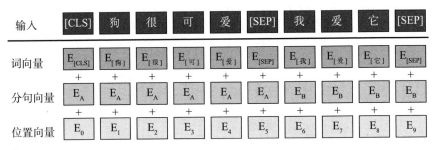

图 11－5 BERT 输入向量示意图

BERT 的输入由三个向量相加得到，分别是词向量、分句向量和位置向量。首先在分词上，第一个句子前总是添加一个特殊的分类标签，句子末尾总是添加另一个分类标签，如果是一对句子时，两个句子之间添加标签。除此之外，中文的分词与英文的分词不同，中文的分词采取传统中文分词工具，具体是用 Che 等人在 2010 年提供的开源分词平台 LTP。然后，中文的词向量初始来源于其他语言模型中训练好的中文词 Embedding（在这里采用的是哈工大讯飞实验室发布的 BERT-Chinese-wwm-ext 模型，初始中文词向量来源基础的 BERT 中文模型）。接下来，分句向量是在输入一对句子的时候，为了示意每个词是属于 A 句子还是 B 句子而训练的。其次，与 Transformer 一样，还增加了一个位置编码向量，来提取序列相对或绝对的位置信息。最后，把这三个向量相加便得到 BERT 模型的输入向量了。

BERT 预训练模型使用的是两个无监督的任务，分别是"遮蔽词预测"任务和"下一句预测"任务。

在遮蔽词预测任务中，我们通过随机屏蔽一定比例的词，就像完形填空一样通过上下文进行预测这个位置的词，因此需要"从左到右"和"从右到左"地双向训练这个模型。最终输出的结果经过一个 softmax 层就能得到最终屏蔽词的概率。

在下一句预测任务中，是为了预测出两个句子之间的关系，具体来讲，在训练的时候，50% 的句子对是真正有上下句关系的句子对，50% 的句子对其实是随机搭配的没有上下句关系的句子对，因此最终任务目标就是如何训练出合适的 Embedding 使得这个分类问题变得更加准确。

（2）微调整模型。

由于文本向量化之后有很多下游任务，因此对于特定的下游任务，可以进行特定的 BERT 微调整模型，具体操作就是将特定任务的输入和输出插入 BERT 模型，然后再进行端到端的调整参数。

（五）PCA 降维模型

指标名称的 Embedding 一般是几百维甚至上千维的向量，并且不同的语言模型得到的文本向量的维度可能会不一致，因此降低 Embedding 的维度有两个好处：一是减小数据量，有利于提高后续模型的计算效率，节约内存消耗；二是统一不同语言模型生成的文本向量的维度，避免维度大小对 Embedding 效果评估的影响。

在本次实验中，采用的降维方式是主成分分析（PCA）降维法。主成分分析的思想是将原来的自变量进行线性变化得到一系列线性组合，并确保这些线性组合构成的新变量（称为主成分）彼此独立，从而能够既保留自变量中的信息，又消除多重共线性。而主成分分析降维就是选出最能够代表原自变量信息的主成分，从而实现变量的降维。

主成分分析针对的是一组连续型数值变量 X_1，X_2，$\cdots$，X_p，当有该随机向量的 n 个样本点的观测数据时，可以记作随机向量矩阵 $x' = (x_1，x_2，\cdots，x_n)^{\mathrm{T}}$。

随机向量 X 的协方差阵为 $\sum = Cov(X)$，假设经过一个线性变换 $F = AX$，其中 $A = (a_1, a_2, \cdots, a_p)'$，其中 $a_{i'} = (a_{i1}, a_{i2}, \cdots, a_{ip})$，$i = 1, 2, \cdots, p$。由矩阵代数和协差矩的性质，可以得到线性变换后的协差阵为 $Cov(F) = Cov(AX) = ACov(X)A' = A\sum A'$。主成分分析要求新变量必须是互不相关的，因此新变量的协差阵是一个非对角线元素为 0 的矩阵，我们记这个新的协差阵为 A，且对角线元素分别是 $\lambda_1, \lambda_2, \cdots, \lambda_p$。显然，如果 A 为正交阵，则 $A'(A\sum A') = \sum A' = A'A = AA' \Rightarrow \sum a_i = \lambda_i a_i$，假如 A 是 $\sum$ 的特征值对应的特征向量正交单位化后所构成的矩阵，那么原始变量在进行矩阵 A 对应的线性变换后就得到了新的变量。

主成分降维要求尽可能保留原始变量信息的基础上满足新变量是线性无关的。我们了解到，主成分的方差分别是 $\lambda_1, \lambda_2, \cdots, \lambda_p$，本质就是 $\sum$ 的特征值，$a_1, a_2, \cdots, a_p$ 就是对应的特征向量，假设 p 个特征值顺序为 $\lambda_1 \geqslant \lambda_2 \geqslant \cdots \geqslant \lambda_p \geqslant 0$，那么就称 $F_i = a_i'X$ 为第 i 主成分。

为了更好地决定降维时选择主成分的数目，引入了主成分贡献率的概念，定义 $\dfrac{\lambda_j}{\sum_{i=1}^{p} \lambda_i}$ 为第 j 个主成分的贡献率，而 $\dfrac{\sum_{i=1}^{k} \lambda_i}{\sum_{i=1}^{p} \lambda_i}$ 为前 k 个主成分的累积贡献率。通常根据累积贡献率的阈值来确定所对应的主成分数目。

二、时间信息向量的生成模型

本章研究宏观经济指标涉及的时间是文本型的，例如"2010 年 1 月"，可以看到主要是由两个信息组成：年份和月份。一般而言，指标取值的变化与年份有一个接近线性的关系，与月份有一个周期性的关系。因此在本章的任务中，年份信息就是用一个单纯的数值变量表示，对应着指标的相应年份，例如 2000 年的指标的年份变量就是 2000。而月份信息的处理会有不同的方法，如何将月份信息有效地利用起来，本节提出了三种时间处理的方式。

为了合理地阐述这三种时间处理方法，我们认为月份信息有"距离性""循环性"和"特殊性"三种性质。

月份的距离性代表着不同月份之间存在着远近关系，例如2月份和3月份就比较近，2月份与7月份就比较远。

月份的循环性代表着月份其实是一个"头尾相接"的时间概念，也就是说12月份和1月份之间的距离应该与1月份与2月份的距离一致。

月份的特殊性代表着不同的月份有着不同特殊意义，对指标的影响也是不同的，例如，2月份是春节期间，宏观经济指标会在2月份有特殊的变动，例如，产品总产量下降，交通客流量增加等。

（一）数值变量

同年份变量一样，月份信息也是由一个单纯的数值变量表示，分别对应着指标的相应月份，例如4月份的指标的月份变量就是4。通过这种表示方法，能够合理地体现出月份的距离性性质，但是无法体现出月份的循环性和特殊性。

（二）环形变量

为了解决数值变量的没有体现月份的循环性的缺陷，我们引进了"环形变量"的概念。最初，环形变量是运用在求角度之间的均值问题上的，例如，求角度$0°$和角度$360°$之间的均值，如果只是简单的数值求解，那么结论会是$180°$，但是我们都知道$0°$和$360°$是一样的，他们的均值按理说不应该是$180°$。值得一提的是，时间也同角度一样，有这种周期性。

面对12个月份，我们将其分别均匀地映射到单位圆上（如图11-6所示），角度等于（月份/12）$\times 2\pi$。这样一来，就将月份映射成角度信息，为了进一步地体现出角度之间的相近性，针对角度α，用（$\sin\alpha$，$\cos\alpha$）来表示。

环形变量的优点是体现出月份的距离性和循环性，但缺点是在后续的数据生成模型中，月份变量是由一个二维的随机向量表示的，模型中与月份相关的权重系数只有两个，无法体现出某一个月份对指标取值的特殊影响，即没有体现出月份的特殊性。

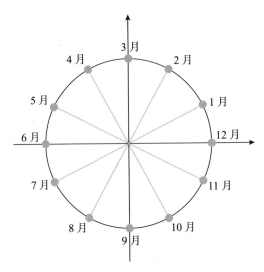

图 11 - 6   月份转变成角度

（三）分类变量

为了解决数值变量和环形变量无法体现月份的特殊性的缺陷，第三种月份处理方法是使用"虚拟变量"，本质上是一种分类变量，也就是将月份信息用一个 12 维的向量表示，只有对应月份的位置是 1，其余位置是 0。例如，7 月份就是用 (0, 0, 0, 0, 0, 0, 1, 0, 0, 0, 0, 0) 来表示。

使用分类变量的优点就是在数据生成模型中，针对不同的月份的权重系数会不同，也就是能够差异化地将月份之间的特殊性表现出来，同时，由于能够细致地表现月份之间的差异性，那么月份之间的距离性和循环性也能够通过这 12 个月份的权重系数表现出来。

三、生成的效果评估体系

为了评估各种 Embedding 包含指标取值信息的多少，这里提出两种 Embedding 效果评估方法，分别是信息熵增益评估法和机器模型效果评估法，这两种方法各有优劣。

（一）信息熵增益评估法

熵是由德国物理学家克劳修斯提出的，作用是衡量能量分布的状态，分布得越均匀，熵就越大。1948 年，"信息论之父"克劳德·香农把熵这个概念运用到了信息处理中，提出了"信息熵"的概念。

信息熵是对事件发生的不确定性的量度。具体的信息熵公式见公式 11-13。

$$H(x) = -\sum_{x \in X} p(x) \log P(x) \qquad \text{（公式 11-13）}$$

其中规定 $0\log(0) = 0$。这样看来，信息熵是一个系统复杂程度的度量工具，如果系统越复杂，出现不同情况的种类越多，那么他的信息熵就会越大。在极端情况下，确定性事件的概率是 1，那么它的信息熵是 0；等概率随机事件如果有 n 种可能，那么每件事发生的概率是 $1/n$，那么它的信息熵是 $\log(n)$。

为了体现多事件系统的信息不确定性，进一步引入"联合熵"的概念。两个随机变量 X 和 Y 的联合熵表示两事件发生的系统不确定性，见公式 11-14。

$$H(x,y) = -\sum_{x \in X, y \in Y} p(x,y) \log P(x,y) \qquad \text{（公式 11-14）}$$

如果想要衡量给定 X 的 Y 的条件信息熵代表着消除了 X 的不确定性后，Y 还保留的不确定性，条件信息熵被提出来了，它的定义是：定义已知 X，Y 的条件概率分布的熵对 X 的数学期望。条件信息熵公式为公式 11-15。

$$IG(Y,x) = H(Y) - H(Y \mid X = x) \qquad \text{（公式 11-15）}$$

而我们关注的信息熵增益是评价一个系统中某特征 X 对整体系统的影响程度，具体的定义是：原始系统的信息熵和给定某特征 X 后的条件信息熵之差。信息熵增益的公式为公式 11-16：

$$H(Y \mid X = x) = -\sum_{x \in X} p(x) H(Y \mid X = x)$$
$$= \sum_{x \in X} \sum_{y \in Y} p(x,y) \log P(x,y) \qquad \text{（公式 11-16）}$$

在我们的任务中，信息熵增益衡量的是：当给定指标名称或者时间信息的 Embedding 之后，指标取值的信息不确定降低的程度。

信息熵增益评估法的优点是计算方式简单，对于量级比较大的数据而言所占用的内存不大，但缺点是要求 X 和 Y 都是离散分类型的变量，对于数值预测问题上需要做粗粒度的分组；除此之外，信息熵增益无法把各个类别之间的相似性纳入考虑，例如，如果 $X \in \{$优秀，良好，合格，不合格$\}$，按理来说，优秀类和良好类之间的相似性应该比优秀类和不合格类之间的相似性更大，但是在信息熵增益评估法之后，忽略了这种相似性。

（二）机器模型效果评估法

机器模型效果评估法是为了弥补信息熵增益评估法忽略类别之间相似性的缺陷提出的，让其在特定任务中进行效果评估，在本章中就是基于指标名称或者时间信息的 Embedding 进行数据的生成。

本实验最终的任务目标，就是进行数据生成，本质上就是多元回归问题，评估指标是回归模型在验证集上的均方误差（MSE）。

线性回归问题就是探索数值型因变量 Y 和数值型自变量 $X=(X_1,$ $X_2,\cdots,X_k)$ 之间的联系。一般假设因变量的条件均值与自变量之间满足一个线性函数，记作 $E(Y\mid X)=f(X)=\beta_0+\beta_*X$，其中 β_0 是常数，β_* 是一个 k 维的向量参数，是与自变量对应的线性系数。多元线性回归的公式也一般表示为公式 11 - 17：

$$Y=f(X)+\varepsilon=\beta_0+\beta_*X+\varepsilon=Z\beta+\varepsilon \qquad \text{（公式 11 - 17）}$$

线性回归模型中的参数 β_0 和 β_* 的参数估计是使用最小二乘估计法，即使误差平方最小，误差平方记为公式 11 - 18：

$$Q=(Y-Z\beta)'(Y-Z\beta)=\sum_{i=1}^{n}\left(Y_i-\sum_{j=0}^{p}Z_j\beta_j\right)^2 \quad \text{（公式 11 - 18）}$$

如果要满足最小二乘法准则，需要使 Q 达到最小的驻点，最终得到的参数估计公式如公式 11 - 19 所示：

$$\hat{\beta}=(Z'Z)^-Z'Y \qquad \text{（公式 11 - 19）}$$

我们使用回归模型比较不同 Embedding 的预测准确率，来评估 Embedding 中包含的指标取值的信息量。其优点是模拟后续数据生成模型的特点，考虑到 Embedding 间连续值的相似性，但缺点也很明显，这种方法所使用的的计算内存大，计算时间长。

第三节　数据生成模型

一、DNN 模型

深度神经网络（Deep Neural Networks，DNN）作为深度学习中最简单最基础的模型，本节简单介绍一下 DNN 模型。

神经网络技术原型是感知机，拥有输入层、输出层和一个隐藏层，数据通过输入层结构化得到特征向量，然后通过一层隐藏层变换达到输出层，在输出层得到分类结果。直到 20 世纪 80 年代，出现多层感知机，即出现多个隐藏层。2006 年，Hinton 提出局部最优解问题的缓解方法，隐藏层层数可以达到 7 层，开始真正意义上出现了深度神经网络，也是 DNN 的来源。

DNN 由输入层、隐藏层和输出层构成，通常第一层是输入层，最后一层是输出层，而中间的都是隐藏层。以单层神经网络为例（如图 11-7），第 i 层的任意一个神经元与第 $i+1$ 层的任意一个神经元都是连接的，这种连接方式也被称作全连接，想在每次连接的时候，都可以选择加上一个激活函数，具体的激活函数的选择取决于具体的任务。随着隐藏层的层数增加，神经网络的复杂性也增加。

输入层　　　　　　隐藏层　　　　　　输出层

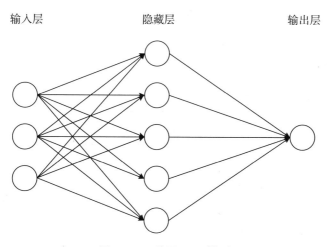

图 11-7　单层 DNN 模型

DNN 的前向传播算法是顺着模型从前往后的思路计算每一层的输出，假设第 $l-1$ 层的输出是 a^{l-1}，第 l 层未激活前的输出是 z^l，激活后的输出是 a^l，激活函数选择的是 $\sigma(x)$，则第 l 层最终的输出的计算公式是：$a^l = \sigma(z^l) = \sigma(W^l a^{l-1} + b^l)$。

通常在监督学习中，极小化度量训练集输出损失的损失函数，得到的权重矩阵 W 和偏倚向量 b 就是最终目标的参数。一般而言，优化求极值的方法会用到梯度下降迭代法。DNN 的反向传播算法就是通过修正损失函数,一步步地迭代更新模型的参数。

前向传播算法和反向传播算法结合起来就能输出最终 DNN 的参数估计。假设输入 DNN 的层数,每层网络的神经元个数,激活函数,损失函数,迭代步长 α,最大迭代次数 max_interation 与停止迭代阈值 ε,输入的 m 个训练样本;输出各隐藏层和输出层的权重矩阵 W 和偏倚向量 b,以下是求 DNN 参数估计的算法过程。

(1) 向各隐藏层和输出层的权重矩阵 W 和偏倚向量 b 进行初始化赋值;

(2) 当迭代次数不超过 max_interation,在每一次迭代中进行以下操作:

1) 对第 i ($1 \leqslant i \leqslant m$) 个训练样本:

i. 将 DNN 的输入 a^1 设置为 x_i

ii. 对每层 l,($2 \leqslant l \leqslant L$),进行前向传播算法计算:

$$a^l = \sigma(z^l) = \sigma(W^l a^{l-1} + b^l) \qquad \text{(公式 11 - 20)}$$

iii. 通过损失函数计算输出层的 $\delta^{i,L}$

iv. 对每层 l,($2 \leqslant l \leqslant L$),进行反向传播算法计算:

$$\delta^{i,l} = (W^{l+1})^T \delta^{i,l+1} \cdot \sigma'(z^{i,l}) \qquad \text{(公式 11 - 21)}$$

2) 对于每层 l,($2 \leqslant l \leqslant L$),更新第 l 层的权重矩阵 W^l 和偏倚向量 b^l:

$$W^l = W^l - \alpha \sum_{i=1}^{m} \delta^{i,j} (a^{i,j-1})^T \qquad \text{(公式 11 - 22)}$$

$$b^l = b^l - \alpha \sum_{i=1}^{m} \delta^{i,j} \qquad \text{(公式 11 - 23)}$$

3) 如果所有 W,b 的变化值都小于停止迭代阈值 ε,则跳到下个步骤:

(3) 输出各隐藏层和输出层的权重矩阵 W 和偏倚向量 b。

对于激活函数的选择,一般而言,隐藏层中会选择 relu、tanh 函数等。输出层的激活函数取决于任务,如果是二分类问题,选择 sigmoid 函数;如果是多分类问题,选择 softmax 函数;如果是回归问题,选择恒等函数。

二、WideDeep 模型

WideDeep 模型是 2016 年 Google 提出的推荐系统框架，模型思路很简单，由两部分组成，高维线性的 Wide 模型代表了浅层的记忆能力，以及深层全连接网络的 Deep 模型代表了深层的泛化能力，将两部分的输出集成一个完整的训练框架，会达到提高推荐系统的精确性和扩展性的目的。

假设因变量是一个二分类变量，Wide 部分是基础的线性模型，与回归模型相似，假设 y 是预测的结果，$x=(x_1, x_2, \cdots, x_d)$ 是 d 维的特征向量，Wide 部分的模型公式是：$y=w^T x+b$。Deep 部分就是常见的 DNN 模型，一般每层的激活函数都是使用的 relu。Wide 部分的结果是一个 1 维的向量，Deep 部分的结果也降维成一个 1 维的向量，Wide 部分的输出和 Deep 部分的输出进行加权加和，即输出：$\mathrm{logit}(p)=W_{\mathrm{wide}}{}^T x+W_{\mathrm{deep}}{}^T x+b$。最终经过一个 sigmoid 激活函数就得到了最终因变量 Y 取值为 1 的预测概率，损失函数是二分类的常见损失函数，如公式 11-24 所示：

$$L(w)=\prod [p(x_i)]^{y_i}[1-p(x_i)]^{1-y_i}$$

$$\log L(w)=\sum [y_i \log p(x_i)+(1-y_i)\log(1-p(x_i))]$$

$$\log L(w)=\sum [y_i(W_{wide}{}^T x+W_{deep}{}^T x+b)-$$

$$\ln(1+e^{W_{wide}{}^T x+W_{deep}{}^T x+b})] \qquad \text{（公式 11-24）}$$

值得注意的是，这不是 wide 部分和 deep 部分训练后的简单的结果拼接，而是合在一起进行的联合训练。

在推荐系统领域，简单的深层神经网络在低维的特征工程时，能够通过对稀疏特征进行交叉的特征组合进行效果不错的推荐，但不足是对于用户或者物品的嵌入过于泛化，导致当用户和物品之间的交互很稀疏且很高维时，会推荐失灵。推广到我们的任务中，有以下变化：

（1）因变量不是二分类变量，而是连续型数值变量，因此损失函数变成 MSE；

（2）wide 部分和 deep 部分的结合可以不再是加权平均，而是拼接成向量；

（3）推荐领域中需要对用户和物品进行初始化嵌入，我们的输入是已经训练好的词嵌入和时间嵌入,不需要在模型中对其再进行嵌入训练。

三、DeepFM 模型

DeepFM 模型是 2017 年 Guo 提出的一种推荐系统框架,在 WideDeep 模型的基础上进行了改进,一般运用在网页推荐上的 CTR、CVR 的预测上。与 WideDeep 模型比较相似,DeepFM 模型也是分成两部分:Deep 部分和 FM 部分,其中 Deep 部分就是普通的 DNN 模型,FM 部分的全称是因式分解机(Factorization Machine)。

FM 模型与线性模型不同的是,它会考虑特征与特征之间的交互关系。但在推荐领域,由于用户与物品之间的关联不一定都能捕捉到,导致实际上的特征矩阵是很稀疏的,传统的考虑特征 i 和特征 j 的交互关系时要求特征 i 和特征 j 都必须出现在同一个数据集中,但是 FM 能够挖掘到并未同时出现的特征之间的隐藏交叉关系。

四、CNN 模型

卷积神经网络(Convolutional Neural Networks,CNN)主要运用在视觉图像上,其核心特点就是通过卷积层操作能够捕捉到图片的局部特征,在序列数据上,局部特征就是由一系列单词组成的滑动窗口,因此 CNN 也被运用到了文本序列问题上,Kim 在 2014 年就将 TextCNN 运用到了句子分类问题上,Zhang 在 2015 年将 TextCNN 运用到了文本分类任务上。

本实验也将 CNN 作为备选模型,考察 CNN 在基于 Embedding 的数据生成任务上是否有更好的效果。

本章使用的基于 CNN 改进的网络结构如图 11-8 所示。假设文本向量模型中的向量维度大小是 $d_{Embedding}$,指标名称被切分成 4 个部分,那么名称向量的输入就转化成一个 $4 \times d_{Embedding}$ 的矩阵。卷积神经网络的卷积部分是由一个卷积层和一个最大值池化层组成的,其中卷积层的卷积核是 1 维的卷积,池化层的池化窗口也是 1 维的。卷积部分可以重复叠加 N 层,最后把结果转化成向量形式,再与时间信息 Embedding 拼接之后输入一个神层神经网络之中。

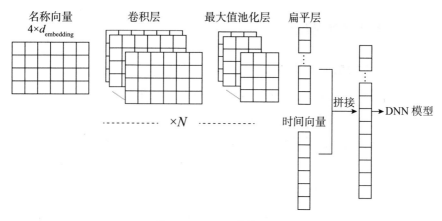

图 11-8 CNN 的模型结构

第四节 经济数据的获取及预处理

一、数据来源及获取方法

本节数据来源于国家统计局官方网站上的公开指标信息，具体的查询路径是"国家官方网站—查询数据—月度数据"（如图 11-9 所示），通过爬虫抓取到了总共 6 287 条指标记录，包括从 2000 年 1 月到 2014 年 12 月共 180 个月份的数据。

图 11-9 国家统计局月度数据查询入口

二、数据预处理方法

(一) 原始数据情况

爬虫得到的数据是一个 6 287 行 180 列的数据集，列名是相应的时间，行名是相应的指标名称。但由于国家统计局针对这些经济类指标有相应的发展和变化，即经济指标会出现新增或删减，导致绝大多数经济指标在一些时间段上没有观测值，也就是说这个数据集比较"稀疏"。

(二) 数据处理情况

第一步，对指标进行去重、清洗。由于数据是从国家统计局的网页上爬下来的，存在着有些指标名称重复的情况，需要对这些行进行合并、去重；同时，有些指标在这 180 个月份中只有少数几个月份有取值，大部分是空值，面对这种情况，需要删除这些指标；另外，对于有些指标名称含义模糊、命名不规则的情况，例如存在指标名称为"存货增减（%）"，但是并不知道这是哪一个商品的存货增减了，面对这种情况也进行删除。通过这些步骤，最终获得 5 617 条记录。

第二步，对指标取值进行标准化处理。由于不同指标之间的量纲差距太大，套用同一个数据生成模型的时候会出现难以拟合的问题，因此对每个指标的取值进行标准化处理，具体的方法就是计算每个指标的均值和标准差，分别记作 $\overline{x}$ 和 s，最终取值等于 $(x-\overline{x})/s$。

第三步，对指标取值进行百分比分箱离散化处理。在评估指标名称 Embedding 的效果时，要求用到的信息熵增益评估法和机器模型效果评估法都是要求指标取值 Y 是分类变量，然而本章研究任务的因变量是连续型数值变量，为了能够实现评估，需要对因变量即指标取值进行分类。百分比分箱法是确定指定的分类数，然后将一系列连续型数值数据按顺序排序，每一类中的样本点数量一样。这里采用两种百分比分箱处理法：

(1) 每个指标指定分成 5 类，每一类的样本点数量一样；

(2) 每个指标分类类别数由该指标非空取值的数量决定，指标 i 的类别数量等于指标 i 非空取值数量除以 15 的整数，用公式表达就是 $n_i\_class=$，按照这种方法，最多有 12 个类别。

第四步，将数据集形式转变为三元组形式。当前的数据形式是 5 617 行 180 列的数据矩阵形式，然而为了打破时间序列数据的时间连贯性，把数据转变为"（指标名称，时间，指标取值）"的三元组形式，只有指标在相应的时间上有取值而非空值的情况下，这个数据记录才会转成一个三元组，最终得到的三元组的个数是 530 657 条。

通过以上数据预处理的步骤，最终获得三个数据集，分别是 Y 标准化处理的三元组数据集（记作数据集 Data1），Y 百分比分箱成 5 类的三元组数据集（记作数据集 Data2），Y 百分比分箱成 12 类的三元组数据集（记作数据集 Data3），总共都是 530 567 条。

第五节 特征工程结果及分析

一、操作环境

本实验在 Python3 的环境下进行，使用了服务器辅助进行模型训练。为了提高开发效率，所有的实验操作均是在服务器内置的 jupyter lab 上进行的，相比于在服务器上直接运行代码脚本，jupyter lab 提供了可交互的 Python 编写体验，还能够高效地对文件和数据进行管理，同时也能够在终端上输入命令让模型在服务器后台进行运行，大大节省了人工监控时间。

调用 Python 第三方 API 能够大大减轻程序编写的复杂度，规范程序格式，避免程序编写错误。词典建立和文本分词处理，使用到 Python 的第三方库 jieba；关于 word2vec 的操作主要使用到 Python 的第三方库 gensim；关于 BERT 的操作主要使用到 Python 的第三方库 transformers 中 BERT 模型相关的 API。线性回归主要调用 sklearn 库。

二、指标名称 Embedding 的生成及效果评估

本节实验的目的在于针对指标名称生成多种文本 Embedding，同时针对指标的时间信息进行处理得到时间信息 Embedding，然后选择合适的评估方法，对不同 Embedding 的组合进行评估，选择出包含指标取值信息最多的 Embedding 组合。

（一）Embedding 生成——Word2vec 模型

Word2vec 模型是将词语映射成实数向量的语言模型，但是指标名称是一系列由中文词语组成的文本。要利用 Word2vec 模型来得到文本向量，需要将文本一层层地解构成词语粒度，然后再想办法将词语向量向上一层层组合，具体的实验流程如图 11‑10 所示。

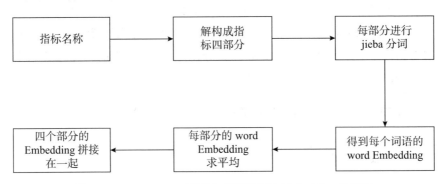

图 11‑10　Word2vec 模型生成指标名称 Embedding 的流程

第一步，将指标名称解构成四个部分。通过观察国家统计局月度指标名称，我们发现总结出一套指标命名规律，即几乎所有指标都是按照"行业/产品限定词＋指标因子＋计算因子＋单位"的规律取名的，图 11‑11 示意了相关指标的名称切分。按照这种方式，所有指标名称变成了（行业/产品限定词、指标因子、计算因子、单位）这样的四元组形式。

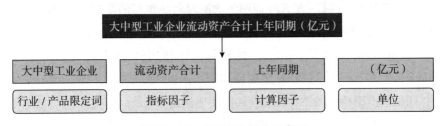

图 11‑11　指标名称切分示意图

第二步，将指标每个部分进行去停用词处理和 jieba 分词处理。尽管将每个指标名称都进行了第一步的结构，但是指标的每个部分都不是单一的词语，没有达到 word2vec 模型要求的词语粒度，因此需要进一步的文本解构。首先，对每个部分进行去停用词处理，停用词是一些影响不大的词，例如助词、语气词、标点符号、数字等，本章使用的停用词表是根据任务需求制作的停用词。然后，借助 Python 第三方库进行 jieba 分词，并根据任务需求在 jieba 分词的词典中提高了某些词语的词频，以便能够更加准确地切割词语。

第三步，获取 Word Embedding 的字典。本次实验使用了两种word2vec 模型结果：第一种是使用 26G 百度百科、13G 搜狐新闻、229G小说的语料训练出的 word2vec 模型，此模型的参数设置是上下文窗口大小为 5，词向量维度是 128，负采样率为 0，最大迭代次数是 5；第二种是北师大团队发布的使用金融新闻语料训练的 word2vec 模型，此模型的参数设置是上下文窗口大小为 5，词向量维度是 300，负采样率为 0.000 01，最大迭代次数是 5。

第四步，平均词语的 Word Embedding 获得每个部分的文本向量。第二步将每个部分进行分词得到的词语，通过第三步得到每个词语的 WordEmbedding，然后将每个部分的词语的 Embedding 进行分词平均得到每个部分的文本向量，第一种模型得到每部分的文本向量的维度是 128，第二种模型得到的文本向量的维度是 300。

第五步，拼接四个部分的文本向量。每个指标名称由四个部分组成，将第四步得到的每部分的文本向量进行拼接就得到最终指标名称的文本向量，第一种模型得到的文本向量维度是 $128 \times 4 = 512$，将这种Embedding 方式记作 Word2vec1，第二种模型得到的文本向量维度是$300 \times 4 = 1\ 200$，将这种 Embedding 方式记作 Word2vec2。

（二）Embedding 生成——BERT 模型

BERT 模型的思路与 word2vec 模型的思路有一些差异：Word2vec 模型是先得到词语粒度的向量，再一层层组合成为指标名称的文本向量；但BERT 模型可以输入一段文本，直接得到该文本的文本向量。

本实验用到的 BERT 中文模型是哈工大讯飞实验室联合发布的开源预训练模型 chinese-bert-wwm-ext，使用的语料是中文维基百科（包括简体和繁体），具体的 Bert 模型预训练参数是隐藏层的层数是 12，多头注意力机制的头数是 12，Embedding 的维度是 768。

BERT 模型有两种输入方式：第一种是输入一个句子，在句子的前后分别加上分类标签和；第二种是输入一对句子，通常是"问题＋回答"形式的句子对，句子对的前、中、后部分分别加上分类标签。本实验采用的是第一种输入方式，输入单一的句子，模型输出的结果是该句子每一个词的 Embedding，我们最终使用每个句子开头标签的 Embedding 作为这个句子的文本向量，具体模型的输入输出情况如图 11－12 所示。

由于 BERT 模型不需要像 Word2vec 模型一样将输入分解成词语粒度，那么就产生了一个问题，是否有必要像 Word2vec 模型一样，将指标名称解构成 4 个部分呢？为了解答这个疑问，我们提出两种 BERT 模型的文本向量生成方案，第一种是直接将指标名称作为 BERT 模型的输入，得到整个指标名称的文本向量，第二种是分别将指标名称 4 个部分作为 BERT 模型的输入，得到每个部分的文本向量，再像 Word2vec 模型的方法一样将 4 个部分的文本向量拼接成一个指标名称的整体文本向量。前者得到的文本向量维度是 768，后者得到的文本向量维度是 $768 \times 4 = 3\,072$，这两种 Embedding 方式分别记作 BERT1 和 BERT2。

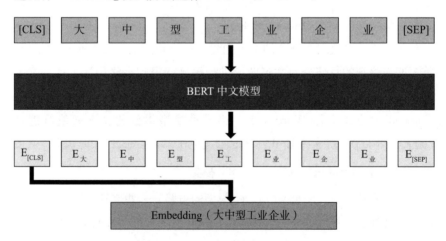

图 11－12　BERT 模型输入输出流程

（三）Embedding 的 PCA 降维

通过 Word2vec 模型和 BERT 模型得到四种指标名称的 Embedding（如表 11－1 所示）。

表 11 - 1　四种指标 Embedding 基本情况

Embedding 方法	训练的语料	是否解构成 4 部分	维数
Word2vec1	百科＋新闻＋小说	是	128×4＝512
Word2vec2	金融数据	是	300×4＝1 200
BERT1	中文维基百科	否	768
BERT2	中文维基百科	是	768×4＝3 072

为了在 Embedding 效果评估更加公平地考量四种指标名称
Embedding 的情况，我们对 Word2vec2、BERT1、BERT2 的结果都进行
了 PCA 降维，达到所有 Embedding 的维度与 Word2vec1 的结果一样，都
是 512 维。面对 Word2vec2 和 BERT2 这种将指标名称解构成 4 部分的
Embedding，需要对每个部分进行 PCA 降维，即每个部分的文本向量维
度将会降成 128；面对 BERT1 这种没有将指标名称解构的 Embedding，
直接将指标名称的文本向量维度降成 512。表 11 - 2 展示了三种
Embedding 进行 PCA 降维后，每个部分主成分的累积贡献率。

表 11 - 2　PCA 降维后指标名称各部分主成分的累积贡献率

Embedding 方法	行业/产品限定词	指标因子	计算因子	单位
Word2vec2	0.993 6	1.000 0	1.000 0	1.000 0
BERT2	0.952 9	1.000 0	1.000 0	1.000 0
BERT1	1.000			

表 11 - 2 的结果表示，对于有指标名称解构操作的 Embedding 方法
中第一个部分行业/产品限定词的降维损失的信息最多，其他部分降维损
失的信息可以几乎忽略不计，而 BERT2 方法损失的信息比 Word2vec2 方
法损失的信息要更加多一点；对于没有指标名称解构操作的 BERT1 方
法，将 768 维向量降维成 512 维并未损失太多信息。总而言之，通过
PCA 降维还是对 Embedding 的结果没有太多信息损失。

三、指标名称 Embedding 的效果评估

指标名称 Embedding 维度较大，因此采用信息熵增益评估法和多分类逻辑回归评估法。使用到的数据是因变量百分比分箱成 5 类的三元组数据集（数据集 Data2），因变量百分比分箱成 12 类的三元组数据集（记作数据集 Data3）。

（一）信息熵增益评估法

使用信息熵增益评估法的前提是因变量和自变量都是分类型变量，目前因变量 Y 已经在数据预处理阶段离散化处理成为分类变量，然而自变量仍旧是高维的连续型数值变量。

已知自变量 $X = (X_1, X_2, \cdots, X_k)$，其中 X_i 是连续型的数值变量，对于所有的 i，$1 \leqslant i \leqslant k$，对 X_i 进行百分比分箱，类别定义成 10，因此自变量 X 的每个分量都成为分类变量，此时自变量向量也成为分类向量。

信息熵增益越大，说明该指标名称 Embedding 包含指标取值的信息越多。根据表 11-3 的评估结果，无论是在因变量百分比分成 5 类的数据集 Data2，还是在因变量百分比分成 12 类的数据集 Data3 上，BERT2 的表现是最优的；但是经过 PCA 降维之后，所有 Embedding 都转变成相同的维度（Word2vec1 方法由于维度本来就是 512 维），效果最好的是 Word2vec1，原本效果最好的 BERT2 降维后评分略逊于 Word2vec1，说明 PCA 降维对信息还是有一定量的损失。但由于信息熵增益评估法无法捕捉到数值变量之间顺序的信息，无法全面地体现出 Embedding 包含的关于指标取值的信息量，因此还需要用机器模型效果评估法来进行效果评价。

表 11-3　指标名称 Embedding 的信息熵增益评估结果

Embedding 方法	因变量5类 (Data2)	因变量12类 (Data3)	Embedding 方法	因变量5类 (Data2)	因变量12类 (Data3)
Word2vec1	0.023 25	0.030 59			
Word2vec2	0.048 36	0.065 31	Word2vec2_PCA	0.022 77	0.027 67
BERT1	0.034 40	0.048 36	BERT1_PCA	0.021 97	0.027 16
BERT2	0.137 05	0.182 91	BERT2_PCA	0.022 73	0.030 50

（二）机器模型效果评估法

机器模型效果评估法要求因变量是连续数值变量，自变量是连续型数值变量，其中，时间信息 Embedding 统一使用的是将月份信息用 1 维数值变量表示的方法。使用的是因变量标准化处理的三元组数据集（数据集 Data1），抽取 5% 作为测试集，剩下的 95% 作为训练集，评估指标是测试集的 MSE。

评估指标验证集 MSE 越小，说明该指标名称 Embedding 包含指标取值的信息越多，根据表 11-4 的结果，BERT2 的效果是最优的，即使进行了 PCA 降维统一了所有文本向量的维度之后，BERT2 的效果仍旧是四种方法中最优的。

表 11-4　指标名称 Embedding 的多分类逻辑回归评估结果

Embedding 方法	验证集 MSE	Embedding 方法	验证集 MSE
Word2vec1	0.858 0		
Word2vec2	0.853 6	Word2vec2_PCA	0.856 8
BERT1	0.860 4	BERT1_PCA	0.861 4
BERT2	0.850 1	BERT2_PCA	0.855 5

综合信息熵增益评估法和多元线性回归评估法的结果，BERT2 的效果是最好的，即使利用 PCA 消除了维度大小的影响，BERT2 相比其他 Embedding 方法仍旧包含更丰富的指标取值信息。

四、时间信息向量的生成及效果评估

（一）三种时间信息处理方法

时间信息包含年份和月份，年份是用 1 维数值变量表示，月份使用了三种时间信息处理的方法，分别是 1 维数值变量、2 维数值变量（环形变量）、12 维分类变量。

（二）时间信息处理实验效果评估

时间信息向量维度少，如果将时间信息向量分类，本质上三种处理办法在月份信息上都是 12 类，因此使用信息熵增益评估法没有意义，故采用多元线性回归评估法，使用的是因变量标准化处理的三元组数据集（数据集 Data1）。抽取 5% 作为测试集，剩下的 95% 作为训练集，评估指标是测试集的 MSE。

评估指标验证集 MSE 越小，说明该时间信息向量包含指标取值的信息越多，根据表 11-5 的结果，12 维分类变量的效果是最优的，同时 BERT2+月份 12 维分类变量的组合是所有组合之中最优的。因此我们将集中关注 BERT2+月份 12 维分类变量的组合，进行进一步的数据生成模型的实验。

表 11-5   时间信息向量的多元线性回归评估结果

	Word2vec1	Word2vec2	BERT1	BERT2
1 维数值变量	0.858 0	0.853 6	0.860 4	0.850 1
2 维数值变量（环形变量）	0.871 2	0.861 0	0.868 6	0.864 3
12 维分类变量	0.855 9	0.851 7	0.858 4	0.848 3

第六节   数据生成实验及效果评估

一、模型设计

通过 Embedding 生成实验，我们得到最优的 Embedding 组合是指标名称 BERT2+月份 12 维分类变量，接下来就该组合进行数据生成模型的探讨。

为了排除测试集抽取的随机性，对于所有深度学习模型，使用因变量标准化处理的三元组数据集（数据集 Data1），并抽取同样的 5% 的数据作为测试集（共 49 326 条数据），剩下 95% 的数据作为测试集（共 530 657 条数据），消除由于随机抽取验证集而带来的实验结果偏差，更公平合理地进行模型效果的比较。

关于深度学习相关的数据生成模型，我们根据 tensorflow 和 keras 中的 API 来编写相关模型程序，分别实现了 DNN、WideDeep、DeepFM 以及 CNN。

（一）DNN 模型设计

通过不断的实验调整，综合考虑宏观经济指标名称 Bert2 方法下的文本向量维度和时间信息向量，设置隐藏层层数为 5，隐藏层神经元节点数分别是 128，64，32，16，8，隐藏层激活函数为 ReLU，输出层不加额外的激活函数。最大训练轮数设置为 20，每次训练的样本数设置为 128，损失函数选择均方误差 MSE，优化方式采用 Adam。

（二）WideDeep 模型设计

我们将 WideDeep 模型作为 DNN 模型的备选模型，主要是探讨接入浅层的记忆部分是否有助于数据生成的效果。通过不断的实验调整，WideDeep 模型的 Deep 部分与 DNN 模型保持一致，仍旧是 5 层隐藏层，隐藏层神经元个数保持不变，激活函数仍旧是 ReLU。

（三）DeepFM 模型设计

我们将 DeepFM 模型作为 DNN 模型的备选模型，主要是探讨接入特征之间的一阶和二阶交叉特征是否有助于数据生成的效果。DeepFM 模型的 FM 部分是分为了三个部分，分别是指标名称（3072 维）、年份（1维）、月份（12 维），二阶交叉部分是将每个特征的隐向量维度设置为 120，并只进行三个部分之间相互的二阶交叉，不考虑三个部分内部之间的二阶交叉。DeepFM 模型的 Deep 部分与 WideDeep 模型的 Deep 部分保持一致。

（四）CNN 模型设计

实验考察卷积神经网络是否能够通过挖掘出 Embedding 局部信息更有利于数据生成。指标名称输入的 Embedding 矩阵是 4×768 维的，经过两个卷积池化层，每个卷积池化层是由一个卷积层和最大池化层组成，使用的卷积核都是 1×3 的，池化窗口是 1×2，卷积时进行了边缘填充保证卷积后矩阵维度不变，两次卷积层的卷积核数量分别是 32 和 64。经过两个卷积池化操作后，将输出扁平成向量后与时间信息 Embedding 拼接输入后续的神层神经网络中，其参数与 DNN 模型一致。

二、模型结果对比

如果将多元线性回归模型作为基准模型，于提出的各种模型的结果进行比较，参与对比的指标是均方误差（MSE），汇总如表 11-6 所示。

表 11-6　数据生成模型结果综合表

模型	线性回归	DNN	WideDeep	DeepFM	CNN
测试集 MSE	0.848 3	0.799 3	0.800 1	0.790 3	0.858 4

DNN、WideDeep、DeepFM 作为全连接类型的神经网络，效果都比基准模型效果更好，其中 DNN 和 WideDeep 相对线性回归模型是有明显的效果提升，WideDeep 的效果没有明显的进步，DeepFM 的效果最好，最好的模型效果达到了 0.790 3，这说明简单的 DNN 已经基本能够实现输入信息的深层挖掘，WideDeep 增加的浅层一阶信息对于模型改进效果一般，DeepFM 增加的二阶交叉信息对于模型效果的增进比较明显。

CNN 挖掘的指标名称 Embedding 的局部信息纳入模型，得到的效果反而差于基准模型，说明挖掘指标名称局部信息反而不适用于我们的任务。

第七节　小结

本章探索了宏观经济指标特征工程和基于 Embedding 的数据生成模型，首次将宏观经济指标的名称信息应用到指标时间序列数据上的生成问题上。

指标特征工程提取包括指标名称向量生成模型和时间信息向量生成模型，用于学习指标名称文本信息和指标年月信息。通过信息熵增益评估法和机器模型效果评估法，实验表明，在所有指标名称 Embedding 方法中，将指标名称解构成四个部分，然后通过 BERT 模型获取各自的文本向量，最终拼接成一个高维 Embedding 的办法是最优的。同样的，将月份信息处理成 12 类分类变量的方法也是效果最优的。这说明将指标名称细粒度处理更加有利于挖掘到指标信息，月份信息转成分类变量也能符合月份特征距离性、循环性和特殊性的特点。

基于 Embedding 的数据生成模型中以多元线性回归为基准模型，分别考察了多种神经网络的实验效果，表现最优异的是 DeepFM，最简单的神层神经网络 DNN 效果明显优于线性回归，WideDeep 增加的浅层一阶信息对数据生成的精度改善不大；卷积神经网络在我们的实验中表现较差，原因是卷积神经网络提取到的指标名称 Embedding 的局部信息对于数据生成任务帮助不大，还会损失原本的全局信息。

本章的研究内容为读者提供了一些创新思路可供学习参考：

（1）首次提出指标名称包含指标取值相关信息的思路，并通过将指标名称文本向量化纳入指标取值数据生成的模型中。

（2）提出了一种序列宏观数据的三元组形式，区别于传统的将宏观经济指标当作时间序列数据看待，我们提出了（时间，指标名称，指标取值）的三元组形式。

（3）提出了四种经济指标名称 Embedding 方法：第一种方法是对经济指标进行部分分割，在此基础上使用两种语料库进行 Word2vec 训练得到两种 Embedding；第二种方法是利用中文 BERT 预训练语言模型以及是否对经济指标进行部分分割得到两种 Embedding。我们总共提出了四种指标名称的 Embedding。

（4）提出了三种时间信息向量的处理方法：第一种方法是将月份作为一维的连续型数值变量；第二种方法是将月份进行环形域处理，得到二维连续型数值向量；第三种方法是将月份离散化处理成为 12 维的分类变量。

（5）提出了与四种神经网络模型的组合方法，都以经济指标名称 Embedding 和时间信息向量作为输入，比较 DNN、WideDeep、DeepFM 和 CNN 的效果。

同时，本章的研究也存在值得进一步探索的问题，可为读者开展深入研究提供思路。

在指标名称 Embedding 生成模块中，在 Word2vec 模型中，词向量结合的方式是简单的求均值，未来可以考虑加入基于 tf-idf 值的加权平均；在 BERT 模型中，中文 BERT 模型的分词一般是以字为粒度的切割，而不是基于中文词语的切割，可以选择基于中文词语训练的 BERT 模型。

在基于 Embedding 的数据生成模型中，由于数据量非常大，指标的分布也不尽相同，有些指标比较平稳，有的指标变化非常剧烈，放入统一的模型之中会使模型效果下降，因此可以先聚类将指标分成几大类分别进行数据生成实验。除此之外，如果想集成统一的数据模型，模型训练时偶尔会出现最终收敛到一个局部最优点上的情况，因此未来可以考虑利用迁移学习的思路，在一个精心选择的小数据集上学习一个更精确的模型作为预训练模型，然后不断增加其他稍微杂乱的训练批次，达到更好的训练效果，避免出现局部最优的情况。

总体而言，指标名称 Embedding 信息的确包含一定的指标取值的信息，但是纯粹地作为数据生成模型的输入仍显得信息量不足，因此指标名称 Embedding 信息可以作为其他数据生成模型的补充特征纳入模型，会有更好的模型效果。

第十二章　研究案例——灯光增强遥感图像测算区域经济

在第十一章已经提到对于遥感影像的分割可以辅助研究区域发展变化，在本章我们继续这一主题，通过遥感影响对区域经济进行研究，具体来说，以夜间灯光为经济代理变量，基于注意力机制 CNN 模型利用遥感影像对于中国县级行政单位的 GDP 进行预测分析。

第一节　GDP 预测研究方法

经济发展水平的细粒度、大规模的衡量与评估，对资源的配置和政策采纳至关重要。国内生产总值（GDP）是衡量区域生产力和消费水平的一个典型而又关键的指标。在国家范围生成高精度 GDP 地区图谱既能反映一个国家的总体发展水平，也能从侧面衡量国家内部的区域发展不平衡情况。在中国，基于传统普查衍生方法的县级 GDP 收集工作，即中国最小行政单位的 GDP 值，是由地方政府统计服务机构自发进行的。然而，普查所得的县级单位国内总产值往往是异质和昂贵的，因为县一级统计机构缺乏专门人员且常常存在基本材料获取难、时间跨度长的问题。

近年来，随着卫星科技的普及，利用遥感图像数据源来预测社会经济指标的思路受到广泛关注。一系列已开展的研究正在探索如何结合卫星遥感影像和新兴的统计学习方法来开展一种便捷、可拓展的方法，对多样的经济指数进行评估。事实上，此前已有研究揭示了地区生产总值与地区夜间光照强度的高相关性，并且成功地运用统计回归方法与夜间灯光数据在全世界多个不同国家拟合社会经济指标并绘制地区图谱。然而，夜间灯光数据（通常是光照强度地图）作为一种仅蕴含光照强度像素点的数据源，会容易受到分辨率粗糙、噪声大以及过于饱和的影响。此外，仅利用夜间灯光数据，光强之外的经济发展和地理格局之间的因素和关系并不能很好地被衡量。研究者们又将关注度转向白天卫星遥感影像。随着卷积神经网络（CNN）的成熟发展以及高精度卫星图像的普及，白天卫星遥感影像中各种地理特征的自动探测成为可能，其中就涵盖了与社会经济指标高度相关的特征，比如建筑物、车辆、交通道路和农田等。尽管高精度的白天卫星图像蕴藏很多经济相关的特征，如何有效地提取这些特征仍然存在一些困难。

由于卷积神经网络特征提取的功能依赖于数据驱动（通常与其训练时的监督信号相关），而通常大规模的标签数据是很难获取并与遥感图像相对应，直接利用计算机视觉技术提取特征似乎并不能被广泛应用。受到前人研究启发，研究者们启发性地将夜间灯光数据与白天卫星遥感影像结合使用。在这些研究中，夜间灯光强度被当作区域经济发展水平的代理变量以及 CNN 网络的监督信号。由于夜间灯光强度的地区广泛性，利用灯光强度可以便捷地构建白天遥感影像的监督标签，这就让 CNN 提取有意义的特征变得可行。而随后从 CNN 提取的特征，结合简洁的统计计算模型这一解决方案为评估经济指标提供了新的路径。沿用这个思路，细粒度GDP 区域图谱的评估也能极其高效并精准地开展。

本章的研究基于上述基础，旨在结合夜间灯光数据和白天卫星遥感影像，来预测中国地区县级区划单位的年度 GDP 值，在研究框架上借鉴Jean 等人（2016）的工作。其中，成对的白天遥感影像与夜间灯光强度用来训练 CNN 网络分类器。CNN 网络特定层的输出向量被作为从遥感影像提取的特征，经过降维处理以及统计计算后输入至回归模型中完成最终的评估。此外，本研究引入额外的注意力机制来增强 CNN 网络的表达能力。就开创性而言，首次将基于 CNN 的卫星图像区域经济指标估算方法应用在中国区域，初次将如此大规模、跨度广泛的全国范围纳入研究。事实上，由于不同县域地区的面积差异性，地区所包含的白天遥感影像数量是可变的。每个县域的经济指标（县级年度 GDP）其实对应了一个数量可变的提取的特征向量。为了固定下游模型输入特征的维度，本研究将属于同一县域的特征向量作为样本，计算具有代表性的统计量从而获得固定数目的输入来拟合回归模型。

读者通过对后续内容的阅读，也将发现本章提及的研究方法和形式具备如下可参考的优点：据目前来看，通过采纳 CNN 技术和遥感影像来预测全中国地区年度县域 GDP 值这一研究是首创的。得益于遥感数据的可拓展性和普适性，本研究框架可以生成覆盖全国的县域 GDP 预测图谱。此外，本研究采集的图像采集工作来自一个可以即时访问的、开源的公司 PlanetAPI，其中包含了更新至月份的全球经纬坐标遥感图像。同时，夜间灯光作为 GDP 的代理变量，便捷有效地为遥感影像提供监督信号，结合注意力机制改良的 CNN 网络也获得了更好的性能。最后，在本研究框架中，属于同一县级区划的网格图像被用来提取统计特征，图像样本的少量缺失是可以容忍的，即研究具备鲁棒性。

第二节 相关研究工作概述

一、利用夜间灯光数据估计经济指标

诸多研究者调查了以 GDP 衡量的经济活动与夜间灯光之间的关系。Doll 等人利用国家尺度夜间光照区域与的 GDP 关系绘制了第一张全球 GDP 地图，并表明了一个国家的总光照面积与 GDP 在统计上具有显著的高相关性。为了将国家尺度的 GDP 图谱分解至地区尺度，Doll 等人利用夜间亮灯光数据和区域经济数据，在 5Km 的空间尺度下创建了不同国家的 GDP 区域图谱，而利用多种指标的结合来降解国家尺度 GDP 图谱也在一定程度上提高了准确性。他们的工作提供了夜间灯光强度与当地经济活动特征的第一个详细测评。这些研究检测了经济活动与夜间灯光之间的高度相关性并验证了将夜间灯光数据作为 GDP 近似变量的合理性。当然，在他们的研究中也尚有一些不足，由于夜间灯光数据特定方式的局限性，如粗糙的空间分辨率和光谱分辨率、过饱和情况和噪音干扰等，利用夜间灯光数据在粒度较细的区域水平上评估经济活动可能会带来一些错误。Li 等人对流行的两种夜间灯光数据源：DMSP-OLS 和 NPP-VIIRS 采用了五

种灯光光强矫正方法，一定程度上缓解了这一问题。其结果表明夜间灯光数据与 GDP 值、人口、能源消耗量都呈现一定的线性关系，且通过四种方法校正后的相关系数都优于仅采用原始的夜间灯光数据。Chen 等人参考利用区域平均灯光强度和区域灯光覆盖面积，构建了反映区域城市化水平的灯光指数。这些研究通过修正夜间灯光数据来预测经济活动相关指标，并证实了一个关键结论：夜间灯光强度指数与经济活动之前存在高度的相关性与指示性。

基于这些结论，当前有部分研究直接将夜间灯光强度作为地方经济活动的代理变量。Tilottama Ghosh 等人回顾了多个使用夜间灯光图像作为代理衡量措施，分别在网格、地区和国家尺度一致衡量了多种多样的人类活动指标的研究。他们得出的结论是，利用夜间灯光影像作为代理的这一措施有多方面优点：更低的获取成本，更大的全球获取范围以及与社会科学数据相比更为有效的衡量方法。迄今为止，夜间灯光数据已经不断被广泛用于更好地了解全世界各个地方不同国家的经济活动。Laveesh 等人在印度地区相比国家层面粒度更细的地区层面探索了夜间灯光数据和 GDP 估算之间的联系。他们的研究指出，在评估和预测印度国家以及其他发展中国家高度分散的 GDP 值时，将夜间灯光数据考虑在内是更为周全的选择。而在中国地区，研究者们已经致力于利用夜间灯光数据在不同粒度探索与分析人类的经济活动。一些研究把重点放在了整个国家的经济图谱上并以省级行政单位为研究尺度。他们探究了在省份层面的不同经济活动指标与夜间灯光数据的关系，如区域城市化水平、经济增长速度等。此外，有研究将目光转向了粒度更细的县级行政单位的指标衡量，但其在覆盖范围上仅局限于某个省份或几个相邻省份。相比之下，覆盖整个中国区域的县级细粒度 GDP 估算与预测的研究与讨论还不够丰富。

二、基于 CNN 从遥感影像提取经济相关特征

卫星遥感影像数据对于经济研究是十分有价值的，它们提供了通过其他方式难以获得的信息，而且能够涵盖更加广泛的地理区域，与蕴含信息量相对较为单一的夜间灯光数据相比，白天卫星图像可以揭示更翔实的地理形态特征。与此用时，CNN 技术的成熟发展使得基于卫星图像架构的

地理特征探测在定位与社会经济状况密切相关的区域方面表现良好，一些研究也随之开展。Engstrom 等人通过训练 CNN 网络从高分辨率卫星图像提取与建筑物、汽车、道路、农田和屋顶材料相关的特征。他们将这些特征输入一个简单的线性模型，解释了斯里兰卡农村层面近 60% 的贫困人口计数率和平均日常消费情况。Abitbol 和 Karsai 等人应用 CNN 模型来预测人类居住区域的社会经济水平，并将分类器特定层激活函数值投射到原始图像上并根据城市拓扑结构解释对居民财富的估计情况。迄今为止，结合白天遥感图像数据和深度神经网络技术的框架已被广泛应用于人口预测、贫困分布情况和城镇化水平等社会经济指标。尽管这种框架十分便捷且可扩展性强，它却很大程度上依赖于大量监督数据训练的 CNN 网络，并需要大量的人口普查衍生数据来监督训练过程。Han 等人开发了一种半监督学习框架，用于学习地理环境中的空间鲁棒性表示。他们构建了一个数据集，其中韩国地区的白天遥感图像被人为分成城市化程度的三个水平，并将其用于 ImageNet 预训练的半监督 CNN 分类器。其学习的输出特征可以用来预测各种社会经济指标，但该方法的训练数据获取成本较高并可能存在标注标签主观判断的问题。有鉴于此，本研究直接将夜间灯光强度作为图像的标签，既保证了大规模获取的便捷性也具有一定的客观保证。

三、夜间灯光监督下的 CNN 结构经济活动衡量

在一些发展中国家，可靠的区域社会经济数据既稀缺又昂贵，这使得复杂的神经网络缺少监督信号并难以直接从信息丰富的白天卫星遥感图像中学习相关特征。一直以来，夜间灯光强度被证明与经济发展程度是强相关的。基于此，Xie 等人建立了一种两步骤迁移学习框架。利用在 ImageNet 预训练的 VGG-16 模型来训练对白天图像对应夜间灯光强度等级的分类器并同时学习与贫困指数相关的特征。他们指出，尽管没有贫困指标的直接监督信号，该模型通过夜间灯光强度的代理功能学习，能够显著地识别语义上有意义的特征，比如城市地区、道路和农田。Jean 等人将 CNN 从原始卫星图像中学到的特征结合岭回归模型来估算五个低收入非洲国家的平均家庭财富，并改进了这种方法。此类研究进一步证明，在

涉及 CNN 的监督性训练时，夜间灯光强度可以有效地充当白天卫星遥感图像特征提取与社会经济指数的代理变量。后续研究表明，更先进的 CNN 结构如 Dense-Net 和 Res-Net 可以更好地充当特征提取的角色。同时，这种框架也能很好地推广至非洲以外的地区来预测贫困相关的指数。此外，Yeh 等人分别在白天遥感影像和夜间图像同时上训练了相同的 CNN 架构。从白天图像和夜间灯光强度提取的特征被组合起来，一起作为岭回归器的输入来预测集群尺度的资产财富水平。尽管这种方法可以从卫星图像中以端到端的方式预测经济指标，但它需要更多时间成本来匹配白天和夜间数据。

在本研究中，我们参考了 Jean 等人的工作并同时结合统计计算思想，完成了中国县域区划的经济水平预测工作，兼具鲁棒性和泛化性并具有较强的实践意义。

第三节　数据采集

本研究共利用三个类别的数据：白天卫星遥感影像、夜间灯光强度地图、县域 GDP 数据以及中国行政边界。根据上述数据以县域为单位进行组合，形成中国县域遥感图像集。

一、白天卫星遥感影像

本研究采用的遥感影像来自 Planet 公司卫星提供的 API 接口。给定经纬度坐标、月份和年份，此 API 接口能够返回最新月份粒度的遥感图片。每张图片大小含 256×256 像素点，分辨率为 5m 并有 $1km^2$ 的覆盖范围。从图片质量来看，能够很好地分辨人类活动。在衡量图片数量和训练计算成本后，本研究以 2km 的间隔进行取点，分别爬取了 2017 年 371 070 张图片以及 2018 年 343 106 张图片。图 12-1 提供了一些遥感图片的样本。从上至下是灯光强度低、中、高的顺序。其实可以初步看出，随着灯光强度的提升，建筑物、农田和道路等人类经济活动的密度在不断增加。

图 12 - 1　不同灯光强度下的遥感图像样本

二、夜间灯光强度地图

作为夜间遥感技术的先驱，地球观测组织（Earth Observation Group）一直致力于夜间遥感影像的采集，并推出高质量的包含月度和年度的全球夜间灯光强度地图。本研究采用了"VCM"模式下的年度产品（包括亚洲地区），由 12 个月均灯光产品平均加总并去除了白噪声的干扰所得。同时，年度产品还屏蔽了短暂灯光和背景光的影响，一定程度上保证了灯光的真实性和有效性。

在具体处理灯光地图时，在每张白天遥感图像对应的中心点位置（经纬度坐标）上框取了比图片覆盖区域稍大的涵盖 2.5km^2 的正方形区域，并将此区域的夜间灯光强度总和作为此位置人类经济发展程度的代理变量。此外，我们采用高斯混合密度模型将灯光强度值分为三个等级：低、中和高灯光强度等级。由于中国地域辽阔，很多地区像草原、山区和沙漠等基本没有灯光覆盖，我们舍弃了部分低灯光强度等级的样本来维持各类别的平衡性，具体各类别占比见表 12-1。

表 12-1　灯光强度类别占比

灯光强度等级	低	中	高
百分比（%）	54.17	29.19	16.13

三、县级区域 GDP 及行政边界

中国国家统计局及各省统计年鉴已经发布全国 2 000 多个县级行政区划的社会经济指标，其中统计数据较为完整和全面的更新至 2018 年。收集 2017 和 2018 年全国 2 052 个县域的 GDP 数据，对每个县域采用地理围栏算法将图像与区域相匹配，构建每个县域的图像数据集合。

第四节　模型与方法

由于每个县域的大小和尺寸存在较大差异，归属于每个县域图像集的数量也不同，要通过遥感影像构建中国县级行政区域 GDP 预测框架，需要考虑如何提取出维度一致的能代表每个县域地区的特征。图 12-2 概括了本案例分两步走的基本研究思路。首先利用已配对的白天遥感影像与夜间灯光强度等级来建立基于注意力机制的 VGG-16 架构来充当特征提取的功能。随后，对给定的县域 $i \in C$ 以及与之对应的遥感图像集 P_i，图像集中每张图像 p_i^j 被传入已训练好的特征提取器转换为经济相关的特征 F_j。经过主成分分析（PCA）方法降维后，县域 i 的图片集合已经转化为维度较低的向量集合 F'。随后，这些低维向量的统计量：均值、方差、样本量和协方差被提取并进行变量组合得到数目固定的县域特征表示 R_i。在得到每个县域维度相同的表示后，采用 XGBoost（Extreme Gradient Boosting）回归方法进行 GDP 值的拟合与预测。

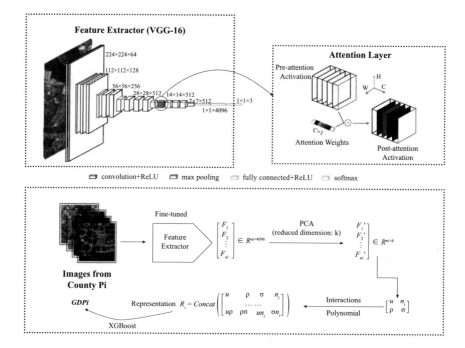

图 12-2 模型方法技术路线图

一、训练基于注意力机制的 CNN 特征提取器

我们将注意力机制引入 VGG-16 网络结构中来构建特征提取器。在 ImageNet 上预先训练的 VGG-16 包含五个卷积块，每个卷积块由一系列的卷积层、池化层和非线性激活函数组成。训练的卷积块用来从原始输入的白天图像中提取并构造复杂的特征。网络的最后衔接两个全连接层，将前面结构提取的特征分为 1 000 个预定义的类别。在这里我们将夜间灯光强度分为三类，并将其用于网络的训练。此外，在 VGG-16 结构的最后两个卷积块中，插入一个可以重新加权卷积块激活表示的注意力层。具体来说，假设 VGG 的卷积块提取输出一个激活特征层为 $M_{pre} \in R^{H,W,C}$，我们将可训练的注意力机制向量 $A \in R^C$ 与其在深度通道上进行加权得到注意力增强后的特征 $M_{post} \in R^{H,W,C}$。注意力增强后的特征与原尺度维持不变，因此可以完美插入原网络结构中。具体来说，M_{post} 是 M_{pre} 和 A 的乘积加和，见公式 12-1：

$$M_{post}(i,j.c) = A(c) * M_{pre}(i,j,c) \qquad (公式 12-1)$$

其中，$i=1,\cdots,H$，$j=1,\cdots,W$，$c=1,\cdots,C$。

结合注意力机制后的特征将放入原网络结构中进一步处理。在具体训练网络时，这里采用 Adam 优化器与交叉熵损失函数进行训练，其损失函数定义如公式 12-2 所示：

$$L = -\sum_{i \in 灯光强度等级} y_i \log \hat{y_i} \qquad (公式 12-2)$$

其中，y_i 是实际灯光标签，$\hat{y_i}$ 是网络预测结果。

在模型训练收敛后，我们将原网络的全连接层去除并将剩余部分作为特征提取器。从每张白天遥感卫星图像提取的特征 F 是 4 096 维的高维向量，而高维向量直接处理不仅计算成本较高，其信息量也较为稀疏。因此，下一步我们将采取降维处理。

二、主成分（PCA）降维

当特征提取完成后，在尽量保存信息量的情况下将特征的维度缩放到更小的尺寸。考虑到县级单位数量为 2 000 左右，并且后续将采用特征的统计量进行 GDP 值的预测，特征的维数在理论上也需要低于 2 000 来避免过拟合，因此在这里采用主成分分析（PCA）方法进行降维。

主成分分析是一种非参的，自动的降维方法。它利用原始向量的正交线性变换来提取方差值最大的主成分。足够数量的主成分向量在能解释原始数据的大部分方差同时可以有效地减少向量维度。从经验上讲，一般前六个主成分可以解释大约 80% 的方差，再增加额外的特征信息量的增加会变成边际收益。本研究在降维过程中考虑了从 3 到最多 15 个主成分的结果。

三、统计特征提取与预测

当降维完成后，此时对于每个县域 i，它对应的特征集合为 $F_i^l \in R^{n_{i,k}}$。由于此时不同县域的特征数目并不相同，直接进行回归任务是不可行的。而为了解决输入尺度不一的问题，本研究采纳如下方法：提取每个特征集合的统计量，这样每个县域的特征集合就有相同的尺寸并方便进行回归任务。具体来说，我们采用四个统计量：样本数量、样本均值、样本方差、皮尔逊相关系数。这四个基本的统计量能从整体上抓取图片集合的特征，并在不同的县域图片集合中反映一定的差异。大体来说，它们能从中心趋势、散度和关联性反映空间的特点。为了丰富变量的维度，本研究将四个统计量多项式扩充和组合扩充，最终为每个县域得到了 120 个变量。最后，这些变量被输入回归器中预测县域的 GDP 值。

第五节 实验结果分析

一、模型预测结果

本研究分别采用 2017 年、2018 年的数据进行训练和测试，并采用四折交叉验证方法筛选超参数。我们也比较了几种不同的方法来验证模型的有效性。Nightlight 方法代表仅使用夜间灯光强度值进行回归预测。NoProxy 方法代表采用相同的但仅在 ImageNet 上预训练的 VGG-16 网络作为特征提取器。VAE 方法代表采用自动变分编码器结构作为特征提取的部件。VAE 是一种无监督的深度学习方法，被广泛用于图片的生成领域，其能自动地在图片数据集上提取富含信息量的特征向量。VGG-A 方法是本研究采用的结合注意力机制的网络架构。

表 12-2 展示了各种方法的最终 R^2 得分。其中，本研究采用的架构取到了最好的效果（0.70）。对比其他方法，可以说明白天卫星遥感影像提供了帮助经济预测的大量额外信息，并且侧面印证了夜间灯光强度作为代理变量能够帮助网络提取更多经济相关的特征。

表 12-2 不同方法得分比较

方法	No-Proxy	Nightlight	VAE	VGG-A
R^2	0.22	0.36	0.46	0.7

将模型应用于 2018 年中国县域地区 GDP 值的预测。从结果可以发现，县域覆盖面积较大的区域往往预测误差较小，其中的原因可能是其包含更多的图片样例，从而统计量的计算和应用就更为准确。此外，严重高估的区域大多集中在中国的东南部地区，而低估的部分很多分布在西北和

东部沿海地区。这和我们模型的设置有关。东南部地区县域面积小，而其中大多地区房屋密度高，这也是与灯光直接相关的特征。提取大量的房屋特征就可能直接造成 GDP 值的高估，而西北地区和沿海地区房屋密度相对较为稀疏，一些和景区相关的特征并不能被充分提取，间接地造成了低估的问题。

二、消融实验

进行消融实验来进一步验证模型的有效性，把采纳的四个统计量分别进行去除并探索了注意力机制所起的效果。表 12-3 展示了具体不同策略的 R^2 得分。

表 12-3　消融实验结果

方法	VGG-A	VGG	μ	σ	n	ρ
R^2	0.7	0.68	0.65	0.68	0.68	0.66

从表 12-3 中可以看到，每个组件的去除都在不同程度上影响了最终的得分。具体来说，注意力机制的引入有效提高了模型的得分，进一步有效地提高了模型表现力。而四个基本的统计量的去除都降低了最终的得分，也进一步说明了各个统计量的有效意义。

三、梯度可视化结果

为了探讨和印证本研究模型框架的可解释性，采用 CNN 可解释性探究方法：反向传播引导的梯度可视化（Guided back propagation method）。基于反向传播引导的梯度可视化方法在每个像素点维度上计算了输入和目标输出对应的梯度，这是一种在 CNN 领域广泛使用的探究可解释性的方法。大体上讲，其探究的是那些像素区域对最终模型效果的影响较大，也是像素点蕴含信息量的一种衡量方法。

从遥感影像梯度可视化的结果图中可以清晰地观察到，遥感影像中高亮的区域大多是建筑物的轮廓以及街道的形状，这与我们的直觉是十分相符的。事实上，一个更为发达的地区，它的建筑物和道路的密度一定是更大的，这也进一步验证了灯光强度作为经济活动代理变量的合理性和有效性。

第六节 小结

本章给出的案例研究考虑将夜间灯光强度作为经济活动的代理变量，并为白天卫星遥感影像提供灯光强度等级的分类标签，同时训练基于注意力机制的 VGG-16 卷积神经网络架构作为特征提取器。基于统计量计算的各个县域维度相同的特征向量被输入回归模型中并对县域的 GDP 取值进行拟合与预测。最终，本研究在 2018 年县域 GDP 的预测上取得了 0.7 的 R^2 得分。

事实上，这里使用的方法在定量和定性上都是可以解释的。一方面，利用 2017 年数据训练的模型在预测 2018 年县级 GDP 值表现出了较好的水平；另一方面，梯度可视化表明，基于 CNN 的分类器能够分辨出与经济发展程度密切相关的视觉模式（如道路、建筑等）。

研究中的实验也证实了所使用的模型框架的学习能力。注意力机制可以适度地提高模型的得分与表现力而且各个统计量的表达也十分具有意义。但我们的方法仍然有一些局限性，读者可基于此进行更多探索。第一，图像数据影响了模型的表现，使其无法在中国各地进行广泛学习。第二，经济发展是一个持续性的演变过程，我们只使用了基于前一年数据的训练模型并直接预测下一年的 GDP 值，时间演变的因素并没有考虑在内。此外，所有的图像都被输入同一个模型中，区域差异实际上并没有很好地被衡量。这里也指出一些其他可能影响精度的原因供参考，图片质量过低、API 图片传输的限制，会导致一些和景区相关的特征并不能被充分提取，间接地造成低估的问题。

本章参考文献

[1] ABITBOL J L, KARSAI M. Socioeconomic correlations of urban patterns inferred from aerial images：interpreting activation maps of Convolutional Neural Networks [J]. 2020.

［2］DOLL C H, MULLER J P, ELVIDGE C D. Night-time imagery as a tool for global mapping of socioeconomic parameters and greenhouse gas emissions ［J］. Ambio a journal of the human environment, 2000 (29): 157 – 162.

［3］DOLL C N H, MULLER J P, MORLEY J G. Mapping regional economic activity from night-time light satellite imagery ［J］. Ecological economics, 2006 (57): 75 – 92.

［4］ENGSTROM, RYAN, HERSH, SAMUEL, J NEWHOUSE, LOCKE D. Poverty from space: using high-resolution satellite imagery forest imating economic well-being ［M］. New York: Social Science Electronic Publishing, 2017.

［5］FENG LI, XIAOBO ZHANG, S L QIAN. A DMSP-OLS and NPP-VIIRS night lighting data measurement statistical index capability assessment: take the Beijing-Tianjin-Hebei area county GDP, population and energy consumption as an example ［J］. Mappingadvisory, 2020 (522): 92 – 96, 121.

［6］GHOSH T, ANDERSON S J, ELVIDGE C D, SUTTON P C. Using nighttime satellite imagery as a proxy measure of human well-being ［J］. Sustainability, 2013 (5): 4988 – 5019.

［7］HAN S, AHN D, CHA H, YANG J, CHA M. Lightweight and Robust Representation of Economic Scales from Satellite Imagery ［C］. Proceedings of the AAAI Conference on Artificial Intelligence, 2020.

［8］LAVEESH B, KOEL R. Night lights and economic activity in india: a study using dmsp-ols night time images ［C］. Proceedings of the Asia-Pacific Advanced, 2011.

［9］XIE M, JEAN N, BURKE M, LOBELL D, ERMON S. Transfer learning from deep features for remote sensing and poverty ［M］. Mapping, 2015.

［10］YEH C, PEREZ A, DRISCOLL A, AZZARI G, BURKE M. Using publicly available satellite imagery and deep learning to understand economic well-being in Africa ［J］. Nature Communications, 2020: 11.

第十三章 政府统计面临的竞争与突破

第一节 政府统计面临的竞争压力

政府统计面临的竞争并不是绝对的，而是在一定的历史时期、一定的社会条件下相对来讲的，不同的时代有不同的原因，面临着不同的挑战。

一、现有政府统计资源的劣势

（一）理论劣势：抽样调查是条件不足时的次优选择

政府统计基于现实调查难度做出了理论妥协，抽样调查是条件不足时的次优选择。政府统计通过抽样观测个体微观数据推测宏观特征、总体趋势，再想借由总体数据追踪到微观个体数据往往十分困难，或者难以达到准确。政府统计的宏观数据与统计对象的关系是非满的单射，大数据的宏观数据与统计对象的关系则是双射（既单且满的映射）。因此，使用大数据方法得出的数据能够较方便地控制统计范围，使其可大可小，灵活地应用于更广泛的场景。

（二）实践劣势：由于生态链瓶颈和技术瓶颈等原因，无法满足社会对日益丰富的统计产品的需求

政府统计欲达到大数据层次的数据质量所要做出的数据生态链升级，例如与互联网公司大数据产业上下游的合作、数据接入等。许多互联网公

司能提供鲜活的统计产品供研发人员或社会人士使用，例如百度搜索指数、淘宝指数，相反，对于互联网问题的数据资源，政府统计往往捉襟见肘。政府统计一方面没有大数据资源的积累，另一方面对大数据的挖掘和应用不成熟，缺少利益驱动，在统计产品的生产竞争中处于劣势。

1. 数据权威性和实效性受到挑战

政府统计是一个庞大的工程，加之信息公开有限、民众的统计知识薄弱，调查过程于普通老百姓来说是一个"黑箱"般的存在，导致了公信力不强、数据质量受到质疑，在新技术、大数据的竞争下更显弱势。

2. 现有政府统计资源的生态链瓶颈

（1）数据来源。

政府统计部门有相当一部分数据来源于调查数据，如何开发或者利用大数据技术更快地获取大量基础数据是未来发展的重心。另外，如何将现有的大数据资源整合进已有的数据库中是其当务之急。

（2）数据应用。

目前，政府统计的统计产品大多是一些成熟的统计指标，缺乏创新型，其统计产品的卖点主要在数据全面且成熟，拥有企业所不具有的"统计合法性"，这一方面因为统计垄断的保护，另一方面是因为政府统计自身的意识觉醒不够、改革的方向和具体措施不明确等暴露出的问题。

3. 现有政府统计资源的技术瓶颈

政府统计欲达到大数据层次的数据质量尚需做出技术革新，例如在云计算、数据库等方向进行技术建设。

二、政府统计产品在生产流程上的劣势

（一）数据收集方式

政府统计拥有的大数据资源有限，相比于大的互联网公司不具有竞争力。大数据采用直接联网收集的方式，用户主动产生、大数据平台被动收集，每个社会单位都能够源源不断地制造数据。结构化数据占绝对主流的数据形态逐渐转变为半结构化数据、非结构化数据占大量比重的形态。

耗费大量的人力物力。政府统计部门花费大量人力资源在抽样调查具体实践上，不够信息化的统计上报体系使得信息采集、汇总、更新修改依靠更多的人力物力实现。

（二）统计数据计算分析方法

传统政府统计多采用自上而下的实证研究方法，一般的分析建模采用单机工作即可。大数据则是采用自下而上的数据挖掘方式，通过大量存在的数据进行建模、分析，寻找蕴藏其中的、与主题相关的规律。

指标体系的不适应性，更新速度慢。政府统计部门采集数据多遵循自上而下布置、自下而上调查汇总的步骤，步骤多，周期长，更新数据得逐级更新，速度慢。

政府统计对大数据的挖掘和应用不成熟。起步晚，不成体系，没有核心技术竞争力。

（三）数据质量

传统统计由于诸多原因存在着一些数据质量问题，人工收集数据的方式、地方政府的干预等提供了数据造假滋生的土壤。大数据主要来源于电子信息记录下的一手数据，依赖于各种设备准确客观地测量、传送和接收，不需要调查对象长期配合，减少了主观造假、人为误差的可能性，还能快速地通过大量不同种类的数据进行多方印证，提高数据质量。

样本量不够大。单看重点调查项目，基层统计调查人员无法做到普查的精细程度，有可能由于业务压力、实际调查困难等原因只抽取了少量的样本，样本代表性容易出现问题。

纵向数据不够全面。不论是普查还是重点调查，收集的数据大多得经过事先设计和确定，想要在正式调查开始后再修改极为困难，现实中的可操作性不大。因而在纵向数据上可能无法全面收集数据需求者需要的数据。

服务对象局限。由于地块分割和分级管理的原因，目前的政府统计以满足上级统计机构或党政领导的需求为主，服务于社会需求为次，具有服务对象的局限性。使用大数据能够有针对性地为个性化的用户提供服务。

（四）数据结果时效性、安全性、唯一性、公开性和权威性

统计产品生产周期长。政府统计部门一般每月、每季度、每半年、每年发布一次主要统计指标数据，意味着数据使用者最快获取数据也需要一个月时间，这还不考虑短期数据发布不全、权威数据需要经过层层审核等实际情况。所以，数据使用者假如想使用权威的、全面的政府统计数据，也得等到一年之后，而这无疑给其带来了很大的滞后性。然而，大数据的采集、存储、计算和发布都是十分迅速的，相比于政府统计发布的数据的缓慢程度，可以说大数据实现了实时更新，给数据使用者带来了极大的便利性。

安全性：统计数据的联网直报，各种办公软件捆绑电脑 IP 或电脑物理信息，网络在线对话。

数据唯一性、公开性和权威性面临挑战。既有的大数据平台先天地积累海量数据，政府统计部门不再是海量数据的唯一拥有者，某些互联网公司在部分领域数据的质、量和类上超越了政府统计部门，其发布的某些统计信息可能比政府部门更开放和权威。一些诸如投资、消费、进出口数量等传统的统计指标（以居民消费价格指数、社会消费品零售总额等为代表），有时候还不如一些电商指数（以淘宝指数为代表的网络交易价格指数、网络交易价格指数等）更有吸引力。数据的唯一性问题直接导致了公开性问题的产生，进一步带来了权威性问题。

老百姓的感受同发布的数据存在较大差异、全国和地方的统计数据（尤其是 GDP）严重不匹配，导致了市场对数据的质疑，政府统计数据或被边缘化。

此处以 CPI 和 iSPI 为例说明政府统计产品在生产流程上的劣势。

CPI（Consumer Price Index）即居民消费价格指数，是描述一定时期内居民所消费商品及服务的价格水平变动情况的相对数，其一定程度上也可以作为社会通货膨胀或紧缩情况的反映指数。我国政府统计 CPI 经过数十年的发展与改革，在数据来源和权数确定方面已经形成比较确定的制度与方法，调查内容主要全国城乡居民家庭消费支出调查资料为依据。编制 CPI 指数有助于反映国内商品或服务的价格变动情况，了解

居民生活水平真实变化，满足各级政府宏观调控和制定政策的需要，同时也为我国政府进行国民经济核算提供科学依据。目前我国政府 CPI 统计结果报告频次为年报和月报。月报指数主要反映某地区在核算月内的物价涨跌水平。将全年 12 个月月度数据汇总为年报数据。通常是每个月 9 号左右才公布上个月的 CPI 数据，每年第一季度公布上年的 CPI 年报数据。

iSPI（internet Shopping Price Index）为网络零售价格指数，是以淘宝和天猫网络交易为平台，实时汇聚和积累的海量交易行为数据为基础编制出来的概括网络零售交易商品一般价格水平的指数。淘宝 iSPI 是国内首个网络购物消费价格指数，是由淘宝网利用大数据技术对其网络商品成交记录进行汇总、计算的，用来反映其全网和分类商品的价格变动情况的指数。这一指数将帮助网购消费者了解网络商品的价格变动走势，为网络购物决定提供参考依据。鉴于目前淘宝网在中国网络购物市场所占的份额，因此 iSPI 的代表性不仅体现在淘宝网上，更体现在整个中国网络购物市场上。当前 iSPI 在分类上借鉴了政府统计 CPI 的分类，同时也吸纳了政府统计商品零售价格的优点。其十大基本分类的前八类定义与政府 CPI 对应大类基本一致，后两类主要参考政府统计商品零售价格中的分类，与政府统计 CPI 具有相当高的可比性。

在现今商业社会，时效性是企业单位在竞争中取胜的关键。传统的政府统计数据存在滞后性和低频率等不足。随着对政府统计质量和统计内容要求的不断提高，统计数据发布时间和相对滞后和发布渠道的单一使得统计数据生产的压力明显加大，加以社会各界越来越在乎统计数据的时效性，政府统计数据供给时效性与公众需求的不匹配逐渐显现。与此形成鲜明对比的是，社会企业或组织正在威胁政府统计作为公共统计数据主要渠道的地位。在指数显示上，iSPI 总体物价指数和 CPI 指数呈较高的相关关系，与我国政府统计公布的 CPI 数据具有较高的契合度。相比政府统计 CPI 数据每月发布频率以及滞后十天左右的指标数据而言，iSPI 能够提供更高频率的实时数据，满足大数据时代社会消费者的信息需求。

三、统计专业技术和人才

政府统计部门的人才大多是传统政府统计背景出身，甚至是非科班出身，他们所擅长的领域是传统统计。我们知道，要想实现资源整合、创新模式，跨专业的复合背景是必不可少的。一方面，政府统计部门在就业市场上吸引相应人才的筹码有限，竞争力不足以吸引高技术背景的专业统计人才；另一方面，由于体制不够灵活、晋升论资排辈、中等水平的薪酬等原因，造成了一部分政府统计内部专业人才的流失。这虽然是社会主义市场经济下市场选择的结果，但对于政府统计部门来说无疑是一种损失。

第二节 政府统计的核心竞争力

政府统计在宏观经济研究中发挥着不可或缺的基础性作用，离不开其在理论和实践上的优势。

一、理论优势

（一）政府统计有传统的、成熟的基础统计理论支撑

政府统计所依靠的基础统计已经发展得相对成熟，例如概率论、数理统计、抽样技术。经过一代又一代统计人的努力，由样本推断总体的思想深入政府统计的骨髓，久经历史的检验。

（二）对经济和社会发展的解释性更强

现有政府统计在统计口径上得到社会的广泛认可，宏观经济理论大多基于成熟的传统经济统计数据来分析而得出结论，因此使用现有的政府统计资源能更方便进行宏观经济的因果关系探究。反观之，大数据热衷于寻找相关关系，在因果关系上可能更难利用成熟的理论解释。

二、实践优势

（一）覆盖面广，数据全面

依据覆盖全国行政区域的统计专网，政府统计部门能够深入广泛的基层进行调研，涉及各行各业，关乎人民生活的方方面面，能获取到互联网

无法采集的数据。虽然互联网如滚滚潮流般汹涌而来，但是不可否认的是，仍有大量信息无法接入互联网，这部分信息可以通过政府统计调研而获取。

（二）样本具有较好的代表性

政府统计的调查制度由科学抽样理论支撑，上至指标的设计，下至抽样框的选择，再到调查范围的确定，无不体现着政府统计人员的智慧和汗水。不论从理论，还是从实践来说，政府统计的样本已经具备一定的代表性，至少是在人为可控的误差范围内的。

（三）规范化成体系的政府统计流程使得数据质量有一定程度的保证

政府统计在数十年的实践中已经发展成一套规范化的体系，其背后成熟的理论基础，实践中的科学设计，应用中体现的数据价值，已经构建了一座坚实的政府统计大厦。

第三节　政府统计利用大数据资源的瓶颈

一、政府统计和大数据企业的职能有待统一——国信优易

政府与大数据企业间的职能存在差异，政府是维护公众社会利益的代表，要以社会的最大利益为主要目标，而企业在发展的过程中以盈利为目标，政府与企业利益目标存在着实质的差异；同时政府数据多为公共服务过程中所产生的民生数据，而政府更多的是考虑政府数据在公共服务中所体现的公益属性，政府数据的开发是站在服务公众为基础的前提下，但企业所考虑的是数据开发所带来的利润回报和社会价值，这也在一定程度上反映政府与企业对数据开发过程中所存在的矛盾，且会影响政府与企业的合作。建立以政府为主导建立运营政府数据的创新创业型企业可以在一定程度上统一政府统计和大数据企业的职能。此类创新创业型企业，将政府数据变成具有市场价值的增值数据。通过政府为主导，培育以政府数据应用为核心竞争力的创新创业型企业，营造政府数据流通创业的市场环境，鼓励以政府数据创新的创业型企业，政府为有潜力的企业提供创业指导，提供创业优惠政策等方式，促进双创企业的发展。

国家信息中心成立大数据管理应用中心数据运营部，致力打造事企合作平台。国信优易是该平台的实际运营方，运营大数据交易、大数据创新创业、大数据顶层设计。国信优易成立于2015年，是由国家信息中心牵头创立的混合所有制公司。响应国务院关于大力推进大众创业万众创新的号召，以数据资源和技术创新为驱动力，打造国家级大数据创新创业基地。目前国信优易已在北京、成都等地创立国家信息中心大数据创新创业基地（简称"双创基地"），参与国家发改委双创政策网项目、国民经济动员信息化系统项目建设，为各地政府提供大数据应用服务平台、消费者行为分析平台等服务，打造数据驱动的创新生态体系，推动大数据产业发展、创新创业发展。国信优易有三个数据服务平台，政务数据共享与服务平台、创新创业服务平台、优易数据交易与创新平台，分别解决政府打通部门间的数据壁垒、加强政府、基地、孵化器、企业以及金融机构等多方联动、打通数据流动，解决数据孤岛问题，促进数据资源的开放与共享。国信优易依托政府数据资源与其技术创新的能力，为各地政府进行大数据平台及服务平台建设提供技术支持；汇聚智力资源、数据资源和产业资源，打造全国数据流通网络；通过运营位于双创基地的优易数据研究院，整合多方资源，为入驻机构提供办公场所、创业指导、培训交流、大数据创业顶层设计咨询服务、投融资咨询管理等创业服务，为政府和企业提供智力支持和双创服务，利用政府数据做出科学分析，帮助政府进行科学决策，如通过对人才发展与就业的分析评估，进行区域人才供需的分析，辅助政府人才引进战略的制定；通过对互联网海量信息的分析，了解民生关注热点，更好的规划公共服务供给，促进民生产业的发展。

二、政府统计的目标与大数据资源的价值需要融合

大数据资源相比于政府统计的优点是毋庸置疑的，但它并非是在互联网领域的万能钥匙，它跟政府统计所追求的目标并不完全一致，甚至在有些地方立场相悖。政府统计作为公共组织，理应考虑到整合大数据资源有其必要性和充分性。

本章参考文献

［1］李书巧，格丽.大数据时代的政府数据市场化创新［J］.统计与决策，2017（19）：2，189.

［2］林陈琪.大数据在政府统计中的应用探究［D］.福州：福州大学，2014.

第十四章 研究案例——基于即时预测方法的中间投入估算

作为反映各部门间关系的平衡表，投入产出表是投入产出分析的重要数据基础，同时也是政府统计工作的重要组成部分。这其中的中间投入数据为观测经济循环、制定宏观及产业政策提供有力支撑。然而，投入产出表的编制对基础数据条件要求较高，难以提高更新频率。受 GDP 即时预测（Giannone 等，2008）的启发，本章利用大量相对高频的宏观及行业经济指标对中间投入进行即时有效的估计和预测。结果表明，本章构建的高维模型可估算得到季度中间投入数据，其拟合和预测效果均优于传统时间序列模型和传统动态因子模型（Giannone 等，2008），且该模型在检验中表现出可行性与稳定性。

第一节 投入产出表增频概述与基本方法

一、投入产出表增频问题背景

进入 21 世纪以来，中国经济进入转变发展方式、优化经济结构、转换增长动力的新时期，中央提出加快形成以国内大循环为主体，国内国际双循环相互促进的新发展格局。为了更好地观测国内经济循环、制定有针对性的产业政策、保持经济健康可持续的发展，需要对各行业和部门开展投入产出分析，测算中间投入率、增加值率、直接消耗系数、完全消耗系数等指标，其中中间投入是计算这些指标的重要数据。

中国投入产出核算可靠扎实，投入产出调查形成周期性的制度，但由于编制投入产出表需要耗费大量时间和人力物力[①]，使得投入产出数据历来具有频次低、存在较大滞后性等问题，导致相关研究的时效性存在不足。为了得到更新频率更高的投入产出数据，学者们主要利用插值（Dietzenbacher 等，2013）、联立方程（李宝瑜和马克卫，2014）以及时间序列模型（王惠文等，2018）等方法，这些方法并没能充分地利用大量外部信息等，比如丰富的宏观、行业方面的经济序列数据。即时预测（Nowcasting）则为此提供了可能，Giannone 等（2008）通过从高维、高频（相对被估指标）宏观经济序列中提取信息，开展了对 GDP 的即时预测研究。投入产出相关数据的更新频率更低，如果能够将即时预测方法应用到投入产出表增频及预测的问题上，进而估算得到季度或月度的投入产出数据，将有丰富的理论和实际意义。

以中间投入为切入点，本章对投入产出数据开展即时预测研究。不同于 GDP 的总量预测，以中间投入为代表的投入产出数据对经济现象的描述更细致，本章对其进行即时预测需要引入更高维度的宏观经济变量，并利用高维模型从中提取信息，实现对中间投入的估算、增频与预测，进而推及其他投入产出表数据，辅以经典的 RAS 方法（Stone，1962）即可得到投入产出表整体的估算、增频与预测。本章所提出的估计方法区别于过往估计方法，主要创新点在于：第一，将即时预测方法引入中间投入估算、增频与预测的研究中，为投入产出表的研究提供了新的思路与框架；第二，本章构建了基于 60 个季度宏观及行业经济指标的高维数据集，对中间投入实现即时有效的估计和预测，进而实现对投入产出表的高频次数据更新；第三，为了应对高维主成分分析的挑战，本章使用自适应稀疏主成分分析建立高维动态因子模型，代替传统即时预测中的动态因子模型，从而更好地从高维数据中提取信息。

二、投入产出表增频基本方法概述

在投入产出表更新方面，学者们通常采用一些非调查方法来进行研究，其中主要分为两步：数据增频与矩阵填补。表 14-1 对现有投入产

[①] 中国每隔五年（逢 2 逢 7）进行一次编制，且在中间年份插编一次（王勇，2012）。

出表更新方法进行总结与比较，可以看到，虽然现有研究对投入产出表的更新方法已经开展充分的研究与发展，但主要集中于利用 RAS 以及交叉熵方法进行矩阵填补，而在数据增频部分研究较少，且方法多为插值（Dietzenbacher 等，2013），或是基于诸如 GDP 等低频宏观经济变量进行建模（李宝瑜和马克卫，2014），难以利用其他宏观经济数据，并进一步得到季度甚至是月度的预测。其中 RAS 方法将在第五节进行更详细的介绍。

表 14 - 1　现有投入产出表更新方法比较

	作者	内容
数据增频	Dietzenbacher 等（2013）	WIOD 数据库数据生成方法，其增频原理为插值，即已知两个真值年份，可以得到中间年份相应的总量变量，进而通过 RAS 法可以得到投入产出表
	李宝瑜和周南南（2012）	利用国民收入动态均衡模型以及单方程来预测总量
	李宝瑜和马克卫（2014）	在总量预测部分采用联立方程模型以及时间序列模型，以国家公布的 GDP 为中心来预测其他变量
	王惠文（2018）	提出 FPTF 方法对实物资金流量表进行预测，再利用数学模型解除表的约束后，通过 ARIMA 模型来进行预测
矩阵填补	Stone（1962）	提出基于双边比例的 RAS 法
	Jensen（1980）	认为 RAS 法较为简单、方便运算，但缺少经济理论基础
	Junius 和 Oosterhaven（2003）	提出 Generalized RAS（GRAS），可以保持更新后矩阵中所有元素的符号不变
	马向前和任若恩（2004）	发现黑田法误差比 RAS 法小
	王韬等（2011）	经过拓展修正的 RAS 表现最优
	刘亚清等（2015）	提出多维误差扩展均方 RAS 法（DRAS），在估计已知年限间投入产出表时具有更好效果

续表

	作者	内容
矩阵填补	何志强和刘兰娟（2018）	通过改进 GRAS 方法，减少更新时造成的先验信息丢失，构造 EGRAS 方法（Enhanced GRAS）
	范金和万兴（2007），万兴等（2010）	RAS 法和交叉熵法等基于商的更新方法整体效果和效率强于例如基于距离的其他更新方法

　　为了得到及时有效的宏观经济数据，Giannone 等（2008）提出了基于混频数据的即时预测（Nowcasting）方法，应用于 GDP 的估算、增频与预测上。该方法进一步被多个国家的中央银行使用，实现 GDP 的即时预测（Bok 等，2018；Chernis 和 Sekkel，2017）。然而美国与中国常用的 GDP 核算方式不同，并且上述方法使用大量月度消费数据，该类数据当前在中国难以获得。虽然 Yiu 和 Chow（2011）实现了即时预测方法的中国化运用，但并没有考虑 GDP 的组成部分，仅是对 GDP 增速进行预测。本章尝试在中国的投入产出领域引入即时预测的方法，从而改善当前投入产出数据缺点，更高频、及时地描绘各行业中间投入变化，为政策制定提供依据，更好地迎接经济双循环发展格局的机遇和挑战。

　　在实现即时预测时，学者们通常使用动态因子模型（Giannone 等，2008；Yiu 和 Chow，2011）进行研究。动态因子模型（Dynamic factor models，DFMs）可以将高维数据降维，将大量宏观经济信息浓缩到少量公共因子中，再利用公共因子建立模型，进行宏观经济研究。与此同时，投入产出数据与宏观经济数据息息相关，若使用高频次的宏观经济数据与投入产出数据建立模型，可以有效又及时地构造高频次的投入产出数据。动态因子模型的估计方法虽然已被广泛研究（Stock 和 Watson，1989；Banbura 和 Modugno，2014；高华川和张晓峒，2015），但将该模型应用于中国投入产出数据的即时预测相关研究较少，针对中国的宏观经济数据选取也与对其他国家的研究有所不同。

　　需要注意的是，对于高维数据，传统的动态因子估计会出现不可靠的结果。Johnstone 和 Paul（2018）指出，对于高维数据，传统主成分分析

（PCA）会出现样本特征值分散、样本特征值向上偏差和样本特征向量不一致等多个高维现象。面对高维情况，学者们使用加权主成分（Choi，2012）、随机矩阵方法（Yeo 和 Papanicolaou，2017），或结合极大似然的思想估计因子模型（Bai 和 Li，2016），但主要解决的是高维情况下静态因子模型的估计，对动态因子模型的高维状态研究较少。

至此可以发现，现有研究尚存在一些不足可待改进：相较于投产表的矩阵填补，数据增频相关的研究较为缺失；即时预测模型在经济研究领域的应用暂没有很好地拓展到投入产出研究中；当引入各行业相对高频、高维的数据进行及时预测时，并未考虑到高维数据下动态因子结果的不稳定性。

有鉴于此，本章做出新的尝试，基于宏观经济序列，结合及时预测方法，引入自适应稀疏主成分分析（Johnstone 和 Lu，2009；Ma，2013）建立通过两阶段程序获得的特征向量估计的一致性的高维动态因子模型，并进行算法的实现，试图更好地从高维数据中提取和利用信息。

第二节　中间投入即时预测方法介绍

即时预测（Nowcasting）是一个最初用于 GDP 高频估算、增频与预测的框架（Giannone 等，2008），该框架包括对待估指标进行初步的增频、利用回归初步估计模型参数、利用动态因子模型来对因子进行动态更新以及最后利用回归对该指标实现的增频等步骤，动态因子模型是其中关键步骤，利用该模型可以从大量因子中提取公共信息。本节后续将对中间投入即时预测方法进行具体的介绍。

一、即时预测的初步处理

中间投入也称中间消耗，是指在生产或提供货物和服务过程中所消耗的非耐用性货物和服务的价值，其本质是其他生产单位的产出，将其从总产出中扣除即得到增加值。从实物形态来看，中间投入具体指生产单位在生产过程中所消耗的原材料等货物，还有运输、仓储、修理等服务。从价值形态来看，中间投入是在生产中从消耗的货物和服务里直接转移到产品中的价值，而不是生产单位自己所新创造的价值，因此，在计算增加值时，要从总产出价值中减去中间投入的价值。

中国每隔五年（逢 2 逢 7）才编制一次投入产出表，中间会插编一次，因此能获取的真实中间投入数据极为有限，例如在 2002 年至 2019 年间，只能获取 7 年的中间投入数据，倘若直接用这些低频次数据建立模型，会导致模型精度较低，效果不佳。本节参考 Giannone 等（2008）的即时预测方法，将中间投入年度数据进行初步估计，扩充为月度数据，再建立增频模型。扩充分三步进行：

第一步，利用可变比例法，依据前后两个已知年份的中间投入，采用线性比例变换来估算目标年的中间投入。假设行业 h 在 T 年的中间投入为 M_{hT}，$M_{h,T-a}$ 表示 $T-a$ 年的中间投入，$M_{h,T+b}$ 表示 $T+b$ 年的中间投入（$a>0$，$b>0$），则目标年中间投入如公式 14-1 所示：

$$M_{hT}=M_{h,T-a}+\frac{(M_{h,T+b}-M_{h,T-a})\times a}{a+b} \qquad （公式 14-1）$$

第二步，利用增加值率法，假设一年中增加值与总产出的比率不变，又由于总产出为增加值与中间投入之和，故可以推出增加值与中间投入比率不变。假设目标行业年度中间投入 M_{hT}，年度增加值 N_{hT}，季度增加值 N_{hTi}（$i=1,2,3,4$）均已知，则季度中间投入 M_{hTi}（$i=1,2,3,4$）为：

$$M_{hTi}=\frac{N_{hTi}\times M_{hT}}{N_{hT}}; \quad i=1,2,3,4 \qquad （公式 14-2）$$

第三步，假设同一季度内每个月消耗的中间投入 M_{hTit} 相同，即：

$$M_{hTit}=\frac{M_{hTi}}{3}; \quad i=1,2,3,4; \quad t=1,2,3 \qquad （公式 14-3）$$

在得到月度中间投入数据后，为了消除季节性，获得平稳序列，需要对月度中间投入数据采用季节调整方法，之后得到目标中间投入月同比增量估计量 ΔM_{hTt} 为：

$$\Delta M_{hTt}=M_{hTt}-M_{h,T-1,t}; \quad t=1,2,\cdots,12 \qquad （公式 14-4）$$

二、高维动态因子模型

为了更好地拟合中间投入数据，本节假设中间投入作为国民经济运行的重要成分，与宏观经济指标聚合成的公共因子有着极强的关系，估算得到的中间投入与公共因子建立模型一定程度上能体现真实中间投入与公共因子的关系，模型拟合值也将成为中间投入的误差更小的估计值。同时可在新一轮的投入产出表未公布时，按照模型，利用 VAR 模型预测公共因子，结合 OLS 回归实现即时预测。结合宏观经济指标集，本节得到月度宏观经济变量向量 Y_{Tt}。省略年份变量，可以将其表示为 Y_t。进一步，本节使用高维动态因子模型从高维数据中提取信息，得到中间投入月同比增量拟合值，聚合得到季度中间投入，以此得到连续的中间投入季度数据。

在高维环境下，宏观经济数据通过因子模型可以分解为低秩信号与噪声的结合，再利用主成分来获取低秩信号。这里低秩信号就是不可观测的公共因子 F_t，其可以凭少量特征体现宏观经济的整体运行态势和基本波动特点。特别地，每个月度宏观经济变量 y_{kt} 可以看作是以下生成模型的一个独立实例，与不可观测的公共因子 F_t 呈线性关系：

$$y_{kt} = \mu_k + \lambda_k' F_t + E_{kt} \qquad\qquad (公式 14-5)$$

令 $Y_t = (y_{1t}, y_{2t}, \cdots, y_{nt})^T$ 为 n 维宏观经济变量向量，则模型可以表达为向量形式：

$$Y_t = \mu + \Lambda F_t + E_t; \quad t = 1, 2, \cdots, \tilde{t} \qquad\qquad (公式 14-6)$$

其中 Y_t 的序列长度为 $\tilde{t}$，$\mu = (\mu_1, \mu_2, \cdots, \mu_n)^T$ 为 n 维常数项，$F_t = (f_{1t}, f_{2t}, \cdots, f_{rt})^T$ 为公共因子，假设公共因子个数为 r，其系数 $\Lambda = (\lambda_1, \lambda_2, \cdots, \lambda_n)^T$ 为 $n \times r$ 维因子载荷的确定性矩阵，E_t 为特殊因子，独立同分布服从均值为 0、协方差阵为 $\sum_E$ 的正态分布，且公共因子与特殊因子之间相互独立，进一步假设 $\sum_E$ 为对角阵，即特殊因子间互相独立。

高维情况下，数据维度 n 远大于序列长度 $\tilde{t}$，即 $n > \tilde{t}$，此时本节认定：(1) 在对主模型应用任何 PCA 式的检索前，需要进行初始降维；(2) 初始降维最好是在信号具有稀疏表示的基础上进行。

假定 Y_t 被 n 个形如式（14-5）的模型表示，不可观测的公共因子 F_t 需要满足"统一稀疏条件"：对部分 $q \in (0, 2)$ 和与 n 独立的 $C < \infty$，每个 f_t 满足条件：

$$|f_t|_{(v)} \leqslant Cv^{-1/q}; \quad v = 1, 2, \cdots \qquad (\text{公式 } 14-7)$$

除此之外，信号强度需要稳定，即 $\|f_t\| \to \rho > 0$。进一步，假设 F_t 作为多元时间序列变量，具有向量自回归（VAR）结构：

$$F_t = \Phi_0 + \Phi_1 F_{t-1} + \Phi_2 F_{t-2} + \cdots + \Phi_p F_{t-p} + \varepsilon_t \qquad (\text{公式 } 14-8)$$

其中 $\Phi_i(i=1, 2, \cdots, p)$ 为 $r \times r$ 维的系数矩阵，则式（14-8）可以简记为：

$$A(L)F_t = \varepsilon_t$$

其中 $A(L)$ 为由 p 阶滞后算子多项式组成的 $r \times r$ 维矩阵，ε_t 为 r 维原始冲击。

参照 Yiu 和 Chow（2011）的设定，在这里假设公共因子 F_t 服从的 VAR 模型滞后阶数为 1 阶：

$$F_t = AF_{t-1} + BU_t \qquad (\text{公式 } 14-9)$$

其中 A 为 $r \times r$ 维系数矩阵，B 为 $r \times c$ 维矩阵，假设对公共因子有影响的白噪声序列个数为 c，且 U_t 服从均值为 0、协方差阵为 I_c 的正态分布。

在得到公共因子 F_t 后，将其与公式（14-4）组合得到的中间投入月同比增量 ΔM_t[①] 进行回归：

$$\Delta M_t = \alpha + \beta^T F_t + e_t \qquad (\text{公式 } 14-10)$$

其中 $\Delta M_t = (\Delta M_{1t}, \Delta M_{2t}, \cdots, \Delta M_{Ht})^T$ 为 H 个行业的中间投入月同比增量，α 为常数项，β 为系数阵，e_t 为残差，进而可以对中间投入进行即时预测。

三、参数估计

模型中所有待估参数为 $\theta = (\mu, \Lambda, \sum_E, A, B, I_c)$，为了估计模型参数和公共因子，本节使用 Doz 等（2011）提出的基于卡尔曼滤波器的动态因子两步估计法，该方法是主成分与状态空间混合估计方法的一种，同时具备状态空间方法的有效性和主成分方法的一致性，且在之后建模中可以当作观测到的数据来使用。以主成分作为公共因子初始估计，再利用卡尔曼滤波器迭代更新公共因子，具体算法如下：

---

① 省略年份变量 T。

初始化：为了构造没有缺失值并且频率都一致的面板数据集，需要进行缺失值处理并改变数据频率。算法利用主成分分析，提取一定个数的主成分，将提取结果作为公共因子的初始估计，具体提取方法见本部分第四节。设宏观经济变量 Y_t 的样本方差最大子集为 Y'_T，其协方差矩阵为 $\widehat{\sum}'_Y$，则因子载荷矩阵估计量 $\hat{\Lambda}$ 是 $\widehat{\sum}'_Y$ 的前 r 个重构特征值对应特征向量构成的 $n \times r$ 维矩阵，从而得到公共因子初始主成分估计量为：

$$\widehat{F}_t^{(0)} = n^{-1}\hat{\Lambda}Y'_t \qquad\qquad (公式 14 - 11)$$

假定算法进行了 $j-1$ 步，已经得到公共因子估计量 $\widehat{F}_t^{(j-1)}$，那么第 j 步迭代如下：

（1）用 Y_t 对 $\widehat{F}_t^{(j-1)}$ 进行回归，从而得到常数项 μ、系数矩阵 Λ 和 $\sum_E$ 的估计 $\hat{\mu}^{(j)}$、$\hat{\Lambda}^{(j)}$ 及 $\widehat{\sum}_E^{(j)}$，再用公共因子估计量 $\widehat{F}_t^{(j-1)}$ 对其滞后项建立 VAR 模型，得到 $\hat{A}^{(j)}$、$\hat{B}^{(j)}$ 和 $\hat{I}_c^{(j)}$；

（2）在状态空间参数是 $\hat{\theta}^{(j)} = (\hat{\mu}^{(j)}, \hat{\Lambda}^{(j)}, \widehat{\sum}_E^{(j)}, \hat{A}^{(j)}, \hat{B}^{(j)}, \hat{I}_c^{(j)})$ 以及给出 $\widehat{F}_t^{(j-1)}$ 的条件下，在整个数据集上利用卡尔曼滤波器[①]更新初始公共因子的估计，进而得到 $\widehat{F}_t^{(j)}$，并重复上一步的过程。

算法结束条件：两次迭代得到的似然函数值的差小于某个临界值。迭代结束后，获得公共因子最终估计 $\widehat{F}_t$，再对因变量和公共因子估计量作 OLS 回归，即可实现对因变量的估计；结合 VAR 模型可得到公共因子的预测，再代入 OLS 回归中可得到未更新变量的预测值。

四、公共因子初始化估计

主成分分析（PCA）是对 p 个变量的 n 个观测进行数据降维的经典方法，在 $p(n)/n \to 0$ 时，用 PCA 估计的样本特征向量具备一致性。但在高维情况下，即 $p(n) > n$ 时，Lu（2002）证明了经典 PCA 会导致样本特征向量不一致。因此此处使用 Johnstone 和 Lu（2009）提出的高维情况

---

① 卡尔曼滤波器可以利用过去和当前观测值得到的所有信息进行最佳线性投影，因此其更新后的公共因子估计将比单纯地使用主成分分析方法更有效。

下自适应稀疏 PCA（Adaptive Sparse PCA，ASPCA）获取公共因子的初始估计，该方法通过在样本方差最大的子集上进行主成分分析，来恢复特征向量的一致性。

首先对于主子空间的估计，假设协方差矩阵 $\sum$ 满足：

$$\sum = A\Phi A' + \sigma^2 I = \sum_{j=1}^{r} \lambda_j^2 \rho_j \rho_{j'} + \sigma^2 I \qquad \text{（公式 14-12）}$$

其第 j 大的特征值为 $l_j\left(\sum\right) = \lambda_j^2 + \sigma^2 (j=1,\cdots,r)$，且对于所有 $j > r$ 有相同的 σ^2。令 $span\{\}$ 表示由花括号内的向量张成的线性子空间。若有 $r' \leqslant r$，$l_{r'}\left(\sum\right) > l_r\left(\sum\right)$，则主子空间被定义为 $P_{r'} = span\{\rho_1, \cdots, \rho_{r'}\}$。Johnstone 和 Lu（2009）证明了，这是一个主子空间的可识别估计并且是相合估计，基于此，可以对主子空间进行后续操作。具体算法如下：

（1）计算基的系数：给定 p 维实数空间 R^p 下的一组基 $\{e_v\}$，计算每个 x_i 在这组基下的坐标 $x_{iv} = (x_i, e_v)$：

$$x_i(t_l) = \sum_{v=1}^{p} x_{iv} e_v(t_l); \quad i=1,\cdots,n; \quad t_l=1,\cdots,p$$

$$\text{（公式 14-13）}$$

（2）选择样本子集：计算样本方差 $\hat{\sigma_v^2} = \hat{Var}(x_{iv})$，令 $\hat{I} \subset \{1, \cdots, p\}$ 表示对应最大的 k 个方差的下标 v 的集合。

（3）缩减 PCA：在选择的 k 维子集 $\{x_{iv}, v \in \hat{I}, i=1, \cdots, n\}$ 上使用标准 PCA，得到特征向量 $\hat{\rho}^j = (\hat{\rho_v^j})$；$j=1, \cdots, k$；$v \in \hat{I}$。

（4）阈值处理：通过硬阈值 $\tilde{\rho}_v^j = \eta_H(\hat{\rho_v^j}, \delta_j)$ 清除特征向量估计值中的噪声。

（5）重构向量：利用给定的基 $\{e_v\}$ 回到最初的信号域，令 $\hat{\rho}_j(t_l) = \sum_{v \in l} \tilde{\rho}_v^j e_v(t_l)$，之后可以得到主成分作为公共因子的初始估计。

其中第（1）步对于子集大小 k 的选择有两种，均为基于第（2）步中对样本方差 $\hat{\sigma_v^2}$ 的计算：第一种为通过特定的分位数 α_n 选择方差超过噪声估计值水平的坐标：

$$\hat{I} = \{v: \hat{\sigma_v^2} \geqslant \sigma^2(1+\alpha_n)\} \qquad \text{（公式 14-14）}$$

第二种方法的目标是所选择的一组变量 $\hat{I}$ 既要基数小，又要能体现大部分总体主成分的方差，也就是说，$\{\rho^1, \cdots, \rho^m\}$ 中每个总体主成分的比率 $\sum_{v \in I^-} \rho_v^2 / \sum_v \rho_v^2$ 都接近 1。假设 $\chi^2_{(n),\alpha}$ 表示 $\chi^2_{(n)}$ 分布的上 α 百分位点。如果所有的坐标是纯噪声，我们希望有序样本方差 $\hat{\sigma}^2_{(v)}$ 接近于 $(n-1)^{-1} \hat{\sigma}^2$ $\chi^2_{(n-1), v/(p+1)}$。定义方差超出百分位点的值为：

$$\eta^2_{(v)} = \max\{\hat{\sigma}^2_{(v)} - (n-1)^{-1} \hat{\sigma}^2 \chi^2_{(n-1), v/(p+1)}, 0\} \qquad (公式 14-15)$$

同时对于特定分位点 $w(n) \in (0, 1)$，令

$$\hat{I} = \{v : \sum_{v=1}^{\hat{k}} \eta^2_{(v)} \geqslant w(n) \sum_v \eta^2_{(v)}\} \qquad (公式 14-16)$$

其中 $\hat{k}$ 是使不等式成立的最小的 k。在实际操作中，通常令 $w(n) = 0.995$。对于 $\hat{\sigma}^2$，参考 Johnstone 和 Lu（2009），如果总体主成分 ρ^j 在基 $\{e_v\}$ 下是稀疏的，那么在大多数坐标下，v 和 $\{x_{iv}\}$ 将大部分由噪声组成。这就在噪声水平在所有坐标中都相同的假设下，提出了一个简单的噪声水平的估计：$\hat{\sigma}^2 = \text{median}(\hat{\sigma}^2_{(v)})$，进而完成了对样本子集大小 k 的选择。

第三节　中间投入估算

一、数据选择及处理

根据中国的宏观经济数据资源，从消费者物价指数（CPI）、零售物价指数（RPI）、工业生产者价格指数（PPI）（又分为出厂指数和购进指数）、工业主要产品产量、能源主要产品产量、货币供应量、进出口、固定资产投资、社会消费品零售、财政及外汇、外商直接投资、企业商品价格指数（CGPI）、消费者景气指数、银行间同业拆借利率、金融机构存贷款、交通运输、邮电业务总量、农业生产资料价格指数、城镇就业人数及失业率、景气调查、利率汇率、证券市场总体指标共 22 个分类中选择了2 141 个宏观经济指标。数据来源于国家统计局、中国知网经济社会大数据库和 Wind 数据库。此处均选取月度数据作为自变量，部分经济指标如表 14-2 所示。为保证变量平稳性，所有变量只考虑当月同比和累计同比。对于需要进行季节调整的序列，采用差分方法消除季节性，获得月同比数据。在此选择了 2003 年 1 月至 2017 年 12 月共 180 期数据，从而得到宏观经济变量向量。

表 14-2 宏观经济指标集

分类	月度经济指标
CPI	CPI：总和，CPI：食品烟酒，CPI：衣着，CPI：居住，CPI：生活用品及服务，CPI：交通和通信，CPI：医疗保健
RPI	RPI：总和，RPI：食品，RPI：饮料烟酒，RPI：服装鞋帽，RPI：纺织品，RPI：家用电器及音像器材，RPI：日用品，RPI：化妆品，RPI：金银珠宝，RPI：燃料
PPI	出厂：总和，出厂：生产资料，出厂：生产资料：采掘业，出厂：生产资料：原料业，出厂：生产资料：加工业，出厂：生活资料，出厂：生活资料：食品，出厂：生活资料：衣着，出厂：生活资料：一般日用品，出厂：生活资料：耐用消费品，购进：总和，购进：燃料动力，购进：黑丝金属材料，购进：有色金属材料和电线，购进：化工原料，购进：木材及纸浆，购进：建筑材料及非金属矿，购进：其他工业原材料及半成品，购进：农副产品，购进：纺织原料
工业主要产品产量	铁矿石原矿，烧碱，塑料制品，水泥，生铁，粗钢，钢材，乳制品，纱，布
能源主要产品产量	柴油，焦炭，发电量，火力发电量
货币供应量	流通中现金（M0）供应量，货币（M1）供应量，货币和准货币（M2）供应量
进出口	进出口总值，进出口总值，进口总值，出口总值，进口商品价格指数，出口商品价格指数
固定资产投资	固定资产投资额，房地产投资额
社会消费品零售	社会消费品零售总额
财政及外汇	国家财政收入，国家财政支出（不含债务还本），国家外汇储备
外商直接投资	实际利用外商投资金额，外资企业实际利用外商投资金额
企业商品价格指数	CGPI：总和，CGPI：企业矿产品，CGPI：企业煤油电，CGPI：企业农产品
消费者景气指数	消费者预期指数，消费者满意指数，消费者信心指数
银行间同业拆借利率	加权平均利率：总和，加权平均利率：隔夜，加权平均利率：7天，加权平均利率：15～20天，加权平均利率：1个月，加权平均利率：2个月，加权平均利率：3个月，加权平均利率：4个月

续表

分类	月度经济指标
金融机构存贷款	金融机构人民币各项存款（期末），金融机构人民币各项贷款（期末）
交通运输	客运量，铁路客运量，公路客运量，水路客运量，民航客运量，货运量，铁路货运量，公路货运量，水路货运量，民航货运量
邮电业务总量	邮政业务总量，电信业务总量
农业生产价格指数	农业生产资料价格指数（总和）

由于宏观经济指标集中存在部分数据缺失的情况，在使用时需要对数据进行插补，此处采用复制均值法，其基本原理是局部线性插补加上复制的同一时刻其他样本点的均值。该方法常用于时间序列缺失值的插补，能比较完整地保留宏观经济序列的信息。

模型的因变量为中间投入，数据来源为国家统计局发布的投入产出表，时间跨度为 2002 年至 2017 年，共 7 张表。进一步，按照国家统计局的规定和《国民经济行业分类（GB/T 4754—2017）》的分类标准，将投入产出表的不同部门分类统一分为农林牧渔业，工业，建筑业，批发和零售业，交通运输、仓储和邮政业，住宿和餐饮业，金融业，房地产业，其他行业共 9 个行业，为简化表述，后文使用行业 1 至行业 9 来依次表示上述 9 个行业，对应关系见表 14 - 3。其中工业包含采矿业，制造业，电力、热力、燃气及水生产和供应业，其他行业分类按国家统计局 2015 年之前的标准。对于 9 个行业 7 年的不连续年度中间投入数据，本节采用对中间投入数据的扩充方法，按照式（1）至式（11）依次计算，得到 2003 年至 2016 年共 168 期中间投入月同比增量估计量 ΔM_t，这里 ΔM_t 为 9 维变量，即包含 9 个行业数据。

表 14 - 3　9 大行业名称及简化表述

	行业名称
行业 1	农林牧渔业
行业 2	工业
行业 3	建筑业

续表

	行业名称
行业4	批发和零售业
行业5	交通运输、仓储和邮政业
行业6	住宿和餐饮业
行业7	金融业
行业8	房地产业
行业9	其他行业

二、建立模型

(一) 高维动态因子模型

考虑到模型既需要一定的简洁性，又需要足够的解释性，将公共因子个数 r 定为 $7\sim10$ 个[①]，即式（11）中的公共因子 F_t 为 $7\sim10$ 维向量，因为前7个主成分已经能解释大部分的信息，本节将对 $7\sim10$ 个公共因子分别建立模型。分别将2003年1月至2009年12月、2003年1月至2011年12月、2003年1月至2014年12月和2003年1月至2016年12月的月度中间投入增量数据作为训练集，2010年、2012年、2015年和2017年的年度中间投入数据用于验证预测效果。

本节对宏观经济变量向量 Y_t 按本节第三部分的方法提取主成分，即公共因子初始估计 $\hat{F}_t^{(0)}$，随后根据 $\hat{F}_t^{(0)}$ 与中间投入增量数据 ΔM_t 建立式（11）的回归模型，再利用参数估计的算法更新公共因子估计，用最终得到的公共因子估计 $\hat{F}_t$ 再与中间投入增量数据 ΔM_t 建立式（11）的回归模型，各模型调整 R 方的数值见表 14-4。

表 14-4 中数据显示每个行业中间投入与不同数量公共因子回归效果不同，可以看到，卡尔曼平滑器对公共因子进行最佳线性投影后，较为显著地提高了回归模型的拟合程度。而农林牧渔业回归模型的调整 R 方较低，初步判断是由于宏观经济变量数据集中缺乏与农林牧渔业中间投入相

---

① 取值与行业相关。

表14-4 公共因子与中间投入回归调整 R 方①

r		行业 1	行业 2	行业 3	行业 4	行业 5	行业 6	行业 7	行业 8	行业 9
7	初始	0.361 1	0.363 5	0.682 6	0.726 4	0.427 7	0.559 6	0.552 4	0.792 9	0.777 9
	卡尔曼	0.490 3	0.904 8	0.735 5	0.906 5	0.905 4	0.837 6	0.897 2	0.898 1	0.886 0
8	初始	0.358 6	0.364 1	0.680 7	0.724 9	0.425 2	0.562 0	0.591 0	0.791 7	0.782 4
	卡尔曼	0.490 1	0.919 0	0.798 0	0.963 0	0.936 8	0.950 4	0.960 2	0.955 0	0.975 3
9	初始	0.354 5	0.363 2	0.690 4	0.741 4	0.432 0	0.580 2	0.589 0	0.822 2	0.781 0
	卡尔曼	0.526 1	0.961 1	0.818 6	0.975 6	0.976 3	0.963 7	0.984 6	0.984 5	0.990 3
10	初始	0.351 8	0.545 9	0.703 2	0.767 2	0.430 0	0.645 2	0.631 5	0.821 5	0.872 0
	卡尔曼	0.529 5	0.960 0	0.819 2	0.974 6	0.973 9	0.977 0	0.988 6	0.982 4	0.990 9

① 数据为作者估算。

关的指标。同时考虑调整 R 方和模型简洁性，本节对不同行业月度中间投入增量建立式（11）和式（8）组成的动态因子模型（包含不同公共因子数 r），其中行业 2、4、5、8 选择 $r=9$，行业 1、3、6、7、9 选择 $r=10$。

（二）时间序列模型

为比较模型效果，使用 ARIMA 模型作为对比方法，利用估算得到的 2003 年至 2016 年共 168 期中间投入月度数据来建立模型，预测方式与前文相同，其中 ARIMA 中参数的选择依据为 AIC 准则，建模后进行残差检验，最终得到的模型均已通过残差自相关、偏相关和白噪声检验。

三、模型的比较与评价

对于模型预测效果，本节采用测试集上的均方误差（RMSE）、平均相对误差（MAPE）以及标准均方根误差（NRMSE）作为评价指标，其计算公式如下：

$$RMSE = \sqrt{\frac{1}{M}\sum_{m=1}^{M}(y_m - \hat{y}_m)^2} \qquad （公式 14-17）$$

$$MAPE = \frac{1}{M}\sum_{m=1}^{M}\left|\frac{y_m - \hat{y}_m}{y_m}\right| \qquad （公式 14-18）$$

$$NRMSE = \frac{\sqrt{\sum_{m=1}^{M}(y_m - \hat{y}_m)^2}}{\sqrt{\sum_{m=1}^{M}(y_m - \bar{y}_m)^2}} \qquad （公式 14-19）$$

其中 y_m 为真实值，$\hat{y}_m$ 为估计值，$\bar{y}_m$ 为真实值的均值，M 为测试集样本总数。

本节对于不同行业建立公式（14-11）和公式（14-8）组成的高维动态因子模型，根据参数估计部分的两步估计法更新得到公共因子估计量 $\hat{F}_t$，与 ΔM_t 建立公式（14-11）的回归模型，再对公共因子估计量 $\hat{F}_t$ 建立 VAR 模型，从而得到公共因子预测值，代入公式（14-11），最终得到中间投入预测值。本节对中间投入进行一期预测，后将预测值作为真值进行不断更新，对中间投入月度增量数据进行聚合，得到年度中间投入，从而与真实值进行比较。不同行业模型的预测结果见表 14-5。

表14-5 各行业中间投入预测效果（万亿元）①

		行业1	行业2	行业3	行业4	行业5	行业6	行业7	行业8	行业9
RMSE	高维DFMs	0.378	3.149	1.379	0.106	0.680	0.261	0.271	0.115	1.989
	DFMs	0.376	3.926	1.359	0.181	0.653	0.202	0.625	0.146	1.499
	ARIMA	1.425	9.745	1.601	0.231	0.806	0.234	0.619	0.223	2.099
MAPE	高维DFMs	0.093	0.027	0.074	0.024	0.143	0.120	0.108	0.093	0.145
	DFMs	0.099	0.046	0.103	0.043	0.202	0.106	0.239	0.128	0.128
	ARIMA	0.360	0.086	0.135	0.069	0.251	0.119	0.236	0.187	0.184
NRMSE	高维DFMs	0.586	0.274	0.349	0.063	0.977	0.602	0.257	0.234	0.421
	DFMs	0.582	0.342	0.344	0.108	0.939	0.467	0.593	0.297	0.317
	ARIMA	2.210	0.849	0.406	0.137	1.159	0.540	0.588	0.456	0.444
2010年	真实值	2.879	60.694	7.568	1.247	2.984	1.360	1.131	0.734	6.304
	高维DFMs预测值	2.543	60.161	7.181	1.207	2.471	1.156	0.838	0.847	6.622
	DFMs预测	2.530	57.835	6.676	1.316	2.296	1.253	0.846	0.480	5.471
	ARIMA预测值	4.299	60.729	9.811	1.401	2.463	1.205	0.726	0.338	4.991
2012年	真实值	3.706	71.825	10.181	3.903	2.232	1.380	2.383	1.066	9.807
	高维DFMs预测值	3.355	72.547	9.722	3.818	2.173	1.519	2.442	0.899	6.615
	DFMs预测	3.276	73.754	8.798	3.705	1.377	1.589	1.383	0.934	7.652
	ARIMA预测值	4.431	77.317	10.748	3.551	1.426	1.650	1.347	0.968	7.203

① 数据为作者估算。MAPE及NRMSE指标对应的数字没有单位，其余数字单位为万亿元。

续表

		行业 1	行业 2	行业 3	行业 4	行业 5	行业 6	行业 7	行业 8	行业 9
2015 年	真实值	4.415	90.117	15.537	5.094	3.904	1.772	3.037	1.651	14.593
	高维 DFMs 预测值	4.568	91.805	12.888	5.049	3.698	1.694	3.156	1.643	12.545
	DFMs 预测	4.690	93.468	13.405	5.010	3.957	1.650	3.608	1.513	13.507
	ARIMA 预测值	6.244	94.770	13.700	4.973	2.944	1.813	2.988	1.471	12.068
2017 年	真实值	4.467	84.916	17.349	5.610	3.883	2.430	4.031	1.991	18.775
	高维 DFMs 预测值	5.026	90.916	17.828	5.795	5.123	1.978	3.595	2.099	17.619
	DFMs 预测	4.893	91.123	17.712	5.893	4.590	2.124	3.637	1.955	17.202
	ARIMA 预测值	5.964	103.027	18.587	5.834	4.752	2.084	3.488	2.004	17.120

可以看到，不管是拟合效果还是预测效果，高维动态因子方法均显著优于普通动态因子模型和 ARIMA 模型，从而说明高维动态因子模型在高维情况下要比普通动态因子模型更好，能够更有效地利用宏观经济指标集的信息，从而更准确地刻画出各行业中间投入的走势。

第四节　中间投入的预测估算与分析

在本章开头已经提到，中间投入数据能够为分析观测经济循环、制定宏观及产业政策提供有力支撑，本节旨在以本章使用的模型为例，为读者提供一些关于中间投入分析的框架和思路。同时，本节的分析也从实际经济发展的角度验证了本章所提出的模型的有效性。

一、季度中间投入变化趋势

即时预测模型得到的中间投入数据，首先可以辅助我们进行中间投入的趋势变化情况。

利用高维动态因子模型，可以估算得到 2003 年至 2017 年共 60 个季度的连续季度中间投入数据，并对 2018 和 2019 年的中间投入数据进行估算，表 14-6 给出了 2018 和 2019 年各行业中间投入的估算结果，图 14-1 绘制了模型得到的 2003 至 2019 年各行业季度中间投入的变动。

表 14-6　2018 和 2019 年各行业中间投入估算结果（万亿元）[①]

	行业 1	行业 2	行业 3	行业 4	行业 5	行业 6	行业 7	行业 8	行业 9
2018 年	4.687	88.252	19.126	4.202	6.153	2.580	4.541	2.169	20.378
2019 年	4.931	92.642	20.103	5.012	6.026	2.696	4.877	2.338	23.040

可以看到行业 1（农林牧渔业）和行业 3（建筑业）的中间投入有较明显的季节性，行业 2（工业）、行业 5（交通运输、仓储和邮政业）、行业 8（房地产业）的中间投入在 2014 年前后季节性变得较明显，与 GDP 类似，在同一年中逐季度上升；行业 7（金融业）中间投入虽然在不同年

---

① 数据为作者估算。

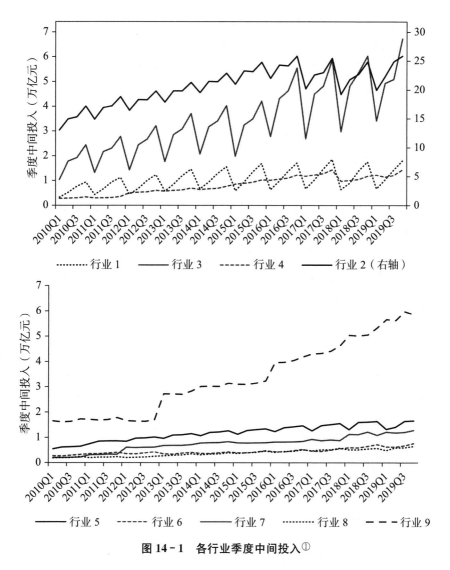

图 14-1 各行业季度中间投入①

份存在差异，但同一年中不同季度的中间投入差异不大；行业 6（住宿和餐饮业）中间投入增速在 2015 年开始有一定上升，并且在 2018 年和 2019年保持同样的增速；行业 9（其他行业）中间投入增速自 2011 年起明显上升，行业 3（建筑业）中间投入增速则有一定下降。大多数行业中间投

---

① 数据为作者估算。

入均在平稳上升，而行业 1（农林牧渔业）、行业 2（工业）和行业 4（批发和零售业）这三个行业从 2016 年起中间投入增速下降，并且在 2018 年和 2019 年保持同样增速，其余 6 个行业在 2018 年和 2019 年中间投入均会持续稳定上升①。

自 2016 年起，中国经济增速放缓，GDP 实际增速开始进入 7% 以下的区间，投资增速下行而消费上行。这一时期供给侧改革是中国经济政策的主旋律，推动产业结构优化、改进传统产业和低附加值产业、发展第三产业成为中国产业结构调整的方向。2016 年后的经济增速下降主要源于传统产业的回落，主要包括第一产业和第二产业；而消费驱动的新兴产业和服务业处于景气状态，资本也更多地投向了这些增长更快的行业。

在这样的经济背景下，农林牧渔业、工业、批发和零售业三个行业自 2016 年起中间投入增速有所下降，并且预计其增速在 2018 年和 2019 年会继续下降，而其余六个行业基本属于受益于产业结构变革的第三产业，预计它们在 2018 年和 2019 年的中间投入均会持续稳定上升。工业与农林牧渔业作为传统产业的代表产业，在中国经济由高速增长转向中高速增长、资本驱动转向技术驱动的大背景下，增速已经不再是主要发展目标，而应追求低中间投入率和更高的附加值。传统产业中间投入增速的下降一定程度上反映了中国经济转向高质量发展的趋势；而批发零售业虽然属于第三产业，但是产业内中小企业偏多，属于劳动密集型的偏传统产业，劳动力成本的提高与新兴电子商务商业模式的发展对整个传统批发零售业造成了冲击，导致中间投入和总产出增速下降。

二、中间投入与宏观经济指标

本章既已假定中间投入数据与高维宏观经济指标存在关系，但并为在假设中言明各个指标与目标变量的相对或具体关系，但本章使用的模型却可以辅助我们实现上述过程。

---

① 单纯地分析中间投入的变化趋势无法判定行业的发展进程，需要与总产出、增加值等数据，与中间投入率、增加值率等指标，以及整体宏观经济态势如价格水平变化等因素共同分析，由此才可以准确判断各行业的产业结构调整进程和投入产出结构变化，此方面有待进一步研究。

表14-7给出了部分宏观经济变量指标与各行业中间投入的关系。由于数据在进行建模前均已标准化，因此可直接观察公共因子与中间投入[①]的回归系数绝对值来衡量影响程度，再通过因子载荷导出经济变量与中间投入的相关性。

可以看到，行业1（农林牧渔业）和行业2（工业）的中间投入与社会消费品零售和消费者景气指数较为相关，消费者消费这两个行业的产出会反过来影响两个行业的中间投入；行业3（建筑业）的中间投入与农业生产价格指数、工业及能源主要产品产量较为相关，体现出农业、工业、能源行业的主要产品是建筑业中间投入的重要组成部分；行业4（批发和零售业）和行业6（住宿和餐饮业）的中间投入与社会消费品零售比较相关，社会消费品零售主要组成就是这两个行业，产出反过来会影响投入；行业7（金融业）的中间投入与金融机构存贷款最为相关，金融机构本身就是金融业主要参与者，而金融业中间投入很大一部分也来源于金融业本身；行业8（房地产业）的中间投入与金融业类似，与金融机构存贷款较为相关，房地产的开发、经营、管理、服务都与金融机构密切相关，同时金融业是房地产业中间投入的重要组成部分。需要注意到的是，货币供应量与所有行业的中间投入都较为相关，刘志明（2006）实证分析表明，货币供应量与经济增长呈正相关，而中间投入是与GDP直接相关的，这也就解释了货币供应量与各行业中间投入的相关性。

三、中间投入的衍生指标测算

中间投入指标之所以能够在宏观经济分析中体现出强大的功能，在于其结合投入产出表数据能够产生系列衍生指标，用以描述各个经济环节的运行状况，例如中间投入率、直接消耗系数、完全消耗系数等。在本节中，这些指标的估计值同时可以辅助我们检验使用高维动态因子模型估算的中间投入在应用中的准确性。

本节选取中间投入率和中间投入贡献系数两个指标作为参考，比较利用实际中间投入和估算中间投入计算得到的两个指标的结果。

---

① 利用高维动态因子模型估算得到，时间跨度为2013—2017年。

表14-7 各行业中间投入与经济变量相关程度

	行业 1	行业 2	行业 3	行业 4	行业 5	行业 6	行业 7	行业 8	行业 9
CPI	0.111	0.139	0.151	0.167	0.159	0.197	0.199	0.201	0.192
RPI	0.111	0.137	0.142	0.158	0.148	0.197	0.180	0.186	0.180
PPI	0.096	0.147	0.151	0.159	0.127	0.191	0.172	0.181	0.190
工业主要产品产量	0.097	0.142	0.149	0.149	0.153	0.180	0.188	0.175	0.195
能源主要产品产量	0.097	0.148	0.157	0.161	0.145	0.175	0.172	0.174	0.179
货币供应量	0.124	0.201	0.140	0.196	0.172	0.269	0.208	0.207	0.203
进出口	0.069	0.125	0.134	0.146	0.101	0.166	0.123	0.174	0.145
固定资产投资	0.089	0.130	0.138	0.166	0.120	0.196	0.148	0.193	0.157
社会消费品零售	0.152	0.214	0.146	0.198	0.158	0.276	0.193	0.190	0.192
财政及外汇	0.113	0.175	0.123	0.145	0.126	0.192	0.162	0.149	0.158
外商直接投资	0.094	0.173	0.125	0.193	0.139	0.219	0.165	0.191	0.160
企业商品价格指数	0.077	0.130	0.131	0.130	0.109	0.173	0.142	0.169	0.174
消费者景气指数	0.154	0.272	0.154	0.178	0.170	0.256	0.201	0.175	0.221
银行同业拆借利率	0.083	0.084	0.120	0.192	0.128	0.223	0.198	0.172	0.158
金融机构存贷款	0.145	0.155	0.129	0.184	0.180	0.237	0.205	0.215	0.169
交通运输	0.099	0.153	0.117	0.140	0.145	0.192	0.165	0.185	0.162
邮电业务总量	0.140	0.144	0.126	0.169	0.165	0.226	0.177	0.192	0.150
农业生产价格指数	0.123	0.173	0.178	0.171	0.173	0.211	0.194	0.204	0.212

中间投入率指的是中间投入占总投入（总产出）的比例，记中间投入为 U，总投入（总产出）为 X。中间投入率 r_M 可以定义如下：

$$r_M = \frac{U}{X} \qquad \text{（公式 14-20）}$$

参照沈利生和王恒（2006）的定义，记增加值为 V，则中间投入贡献系数 ρ 如下：

$$\rho = \frac{U}{V} \qquad \text{（公式 14-21）}$$

且由于总产出为中间投入与增加值之和，中间投入率 r_M 和中间投入贡献系数 r_c 存在以下关系：

$$\rho = \frac{V}{U} = \frac{X-U}{U} = \frac{X-r_M X}{r_M X} = \frac{1-r_M}{r_M} \qquad \text{（公式 14-22）}$$

对于相同的总产出 X，中间投入 U 越大，中间投入率 r_M 越高，而增加值 V 越小，中间投入贡献系数 ρ 也越小，即单位总产出中包含的增加值越小。其中中间投入率 r_M 与中间投入贡献系数 ρ 具有反向变化的关系，两者均为度量一个部门投入产出效果的综合指标，也是衡量经济增长质量的指标。本节利用上文估算的年度中间投入数据构造得到中间投入率 r_M 与中间投入贡献系数 ρ，结果见表 14-8 和表 14-9。可以看到，使用高维动态因子模型估算得到的中间投入率与中间投入贡献系数与真实指标存在误差较小，且估算得到的指标仍然能体现指标的真实变化趋势。

四、2018 和 2019 年中间投入预测及其衍生指标分析

本节就中间投入率反映了各行业在生产过程中，为生产单位产值的产品需从其他行业购入的原材料在其总产出中所占的比重，体现了该行业对其他行业的后向连锁关系[①]。行业的中间投入率越高，说明行业的总产出对其他行业的投入依赖程度较高。较高的中间投入率意味着该行业的后向连锁能力高，对其他行业有较强的带动作用，对该行业最终产品的需求增加也会带动其他行业的生产。

---

① 指某一行业在其生产过程中需要投入其他行业的产品所引起的产业关联。

表14-8 中间投入率估算结果①

		行业1	行业2	行业3	行业4	行业5	行业6	行业7	行业8	行业9	全社会总和
RMSE	高维DFMs	0.041	0.028	0.071	0.148	0.174	0.083	0.052	0.028	0.094	0.021
	DFMs	0.042	0.038	0.085	0.144	0.232	0.068	0.103	0.045	0.071	0.031
	ARIMA	0.155	0.088	0.123	0.135	0.249	0.082	0.112	0.069	0.099	0.044
MAPE	高维DFMs	0.093	0.027	0.074	0.382	0.244	0.120	0.108	0.093	0.145	0.030
	DFMs	0.099	0.046	0.103	0.379	0.321	0.106	0.239	0.128	0.128	0.039
	ARIMA	0.360	0.086	0.135	0.373	0.346	0.119	0.236	0.187	0.184	0.044
NRMSE	高维DFMs	10.788	1.816	5.023	4.863	5.247	3.966	1.462	1.901	6.173	1.260
	DFMs	11.059	2.438	6.016	4.738	7.012	3.278	2.922	3.039	4.691	1.850
	ARIMA	40.980	5.686	8.723	4.455	7.526	3.952	3.169	4.613	6.516	2.654
2010年	真实值	0.415	0.784	0.740	0.290	0.606	0.628	0.350	0.244	0.485	0.678
	高维DFMs预测值	0.367	0.777	0.702	0.281	0.502	0.533	0.260	0.281	0.510	0.663
	DFMs预测	0.365	0.747	0.652	0.306	0.466	0.578	0.262	0.159	0.421	0.628
	ARIMA预测值	0.620	0.784	0.959	0.326	0.500	0.556	0.225	0.112	0.384	0.686

① 数据为作者估算。注：MAPE及NRMSE指标对应的数字没有单位，其余数字单位为万亿元。

续表

		行业 1	行业 2	行业 3	行业 4	行业 5	行业 6	行业 7	行业 8	行业 9	全社会总和
2012 年	真实值	0.415	0.776	0.735	0.309	0.630	0.591	0.404	0.254	0.517	0.665
	高维 DFMs 预测值	0.375	0.784	0.701	0.529	0.351	0.651	0.414	0.215	0.349	0.644
	DFMs 预测	0.366	0.797	0.635	0.513	0.222	0.681	0.234	0.223	0.403	0.640
	ARIMA 预测值	0.496	0.835	0.775	0.492	0.230	0.707	0.228	0.231	0.380	0.678
2015 年	真实值	0.412	0.797	0.770	0.371	0.626	0.593	0.344	0.284	0.525	0.673
	高维 DFMs 预测值	0.427	0.811	0.638	0.480	0.454	0.567	0.358	0.282	0.451	0.658
	DFMs 预测	0.438	0.826	0.664	0.476	0.486	0.552	0.409	0.277	0.486	0.677
	ARIMA 预测值	0.583	0.838	0.679	0.473	0.362	0.607	0.339	0.253	0.434	0.677
2017 年	真实值	0.406	0.754	0.758	0.335	0.547	0.639	0.427	0.255	0.517	0.635
	高维 DFMs 预测值	0.456	0.807	0.779	0.500	0.500	0.520	0.381	0.268	0.485	0.664
	DFMs 预测	0.444	0.809	0.774	0.508	0.448	0.558	0.386	0.250	0.474	0.661
	ARIMA 预测值	0.542	0.915	0.812	0.503	0.463	0.547	0.370	0.256	0.471	0.721

表 14-9　中间投入贡献系数估算结果①

		行业 1	行业 2	行业 3	行业 4	行业 5	行业 6	行业 7	行业 8	行业 9	全社会总和
RMSE	高维 DFMs	0.146	0.011	0.034	0.600	0.271	0.091	0.336	0.351	0.241	0.017
	DFMs	0.154	0.014	0.044	0.592	0.562	0.071	0.641	0.849	0.164	0.024
	ARIMA	0.381	0.031	0.047	0.577	0.565	0.083	0.775	1.836	0.243	0.035
MAPE	高维 DFMs	0.095	0.026	0.083	0.251	0.369	0.136	0.133	0.094	0.190	0.030
	DFMs	0.104	0.045	0.118	0.253	0.661	0.109	0.331	0.178	0.151	0.040
	ARIMA	0.259	0.074	0.121	0.258	0.715	0.121	0.375	0.352	0.233	0.039
NRMSE	高维 DFMs	6.490	0.433	1.342	2.132	2.812	1.636	1.391	1.651	4.000	0.438
	DFMs	6.867	0.554	1.759	2.101	5.827	1.280	2.652	3.993	2.731	0.621
	ARIMA	16.918	1.203	1.885	2.050	5.853	1.507	3.210	8.635	4.039	0.903
2010 年	真实值	1.408	0.276	0.352	2.451	0.651	0.593	1.856	3.104	1.061	0.475
	高维 DFMs 预测值	1.594	0.279	0.371	2.531	0.786	0.698	2.503	2.689	1.010	0.486
	DFMs 预测	1.602	0.290	0.399	2.322	0.846	0.644	2.481	4.749	1.223	0.513
	ARIMA 预测值	0.943	0.276	0.272	2.181	0.789	0.670	2.890	6.751	1.340	0.470

　　① 数据为作者估算。注：MAPE 及 NRMSE 指标对应的数字没有单位，其余数字单位为万亿元。

续表

		行业 1	行业 2	行业 3	行业 4	行业 5	行业 6	行业 7	行业 8	行业 9	全社会总和
2012 年	真实值	1.413	0.289	0.362	2.232	0.588	0.691	1.477	2.931	0.935	0.504
	高维 DFMs 预测值	1.561	0.286	0.379	1.305	1.056	0.628	1.441	3.477	1.386	0.521
	DFMs 预测	1.598	0.281	0.418	1.345	1.666	0.600	2.544	3.344	1.198	0.524
	ARIMA 预测值	1.182	0.268	0.342	1.403	1.609	0.578	2.613	3.228	1.273	0.494
2015 年	真实值	1.425	0.256	0.300	1.695	0.598	0.686	1.906	2.525	0.905	0.486
	高维 DFMs 预测值	1.377	0.251	0.361	1.311	0.824	0.718	1.834	2.538	1.053	0.496
	DFMs 预测	1.341	0.246	0.347	1.321	0.770	0.737	1.604	2.585	0.978	0.483
	ARIMA 预测值	1.007	0.243	0.340	1.331	1.035	0.670	1.937	2.836	1.095	0.483
2017 年	真实值	1.465	0.327	0.319	1.985	0.828	0.566	1.341	2.930	0.934	0.574
	高维 DFMs 预测值	1.302	0.305	0.310	1.330	0.907	0.696	1.503	2.780	0.996	0.549
	DFMs 预测	1.338	0.304	0.312	1.308	1.012	0.648	1.486	2.985	1.020	0.552
	ARIMA 预测值	1.098	0.269	0.298	1.321	0.978	0.660	1.549	2.911	1.025	0.506

　　2016 年以来，中国供给侧改革对经济结构产生了巨大影响，对 2017 年以后的中间投入进行估算，对于研究现阶段经济状况有很强的参考价值。表 14-10 列示了本节根据高维动态因子得到的 2018 和 2019 年各行业中间投入率及中间投入贡献系数估算结果，图 14-2 进一步绘制了本节真实全社会中间投入率与中间投入贡献系数变动情况，以及 2018 和 2019 年的估算结果。可以看到，2016 年供给侧改革后，2017 年全社会的中间投入率有所下降，相应的中间投入贡献系数相应有所上升。估算结果显示，2018 和 2019 年全社会的中间投入率将继续下降，而中间投入贡献系数会有所上升。全社会中间投入率的持续下降意味着投入产出在上升，即经济增长质量在上升，说明中国目前产业结构调整有一定成效，需要继续提高生产技术水平、增强自主创新能力。

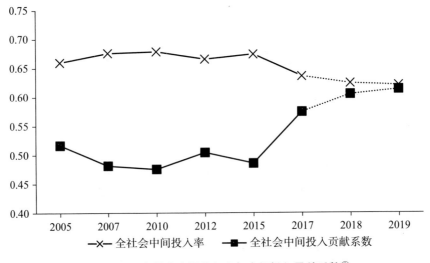

图 14-2　全社会中间投入率与中间投入贡献系数[①]

　　图 14-3 绘制了模型估计得到的各个行业的中间投入率，由前文对表 7 和图 1 的分析可得，2016 年起中间投入增速有所下降的三个行业包括行业 1 （农林牧渔业）、行业 2 （工业）、和行业 4 （批发零售业），结合表 14-9 和图 14-3 可以看到，这三个行业中间投入率的变化趋势有所差异。

---

　　① 数据来源：2018 及 2019 年数据为作者估算。

表14-10　2018和2019年各行业中间投入率及中间投入贡献系数估算结果①

	行业 1	行业 2	行业 3	行业 4	行业 5	行业 6	行业 7	行业 8	行业 9	全社会总和
中间投入率	0.746	0.745	0.321	0.604	0.610	0.391	0.251	0.500	0.623	0.410
	0.745	0.739	0.343	0.585	0.599	0.388	0.251	0.505	0.620	0.401
中间投入贡献系数	0.338	0.354	2.152	0.682	0.626	1.625	3.022	1.004	0.607	1.470
	0.347	0.360	2.181	0.687	0.647	1.664	3.057	1.038	0.627	1.539

———————

①　数据为作者估算。

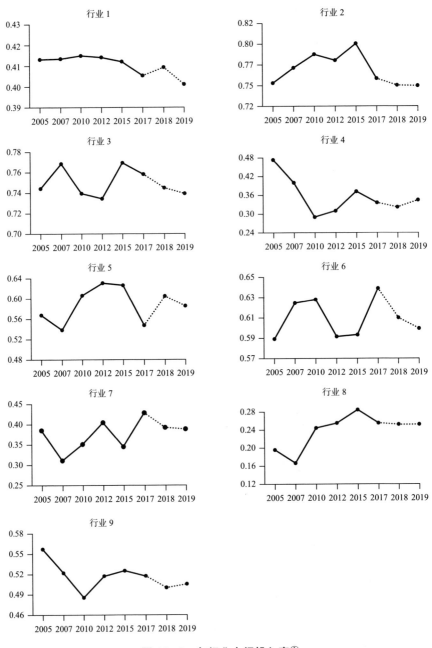

图 14-3　各行业中间投入率①

————————

①　数据为作者估算。

农林牧渔业方面，其中间投入率在 2005 至 2015 年间下降幅度有限，而供给侧改革后，2017 年中间投入率有所下降，且估算结果显示，虽然 2018 年该行业中间投入率有短暂的上升，但其 2019 年的中间投入率会进一步下降。

工业方面，虽然其中间投入率在 2005 至 2015 年间上升趋势明显，但这也意味着附加值率①的降低，体现了工业、制造业的技术创新程度没有跟上产业规模提升的步伐，产业增长依赖的是生产规模的扩大和对资源消耗的增加，部分低附加值行业如钢铁、水泥等产能过剩严重。而自 2016 年供给侧改革后，2017 年的工业的中间投入率已经有所下降，预计 18、19 年也将持续下降，这一定程度上体现了工业附加值率提升的向好趋势。另外，信息传输、软件和信息技术服务业的增加值在 2015 年开始在国民经济核算中单独核算，该行业对其他行业的带动作用以及对国民经济发展的重要性日益凸显，虽然本节不涉及对该行业中间投入的分析，但是其余各行业都会受到重大影响，尤其是新技术削弱了附加值较低的传统工业对传统生产要素的依赖，有助于降低工业的中间投入率。

批发和零售业是中国第三产业中占比最高的行业，其中间投入率下降的趋势最为明显，预计其在 2018、2019 年也将持续下降，其附加值率的上升更多受益于互联网带动的新零售商业模式。虽然其余 6 个行业的中间投入自 2015 年起继续保持了稳定上升趋势，但其中间投入率的变化趋势则不尽相同。其中建筑业、房地产业中间投入率有所下降，住宿餐饮业、金融业中间投入率在 2017 年有所上升，之后有一定下降，而交通运输仓储和邮政业的中间投入率在 2017 年后有所下降。

行业 6（住宿餐饮业）中间投入增速近年提升较快，同时中间投入率在 2015 年以前也呈上升趋势。这说明虽然居民消费需求的增长和互联网发展带动了住宿餐饮行业规模的扩大，但是行业内的激烈竞争可能一定程度上压缩了其利润空间；另外住宿餐饮业是产业关联度较高的行业，尤其是互联网赋予了该行业新的商业模式，促使其成为各行业跨界融合的焦点，中间投入率的上升也反映了该行业对其他行业的拉动作用上升。但在

---

①　附加值率＝1－中间投入率。

2017 年后，中间投入率有所下降，而同时中间投入增速加快，意味着住宿餐饮业规模在加速扩张，这与数字化住宿平台和餐饮平台的飞速发展是离不开的。

行业 7（金融业）自 2016 年起中间投入增速增长较快，其增加值在中国第三产业中的占比也在逐年提升。金融业是一个以服务其他实体经济为主要目标的行业，与其他各行业的发展都息息相关，金融业的中间投入反映了金融业对其他行业的贡献和拉动作用。目前中国金融业的中间投入率还处于较低的水平，而中间需求率较高①，反映了金融业对其他行业的拉动作用较弱，但其他行业的发展对金融产品和服务有较高的依赖。因此在金融业快速发展的当下，更需要注意健全金融市场机制，发挥金融业支持实体经济的基础作用，促进与其他行业的协调发展。

行业 8（房地产业）虽然中间投入增速较低，但是其增加值在第三产业中的占比与金融业不相上下，这与该行业中间投入率水平较低有关。房地产业的高附加值主要来源于房价的快速上涨带来的利润水平的剧增，但是该行业对其他行业的投入依赖很弱，带动其他行业的增长有限；与此同时，几乎全部第三产业都可以作为房地产行业的下游产业带动房地产的增长。可以看到近年来由于严格的房地产调控政策与坚持"房住不炒"的市场定位，房地产业的中间投入率保持较稳定状态，说明房地产业的高利润水平没有继续上升，但中间投入率依然处于各行业中较低水平。

此外，横向对比来看，只有行业 2（工业）和行业 3（建筑业）的中间投入率高于全社会总中间投入率、中间投入贡献系数低于全社会中间投入贡献系数，这是由于工业和建筑业的产业链较长，属于中间投入率较高的基础产业，对其他产业的带动作用强，在产业结构的地位举足轻重。

---

① 中间需求率＝中间使用/总产出，金融业 2010、2012、2015、2017 年的中间需求率分别为 0.77、0.82、0.82、0.78。

第五节 基于中间投入即时预测的拓展研究

本章对于中间投入的即时预测研究为投入产出表的构建提供了基础，本节将进一步尝试构建投入产出表。具体而言，本节利用 RAS 方法（Stone，1962）构建投入产出表，实现投入产出表的即时预测，得到时间序列上连续的投入产出表，并将其与真实投入产出表相对比，从而说明本节模型的合理性。RAS 方法使用计算期中间投入、增加值、最终使用、进口以及基期的投入产出表数据，根据约束"总投入＝总产出"，即"中间投入＋增加值＝中间使用＋最终使用－进口"可以得到中间使用数据，最终根据投入产出表的钩稽关系，利用循环迭代的方法得到计算期投入产出表的直接消耗系数矩阵，乘总产出进而可以得到中间流量矩阵，WIOD 数据库在构建过程中也使用了这一方法（Dietzenbacher 等，2013）。

具体而言，设基期直接消耗系数矩阵为 A_0，计算期的总产出向量为 X，则可以得到假定的中间流量矩阵，见公式 14-23：

$$W_1 = A_0 X \qquad (公式 14-23)$$

计算 W_1 行和以及列和可以得到假定的中间使用和中间投入向量 U_1 和 C_1，需与计算期真实的中间使用和中间投入向量 U 和 C 比较并进行迭代调整。设第 i 次（$i=1, 2, \cdots$）计算得到的中间流量矩阵为 W_i，则调整公式如下：

$$W_{i+1} = diag(r_i) W_i diag(s_i) \qquad (公式 14-24)$$

其中 $r_i = U/U_i$，$s_i = C/C_i$，$diag(a)$ 表示以向量 a 为对角元素的对角矩阵，重复上述操作直至收敛，可以得到计算期的中间流量矩阵。

与中间投入预测方法相同，本节对增加值、最终使用以及进口数据进行了预测，本节模型及对比的时间序列模型预测效果见表 14-11。可以看到本节所提模型除了在中间投入的预测之外，对其余投入产出表关键变量也具有较好的预测效果以及稳定性。

进一步，本节根据 RAS 方法对中间流量矩阵进行求解，其中本节设定两次迭代之间矩阵的欧氏距离小于 10^{-6} 时认定收敛，最大循环次数为 10 000。为了对矩阵的预测效果进行对比，参考王惠文等（2018），本节采用测试集上欧氏距离（ED）、标准化总误差百分比（STPE）、Teils'U

表14-11 各行业增加值及最终使用预测效果（万亿元）①

		行业1	行业2	行业3	行业4	行业5	行业6	行业7	行业8	行业9
增加值	高维DFMs RMSE	0.473	1.918	0.420	0.523	0.401	0.026	1.309	0.410	1.351
	高维DFMs MAPE	0.082	0.062	0.104	0.149	0.061	0.024	0.237	0.117	0.132
	高维DFMs NRMSE	0.481	0.484	0.393	0.610	0.185	0.119	0.880	0.309	0.328
	DFMs RMSE	0.471	1.410	0.477	0.392	0.519	0.016	1.064	0.210	1.502
	DFMs MAPE	0.087	0.048	0.128	0.121	0.078	0.014	0.155	0.059	0.134
	DFMs NRMSE	0.479	0.356	0.446	0.457	0.239	0.074	0.715	0.158	0.365
	ARIMA RMSE	1.901	2.285	0.280	1.084	1.376	0.066	1.109	0.505	1.977
	ARIMA MAPE	0.349	0.085	0.047	0.331	0.183	0.057	0.251	0.085	0.188
	ARIMA NRMSE	1.931	0.576	0.261	1.264	0.633	0.297	0.745	0.381	0.480
最终使用	高维DFMs RMSE	0.845	1.807	1.328	0.269	1.192	0.106	0.230	0.168	0.423
	高维DFMs MAPE	0.294	0.041	0.084	0.124	0.257	0.061	0.145	0.044	0.031
	高维DFMs NRMSE	1.604	0.434	0.288	0.497	0.921	0.293	0.389	0.187	0.084

① 数据为作者估算。RMSE对应的数字单位均为万亿元，其余指标对应的数字没有单位。

续表

			行业 1	行业 2	行业 3	行业 4	行业 5	行业 6	行业 7	行业 8	行业 9
最终使用	DFMs	RMSE	0.879	1.888	1.352	0.231	1.152	0.264	0.173	0.450	1.898
		MAPE	0.295	0.040	0.096	0.095	0.303	0.181	0.105	0.125	0.115
		NRMSE	1.668	0.454	0.293	0.428	0.891	0.726	0.292	0.500	0.375
	ARIMA	RMSE	1.356	2.969	0.805	0.679	1.141	0.276	0.274	0.224	2.383
		MAPE	0.466	0.091	0.056	0.259	0.316	0.198	0.186	0.059	0.168
		NRMSE	2.574	0.714	0.174	1.257	0.882	0.760	0.464	0.249	0.471
进口	高维 DFMs	RMSE	0.043	2.201	0.024	0.000	0.196	0.012	0.025	0.000	0.077
		MAPE	0.078	0.198	0.590	0.000	0.313	0.052	0.419	0.000	0.075
		NRMSE	0.625	1.982	1.404	0.000	0.862	0.085	0.551	0.000	0.350
	DFMs	RMSE	0.139	2.257	0.027	0.000	0.167	0.056	0.024	0.000	0.052
		MAPE	0.245	0.213	0.650	0.000	0.238	0.156	0.258	0.000	0.058
		NRMSE	2.044	2.033	1.591	0.000	0.735	0.395	0.538	0.000	0.234
	ARIMA	RMSE	0.203	1.169	0.024	0.000	0.214	0.074	0.032	0.000	0.092
		MAPE	0.329	0.110	0.580	0.000	0.319	0.231	0.315	0.000	0.105
		NRMSE	2.985	1.053	1.402	0.000	0.940	0.525	0.708	0.000	0.415

以及标准化加权绝对差（SWAD）作为评价指标，四类指标越小则代表两个矩阵间偏离程度越小，说明两个矩阵越相似。对于目标矩阵 $A = (a_{ij})_{m \times n}$ 和预测 $\widehat{A} = (\widehat{a}_{ij})_{m \times n}$，四类指标计算公式分别如下：

$$ED(A, \widehat{A}) = \left[\sum_{i=1}^{m} \sum_{j=1}^{n} (a_{ij} - \widehat{a}_{ij})^2 \right]^{\frac{1}{2}} \qquad （公式 14-25）$$

$$STPE(A, \widehat{A}) = \frac{\sum_{i=1}^{m} \sum_{j=1}^{n} |a_{ij} - \widehat{a}_{ij}|}{\sum_{i=1}^{m} \sum_{j=1}^{n} a_{ij}} \qquad （公式 14-26）$$

$$U(A, \widehat{A}) = \left[\frac{\sum_{i=1}^{m} \sum_{j=1}^{n} (a_{ij} - \widehat{a}_{ij})^2}{\sum_{i=1}^{m} \sum_{j=1}^{n} (a_{ij})^2} \right]^{\frac{1}{2}} \qquad （公式 14-27）$$

$$SWAD(A, \widehat{A}) = \frac{\sum_{i=1}^{m} \sum_{j=1}^{n} a_{ij} |a_{ij} - \widehat{a}_{ij}|}{\sum_{i=1}^{m} \sum_{j=1}^{n} (a_{ij})^2} \qquad （公式 14-28）$$

本节将计算期之前最近一年的真实数据设为基期，利用预测得到的中间投入、增加值、最终使用以及进口数据对中间流量矩阵进行了构建，各对比方法在各年份上的预测准确度对比结果见表 14-12。可以看到虽然每年预测准确度排名有变动，但平均来看，高维动态因子方法得到的四类评价指标均最低，即预测效果最好，说明了该方法具有很好的稳健性，并且适用于投入产出表的构建。

表 14-12　中间流量矩阵预测准确度[①]

		2010	2012	2015	2017	均值
高维 DFMs	ED	1.868	4.537	3.142	4.434	3.495
	STPE	0.089	0.208	0.100	0.144	0.135
	U	0.037	0.078	0.045	0.066	0.056
	SWAD	0.029	0.038	0.016	0.024	0.027
DFMs	ED	5.819	3.846	3.148	3.990	4.201
	STPE	0.175	0.175	0.095	0.143	0.147

---

① 数据为作者估算。ED 指标对应的数字单位为万亿元，其余指标对应的数字没有单位。

续表

		2010	2012	2015	2017	均值
DFMs	U	0.116	0.066	0.045	0.060	0.072
	SWAD	0.112	0.037	0.021	0.021	0.048
ARIMA	ED	4.544	4.446	4.268	10.676	5.983
	STPE	0.177	0.185	0.121	0.218	0.175
	U	0.091	0.076	0.060	0.160	0.097
	SWAD	0.067	0.038	0.049	0.148	0.076

第六节 小结

中国经济正处于转变发展方式的时期，需要加快形成以国内大循环为主体，国内国际双循环相互促进的新发展格局，这对政府政策制定的及时性需求有所提升，进而需要更高频次的投入产出数据以支持决策。在此背景下，本章基于即时预测，提出了高维情况下同样具备一致性的高维动态因子模型，利用大量中国的经济指标，构建基于低频年度中间投入数据的模型，打破了主流投入产出表更新方法在数据使用方面的限制，低成本、高质量地实现了中国各行业中间投入的估算。

本章基于高维即时预测的方法，对 2003 年至 2017 年共 60 个季度的季度中间投入数据，以及 2018 年和 2019 年两年的中间投入数据进行了估算，并与时间序列模型和传统动态因子模型进行了对比，发现高维动态因子模型的拟合效果和预测精度均优于以 ARIMA 为代表的时间序列模型和普通的动态因子模型，同时也刻画出各行业中间投入近 20 年来的变化趋势。研究发现，行业 1（农林牧渔业）和行业 3（建筑业）的中间投入有较明显的季节性；行业 7（金融业）的中间投入在同一年不同季度中差异不大；大多数行业中间投入均在平稳上升，而行业 1（农林牧渔业）、行业 2（工业）、和行业 4（批发和零售业）这三个行业从 2016 年起中间投入增速有所下降，并且在 2018 年和 2019 年增速会继续下降，其余 6 个行业在 2018 年和 2019 年中间投入均会持续稳定上升。

通过相关性分析可以发现，货币供应量与各行业中间投入较为相关，该经济指标会较为显著地影响中间投入的拟合和预测，需加强对货币供应量经济指标的关注。如果发生重大事件，政府为了保持人民币币值、稳定物价水平，必然会采取相应货币政策，因此可能会导致货币供应量出现较大波动，在使用该经济指标进行拟合和预测时应特别注意。

对于中间投入的衍生指标，如中间投入率和中间投入贡献系数等，在利用高维动态因子模型估算的中间投入进行指标估算时，误差较小，且仍能体现指标的真实变化趋势。通过分析指标变化，发现自2007年以来，中国全社会中间投入率有所下降，并且估算结果显示，在2018和2019年该指标将继续下降，说明中国目前产业结构调整有一定成效，同时也需要进一步采取提高生产技术水平、增强自主创新能力等措施。

最后，本章利用高维动态因子模型对增加值、最终使用以及进口进行预测，从而由RAS方法最终得到投入产出表的预测，验证了本章模型在进行投入产出表预测时的可行性与稳定性。本章所使用的高维动态因子模型在高维情况下同样具备一致性，不仅可以提高中间投入数据频次，还可以反映不同宏观经济指标对中间投入的影响程度，为之后相关研究提供了新的分析思路。此外，本章为高维动态因子模型提供了经济领域的应用场景及相关数据，能够促进相关计量方法的发展。然而，投入产出表展现出来的行业之间与行业内部的关联关系错综复杂，本章仅根据中间投入数据得到的信息较为有限，在对不同行业进行研究时，需要进一步结合具体情况，采取不同的指标进行深入的分析。读者可以对高维动态因子模型进行改进，尝试纳入更多的宏观经济变量，或是对投入产出表中的其他指标进行相应研究等等，为相应政策制定提供数据支持。

本章参考文献

[1] BAI J, LI K. Maximum likelihood estimation and inference for approximate factor models of high dimension [J]. The review of economics and statistics, 2016, 98 (2): 298 - 309.

[2] BANBURA M, MODUGNO M. Maximum likelihood estimation of factor models on data sets with arbitrary pattern of missing data [J]. Journal of applied econometrics, 2014, 29 (1): 133 - 160.

[3] BOK B, CARATELLI D, GIANNONE D, SBORDONE A M, TAMBALOTTI A. Macroeconomic nowcasting and forecasting with big data [J]. Annual review of economics, 2018, 10 (1): 615-643.

[4] CHERNIS T, SEKKEL R. A dynamic factor model for nowcasting Canadian gdp growth [J]. Empirical economics, 2017, 53 (1): 217-234.

[5] CHOIL. Efficient estimation of factor models [J]. Econometric theory, 2012, 28 (2): 274-308.

[6] DIETZENBACHER E, LOS B, STEHRER R, TIMMER M, DE VRIES G. The construction of world input-output tables in the wiod project [J]. Economic systems research, 2013, 25 (1), 71-98.

[7] DOZ C, GIANNONE D, REICHLIN L. A two-step estimator for large approximate dynamic factor models based on kalman filtering [J]. Journal of econometrics, 2011, 164 (1): 188-205.

[8] GIANNONE D, REICHLIN L, SMALL D. Nowcasting: the real-time informational content of macroeconomic data [J]. Journal of monetary economics, 2008, 55 (4): 665-676.

[9] JENSEN R C. The concept of accuracy in regional input-output models [J]. International regional science review, 1980, 5 (2): 139-154.

[10] JOHNSTONE I M, LU A Y. On consistency and sparsity for principal components analysis in high dimensions [J]. Journal of the american statistical association, 2009, 104 (486): 682-693.

[11] JOHNSTONE I M, PAUL D. Pca in high dimensions: an orientation [C]. Proceedings of the IEEE. Institute of electrical and electronics engineers, 2018.

[12] JUNIUS T, OOSTERHAVEN J. The solution of updating or regionalizing a matrix with both positive and negative entries [J]. Economic systems research, 2003 (15): 87-96.

[13] LU A Y. Sparse principal components analysis for functional data [D]. California: Stanford University, 2002.

[14] MA Z. Sparse principal component analysis and iterative thresholding [J]. The annals of statistics, 2013, 41 (2): 772-801.

[15] STOCK J H, WATSON M W. New indexes of coincident and leading economic indicators [J]. NBER macroeconomics annual, 1989: 351-393.

[16] STONE R. Multiple classification in social accounting [J]. Bulletin institute international statistical，1962，39：215－233.

[17] YIU M S, CHOW K K. Nowcasting Chinese gdp：information content of economic and financial data [J]. China economic journal，2011，3（3）：223－240.

[18] 范金，万兴. 投入产出表和社会核算矩阵更新研究评述 [J]. 数量经济技术经济研究，2007（5）：151－160.

[19] 高华川，张晓峒. 动态因子模型及其应用研究综述 [J]. 统计研究，2015，32（12）：101－109.

[20] 何志强，刘兰娟. GRAS方法的改进及对比研究：基于社会核算矩阵调平和投入产出表更新 [J]. 数量经济技术经济研究，2018，35（11）：142－161.

[21] 李宝瑜，马克卫. 中国社会核算矩阵延长表编制模型研究 [J]. 统计研究，2014，31（1）：23－32.

[22] 李宝瑜，周南南. 国民收入流量矩阵的编制与预测方法研究 [J]. 统计研究，2012，29（8）：51－57.

[23] 刘亚清，李林鹏，吴振信. 投入产出表更新调整方法及应用研究 [J]. 中国管理科学，2015，23（S1）：706－710.

[24] 马向前，任若恩. 中国投入产出序列表外推方法研究 [J]. 统计研究，2004（4）：31－34.

[25] 沈利生，王恒. 增加值率下降意味着什么 [J]. 经济研究，2006（3）：59－66.

[26] 万兴，范金，胡汉辉. 社会核算矩阵不同更新方法的比较研究 [J]. 统计研究，2010，27（2）：77－82.

[27] 王惠文，王玉茹，任若恩，等. 实物资金流量表的预测方法研究 [J]. 管理科学学报，2018，21（9）：1－11，37.

[28] 王韬，马成，叶文奇. 投入产出表、社会核算矩阵的更新方法研究 [J]. 数量经济技术经济研究，2011，28（11）：112－123，137.

[29] 王勇. 中国投入产出核算：回顾与展望 [J]. 统计研究，2012，29（8）：65－73.

第四部分

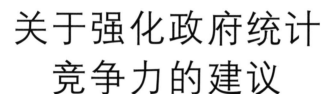

关于强化政府统计
竞争力的建议

第十五章　政府统计工作的再平衡

第一节　国家大数据战略下的新时代统计工作理念和职能

一、调整政府统计工作理念和职能定位的重要性——日本政府统计改革

目前的政府统计产品需求模式较为被动，具有局限性，在统计产品日益市场化的今天面临着激烈竞争，应对社会需求给予更多的满足。

进入经济新常态以来，我国经济从粗放型发展正式进入到高质量发展，以大数据产业为代表的互联网产业成为推动经济发展的新引擎。政府统计三大职能（信息、监督、咨询）要求它紧跟时代发展潮流，测度互联网经济的发展状况。

日本政府统计的水平和效率曾在国际上受到高度评价，OECD 于1991 和 1993 两次公布的政府统计质量排行榜中日本都曾名列前茅，但随着经济社会环境的急剧变化，尤其是在信息资源已成为国家竞争力支柱资源的形势下，日本统计体制的固有缺陷和弊端日渐显露出来。正如"经济社会统计整备推进委员会"的报告所尖锐指出的那样：日本的现行统计体制，无论作为"镜子""罗盘"还是"内视镜"，都已发生了功能性障碍。作为"镜子"，已不能将国家的"实态"完整而全面地反映；作为"罗盘"，则已不能对国家发展的未来趋势作出清晰而正确的提示；作为"内

视镜"，也无法将复杂的"经济—社会"系统中各种内在机制的运行作出准确的折射。2005年9月，为拟定统计改革的总体方案，在内阁府内又设立了"统计制度改革检讨委员会"。经过半年多的调研审议，该委员会于2006年6月提出最终报告，对统计体制改革的应有内容和基本思路作了系统而具体的设计，给出《最终报告》，制定统计体制改革方案的任务基本完成。2007年5月《统计法案》在国会全票通过，日本统计改革进入实施阶段。

《最终报告》明确提出改革的基本方向是将"为政府服务的统计"转换为"作为社会信息基础设施的统计"。《最终报告》指出，尽管在当今时代，政府统计作为公共产品的性质并未发生变化，为政府决策和社会管理提供充分的信息支持仍然是其首要使命，但政府统计产品的需求对象却已大大超出了公共部门的界域，扩展到社会的各个领域和层面。首先，政府发布的各种统计信息，已是当今各类企业把握经济与社会形势、制定市场开发与投资战略、分析公共政策效应、调整产品结构和规避经营风险的重要参考依据。其次，政府部门的统计资料正愈来愈多地被用于学术研究。如果说，规范的统计方法已经成为学者专家们阐释自己的理论与观点的常用工具的话，那么国际间可比较的统计资料则已经成为各国学者相互交流与合作的通用语言。最后，公民个人已不再只是统计信息的提供者，GDP、CPI、PPI等关及国计民生的重要数据正受到愈来愈多人的关注。即使在公共部门内部，统计数据也不再仅仅应用于政策的制定和实施，现今已经成为测量和评估公共行政能力、公共组织绩效和公共政策效果的主要标尺。因此，统计体制改革的基本方向，应是将传统的"为政府服务的统计"转换为新型的"作为社会信息基础设施的统计"。这样，在设计新的体制时，就应充分考虑到统计机构与各类用户之间的互动性，尽可能满足社会各界对统计产品的需求；充分考虑到统计信息在采集、加工、核算、验证、发布等环节上的衔接性，确保统计产品的高质量；充分考虑到统计机构之间的协调性，尽可能整合各种有效的信息资源，切实提高政府统计的权威性与效率性。

同时在日本新颁布的《统计法》中，根据统计调查项目的作用将统计相比划分为"基干统计"和"一般统计"两大类型。所谓"基干统计"，是指那些对于政府决策、国民经济运行和国民生活水平具有重大影响的统计项目，如国情普查、人口普查、经济普查、劳动力结构调查、各类产业的统计调查、全国物价统计、社会生活基本调查等。"一般统计"主要是指那些行业行政部门为掌握某些特定信息而举行的统计调查项目，同时也为普通民众和调查对象提供更多关乎日常生活的统计服务。例如日本厚生劳动省的国民健康与营养调查、文部科学省的中小学生理科学习能力调查、总务省的地方公务员工资水平调查等，调查的结果及相关资料原则上应及时公布。

二、政府统计工作理念和职能定位的调整方向

目前的政府统计产品主要为了满足党政领导、政府部门的需要，体现的主要是监督职能，其次才是考虑社会需求，部分体现信息和咨询职能。传统的政府统计理念是"有什么用什么"，大数据的统计理念是"有什么用什么"结合"用什么找什么"。

计划经济时期的统计需要知道市场主体的需求和供给状况，来实现供需平衡，而今弱化了物量统计。假如政府统计在原有的统计框架下不寻求突破，那么其统计指标可能不能及时、准确地反映经济社会发展状况以实现信息、咨询、监督职能。

要从根据领导的意愿或者上级部门的要求发布逐渐转变到根据社会普遍关切发布。数据发布的形式也可以从主要靠政府统计部门定期发布数据、主要使用文字图表的方式转变为开放更多的数据查询资源、多采用可视化技术、数据库技术发布统计数据。老百姓主要关心消费者价格指数、工资收入、就业等事关民生的问题，政府统计可以主动为普通民众和调查对象提供更多关乎日常生活的统计服务，给合作伙伴提供分层次的查询系统，例如国内外相关宏观经济信息、行业运行信息、衣食住行信息、行政数据等。让普通民众和调查对象有更多的获得感，争取提高群众对政府统计的公信力和好感度。

第二节　政府统计与大数据合作的意义

一、符合大统计学科理论，顺应时代发展潮流

大统计思想既包含统计方法论科学，又包含统计方法适用的各类专业学科。因此，政府综合统计、各部门的统计业务都属于统计方法论适用的专业统计，都属于专业统计和部门统计相融合的大统计工程。大数据的发展将有效促进政府综合统计和各部门的专业统计的信息共享，加快融合。

近半个世纪以来，互联网 IT 产业的蓬勃发展为社会创造了巨大的价值，一个又一个经济增长极由此诞生。历史的车轮滚滚向前，我们的社会取得了长足的进步，政府统计亦应紧跟时代潮流，把握住时代脉搏，加快信息化的步伐，拥抱大数据。

二、再造统计产品生产流程

一是提高统计产品质量和生产效率。政府统计在数据收集中被调查者的受访意愿不高，导致数据质量不佳，大数据较少面临此类问题。使用大数据常能使得数据的收集进行得悄无声息，起到"润物细无声"的效果。政府统计自收集数据，到最终的形成一个个统计指标，需要经历重重"上传下达"和"下收上审"，生产统计产品的周期长，较难做到跟紧统计产品的市场。拥抱大数据的政府统计能加速统计产品的生产、更新、创新等一系列流程，单位时间生产的统计产品多，提高统计效率。这在质量上具有两方面的意义。一方面，政府统计的数据常因其环节复杂、统计过程中面临着各方压力、存在基础数据造假的可能性等多方原因，被人们质疑其数据质量。大数据技术的客观性和完备性，让数据的多方验证更加容易，技术人员很难、也没必要篡改基础数据，即使篡改了也影响有限。《统计法》规定县级以上的地方人民政府设立独立的统计机构，乡镇（或者街道）只能设置统计工作岗位，也并不明确要求企事业单位中设立专业的统计人员。国家统计局实行企事业单位"一套表"联网直报后，情况有所改善，但许多没有执行"一套表"的企事业单位仍未设置专门的统计人员岗位，等到需要填报数据时则临时拼凑、马虎了事。不管是从基层政府统计

部门看，还是从企事业基层岗位看，不难发现，基层统计人员短缺现象严重，工作量多，压力大。然而，众所周知，数据质量的关键在于基层统计，其重要性不言而喻。另一方面，鉴于政绩考核、工作汇报等原因，行政记录被地方政府所重视，鉴于管理生产活动等原因，商业纪录被企事业单位所重视，它们也更为客观真实。

长期来看，人力成本比存储成本、计算成本都来得更大，拥抱大数据的政府统计能够将一大批传统的政府统计人员从烦琐、机械的"简单"劳动中解放出来，因此能降低统计成本。此外，通过传统的调查收集数据，将重要且繁杂的实践性工作交给了基层统计工作人员，一方面可能使其工作积极性下降，另一方面可能导致被调查者抗拒心理增强，进一步增加基层统计人员的工作难度。然而，大数据的数据来源主要来自行业内自然而然的积累，更多的数据收集工作由机器完成，减轻了基层统计人员的工作量。此外，大数据还缩短了统计产品的生产周期，使其更容易实现动态更新。

二是提升服务水平和创新能力。

三是在与大数据的合作中寻求突破。目前，社会对统计产品的需求与日俱增，统计产品竞争激烈，现有政府统计需要从政府统计与大数据的合作中寻求突破。

四是培养兼具政府统计与大数据的复合人才。

五是实现政府统计生态系统的共赢。

三、政府统计与大数据合作的意义——美国积极运用大数据推动
　　政府管理方式变革和管理能力提升

2018 年备受关注的美国社交平台 Facebook 利用大数据抓取用户私人信息等事件从侧面反映出大数据已经深入美国人民的日常生活中，美国政府部门、商业企业、社会机构、科研院校都在结合各自实际需求，推进大数据应用。与此同时，美国基于大数据建设政府数据开放平台。美国通过政府数据专门网站 data. gov 公开各级政府数据，利用云平台将政府各部门及其网站数据与美国联邦政府的统计数据进行实时关联，发挥数据高效传递特点，体现了统计职能的及时性要求。

一是通过大数据推动政府管理革新。为了应对愈发繁重的公共治理压力，美国在应用大数据提升公共治理能力方面起步较早，政府的各级部门已经开始运用大数据进行决策，并在舆情管控、犯罪监测、反恐、公共管理等领域已经取得了很多经验。例如，作为最早的大数据预测分析试点单位，美国圣克鲁斯警察局通过大数据技术抓取社交网络数据和城市数据源进行分析，可以对不同区域间犯罪概率进行预测，对某一地区的犯罪模式和犯罪趋势进行预判。时任总统奥巴马不仅大力支持大数据发展，而且他的团队在竞选活动中还创造性地直接利用大数据，通过对选民数据的分析挖掘，策略性寻找支持的选民，同时运用大数据手段发掘中间派选民的需求，以提出更好的竞选方案拉拢中间派选民，这成为直接利用大数据价值的典型案例。

二是通过大数据加强公共服务能力。美国的互联网企业发展较早，用户群体较为广泛，所掌握的社会经济各方面的历史数据和即时数据数量庞大。美国政府的相关部门在对网络实时数据监控与采集过程中，可以实时监控人员流动情况、交通流量情况、疾病预防情况等。市与县紧密联系互为对方提供广泛的信息支撑，如佛罗里达州迈阿密市与戴德县，这样的好处是帮助市政府在水资源治理、缓解交通拥堵和加强公共安全保障等领域提供了更多的数据支撑，以制定出最佳的公共政策。

三是通过数据应用提升商业活力。美国商界在运用大数据方面有很多教科书般的成功案例。例如沃尔玛、可口可乐等消费企业借助市场消费大数据分析消费者购买习惯，策略性制定营销方案，以提升产品销量。最有趣的案例之一就是沃尔玛通过分析挖掘全美超市的数据，发现了"啤酒＋尿布"的组合营销模式，并通过这一营销策略获得了极大的成功。除上述行业外，在租赁、交通、物流、金融等领域企业，也在积极利用大数据价值。例如，华尔街"德温特资本市场"公司通过分析3.4亿微博账户的留言，判断民众情绪，并依据人们高兴时买股票、焦虑时抛售股票的规律，决定公司买卖股票的时机，从而获取盈利。

第三节　政府统计业务流程再造

统计业务流程一般包括确定需求、设计、开发、采集、处理、分析、发布、存档、评估9个环节，共28个节点。上述流程为矩阵式结构，通常按顺序执行，但可以有多条路径从某个环节或结点开始，允许并行发生或迭代执行。

一、阶段 1——确定需求

确定需求是通过多种方式和渠道了解和用户需求的过程。它通常是统计调查工作的起点，是设立、调整统计调查项目的依据，其工作质量对于保证统计数据的适用性至关重要。本环节可分为明确统计需求、识别基本概念、确定数据信息需求、评估数据可获得性 4 个节点。

（一）明确统计需求

根据各级政府以及社会其他调查的需要，分析统计调查项目的总体目标，提出可实施、分阶段的具体目标、预期结果，充分了解用户统计需求，明确交付内容与时间等。对于该阶段的二次和后续迭代，应重点关注用户需求的变化，重新考虑现有输出数据的有用性，开展需求监测和调查。

（二）识别基本概念

基于对统计目标的阐释，将用户需求转化为预期的规范统计输出，其步骤包括对调查目标的描述及对统计变量的识别。界定变量的定义和术语，从用户角度出发澄清必要的概念，同时所做的选择应尽可能符合国际概念标准，保持与现有出版物的一致性。

（三）确定数据信息需求

将统计需求转化为满足这些需求的数据信息输出。该节点包括调查和确定所需的统计数据并参考产生类似数据的其他国家和国际统计组织的现行做法，特别是这些组织使用的方法。管理地方和中央政府、个人、商业以及公共领域用户等群体的不同需求，制定统计披露控制和业务统计数据的传播方案。

（四）评估数据可获得性

梳理当前数据资源，评估现有数据对用户需求的满足程度，制定填补剩余数据要求缺口的策略。同时充分考虑环境的影响，对新增或调整的调查项目实施的可行性、调查数据的可获得性等影响因素进行评估，并出具评估报告供设计部门参考。

二、阶段 2——设计

设计阶段是根据统计调查的目标和计划，研究为什么调查、调查什么以及如何调查等问题，对统计工作的各个方面和各个环节进行通盘考虑和安排，定义具体统计输出、概念、指标、方法及组织方式等实践内容，形成统计调查制度的过程。本环节包括具体统计产出目标设计、统计指标设计、调查方法设计、数据处理方法设计、工作组织设计5个节点。

（一）具体统计产出目标设计

根据统计需求和统计调查目的，详细设计拟生产的最终统计产品和服务，界定概念及其定义。该节点产出的设计应尽可能遵循现有标准，因此其输入可能包括现有统计调查数据、行政记录、地理空间信息和大数据资料等元数据以及国际标准。

（二）统计指标设计

定义需要收集的汇总数据、分组数据，以及拟加工的各类总指数和分指数，明确各统计指标的名称、类属与作用、计算方法、计量单位、时空限制等构成要素。

（三）调查方法设计

确定全面调查范围，选择典型调查或重点调查对象，设计抽样调查总体、抽样框、抽样方法、样本轮换办法、估计方法，以及抽样和估计误差等，设定行政和统计登记册、人口普查和其他抽样调查信息、地理空间数据和分类、大数据的利用方式。

（四）数据处理方法设计

根据数据收集方式和数据来源，规范编码、审核、插补、加权、汇总、调整、分析等过程的程序和规则，设计多个数据源的数据集成规范，提出数据评估、验证和估算的原则、依据、方法、实施方式、操作步骤等具体内容。

（五）工作组织设计

梳理统计业务流程，明确各部门的分工与合作，确保项目流程是有效的集合，没有间隙或冗余。当统计组织拥有现成的系统结构时，应调整设计以适应工作组织。

三、阶段3——开发

开发阶段是指开发和检验生产系统，以创建运行流程的完整操作环境的活动。进行开发的前提是对现有服务、系统和数据库等生产解决方案进行检查，在此基础上根据组织内部和外部现有服务目录中的缺口构建新的服务，使其与统计组织的业务体系结构保持一致，可被重复运用。开发环节可分为数据采集工具开发、数据处理程序开发、统计工作过程开发、小规模实验4个环节。

（一）数据采集工具开发

根据设计阶段创建的设计规范构建采集工具，既可以是联网直报、现场调查、电子记账、纸质报表、手持终端等数据收集模式，也包括对数据采集、初审、查询、反馈、修改、验收、上报等数据采集过程，以及从现有互联网数据、地理空间信息或行政登记册中获取数据的数据提取程序，例如使用现有服务接口收集数据。

（二）数据处理程序开发

构建能对数据进行编码、后期审核、插补、加权、汇总、调整、分析等处理的方法和程序，提供仪表板功能、信息服务、转换功能、地理空间数据服务、工作流框架、提供者和元数据管理等功能和服务。

（三）统计工作过程开发

为统计项目负责机构及其内部的各专业部门制定详细的工作流程，配置统计业务流程中使用的工作流程和业务流程管理系统。

（四）小规模实验

进行统计业务流程的试点，既测试单个组件和服务，也检测组装和配置之间的交互，以确保整个方案正常运行。通过小规模数据收集测试收集工具，通过对数据的处理和分析确保处理程序和统计工作过程的运行符合预期。根据小规模实验结果对采集工具、处理系统或组件进行调试，最终确定生产系统。

四、阶段 4——采集

数据采集是通过联网直报、现场调查、卫星遥感等手段，使用收集、提取、传输等采集模式，获取调查对象原始数据，并进行初步验证和审核的过程，是确保基础数据准确性、及时性的重要环节。采集阶段可被分解为确定调查单位、建立采集系统、运行采集系统、确认采集信息 4 个节点。

（一）确定调查单位

依据相关管理部门提供的统计用区划、城乡划分、行业代码、统计元数据等相关统计标准，以及调查单位名录、相关普查数据、普查小区图等信息，组织确认分地区、分专业的调查单位，生成调查单位库，并依照一定的频率对信息变更的调查单位进行调整。

（二）建立采集系统

准备采集数据和元数据所需的人员、流程和技术，以确保数据采集流程的具体实施。对于调查数据，此节点包括：制定采集策略、培训采集工作人员；与中间收集机构商定条款、配置采集系统以请求和接收数据、准备收集工具。而对于非调查来源，该节点则需要评估获取数据的请求、与数据提供者建立联系、为数据传输安排安全通道。

（三）运行采集系统

指导基层统计机构或统计调查人员按照调查制度或调查方案规定的时间、内容和方式，通过入户调查、现场采价、电话调查、网络调查、电子记账、无人机遥感测量等方法，采集原始调查数据；通过联系数据提供方按计划发送信息、网络抓取技术、地理空间信息技术、购买等渠道收集管理记录、网络大数据、地理信息等非统计数据；通过生成报告、进行数据可视化等手段监测数据采集过程并进行必要的调整，以提高数据质量。

（四）确认采集信息

将收集的数据和元数据加载到适当的电子环境中以便进一步处理，该节点既包括自动数据采集，例如在电脑、手持终端等信息化技术设备上直接录入和填报，也包含手动数据采集，例如在进行初步人工审核和指标编码后，采用人工或光学字符识别、影像识别等方式，从纸介质报表和原始记录、台账中提取信息，录入数据处理系统中。

五、阶段 5——处理

数据处理是对初步审核上报的基层数据进行审核验收，按照综合表的要求进行数据整理、汇总、推算等加工的过程，描述了为数据分析和后续统计产出的传播所做的准备。本环节包括数据整合、数据编码、数据纠错、数据加工、数据汇总 5 个节点。

（一）数据整合

将多种来源的数据经过审核验收后整合到统计数据采集处理系统中，包括混合来自内部和外部的数据、结合统计数据和非统计数据、联系宏观和微观数据、匹配或记录数据关联、创建综合统计数据、确定多种来源数据的优先排序等。

（二）数据编码

可使用自动编码程序根据预先确定的统计分类为文本数据分配数字代码，对于开放性回答，则在收集后利用互动程序手动编码，或使用机器学习技术自动编码，以将数据转换为编码字符，作为传送、接受和处理的一组规则，为统计分析做好准备。

（三）数据纠错

根据预先定义的编辑规则审查数据的匹配性、逻辑性，验证录入、编码的正确性、可靠性，对于有问题的数据，按规定及时退回下级统计机构、督促修正并重新上报，或基于统计规则编辑和估算数据，并将已更改的数据写回数据集。

（四）数据加工

处理和加工基础数据。该节点包括数据分类整理，应用计算公式和模型假设，生成过录表，计算权重、比重、速度、增幅等系数，推算总量数据和分组数据，以派生出更丰富、更高层次的数据内容。

（五）数据汇总

在该阶段其他节点的基础上汇总生成一定格式的统计报表，面向不同的统计分析需求，对已有统计报表进行多层次和多角度的汇总。

六、阶段 6——分析

分析阶段是制作统计产出并对其进行详细审查，准备评论、技术说明等统计内容，以揭示研究对象数量特征和规律，并为数据后续的发布和传播做好准备的过程，是统计工作关键的一环，包括对产出的数据做分析、为发布做准备 2 个节点。

（一）对产出的数据做分析

依据通用的质量框架和预期，采用不同的数据分析方法和媒介，对处理阶段所产生的中间数据、分组数据、汇总数据进一步分析，验证统计产出的质量，解释统计产出的数据。此过程要求统计分析人员对产出深入理解。

（二）为发布做准备

确保即将发布和传播的数据和元数据符合相关政策和保密规定；确保统计数据和相关信息与目标相匹配，达到所需的质量水平。根据统计产品的内容和敏感性，通过各种渠道和形式，供内部使用或对外部开放。

七、阶段 7——发布

发布阶段是对统计发布产出过程的管理，是设计发布产品、向社会公众发布和解读统计数据、为统计用户提供数据查询和使用服务、管理向用户提供的服务的过程，包括统计数据发布、用户分析和用户管理 2 个节点。

（一）统计数据发布

将数据和元数据格式化并加载入输出系统，根据阶段 2 的设计准备产品组件，组装统计产品。根据其内容和敏感性，将最终产品供内部使用或向外部发布，管理发布时间、方式等要素，对发布内容进行审核，如有错误，及时收回。建立、维护数据查询系统，开发、更新微观数据。

（二）用户分析和用户管理

记录用户对微观数据访问等服务的查询和请求，并在规定时间内予以答复。定期审查、分析用户的变化需求，以便管理总体流程质量。管理现有用户和潜在用户，积极推广统计产品，充分传达统计信息。

八、阶段 8——存档

存档阶段要求统计机构制定存档规则和策略，对统计数据和元数据的存档和清理进行管理。该阶段包括 1 个节点，即统计数据和元数据的存档和清理：从减轻数据存储成本角度出发，制定存档规则和战略，管理档案文件库，保存并清理数据和相关的元数据。

九、阶段 9——评估

评估阶段管理对统计业务流程具体实例的评估，确定潜在的改进措施及其优先次序。该阶段包括 1 个节点，即对整个统计业务流程做详细评估：收集各种形式的评价材料，汇编质量指标，将其与预期目标进行比较，形成评价报告，酌情对流程提出修改建议，汇集决策力量，商定行动规划。

第四节　优化政府统计现有的统计方式

一、进一步提高自身的信息化建设

（一）基层统计数据的采集信息化

政府统计信息化建设的关键一环是基层统计数据的采集信息化，才能打通从数据源头到统计结果展现的信息化通道。具体看，需要完善"一套表"联网直报系统、手持 PDA 系统和部分地区推行的一体化电子记账系统。

（二）建立电子化的完整名录库

在基层采集设备信息化建设的同时，要提供配套的电子化完整名录库，进一步探索利用互联网单位名录库辅助更新单位名录库。黄恒君、陶然、傅德印（2017）研究了以互联网单位名录库更新统计数据源的方法和评估体系，认为这一更新方法是有效的，但由于互联网数据的不完整性，互联网单位名录库自身不足以构成完整的名录库。

（三）数据的整理、汇总、存储信息化

传统的政府统计调查普遍采用纸质化问卷完成信息的采集，给数据整理、汇总、存储信息化带来录入和审核难度。得益于基层统计数据的采集信息化，数据后期加工信息化将顺水推舟地进行。

（四）构建实时在线公开的官方统计数据平台

政府统计资源的信息利用率并不高，数据更新迟缓，除需要及时公开的主要指标外，大量基础数据、最新数据无法被社会公众方便地获得，甚至无从下手。国家级和省级统计数据质量较高、完整度较好，市级统计资源则过于分散、信息化较低。通过整合各级统计资料，构建实时更新、公开的官方统计数据信息平台，将会提高各级政府统计部门的信息化水平，更好地服务社会公众。

二、整合现有政府统计内部数据资源

（一）优化传统的调查方法

根据大数据实时动态变化、数据量大等特点，研究并推广地理信息系统、遥感测量技术等新技术在统计调查中的应用，调整传统的周期性普查、重点抽样调查等调查方法，及时满足社会对统计产品的需求。

充分尊重、引导和挖掘统计中介机构、各类调查企业等社会统计力量在政府统计中的积极作用，发挥其在统计技术、数据来源等方面的优势。

重视基层统计机构的完善和建设。根据实际配备基层统计人员，合理安排其工作量，加强基层统计人员和上级统计人员的交流和对接，加强对政府和企事业单位的基层统计人员的业务素质培训。

（二）构建统一关键代码和指标体系

关键代码要统一，使其具有唯一的可识别码，例如：涉及全国范围的基础数据、具有行业规范的基础数据。

建立定期更新的指标体系，实现指标的"有进有出"。多收集社会上、

科研领域的新指标，经专家研究后，及时将满足社会群体需求的新指标纳入政府统计指标体系。定期剔除过时、实际意义不大、存在较为严重的质量问题的指标内容，可以考虑把这些指标纳入历史指标百科全书，但不放在现有指标体系中扰乱视听。

阿里巴巴通过历史上所有买家卖家的竞价数据，形成了询盘指数和成交指数，称为阿里巴巴询盘指数，马云用其成功预测了经济寒冬，及早进行准备，为企业避免了更大的损失。淘宝指数使买家卖家得以查询淘宝购物数据，及时了解购物趋势，采取合理的策略。

（三）源数据思路优化现有指标体系

首先，充分利用政府综合统计和政府部门统计两大渠道的统计资源。在 GDP 总量核算中，间接或者直接使用部门数据做依据。交通运输、仓储和邮政业，信息传输、计算机服务和软件业，金融业，公共管理和社会组织，其他营利性服务业五大行业可以直接使用交通局、邮政电信、金融保险、财政税务部门数据；工业，建筑业，批发零售业，住宿餐饮业，房地产业五大行业间接使用相关部门资料数据。

其次，在保证数据的科学性和一致性的前提下，形成专业化的数据生产流程。整理、设计指标体系时采用源数据思维，使得源数据更新后，最快路径地实现指标体系的更新。

（四）采用统计资源双轨制

比较大数据统计标准和现有传统统计标准，以传统政府统计数据源为主，大数据为辅进行修正。

研究如何对半结构化数据、非结构化数据进行标准化处理、转化或提取为结构化数据。

根据不同部门大数据来源所执行和依据的标准，分析其余政府统计现有指标在口径、范围、内涵、定义等各方面的差异，统一指标含义，统一行业分类，形成部门通用"一套表"的指标。

三、争取更深入的数据公开和合作

（一）创新合作方式，扩大政府统计数据来源接口

整体来看，既需要协同国家其他部门加快推进物联网进程的步伐，实

现调查对象的"数据化",争取大规模建成从原材料、各级产品到最终产品的数据跟踪体系,也需要创新数据合作方式,与现有成熟应用大数据技术的行业探索数据新合作。

政府统计与大数据资源的合作可谓正逢其时,遍地花开,例如在价格调查中利用电子商务、商场超市的交易数据,在舆情监测和统计中挖掘即时通信资源,在事关民生需求的调查中使用搜索引擎数据,在娱乐行业调查中引入网络游戏等休闲娱乐类数据,在企业调查中直接利用企业的电子化生产经营及财务会计数据,通过工资发放、五险一金和个人所得税等行政或商业纪录进行劳动工资数据统计,使用社会个体的搜索求职信息记录、猎头公司、职位中介公司等数据统计就业失业情况,使用国企央企等公司掌握的居民用水电气情况统计人员居住情况……

值得注意的是,要充分考虑数据来源的方便性、可靠性、成本等因素,有选择性地利用大数据,而非"囫囵吞枣"般地"胡吃海塞"。

(二)依托第三方增强存储和计算能力

1. 数据存储

政府统计资源在和大数据资源相融合时,并不需要耗费巨大的财力物力存储和企业资源相重复的数据,只要建立实时的信息交换通道,在需要时调用相关数据即可。

2. 云计算

如阿里巴巴、腾讯等大数据企业已经在商业实战中积累了丰富的云计算能力,政府统计可以通过政企合作模式充分利用现有的企业算力,尽快形成合作成果,以探索出政府统计和大数据资源的合作模式为当务之急。

(三)合作创新统计产品

1. 跟随经济社会发展创新统计指标

技术日新月异,时代的发展大踏步向前。传统的政府统计指标还能跟上经济和社会发展的脉搏吗?这是值得每一位统计工作者思考的问题。或许有些统计指标已经难以发挥它的作用,因此统计工作者不应沉湎于它给过去的研究带来多大的功效,而应积极地跟随经济社会发展创新统计指标。当然,不能矫枉过正,我们应该注重统计指标质量而非数量。

2. 引进高校、科研院所、企业、智库等社会力量开发统计产品

由于政府统计在大数据资源的占有和利用上处于不利地位，政府统计在未来的经济分析竞争力可能不如专业的经济分析部门，此时应取长补短，用"他山之石"攻"己之玉"，政府统计的分析可能要侧重数据的统计性质，而非因果分析。

根据社会力量的反馈和需求，追击社会热点，回应社会关切是创新统计产品的不二之选。利用商业企业提供丰富的开发工具来分析数据，利用高校、科研院所和智库丰富的科研资源创新统计科研成果，这无疑会大大缩短统计产品的开发周期。

3. 引入专家等第三方进行认证评估

不论是数据资源的整合，还是统计产品的创新，都离不开对其质量的探讨。统计产品的创新不只是追求数量就可以的，社会对统计产品的质量更加看重。统计产品的质量可以考虑引入行业内第三方专家、科研工作者、业内标杆企业等合作者或者独立单位进行认证评估，一方面既可以了解他们对统计产品的需求，另一方面也可以根据他们的建议进行改进。

四、加强对数据收集、发布等领域的民间管理

尽快制定对公共领域数据的收集发布准则，规范民间对数据的收集发布行为，维持政府统计数据的权威性。提倡所有的社会公民、法人代表、经济单位等统计单位既是统计信息的提供者，又是统计信息的需求者。

本章参考文献

[1] Mckinsey Global Institute. Big Data：The next frontier for innovationg，Competition and productivity［R］，2011.

[2] 左海峰，朱光明. 简评日本的统计体制改革［J］. 统计研究，2008（7）：96－101.

第十六章 研究案例——基于图像分类算法辅助构建价格指数

图像分类一直是计算机视觉的热点问题，单输出和多输出的技术都在不断发展。随着计算机硬件的进步和深度学习尤其是卷积神经网络的发展，目前在图像单标签分类上已经取得卓越的成果，图像多标签分类也已经得到诸多研究。在此背景下，将图像分类应用到电商数据分析中成为一种新思路。本章将以跨电商服装数据为例，介绍图像分类算法用于辅助构建价格指数，为商品数据的使用和分析提供新的思路。

第一节 前期工作准备

本案例期望从基于关键词搜索的电商平台爬虫系统获取商品原始数据出发，将图像型数据输入多输出网络模型获取分类模型标签，与关键词标签进行匹配筛选数据，然后抽样得到样本集，最后对样本集统计分析价格指标及编码。因而必须考虑的两个问题是输出分类方法的选择和商品的分类。

一、输出分类方法选择

目前国内外对于图像分类的研究以单目标单输出分类、多目标多输出分类（又称多标签分类）为主，单目标多输出分类（简称多输出分类）相关研究较少，这和现实中单目标多输出分类任务的广泛存在有所不符。究其原因主要分为两个方面，一是数据要求难以达到，不同类间的组合呈现指数级分布，通常已有数据难以覆盖整个输出空间；二是推断过程困难，若分类图像是未知的，模型要搜索整个输出空间以给出最优结果，这十分困难。大多研究采用一个特征提取器和多个分类器的结构，这种结构因为只用一个特征提取器，简化了模型整体结构，训练简单。但由于训练数据必须包含全样本空间，模型训练过程耗时严重。如若不然，则会出现未知类别分类效果不理想的情况，在实际训练过程中要耗费人力成本、时间成本等进行标注数据获取。

在电商行业的商品分类领域，多标签是必要的，一个商品要从多个属性（例如类别、颜色等）进行描述，从而让消费者准确地捕捉到其各项信息，选购到符合心理预期的商品。另外，由多种分类标签表示商品便于店家获取商品结构性信息，也能体现不同商品之间的关联性。

图像多输出分类，即对每张图片里的单一目标赋予多个类别标签，类别标签之间既可以独立，也可以存在包含关系，然后利用这些标签对图片分类，也可以利用这些标签进行检索以获取目标图片。以图 16-1 为例。

图 16-1 多输出图像示例

图 16-1 可以被赋予衣服、T恤、白色、棉、花纹等多个标签，其中衣服和 T 恤为包含关系，白色和棉为独立关系。利用这些标签可以将图像分类到不同类别中，也可以根据标签进行检索。因而，尽管这种图像多输出分类在现实中研究不是最多，但其在商品图片、智慧相册以及图像检索系统中却有巨大的实用价值。

对于图像型数据的识别，这里提出一种多输出分类卷积网络（Multi-output Classification Convolution Network），简称为 MCCN。MCCN 通

过将三个子网络组件形成图像识别模型，然后将各子网络输出结果合并来实现对于输入图像的多类别输出功能。由关键词标签和分类模型标签匹配筛选，我们可以得到可信度较高的商品类别属性信息。在统计分析价格指标前，因为筛选后的数据集不能完全代表平台的所有同类商品，而且评价数和销量会受到上架时间早晚影响的问题，我们需要对得到的数据集进行抽样。经抽样后的样本集可以利用传统的统计方法计算价格指标。

二、服装类商品分级目录确定

为统一不同电商平台同种类型商品的分类，在遵循商品分类目录原则的基础上，参考国家统计局发布的《统计用产品分类目录》，确定了一套服装类商品的分级目录。

产品分级目录是根据自身需求，按照相应的原则对一些相近产品的分类和分级划分。确立产品分级目录主要是为了更加高效地管理相应产品，提高企业运营效率等。例如谷物通常包含稻谷、麦子、玉米等粮食作物，其上一级为农业产品。

产品分级目录的核心是确定产品分类与层级划分，必须遵循以下原则：一是同样属性商品的分类结果必须唯一；二是商品分类必须是对具体商品的逐层次划分；三是划分依据要遵循事实，标准明确。

（一）商品分级目录的划分维度

基于产品分级目录确定的原则，对于某件商品的划分维度主要包括商品大类、商品子类、次级商品子类、商品细目。

商品大类：依据商品的原料、加工处理程度和用途，对商品进行的第一级划分，如农业产品、食品、烟草制品、服装等。

商品子类：是对商品大类的进一步划分，主要依据商品的功能，如服装大类中的T恤、裙子、鞋、帽等。

次级商品子类：为弥补商品子类的分类不足，通常要在商品子类下依据不同规则做进一步划分，如对裙子依据样式做的划分（连衣裙、短裙、长裙等）。

商品细目：商品目录需要多少层次展示，可以根据项目相关需求进行划分，主要分类依据是商品各属性维度，如材质、颜色、款式等。同时，为便于查找，可按照一定层次制定一级细目、二级细目等。

（二）服装类商品分级目录的确立

基于上面的商品目录确定规则，针对服装类商品，确定一个服装类商品分级目录，总共有四个大层级，共 10 位数字表示，主要分级内容如下：

一是商品大类。由《统计用产品分类目录》确定，服装、鞋、帽产品的分类编号为 18，处于第一和第二位。

二是商品子类。依据项目中的服装种类数据确定，处于第三和第四位，从 01～08，依次代表 T 恤、包、帽子、毛衣、牛仔裤、袜子、裙子、鞋子。

三是次级商品子类。因数据集缺少，图像分类模型目前无法识别该层次类别，暂时缺失，统一用 00 表示，处于第五和第六位。

四是商品细目的划分。包括颜色和面料两类，考虑到面料与服装种类的关联性更强，也更符合大众搜索常识，选择其为一级商品细目，颜色为二级商品细目。其中一级商品细目面料从 01～04，依次代表棉、毛织、牛仔布、皮革，处于第七和第八位；二级商品细目颜色从 01～05，依次代表白、黑、红、蓝、其他，处于第九和第十位。

第二节　数据准备

本章研究所使用的数据为电商平台商品信息，主要通过网络爬虫手段进行获取。

一、网络爬虫

网络爬虫（又称为网络机器人）是一种按照相应的规则，自动地搜索获得相关网页信息的程序。传统的爬虫从初始选定的网页的 URL 开始，首先获得网页上的 URL，然后在爬取网页信息的过程中，从当前页面上获取新的 URL 放入待爬取列表中，不断重复此过程，直到满足停止条件。通用爬虫框架见图 16-2。

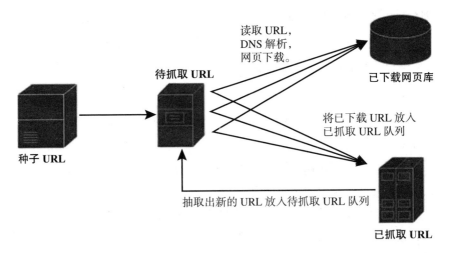

读取 URL,
DNS 解析,
网页下载。

待抓取 URL

已下载网页库

将已下载 URL 放入
已抓取 URL 队列

种子 URL

抽取出新的 URL 放入待抓取 URL 队列

已抓取 URL

图 16-2　通用爬虫框架

基于图 16-2 所示的框架，网页爬虫主要包含以下三个步骤：

一是获取网页源码。主要工作原理是模拟浏览器发送相应的搜索请求，获取服务器响应的文件。

二是分析过滤网页源码，获得目标数据。主要工作原理是使用某种描述性语言来给我们需要提取的数据定义一个匹配规则，符合这个规则的目标数据就会被匹配。

三是对目标数据进行保存。

目前相关研究机构成熟的爬虫方案因为机密等原因处于非公开状态，而开源项目又存在诸如步骤烦琐、不稳定、效果差等问题。本章基于特定研究的数据需求，直接访问特定的平台域名，获取并解析网页源码，得到商品编码、商品名、销量、评价数、价格、商品展示样图等相关数据。

二、网络爬虫工具

(一) Python 爬虫工具

相较于其他程序语言（例如 PHP、Java 等），Python 具有语法优美、代码简洁、开发效率高、第三方包多等优点。这些优点使 Python 功能强大、工具完善、编写容易，在爬虫中使用率高。基于 Python 第三方库的爬虫过程见图 16-3。

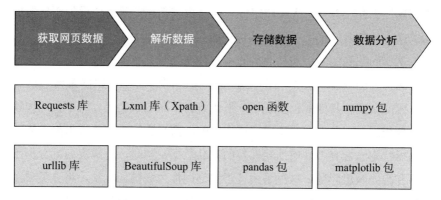

图 16 - 3　基于 Python 第三方库的爬虫过程

　　基于上述的网页爬虫步骤，前两步均可以使用 Python 相关的第三方包实现，例如调用 urllib 包、urllib2 包、request 库等获取网页源码，调用 re 包、xpath 包、BeautifulSoup 库等解析网页源码。除此之外，也可以使用 Scarp 框架实现爬虫，它提供了数据下载、提取规则、数据存储等各种组件。

（二）Selenium 框架

　　Selenium 常被用来对网络应用程序进行测试。通常它直接运行在浏览器中，效仿用户来操作网络系统，自动化测试工具，支持包括 Google、火狐在内的多个不同浏览器，爬虫中主要用来解决 JavaScript 渲染问题。其主要应用于一些网站的反爬虫机制，解决数据不能抓取的问题。但其存在时间耗费严重，计算机内存占用过高的问题。

　　Selenium 的使用包括如下两步：

　　一是下载安装 Selenium 支持的浏览器及插件，例如 Google、FireFox，将其添加进环境变量。

　　二是安装相应的第三方包。

三、平台服装交易数据获取

　　爬取带有多个属性的特定类商品，主要思路分两个，一个是根据电商平台的分类进行逐级爬取，另一个是根据属性关键词进行搜索然后爬取。前者存在两个问题，一是各电商平台商品分类标准不一致，且各大类商品类别属性也存在差异，无法制定统一的爬虫规则；二是需要模拟浏览器的相关操作，爬取效率低，经测试每小时仅能爬取 10～20 种小类商品。后者的主要问题是商家、商品类型的不足，商品分类较为粗糙，精确搜索往往会因为智能联想功能推荐不满足搜索关键词的商品，如搜索蓝色的鞋子，可能会推荐其他颜色的鞋子，但优势在于爬取速度快、跨平台间搜索关键词相同。因此选取基于关键词搜索的电商平台爬虫，可以根据搜索要求获得特定的含有多种属性弱标签的商品数据。同时，为解决商品分类不统一和智能联想问题，这里采用搜索关键词作为关键词标签，将分类模型识别图像型数据得到的结果作为分类模型标签，最后对两种标签进行匹配筛选数据。

(一) 电商平台爬虫系统

为了获取多家电商平台的服装类商品信息数据，采用基于多层次搜索匹配的电商平台爬虫系统。考虑到大众的日常生活习惯，选择服装种类作为一级分类，这相较于颜色、面料与服装种类的关联性更强，也更符合大众搜索常识，进一步选择面料为二级分类，颜色为三级分类。因此最终的相对统一的关键词搜索层次为服装种类、面料、颜色。

按照传统的爬虫策略，通过访问各电商平台的搜索 URL＋层次关键词，得到具体商品类别下的网页源码。之后调用 Python 第三方包 lxml 解析网页源码，摘取商品编码、商品名、销量、价格、图像网址等信息，结构化处理并保存。最后，根据图像网址访问相应网页并下载对应商品样图。具体流程如图 16－4 所示。

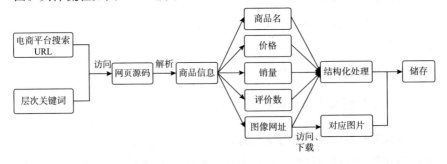

图 16－4　电商平台爬虫流程图

（二）多家电商平台服装商品数据

基于上文电商平台爬虫系统，设定层次关键词依次为衣服种类类别、面料类别和颜色类别。所有的商品信息数据均由淘宝、京东、苏宁、唯品会等四家电商平台依据本案例的电商平台爬虫系统所得。获取网页源码并解析得到包括商品编码、商品名、价格、月销量、评价数、样图网址在内的数据。

由于各电商平台商品页包含信息不一，仅淘宝提供相应商品的月销量数据，其余三家电商平台仅有评价数。按照商品编码、月销量/评价数、价格、商品名、样图网址的格式保存爬取到的信息，将电商平台、衣服种类、颜色、面料相同的数据储存在同一文件中。

第三节　相关模型介绍

一、VGGNet 模型

VGGNet 常用的结构从 11 层到 19 层不等，其中 VGG-16 网络简单，性能也不错，应用最为广泛。网络结构主要由许多相对小型的 3×3 卷积层和 2×2 池化层组成。

VGG16 包含 16 个卷积层或全连接层，网络结构如图 16-5 所示。前向传播步骤为首先输入图像，预处理之后进行一组 3×3 卷积，再进行池化，总共进行五组，每组的卷积次数分别为 2，2，2，3，3。最后池化后的特征图经过三个全连接层，前两层的参数个数为 4 096，最后一层为 1 000（类别数），最后经过 Softmax 层输出预测概率。

VGG16 内存主要消耗在前两层卷积，而参数在第一层全连接中最多。其特点是用堆叠的小卷积核代替大卷积核，在感受野不变的情况下加深网络结构、有效地减少了参数量，提升性能，加快收敛，提高精度。并且使用 Batch Normalization，降低模型的过拟合，但其仍存在参数量较多的问题。

二、ResNet 模型

ResNet 最大的贡献在于解决了深层网络难以训练的问题（反向传播梯度弥散），借鉴 Highway Network 的跨层链接思想，通过学习目标值与

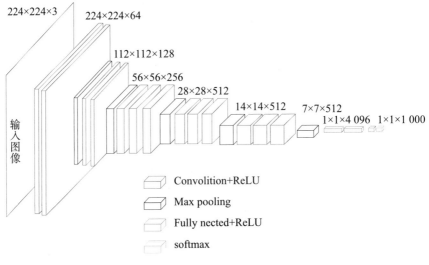

224×224×3
224×224×64
112×112×128
56×56×256
28×28×512
14×14×512
7×7×512
1×1×4 096 1×1×1 000

输入图像

☐ Convolition+ReLU
☐ Max pooling
☐ Fully nected+ReLU
☐ softmax

图 16 - 5　VGG16 网络结构图

输入的残差达到在不降低准确率的前提下大幅提高网络深度的目的，它的网络深度达到了 152 层，但参数量比 VGGNet 还要少。

ResNet 网络之所以能够训练下去主要得益于 residual block（残差模块）的使用。残差模块是一种短路连接，如图 16 - 6 所示。通常的"plain"结构如左侧所示，而 residual 网络如右侧所示，加了一条短路路径，使得前面的输入可以直接连接到输出。原本图中要学习的目标值是 H(x)，现在由于多加了输入 x 的影响，网络层需要拟合的变成了 F(x)＝H(x)－x，

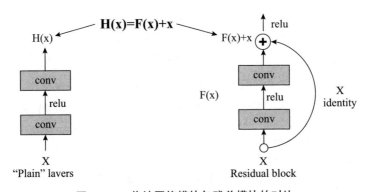

$H(x)=F(x)+x$

H(x)

relu

conv

relu

conv

X

"Plain" lavers

relu

F(x)+x　⊕

conv

relu

F(x)

conv

X

X
identity

Residual block

图 16 - 6　传统网络模块与残差模块的对比

这表明了网络拟合的残差。因此，后面的目标就是训练网络模型使残差结果接近 0，实现既加深了网络，又保证了准确率的目的。

ResNet 根据网络层数的不同分为多种结构模型，常用的有 50 层，101 层和 152 层，其中 ResNet-101 的使用率最高。表 16-1 展示了上述三种模型的网络结构。

表 16-1　ResNet 不同层数的网络结构

layer name	output size	50-layer	101-layer	152-layer
Conv1	112×112	7×7, 64, stride 2		
Conv2_x	56×56	3×3 max pool, stride 2		
		｜3×3, 64｜×3	｜3×3, 64｜×3	｜3×3, 64｜×3
Conv3_x	28×28	｜3×3, 128｜×4	｜3×3, 128｜×4	｜3×3, 128｜×8
Conv4_x	14×14	｜3×3, 256｜×6	｜3×3, 256｜×23	｜3×3, 256｜×36
Conv5_x	7×7	｜3×3, 512｜×3	｜3×3, 512｜×3	｜3×3, 512｜×3
	1×1	Average pool, 1000-d fc, softmax		

三、DenseNet 模型

DenseNet 借用 ResNet 的基本思路，但它建立的是当前层与前面的所有层之间的密集连接（dense connection），并且通过特征在通道上的直接连接来实现特征重用（feature reuse）。相较于 ResNet 直接进行特征相加，DenseNet 将特征进行拼接，扩大了数据维度。这些特点让 DenseNet 在与其他网络比较中优势明显。

与 ResNet 不同的是，DenseNet 提出一个密集连接机制，即互相连接网络中的所有层，也就是说每个层都会收到来自其前面所有层的输出结果作为输入。并且 DenseNet 直接 concat 来自不同层的特征图，这可以实现特征重用，提升效率，这也是 DenseNet 与 ResNet 最主要的区别。如公式（16-1）所示：

$$xl = Hl(xl-1)$$
$$xl = Hl(xl-1) + xl - 1$$
$$xl = HlO$$

（公式 16-1）

其中，$Hl(\cdot)$代表的是非线性函数。在公式 4-2 中，第一个表示传统网络在 l 层上的输出，第二个表示在 ResNet 网络上的输出，最后一个表示 DenseNet 网络上的输出。

DenseNet 核心的 dense block 结构如图 16-7 所示。从图 16-7 可以看出，通过 dense block 模块，每一层的输入来自前面所有层的输出。由此 DenseNet 实现了减轻梯度消失、特征复用、减少参数量等目的，进一步提高了模型的特征提取能力。

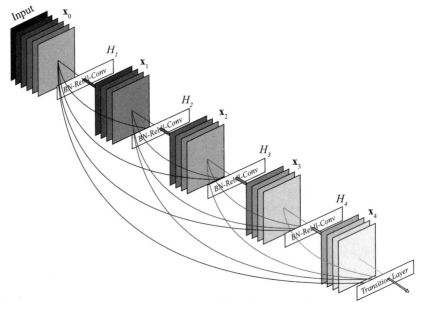

图 16-7　DenseNet 的 dense block 模块

四、多输出卷积神经网络

为实现多输出预测，这里使用一种特殊的网络架构（MCCN）负责分类任务，如图 16-8 所示，其主要包含三个特殊组件：一个网络的早期分支（之后分成三个子网络，分别负责预测服装种类类别、面料类别、颜色类别）、输出各自预测结果的全连接层（连接在子网络末端）、输出整合结果（将各子网络的预测结果进行整合输出）。

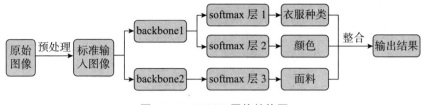

图 16 - 8　MCCN 网络结构图

由于服装种类模型和颜色类别模型使用的图像数据来源于 ImageNet，其对应子网络可以通过预训练模型进行 fine-tune，若两个子网络结构相同，则可共用一个子网络进行特征提取。而面料类别模型使用的图像数据由 DeepFashion 提供，需要直接初始化参数进行训练。经比较不同特征提取网络的效果，三个子网络均选用 ResNet-101 模型，并将服装种类类别和颜色类别的特征提取网络合并，只在后面的 softmax 层上进行单独训练，经此子网络组件后会输出对于服装种类类别、面料类别、颜色类别的预测，最后将三个子网络的检测结果按照种类、面料、颜色的顺序进行输出。

第四节　案例实现过程

一、模型训练

本实验训练卷积分类神经网络模型所用的数据包含 ImageNet2012 的 train 和 val 数据集中的 n02769748、n02869837、n02963159、n03047690、n03124170、n03594734、n03595614、n03709823、n03770439、n04136333、n04259630 等类别数据及 DeepFashion 数据集中 Fabric 类别为 Cotton、Fur、Knitting、Leather 的数据。选取的部分样本展示如图 16 - 9 所示。

图 16 - 9　部分样本展示图

将 ImageNet2012 中的衣物图片依据服装种类和颜色进行分类，其中服装种类包含 T 恤、包、帽子、毛衣、牛仔裤、袜子、裙子、鞋 8 类，颜色选取白、黑、红、蓝、其他 5 类。将 DeepFashion 中的所选图片依据面料分成毛织、棉、牛仔布、皮革 4 类，由于面料种类中存在类别混杂的情况，需将混杂图像进行删除。最终服装种类类别的数据量为 10 616，颜色类别的数据量为 3 242，面料类别的数据量为 8 655。各类别均随机选取 1/5 的图片作为测试集，其余图片作为训练集。各类别样本量如表 16-2 所示。

表 16-2　分类模型样本量

	衣物种类	面料	颜色	总计
训练集	8 493	6 924	2 594	18 011
测试集	2 123	1 731	6 48	4 502

二、数据增强

本实验采用翻转平移、剪切、放缩等将训练集扩增 1 倍，即衣服种类、颜色、面料的训练样本分别增加到 16 986、5 187、13 848。

使用 resnet-34 的基础分类网络对衣服种类和颜色分类进行对比试验，分类精度的结果如表 16-3 所示。

表 16-3　数据增强前后分类精度

	原始样本	数据增强样本
衣服种类	0.847	0.862
颜色	0.810	0.841

由表 4-5 可知，数据增强对分类精度提升明显，特别是训练样本原数据量较少的情况提升更为显著。以下试验均在数据增强后的样本上进行。

三、获得模型

使用数据增强后的样本，通过训练不同深度的 VGG，ResNet，DenseNet 模型以及增加 Dropout 层等来调整网络结构，共计有 7 种网络参与对比实验,各网络模型在三个不同测试集上的分类精度如表 16－4 所示。其中,选取 ResNet-101 在衣服种类分类任务中的训练 50 个 epoch 的效果图展示如图 16－10。

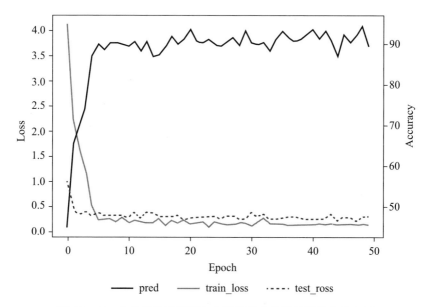

　　　　　 pred 　　　　 train_loss 　　‥‥‥ test_ross

图 16－10　多输出分类模型在衣服种类上的训练损失和精度图

表 16－4　不同网络结构在三个分类任务中的精度

基础网络	衣服种类	面料	颜色
VGG16	87.592	78.648	81.992
VGG16_bn	89.360	80.969	83.415
VGG19	88.218	79.446	82.051
ResNet34	89.314	80.212	83.474
ResNet101	92.578	83.561	85.710
ResNet101＋Dropout	92.875	83.219	84.527
DenseNet121	91.972	82.810	85.262

　　由表 16－4 可以看出,ResNet 和 DenseNet 在此数据集上的表现要由于 VGGNet。并且,添加了 Dropout 层之后的 ResNet101 模型在衣服种类

分类任务中表现比不添加要好，在面料和颜色两个分类任务上略次。但在优化和超参数相同的情况下，两种模型的损失函数随迭代次数的变化情况如图 16 - 11 所示。

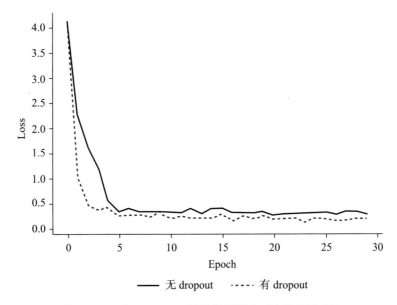

图 16 - 11　有无 Dropout 层的模型训练时收敛效果对比

从图 16 - 11 中可以看出，有 Dropout 的模型收敛速度比较快，但最终两个模型的训练损失相差不多。由于训练数据比较多，所以模型本身的过拟合情况不明显，若模型复杂度高，训练数据少，那么在模型中添加 Dropout 层既可以提高训练速度，也可以有效地减少过拟合的现象，使得模型效果更优。

多输出分类模型在测试集上的预测效果如图 16 - 12 所示。其中，第二行左三和左四是分类错误的示例，左三的标签是皮革，但预测为棉，初步分析是图片里的衣服皮革较少，并且含有棉质部分。左四的标签是毛衣、黑，但预测是牛仔裤、黑，初步分析是图片里含有严重的干扰信息，既有牛仔裤也有毛衣，颜色也包括蓝和黑。由图 16 - 12 的展示效果可知，模型对于干扰信息少的图像预测效果理想，但若图片中干扰信息过多，则预测困难，准确率较低。

图 16 - 12　多输出分类模型在测试集上的预测效果图

四、利用模型筛选数据

使用关键词搜索的爬虫方法会带来联想问题，电商在响应用户的搜索请求时可能进行智能联想，也就是推荐一些不满足搜索要求的商品给用户，这种情况在某类商品种类少的情况下更为严重。若不进行处理，那么后续构建商品价格指数的时候就会因为样本集不纯导致结果可信度低等问题。

我们使用上文的图像多输出分类模型对爬取到的商品图片数据进行识别，由模型识别结果与爬虫时的搜索关键词进行对比，剔除掉标签不一致的商品数据，获得标签准确的数据集。这种方法一是充分利用了电商平台数据的信息，特别是图像信息，二是添加了图像分类模型预测结果，有效降低了电商平台的智能联想对爬虫搜索的干扰，提高了商品标签对应的准确性。在四家电商平台爬虫数据上的匹配筛选结果如表 16 - 5 所示。

表 16 - 5　四家电商平台类别标签比对筛选结果

电商平台	爬虫结果	衣服种类一致	面料一致	颜色一致	三类别均一致
淘宝	13 008	11 582	6 367	9 533	4 728
京东	4 076	3 572	2 349	3 102	1 654
苏宁	7 089	5 869	2 974	3 561	2 059
唯品会	3 855	2 913	1 428	2 076	1 190

五、样本集的抽样和商品编码

为得到四家电商平台某类商品的价格指标，由上文获得的数据集需进行抽样，根据服装商品的数据结构，我们选择分层抽样。以白色棉 T 恤为例，其中层次是京东、苏宁、淘宝、唯品会四家电商平台，每层样本数的确定选择定比法，即各层样本数与该层总体数的比值相等。相较于传统分层抽样对于每层样本使用简单随机抽样，我们选择先采用 ADASYN 方法对小众样本进行数据合成后，再进行简单抽样。

先根据定比法确定每家电商需抽取的样本量，之后对小众样本（销量、评价数较少）进行数据合成后再简单随机抽样，结果如表 16-6 所示，其中总样本量等于该电商此类商品销量之和或者评价数之和。

表 16-6　四大电商平台白色棉 T 恤抽样结果

	总样本量	数据合成后样本量	抽取样本数
淘宝	1 008 869	1 259 327	51 340
京东	840 467	1 183 000	42 770
苏宁	68 485	86 742	3 480
唯品会	47 342	61 543	2 410

为表示由关键词标签和分类标签匹配筛选后的数据，对每个商品数据依据上文确定的服装类商品分级目录进行编码。此外，为了标注该商品所属平台，选取各电商平台首字母加在商品码前，最终的编码格式为 X×× ××××××××，其中 X 表示电商平台首字母，××××××××××表示十位数字商品码，代表其所属类别。部分商品的编码如表 16-7 所示。

表 16-7　部分商品的编码

商品类别	大类	子类	次级子类	一级细目	二级细目	商品码
京东白色棉 T 恤	18	01	00	01	01	J1801000101
淘宝黑色棉 T 恤	18	01	00	01	02	T1801000102
淘宝黑色牛仔裤	18	05	00	03	02	T1805000302

续表

商品类别	大类	子类	次级子类	一级细目	二级细目	商品码
苏宁黄色皮帽子	18	03	00	04	05	S1803000405
…	…	…	…	…	…	…

经过统一编码处理的商品数据，既可以满足商家和用户的搜索特定类商品的需求，又可以横向比较不同电商平台之间同类商品差异，消除了商品分类随平台差异的影响，对于统计全网商品价格指标变化具有重要意义。同时，分级化表示的编码可以在不清楚商品全码的情况下，根据某一级的类别进行搜索，例如，要搜索颜色为白色的所有衣服，那么只需要确定最后两位为 01 即可获取到所有颜色为白色的衣服商品数据。

第五节　案例结果分析

一、描述性分析

样本数据的变量包含商品名称、价格、销售量或评价数、衣服种类、面料、颜色、所属电商平台等信息。首先对其做描述性分析。

选取四家电商平台的 T 恤类商品，研究其价格指数。目前比较通用的基本分类商品价格指数模型以 Carli，Jevons、Dutot 为主，其中我国 CPI 指数的编制是依据 Jevons 确定的。因此，对于跨平台 T 恤类商品价格指数的研究也以 Jevons 为准。

由图 16-13 的左图可知，目前我国四家电商平台上的服装市场绝大部分由淘宝和京东占领，其中淘宝所占最多。此外，由右边的各类型服装占市场份额图可知 T 恤、袜子等小件衣物销量最多，而包、毛衣、裙子等具有季节性或价格较贵的商品销量较少，占据的市场份额小。

为了分析销量和价格之间的关系，首先对销量进行对数化处理，其次将所有商品按照价格分成三个区间，分别是 0～200、200～500、500 以上，再将所有商品样本分到这三个集合里，最后绘制商品价格与对数销售量的箱线图。结果如图 16-14 所示。

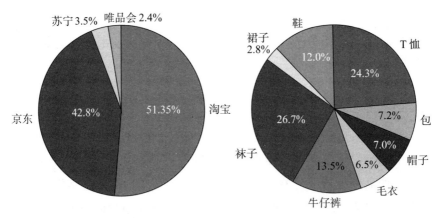

图 16 - 13　四家电商平台占服装市场份额（左）和各类型服装占市场销量份额（右）

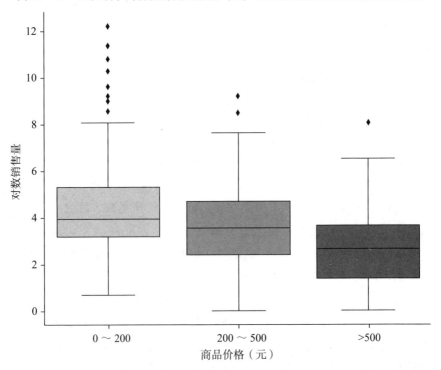

图 16 - 14　商品价格与销售量关系

　　由图 16 - 14 可以看出服装类商品价格在 200 元以下时平均销售量最高，并且有一小部分销售状况非常好。但当商品价格在 500 元以上销售量最低。此外，200 元以下的箱线图存在明显的右偏分布，这也体现了销售量和价格的反比关系。从异常点角度考虑，存在部分商品销售量为 0，价格高的商品异常点相对较少。

二、跨平台服装商品价格分析

由抽取的样本集，可以计算相应的跨电商平台服装价格指标。例如求八种服装类商品在四家平台上的均价，可以用抽取的样本计算各平台各类商品的均价，最后绘制直方图，结果如图 16－15 所示。

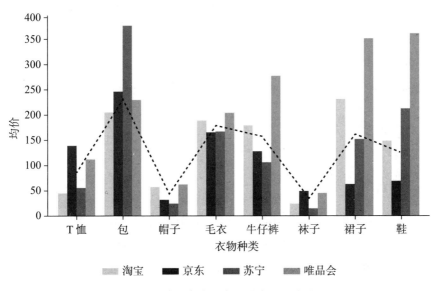

图 16－15　跨电商平台衣服商品均价对比

观察图 16－15，我们可以看出在四家电商平台同类衣服商品均价比较中，京东和淘宝的商品价格比较低，唯品会价格较高，尤其是牛仔裤、裙子和鞋。此外，帽子、毛衣和鞋的商品价格在四个平台上均无明显差异。图中的红色虚线表示各类商品在四家平台上综合的均价，这是根据平台商品销量比重作为权重求得。由该折线可以看出，包的价格最高，袜子和帽子最低，其余商品的价格相差不大。从该曲线也能看出，苏宁和唯品会的商品均价偏离平均值过高，这也有可能是因为这两家平台商品销量低，占比小的原因。

三、跨平台服装商品日度价格指数研究

我们选取 2019 年 3 月 27 日至 4 月 20 日的四家电商平台的 T 恤类商品每日加权平均价格数据，首先根据计算各平台 T 恤商品的日度价格变化值，然后根据 Jevons 基本分类商品价格指数模型计算所有 T 恤商品的日度环比价格指数。最后的结果如表 16-8 所示。

表 16-8　T 恤日度环比价格指数

日期	星期一	星期二	星期三	星期四	星期五	星期六	星期日
3.27~3.29	……	……	……	……	100.0	100.0	99.8
3.30~4.05	99.5	100.0	98.5	98.9	99.7	98.9	100.0
4.06~4.12	100.0	99.2	100.0	98.5	99.6	100.2	99.7
4.13~4.19	100.0	99.67	98.7	100.1	100.0	98.9	99.8
4.20~4.26	99.5	……	……	……	……	……	……

第六节　小结

本章案例基于经典卷积神经网络提取图像特征，并通过类似于并行结构的卷积网络模型实现了图像多输出分类，并用其辅助跨电商商品价格指数的构建，各部分的研究内容如下：

（1）以跨电商平台服装为例，确定了适用于本章任务的服装类商品分级目录，并据此目录提供的关键词标签爬取四家电商平台服装数据。

（2）通过设计特殊的网络结构，实现图像多输出分类模型，并训练多个特征提取网络比较后选择最优模型，实验证明预测精度良好。

（3）为了消除购物搜索的智能联想影响，使用图像多输出分类模型对商品样图进行预测，将预测结果与关键词标签对比进行数据筛选。之后通过 ADASYN 数据合成方法消除正负样本不平衡的影响，再进行分层抽样得到样本集。

（4）通过上述方法获得的价格指标是对不同平台同类商品的研究，消除了不同平台分类不一的影响，对经营者销售决策和消费者购物选择提供了参考。

尽管本研究在跨平台商品数据和图像多输出分类中取得一定研究成果，但仍有许多不足待读者进行探索改进。在图像分类任务中，因为缺少电商数据集，只能用 ImageNet2012 数据替代来训练分类模型，将其直接用于电商数据集分类精度会有所降低，模型也仅可以做三个独立类别的分类，以后可以增加其他类别的数据改进模型。此外，所用的电商数据集覆盖面较低，仅适用于服装类商品，商品目录的划分范围也比较小，后续可以扩大目录范围、增加分级，完善电商产品目录的覆盖面。最后，由于研究类型原因，仅爬取近一个月的服装类商品信息去构建价格指数，并不能完整地体现服装商品的月度和年度变化，所以可以考虑将爬取数据的时间范围扩大，计算相应的价格指数。

本章参考文献

[1] 高士慧. 基于深度学习的图像多标签分类算法研究 [D]. 北京：北京交通大学, 2019.

[2] 黄海龙. 基于以电商平台为核心的互联网金融研究 [J]. 上海金融, 2013 (8)：18-23，116.

[3] 刘雅苹，占超，杨明. 关于商业银行产品及产品目录的思考 [J]. 金融会计, 2013 (8)：19-22.

[4] 孙庆. 我国产品目录与联合国中央产品分类的主要区别 [J]. 中国统计, 1998 (6)：21-22.

[5] 魏倩男，贺正楚，陈一鸣. 基于网络爬虫的京东电商平台数据分析 [J]. 经济数学, 2018, 35 (1)：77-85.

[6] 邬贺铨. 大数据时代的机遇与挑战 [J]. 求是, 2013 (4)：47-48.

[7] 徐之舟，张青，乔居强. 上海市高技术产品出口统计目录对比研究 [J]. 科技进步与对策, 2008 (2)：100-102.

[8] 张倩，林安成，廖秀秀. 自动结构化数据的电商网站主题爬虫研究 [J]. 计算机系统应用, 2018, 27 (7)：90-95.

[9] 中国互联网络信息中心. 第 44 次中国互联网络发展状况统计报告 [R], 2017.

[10] 中华人民共和国国家统计局. 统计用产品分类目录 [R], 2010.

第十七章 研究案例——遥感卫星影像辅助区域发展变化研究

区域研究中的空间特征变化一直是研究区域差异的研究的重要内容，也进一步影响着区域科学的发展。区域研究中，遥感卫星影像数据资源包含很多信息，而人工智能的发展为此类非结构化数据的分析提供了更多可能，进而为空间变化特征提取提供了重要思路。

卫星地图可以直观地看到地理空间结构，但无法直观得到区域发展分析需要的空间信息，如何自动化提取卫星地图中的地理信息是制约遥感卫星影像解析分析的关键问题。深度学习中的语义分割方法则恰好可以解决这一问题，对分割图像进行解析，可提取出遥感卫星影像中的空间地理信息，进一步可在多个领域进行应用，也包括对区域发展做经济分析。鉴于此，本章提出将 Deeplabv3＋分割算法应用于大范围的遥感卫星影像分割的思路。

第一节 前期工作准备

一、遥感影像分割方法

遥感影像分割方法主要包括传统方法和深度学习方法。在深度学习方法兴起前，传统方法一直是分割的依赖，但其能解决的问题有限，时常难以得到理想的分割效果。近年来，随着深度学习方法的不断兴起壮大，各种语义分割方法层出不穷，其中针对遥感卫星影像的图像分割算法也在深度学习以及计算机视觉领域占有重要的席位。

传统的分割方法中，比较经典的有微分算子边缘分割法，在区域对比明显的情况下，效果较为理想，然而在出现边缘模糊或者边界过多时则效果不佳。基于区域的方法则是利用区域内像素的特征进行图片的分割，其优势在于有很强的抗噪能力，并且得到的区域形状紧凑，但在确定种子点和区域同质性标准时比较困难。

随着科技进步，互联网时代的到来，机器性能不断增强，新的技术——深度学习得到了广泛的应用。从 LeNet 的发表，人们开始对神经网络充满关注，到 2012 年的 ImageNet 挑战赛，AlexNet 一举夺得桂冠，深度学习算法开始被广泛应用于计算机视觉领域。在图像语义分割领域，FCN、SegNet、Deeplabv2 以及 Deeplabv3＋等算法都有很强的影响力，他们的检测效果和性能都很出色，在公开自然场景数据集上的准确率也很高。由于深度学习方法进行语义分割效果显著，因此，不少人将其应用到了遥感影像分割领域，譬如对遥感卫星影像中的建筑和建筑用地进行提取分割、检测洪水旱涝、森林火灾防控、地绘测量等，实践结果表明，深度学习方法的总体精度比传统的分割方法更高。

在本章后续的研究中，使用微调过的基于 DeepLabV3 网络结构的语义分割模型，实践其效果，并针对具体问题，测试优化其性能。

二、DeepLab 语义分割网络算法

DeepLab 语义分割网络算法同之前介绍的，编码器-解码器架构设计有很大差异，它在语义分割方法领域另辟蹊径，做出了自己的创新，它的独创性主要在于空洞卷积和空洞空间金字塔池化的使用。

（一）空洞卷积

DeepLabV3 的作者认为卷积层和池化层对输入图像的缩放，使得特征图损失了目标的精确位置信息，所以提出空洞卷积。图 17-1 为普通卷积与空洞卷积的对比图，可直观理解两类卷积的区别。

在实际的操作以及实验中如何生成空洞卷积呢？实际上这通常可以采用两种方式，一是将卷积核保持不变，输入时做等间隔采样；二是输入保

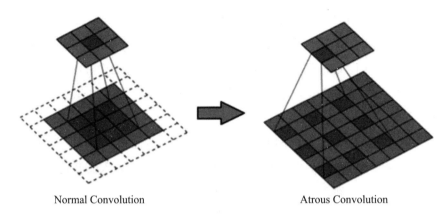

Normal Convolution   Atrous Convolution

图 17-1 普通卷积（左）与空洞卷积（右）图

持不变，在卷积核中插入一定数量的 0。两种方法虽然途径不同，但是殊途同归，都能达到预想的效果。

空洞卷积之所以能够达到提取精确位置信息，其原理可以解释如下：在卷积核中间插入 0，构成空洞卷积之后，可以起到增大感受野（field-of-view）的效果，并且不会增加计算量，因为增加的位置上全为 0。如图 17-1 所示，左图中标准卷积中的卷积核大小为 3×3，那么它的感受野也为 3×3。右图的空洞卷积，虽然通过填充 0 扩大了，但是其中实际参与计算的卷积核大小仍为 3×3，而感受野已经扩大到了 5×5，结果见图 17-2。

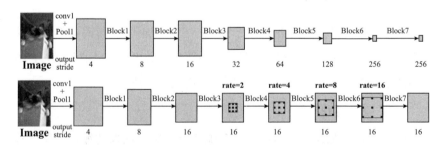

图 17-2 在卷积过程中使用空洞卷积的结果

综上，使用空洞卷积的优势是在可以扩大感受野的前提下，还可以通过 padding 使输入与输出的大小相同，同时不会增加计算量。

（二）空洞空间金字塔池化

除了空洞卷积，deeplabv3 还有另一个独特的技术点，那就是空洞空间金字塔池化，简称 ASPP。它是由 SPPNet 加上空洞卷积得到的，作者通过多个卷积层并联的方式，使模型在多尺度物体上的表现更好。如图 17-3 所示。

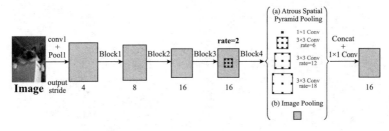

图 17-3　deeplabv3 完整结构示意图

整体的 ASPP 结构就是图中黄色大括号中的部分，由（a）、（b）两个部分组成。（a）包含 1 个 1×1 的卷积和 3 个空洞卷积参数空洞率分别为（6，12，18）的 3×3 的空洞卷积；（b）将最终特征图经过池化＋1×1 卷积＋BN 层＋双线性插值，使其包含更多的全局信息。

通过此类操作，既使得预测图保证了原来的大小，又通过空洞卷积带来的大视野获得了全局语境信息。

（三）语义分割问题评价

对于语义分割问题的评价总体上包含三大指标，分别是执行时间、内存占用以及准确度。这里我们选取准确度指标中的 MIoU（Mean Intersection over Union）作为我们的评价指标。

IOU 主要是测量目标检测准确率的指标，通过测量真实值与预测值的相似程度来描述结果的准确率，这是一个简单的测量标准，只要是在输出中得出一个预测范围（bounding boxex）的任务都可以用 IoU 来进行测量。在一些常见的物体检测竞赛，例如 PASCAL VOC challenge 中都可以看到很多使用该标准的做法。图 17-4 与图 17-5 均示意了 IOU 的计算方法，从图 17-5 中看出，两个方框重合越多，IOU 值越高，也代表预测结果越准确。

图 17 - 4　IOU 的计算方法示意图（1）

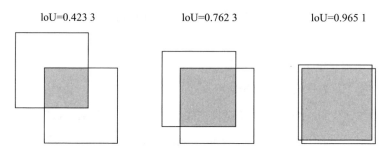

图 17 - 5　IOU 的计算方法示意图（2）

　　假定一定有 $k+1$ 类（包括 k 个目标类和 1 个背景类），p_{ij} 表示本属于 i 类却预测为 j 类的像素点总数，具体地，p_{ii} 表示 true postives，p_{ij} 表示 false positives，p_{ji} 表示 false negatives。

　　Mean-IoU 评价指标，简单来说是计算每一类的 IoU 然后求平均。一类的 IoU 计算方式如下，例如 $i=1$，p_{11} 表示 true positives，即本属于 1 类且预测也为 1 类，$\sum_{j=0}^{k} p_{1j}$ 表示本属于 1 类却预测为其他类的像素点数

（注意，这里包含了p_{11}），$\sum\limits_{j=0}^{k} p_{j1}$ 表示本属于其他类却预测为 1 类的像素点数（注意，这里也包含了p_{11}），在分母处p_{11}计算了两次，所以要减去一个p_{11}，如公式 17 - 1 所示：

$$MIoU = \frac{1}{k+1} \sum\limits_{i=0}^{k} \frac{p_{ii}}{\sum\limits_{j=0}^{k} p_{ij} + \sum\limits_{j=0}^{k} p_{ji} - p_{ii}} \qquad (公式\ 17-1)$$

可以通过图 17 - 6 做直观的理解，深色圆代表真实值，浅色圆代表预测值。MIoU 指标直观理解是，计算两圆交集与两圆并集之间的比例，理想情况下两圆重合，比例为 1。

图 17 - 6　MIOU 计算示意图

第二节　数据准备

选取 CCF 大数据比赛提供的数据作为测试集，该数据集提供了 2015 年中国南方某城市的高清遥感图像。该数据集较小，仅包含了 5 张带标注的大尺寸 RGB 遥感图像（尺寸范围从 3 000×3 000 到 6 000×6 000），数据集标注的标签分类有五种，即植被、建筑、水体、道路以及其他。为更清晰显示标注数据集，将数据 label 做可视化展示，其中植被为绿色，建筑为灰色，水体为蓝色，道路为黑色，其他是白色。当前数据集分类个数适中，标注清晰，适合一般的遥感卫星影像分割项目，但同时它也存在一些问题，即某些区域标注不细致，部分绿地并未标出，部分建筑物只标注了大致区域。数据集展示如下：

图 17 - 7　数据集以及对应 label 展示

第三节　模型实现过程

一、数据增强

由于训练集样本较少，为保证模型的鲁棒性和普适性，首先需要对数据做预处理与扩充。CCF 数据集提供了 5 张大尺寸 RGB 遥感卫星影像作为训练数据，由于图片尺寸不一致，不能直接送入网络学习，这一方面是因为内存不足以支撑，另一方面，如果强行 resize，会使图像扭曲从而降低识别准确率。

因此，我们首先将他们做随机切割，即随机生成 x，y 坐标，然后抠出该坐标下 256×256 的小图，并做以下数据增强操作。

（一）旋转和镜像

将切割后的图像以及其对应的 label 均顺时针旋转 90 度，180 度，270 度，通过旋转变换增加数据。也可以通过做左右的镜像变换扩充数据。

（二）噪声与模糊

为图像添加噪声的原理，即按照指定的噪声类型，生成一个随机数，然后将这个随机数加到源像素值上，并将得到的值所放到区间。为原图添加高斯噪声以及椒盐噪声。

高斯噪声比较常见，也经常在实践中应用，顾名思义，随机数满足高斯分布。其中，均值决定整个图像的明暗程度，默认值为 0，大于 0 表示给图像加上一个使自己变亮的噪声，小于 0 表示给图像加上一个使得自己变暗的噪声。而对于方差来说，其值越大，数据越分散，噪声也就越多。其公式如下：

$$p(z) = \frac{1}{\sqrt{2\pi}\,\sigma} e^{-(z-\bar{z})^2/2\sigma^2} \tag{公式 17-2}$$

椒盐噪声是根据图像的信噪比，随机生成一些图像内部的像素位置，并且随机对这些像素点赋值为 0 或 255。信噪比越小，噪声越多，信噪比为 1 时，图像不含噪声。0 为胡椒噪声，255 为盐粒噪声。公式如下：

$$p(z) = \begin{cases} p_a & z = a \\ p_b & z = b \\ 1 - p_a - p_b & \text{其他} \end{cases} \tag{公式 17-3}$$

（三）色彩增强

在前两步的基础上做色彩增强处理，改变图像的亮度与对比度。以像素点为单位做相关操作，处理原理可用公式 17-4 解释：

$$g(i,j) = \alpha f(i,j) + \beta \tag{公式 17-4}$$

其中，$\alpha > 0$，β 是增益变量。α 调整改变图像对比度，通过使图像像素成倍数的增长或降低，改变图像的差值。β 改变图像的亮度，β 可为负，也可为正，通过调整 β，相当于在像素点上加上一个值或减去一个值，对应于使这个像素点变大或变小，其本质就是向白色或向黑色靠近（0 为黑，255 为白）。

二、模型训练

经过数据扩增与各种图片预处理方法，我们得到 50 000 张 256 * 256 的 RGB 图像以及对应的 label 图片作为训练数据。注意到训练数据中各类别标签样本比例不均衡，道路与水体两种类别较少，为了弥补道路与水体数量不足的劣势，可以将这两个类别赋予更高的权重。在这里，将道路，水体与建筑，植被的比例设置为 2 : 2 : 1 : 1。

搭建 Deeplab-v3 模型，为了加快实验训练速度，使用了预训练模型

resnet-v2-50 做迁移学习，并对公开数据集上的预训练模型初始化权值。
经过训练可以做出迭代步数与 MIoU 指标的曲线：

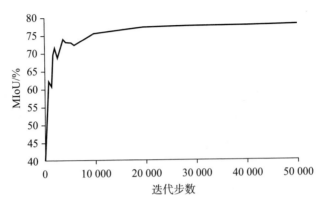

图 17-8　训练过程迭代步数与 MIoU 值的变化

可以看出在 10 000 步之前，随着迭代步数的递增，MIoU 指标上升迅
速，在 10 000 步之后增长逐渐趋于平缓，最终的 MIoU 稳定在 80% 左右。

三、预测结果的后处理

DeepLabv3 使用了 ASPP 结构和不同尺寸的空洞卷积，可以获取多尺
度的信息。解编码结构逐步重构空间信息提升了边界信息提取效果，但是
由于需要预测的遥感卫星影像均为大图，所以要切割来进行预测。如果对
切割之后的小图逐张预测，则预测准确率较低，为了提高边界处的预测准
确率以及拼接后的位置校准问题，可以在边界处多次分割，通过多次预
测，将得到的结果做集成处理。

其次，由于遥感卫星影像的分辨率不稳定和图片质量等相关问题，分
割预测结果中会出现很多噪声，我们通过形态学滤波处理。下面结合数学
公式与示意图来解释两种主要的操作。

（一）腐蚀

在图像识别项目中，图像腐蚀是后处理流程中重要一环。腐蚀通俗理
解为使图像中白色部分收缩，使得区域变小。

腐蚀运算的数学定义为：设 X 为目标图像，B 为结构元素，那么结

构元素 B 将目标图像腐蚀的数学表达式可用公式 17-5 表示：

$$X\ominus B=\{x\,|\,(B)_x\subseteq X\}$$

（公式 17-5）

其中，x 表示集合平移的位移量，$\ominus$ 是腐蚀运算的运算符。

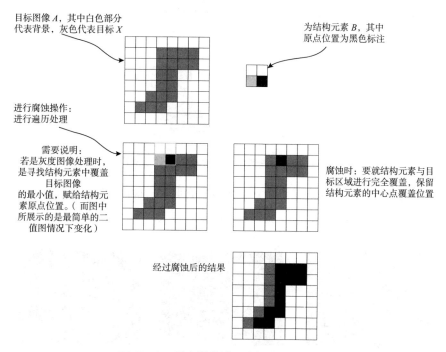

目标图像 A，其中白色部分代表背景，灰色代表目标 X

为结构元素 B，其中原点位置为黑色标注

进行腐蚀操作：进行遍历处理

需要说明：若是灰度图像处理时，是寻找结构元素中覆盖目标图像的最小值，赋给结构元素原点位置。（而图中所展示的是最简单的二值图情况下变化）

腐蚀时：要就结构元素与目标区域进行完全覆盖，保留结构元素的中心点覆盖位置

经过腐蚀后的结果

图 17-9　形态学滤波之腐蚀原理示意图

（二）膨胀

膨胀可以看作是腐蚀的对偶运算。图像膨胀经常接在腐蚀之后，实现对图像降噪。膨胀可以认为是将图像中白色部分进行放大，以达到优化边缘的目的。膨胀运算的数学定义为：设 X 为目标图像，B 为结构元素，那么结构元素 B 将目标图像膨胀的数学表达式可用公式 17-6 表示：

$$X\oplus B=\{x\,|\,(B^V)_x\bigcap X\neq\Phi\}$$

（公式 17-6）

其中，x 表示集合平移的位移量，$\oplus$ 是膨胀运算的运算符。

通过对 DeepLabv3 模型预测的分割结果图，首先做腐蚀处理，消除部分噪声，控制联通域大小，去除孤立的小像素点。但是腐蚀处理之后的图片会被一定程度的压缩，所以之后进行膨胀操作，对腐蚀过的图像，进需要说明：
若是灰度图像处理时，是寻找结构元素中覆盖目标图像的最大值，赋给结构元素原点位置。（而图中所展示的是最简单的二值图情况下变化）

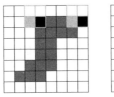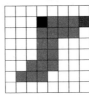

膨胀时：只要结构元素与目标区域有交集，就保留结构元素的中心点覆盖位置

绿色部分为扩增图像区域
黑色部分为原本就有的目标

经过膨胀处理后的结果

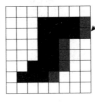

图 17 - 10　形态学滤波之膨胀原理示意图

行膨胀处理，可以去除噪声，并且保持原有形状。这样，通过形态学滤波处理，就能得到噪声较少、比较清晰的分割结果。

原始　　　　　　　　　腐蚀　　　　　　　　　膨胀

图 17 - 11　形态学滤波腐蚀与膨胀效果对比图

从图 17 - 11 可以看到，原始图像的边缘有很多白色的短线，可以当作噪声和粗糙边界考虑，通过做腐蚀操作，得到第二张腐蚀后的图像，可以明显看出边缘的短线消失，同时形状尺寸缩小了一圈。为了恢复图片尺寸，接下来做膨胀处理，可以看到图像向外扩张，恢复了原来尺寸。

四、语义分割成果展示

首先通过上文介绍的实验步骤训练好分割模型，在训练过程中，随着 epoch 的增加，MIoU 以及准确率逐渐上升，在 50 000 步时趋于平稳，各类别的 IOU 数值如表 17 - 1 所示：

表 17-1 验证集上各类别 IOU 与 Mean-IOU 表

类别	水体	植被	建筑	道路	Mean-IOU
IOU	84.12	75.32	71.33	78.43	77.3

从表 17-1 可以看出，水体的分割效果最好，道路的 IOU 为 78.43，也可以很好地分割出来，而建筑和植被的分割效果则次之。平均 IOU 数值为 77.3，在数据集较少的情况下，在测试集上得到此种结果，效果可观。将结果做可视化展示，结果如图 17-12 所示。

图 17-12 原图（左）以及模型分割在测试集上的分割图（右）

为了更直观地观察分割效果，将道路与建筑两个种类的分割结果做单独的展示，如图 17-13 所示。

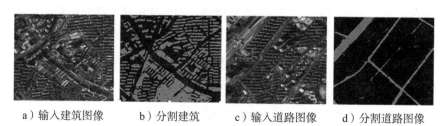

a）输入建筑图像　　b）分割建筑　　c）输入道路图像　　d）分割道路图像

图 17-13 单类分割效果展示

以上的分割结果图为模型直接预测的结果图，并未进行图片的后处理，即形态学滤波，可以看到图中存在一定量的噪声点，并且边界处不够平滑，处理不够细致，所以，我们对分割结果做腐蚀和膨胀处理。结果如图 17 - 14 所示。

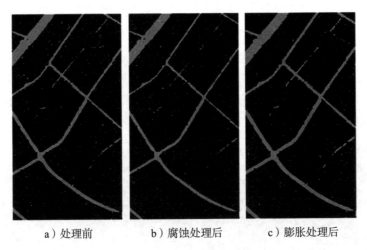

a）处理前　　　　b）腐蚀处理后　　　　c）膨胀处理后

图 17 - 14　形态学滤波处理对比变化图

从图 17 - 14 可以看到，经过腐蚀处理去除了一些孤立的小连通域，很好地做了降噪处理。经过腐蚀处理图片明显经过压缩，为了恢复原来尺寸，接着做膨胀处理。经过膨胀处理之后的图片边界处变得更加平滑，同时图片恢复了原本尺寸。如果有的图片经过一轮滤波处理效果不满意，可以根据需要进行多次迭代，进行多次膨胀。但是腐蚀处理需要慎重，过多腐蚀会使图片分割过分失真。

除了先做腐蚀后做膨胀的操作方法，还有另一种类似的方法，但是达到的效果却迥然不同。可以先做膨胀处理，使图像中高两部分扩张，这是区域内部的小黑点则会随之消失，但是图片经过扩张处理需要恢复，再做腐蚀处理，进行图片收缩。两种方法可以根据项目的目的来选择，同时掌握好力度，保证处理之后的图像接近真实，不失真。

第四节　案例演示与结果分析

区域变化与自然地理条件和自然资源配置息息相关，城市发展与城市规划往往会根据地理自然变化而做出相应调整。所以通过对自然地理资源变化的追踪，从而分析区域的发展变化，有着重要的意义。本节内容以北京市通州区为例，对比分析 2009 年与 2019 年的遥感卫星影像变化，通过对两个时空影像做语义分割，得到每个像素点的地物分类，研究区域发展变化。

一、应用问题及背景

通州区作为京津冀交汇的关键性地带，有着得天独厚的地理条件，同时，作为北京市的新型开发区，中央高度重视其发展，2009 年，北京市就提出建设"通州新城"的说法，直到 2014 年年初，习近平总书记到北京视察时提出，集中力量打造城市副中心，做强新城核心产业功能区，做优新城公共服务中心区。2015 年 7 月，通州被正式定位为"市行政副中心"。

通州区在建设过程中达到了高标准、高水平。建设过程中全面推进"海绵城市"理念，完善轨道交通网络建设，基础设施建设，全面建成中心城区市级绿道系统。可见，北京市通州区的十年变化有着很高的研究价值。因此选择了 2009 年与 2019 年的通州区以及周边的遥感卫星影像，做语义分割，从地理信息变化角度来看通州十年来的发展变化。

二、实践数据获取

北京市通州区的时空数据可以从相关地图软件中获取。首先，在地图软件中定位北京市，找到通州区的大致方位，再导入通州区行政区域边界的图层，重叠找到通州区位置。为保证图像最终的分割准确率，需要控制输入图片数据的分辨率，通过尝试不同的视野高度，找到最优解。这里使用了 4.58 公里视野高度，既能保证较高的分辨率，也使分割块最少，减少分割成本。

将整张遥感卫星影像按照图中的网格划分，共 15 行 8 列，120 张分割后的遥感卫星影像。以网格为单位做后续的语义分割以及成果分析。

三、分割结果展示

仿照上一节内容讲述的实验步骤，通过模型训练、参数适应性调优、分割预测、后处理四个主要步骤，可以得到最终的分割图。

首先，将 2009 年与 2019 年的遥感卫星影像分别根据网格做分割，截取 4 800×2 934 的 RGB 图像进行保存。然后将分割后的图片使用语义分割模型进行语义分割，得到初步的分割结果，之后做形态学滤波处理，处理好边界等细节，并做降噪处理。注意，这里的滤波处理是单类别分割标注的处理，因为膨胀和腐蚀等操作需要在二值图中进行。分别处理好五种类别之后再进行合成处理，得到最终的分割结果。最终得到的语义分割图拼接后的完整图像，尺寸为 38 400×44 100，每张共 132.4 MB。

如果单纯观察北京市通州区 2009 年与 2019 年的遥感卫星影像，很难发现其中的区别，但是通过语义分割，将地物信息做有效的分类提取，则可以较明显地看出二者的区别。为更细致的分析十年的变化，并且验证变化的差异性，进一步进行分析研究。

四、描述分析

前文已经直接从图形和位置信息上做了相关分析，现在将从数据方面对 2009 年与 2019 年分割后的遥感卫星影像做相关描述以及对比分析。

首先统计 2009 年与 2019 年各类别所占的面积数据，因为两张整图的面积一致，所以直接采用百分比的形式做比较。注意，不能直接使用整张预测图，需要根据通州区为边界做出划分，只统计边界内部的面积，并做出面积分布的饼形图，如图 17－15 所示。

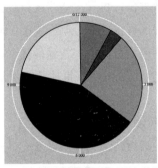
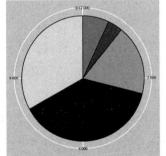

图 17－15　2009 年与 2019 年各类别占比饼图

为了更直观地做两年的对比分析，同时做出比较柱形图，如图 17 - 16 所示。

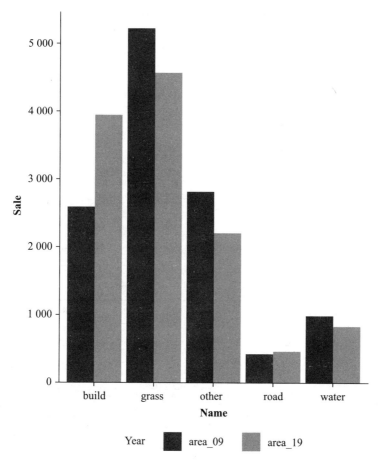

图 17 - 16　2009 年与 2019 年各类别占比对比柱状图

相较于 2009 年，2019 年的建筑物面积增幅达 12%，说明在这十年间，通州区的开发力度十分大，建筑明显增多，这也一定程度上反映出人口的变化。水体和道路的比例则变化不大，其中道路面积有 0.21% 的轻微增长。值得注意的是，种类为"其他"的面积有 5.16% 的减少，而"其他"中很大部分为荒地，结合建筑物面积的增多与实际发展情况，猜想通州区在 2009 年可能为之后的建设预留了一定的土地，预留地可能是因为政府的规划，为之后的通州新城开发做准备。

　　从通州区整个区域分析可以发现，2019 年相较 2009 年有较大的改变。那么，不同区域之间是否存在差异？仍旧用 4.58 公里视野高度，划分 120 个区域，分别统计出各个区域数据，并做出箱线图进行比较，如图 17 - 17 所示。

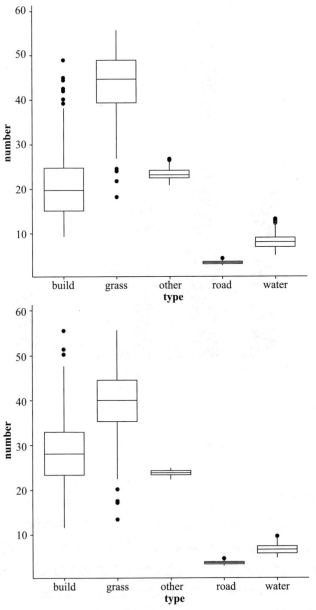

图 17 - 17　2009 年与 2019 年各类别箱线图

从图 17-17 中可以看到，2009 年与 2019 年，建筑和植被两类各区域差异较大，数据分布较为离散，而道路，水体和其他三个类别区域间差别较小。同时，2019 年的建筑面积相较于 2009 年整体有了很大的提升，同时没有了 2009 年存在较多异常值的现象，各区域分布较为均衡。并且观察"其他"这个种类，2019 年的分布明显更为集中，并且没有出现异常值，说明 2019 年通州区的建设已经基本完成，而 2009 年的荒地面积在某个区域存在明显的高值，为之前的猜想给出另一个佐证。

五、差异性分析

经过上文的对比分析和对统计图的直观观察，可以发现时间前后的确存在差异性，为了更准确地分析，进行区域划分并做区域性的多重检验。

实验的已有数据为 2009 年与 2019 年的数据，两年的遥感卫星影像进行语义分割后得到的分割图，每一张图中的每个像素点都做了 0 道路，1 建筑，2 植被，3 水体，4 其他的五个分类。

为了分析并验证 2009 年与 2019 年遥感卫星影像的差异性，考虑将每张图分为 120 个子区域，即 8×15 共 120 维的区域，对每个区域做卡方检验。考虑每个子区域，其中每个像素点看作随机变量，每个像素点都有五种分类，要验证 2009 年与 2019 年两年在每个子区域上的差异性是否显著。每个像素点都有 5 种取值的可能性，存在 120 个子区域，也就是说需要做 120 次假设检验，那么很可能出现的假阳性结果。所以在这里使用 Bonferroni 方法修正 P 值，通过调整每个检验的 α 水准来控制总的 α 水准，最终保证总的 α 水准为 0.05。

为了研究 2009 年和 2019 年区域发展差异性，我们将地图划分为 120 个子区域，单独对每个子区域做假设检验，选取其中一个子区域的数据，将每个像素点作为一个样本，在 2009 年和 2019 年均有观测值，判断 2009 年和 2019 年的分类占比是否有显著差异。使用 R 语言编程，对每个区域的像素点分类做卡方检验。示例如下：

如图 17-18 的子区域，卡方检验的 P 值为 0.016 63 $\leqslant \alpha$（0.05），若单独考虑，则说明 2009 年和 2019 年的像素点分类是有显著差异的。但是考虑整张遥感卫星影像在这两年的差别，由于存在 120 个子区域，需要做

```
> print(df_cast)                      > print(chisq.test(df_cast))
            2009      2019
build 34.033650 53.878983                   Pearson's Chi-squared test
grass 31.681606 13.252350
other 25.272069 24.118155             data:  df_cast
road   3.059170  3.314460             X-squared = 12.099, df = 4, p-value = 0.01663
water  5.953505  5.436051
```

图 17 - 18   某一子区域数据以及卡方检验结果图

多重检验。使用 Bonferroni 校正方法，需要判断 $Pvalue \leqslant \alpha/m$，如果 α 取 0.05，则检验条件变为 $P \leqslant 0.05/120$，即 $P \leqslant 0.000\ 416$。所以，图 17 - 18 中的例子则不能作为显著性的佐证。将所有 120 个子区域做同样的操作，得到的 P 值如表 17 - 2 所示（只做部分展示）：

表 17 - 2   部分区域对应的 P 值统计表

区域	1_1	1_2	1_3	1_4	1_5	⋯	15_7	15_8
P 值	0.360 1	0.703 3	0.560 8	0.054 1	0.104 3	⋯	0.974 7	0.360 1

将所有子区域的 P 值通过 Bonferroni 校正方法进行显著性判断，得到差别显著性的区域如下图黄标区域。如果划分区域更小，比如划分为 1 000 个子区域，理论上来说会有更多子区域变化显著，但是同时检验条件则变为 $P \leqslant 0.05/1\ 000$，检验标准更加严格，做了一定程度的弥补，这里就体现了使用多重检验的意义。

从显著性检验区域标注图中可以看出，只有 9 个子区域有显著性差异，通过对比通州区规划地图可以发现，通州区范围内，存在显著性差异的地区集中在城市副中心和亦庄新城两部分。城市副中心是通州区的重点区域，但是有显著差异的区域却并不是很多，分析原因可能是在 2009 年以及之前时期，通州区已经形成了基本的主要商业群和聚集区。而通过《亦庄新城规划（国土空间规划）（2017—2035 年）》文件，从 2017 年开始，北京市委就做出了重大决策部署，决定加快建设规划面积 225 平方公里的亦庄新城。

除了通州区，燕郊地区的变化最为显著。燕郊属于河北省，因与北京相邻，占据地理优势，同时燕郊开发区于 2010 年 11 月升级为国家高新技术产业开发区，又有政策加持，故发展迅速，同时由于北京务工人员的增多，短期需要面临较高的房价，不少人选择在燕郊租房，导致该片区人口数量增多，房产地产大力开发。

第五节　小结

区域发展变化是区域科学的核心研究领域，使用深度学习中的语义分割方法，可以很好地提取遥感卫星影像中的空间地理信息，为区域发展的经济分析提供技术支撑。本章提出了一个区域发展变化研究的新思路，通过语义分割方法做自动的遥感卫星影像地物信息提取，使用多重检验验证区域时空差异性，研究区域性地表特征变化，从而进行区域发展变化分析。在分割方法上，将最新的模型应用到大图的遥感卫星图像分割上，并采取形态学滤波和边界处理方法降低噪声并提高识别准确率。并将优化的分割方法应用到通州区的遥感地图分析上，比较了2009年与2019年的时空差异性。

尽管在实践过程中对于遥感卫星影响信息的提取得到了一定的研究成果，但仍存在诸多不足可待读者进行探索改进。第一，语义分割模型使用的训练数据集较小，容易发生过拟合，同时适应性较差。同时，标注的分类较少，只有五类，不够细分。如果时间充足，可以针对城市样本自己做标注补充数据集。第二，在分析通州区的时空对比时，只使用了2009年和2019年两年对比，由于GoogleEarth的数据缺失，无法得到更早之前的卫星影像，此外，若在两年之间可以再找几个观测点，会得到更丰富的结果。

本章参考文献

[1] BADRINARAYANANAN V, KENDALL A, CIPOLLA R. Segnet：a deep convolutional encoder-decoder architecture for image segmentation [J]. IEEE Transactions on Pattern Analysis and Machine Interlligence，2017，39（12）：2481-2495.

[2] CHEN L C, PAPANDREOU G, KOKKINOS I, et al. Deeplab：semantic image segmentation with deep convolution nets, atrous convolution, and fully connected

CRFs [J]. IEEE Transations on Pattern Analysis and Machine Intelligence，2017，40（4）：834－848.

[3] Krizhevsky A，Sutskever I，Hinton G E. Imagenet classification with deep convolutional neural networks [J]. Advances in neural information processing systems，2012，25（2）：2012.

[4] LONG J，SHELHAMER E，DARRELL T. Fully convolutional networks for semantic segmentation [C]. Proceedings of the IEEE Conference on Computer Vision and Pattern Recognition. Washington：IEEE Press，2015.

[5] Y LECUN，L BOTTOU，Y BENGIO，P HAFFNER. Gradient-based learning applied to document recognition [J]. In Proceedings of the IEEE，1998，86（11）：2278－2324.

[6] 陈秋晓. 高分辨率遥感影像分割方法研究 [R]. 北京：中国科学院，2004.

第十八章　研究案例——基于主营业务描述的自动化行业分类研究

　　随着我国经济发展进入新常态，经济增长动力由投资驱动、要素驱动转变为创新驱动，企业经营业务随之变化调整，呈现出多样性、创新性和专业性，判断一个企业所属行业变得更加复杂，行业分类工作迎来了新的挑战。通过《国民经济行业分类》作为标准来指导统计人员开展行业分类，存在着人力成本高等局限。本章在前沿机器学习方法的启发下，开展自动化行业分类任务的研究。利用工业企业数据库中的企业分类编码和主营业务文本描述，将自动化行业分类转换成文本分类任务，并在 BERT 模型的基础上提出了一种能够结合《国民经济行业分类》的文本分类模型。比较了模型在小样本集、长文本样本集、短文本样本集、少数类样本集以及使用行业代码进行分类的效果，说明了模型的适应性及稳健性。此外，本章试图从辅助自动化行业分类的角度，对《国民经济行业分类》提出建议。

第一节　自动化行业分类概述

一、自动化行业分类产生背景

　　《国民经济行业分类》规定了全社会经济活动的分类与代码，是划分全社会经济活动的基础性分类，为国民经济核算、经济普查等各项专业统计工作提供了详细、科学的分类依据。我国自 1984 年首次发布《国民经济行业分类》以来，经过了多次调整，既保持了历史的连贯性，又适应社会的新发展。2017 年，参照联合国国际标准行业分类 ISIC 修订本第 4 版（ISIC Rev. 4）①，《国民经济行业分类》进行了修订，采用产业活动单位划分行业，确定企业行业归属的原则为"按照单位的主要经济活动确定其行业性质"，涉及 20 个门类、97 个大类、473 个中类、1 380 个小类。

行业分类是参考《国民经济行业分类》，根据产业活动对各企业进行分类的工作，内容复杂且编码工作专业性极强，对统计人员的专业性以及持续学习的能力提出了很高的要求。此外，随着中国经济的不断发展，经济结构的不断转型、完善，企业的数量以及经营范围也在不断地发生着变化，各行业中相继出现了跨行业、跨产业、横向发展的大型企业，经济模式也在不断地更新。不仅行业分类标准需要进一步进行改进，提升科学性和合理性（王卓，2013），并针对新的产业、经济模式进行更新（薛洁和赵志飞，2012；满向昱等，2013；宋傅天等，2018），而且基于人工的行业分类将面临更大的挑战。如何更好地统筹行业分类的质量与效率，是当代统计科学技术的重点关注领域。

随着人工智能技术的不断发展和进步，自动化行业分类变成了统计科学技术的重点领域，被人们广泛关注。在第四次全国经济普查中，统计实践工作者探索性地使用了行业代码自动识别赋码技术，提升了行业分类的效率，同时也体现了自动化行业分类的重大实践意义和应用的紧迫性。通常情况下，企业的经营范围、主营业务描述以及产品描述等信息是统计人员判断行业分类的重要依据，为了更好地实现自动化行业分类任务，应重点利用现有人工智能技术，模仿统计人员开展行业分类中的工作。现有自动化行业分类及类似工作中，通常使用的方法有支持向量机（Felgueiras 等，2020）、K 近邻、朴素贝叶斯（Ur-Rahman 和 Harding，2012）、FastText（吴震等，2021）等。现有文献主要关注于浅层机器学习方法，然而近年来自然语言处理技术的发展是建立在深度机器学习模型的基础

---

① 联合国国际标准行业分类 ISIC（International Standard Industrial Classification of All Economic Activities）是联合国制定并推荐各国使用的分类标准，世界上绝大多数国家采用了这一分类或根据其制定本国分类；2006 年，联合国统计委员会第三十七届会议审议通过了该分类的修订本第 4 版（ISIC Rev. 4）。

上，对于自动化行业分类的深度学习模型研究工作并不深入。深度神经网络在自然语言领域取得了广泛成功。分布式词向量（Mikolov 等，2013）为文本相似度计算领域带来了突破性的进展，特别是基于海量数据的预训练模型 BERT（Bidirectional Encoder Representation from Transformers）（Devlin 等，2018）提出后，成为自然语言处理的主流模型。

本章利用企业的主营业务信息，基于前沿自然语言处理技术 BERT 构建了自动化行业分类模型，以及纳入《国民经济行业分类》信息的 BERT-Memory 行业分类模型，对自动化行业分类进行建模，并探讨其稳定性与适用性，最终从辅助机器学习训练的视角，对《国民经济行业分类》提供了参考与建议。

二、自动化行业分类发展现状

自动化行业分类作为文本分类的重要应用之一，学者们已对其进行了多方面的研究：Hoberg 和 Phillips（2016）根据公司定期报告的产品与业务描述的文本信息，重新定义了美国上市公司行业分类，称之为基于文本的行业网络分类 TNIC（Text-based Industry Network Classification），产品描述所对应的向量越接近，则公司的行业属性越具有可比性。吴震等（2021）使用 FastText 算法与行业分类关键词库，利用了企业经营范围、企业信息和舆论信息，实现了中文行业的自动分类。此外，美国国家税务局 IRS（Internal Revenue Service）根据 IRS 管理数据为北美行业分类系统 NAICS（North American Industry Classification System）代码开发了有效的预测模型，改善了 NAICS 代码由于自我报告而容易出错的问题，该项目使用了两种并行的方法：有监督模型（CART，随机森林，XG-Boost）和无监督模型（recommender algorithms），其中 CART 和随机森林的最高准确率分别为 67％和 72％[①]。在判别公司之间相似性时，除了业务描述信息外，学者们还使用了用户在美国证监局 EDGAR 网站上的搜索特征数据（Lee 等，2015）、雅虎财经网站上的共同搜索行为（Leung，2016）、Glassdoor 和 LinkedIn 网站上求职者的共同搜索信息（Li，2017）

---

① 详细报告请见 https://www.irs.gov/pub/irs-soi/19conpanparker.pdf。

等。此外，Nagy 和 Ormos（2018）在现有行业分类的基础上提出了一种基于谱聚类的定量方法，用纯粹的数学方法消除定性分类的缺陷，该方法与 GICS[①] 具有可比性，并且具有较好的统计结果。

然而，上述基于机器学习的统计模型并没有考虑语义信息，因此在行业分类时存在一定的弊端。在深度学习技术日益成熟的基础上，利用语义信息的文本相似度计算方法已经逐渐成为文本分类的主流方法，该类方法主要通过神经网络模型生成词向量，进而计算文本间的相似度。Mikolov 等（2013）提出的 word2vec 是最早生成分布式词向量的方法，通过自监督训练的模型生成词向量；Pennington 等（2014）随后提出了 Glove 模型，该模型综合了全局语料，在一定程度上考虑了全局信息；进而 Kalchbrenner 等（2014）提出了神经词袋模型（NBOW），对输入的单词向量表示取平均，并接入逻辑回归前馈网络执行分类；Kim（2014）提出了 TextCNN 模型，将卷积神经网络 CNN 应用到文本分类任务，利用多个不同大小的 kernel 来提取句子中的关键信息，从而能够更好地捕捉局部相关性。除了上述静态词向量，动态词向量则首先在大型语料库上进行预训练，然后在面对具体下游任务时微调所有参数，那么在上下文输入不同时，生成的词向量也不同，因此可以解决一词多义问题，Radford 等（2018）提出了 GPT（GenerativePre-Training）模型，通过将单向语言模型与编码能力更强大的 Transformer 架构的解码（Decoder）部分相结合，从而生成词向量；Devlin 等（2018）提出的 BERT（Bidirectional Encoder Representation from Transformers）模型，则是应用 Transformer 的编码（Encoder）部分，结合掩码（Mask）机制，并且对模型增加了预测下一句话（Next Sentence Prediction）的任务，从而生成了更加优质的动态词向量，该模型也是目前最常用的词向量预训练方法之一。

综上所述，目前通过文本信息进行企业的行业分类研究大多集中在构建新的分类标准上，或根据简单机器学习进行行业分类任务，缺少利用基于语义的模型进行自动化行业分类的研究。本章在现有文本相似度、行业

---

① 全球行业分类系统 GICS（Global Industry Classification Standard）由摩根士丹利资本国际公司（MSCI）和标准普尔（S&P）于 1999 年创立，是目前应用最广泛的投资型行业分类系统。

分类方法等方面研究的基础上，对于行业分类的方法进行了探究和完善，旨在探究一种更加高效、准确的分类方法。本章涉及的研究可以为读者提供一些创新思路，创新之处在于：第一，鉴于传统机器学习方法中存在的特征构造依赖性强等问题，本章利用 BERT 的模型，基于动态词向量实现了自动化的行业分类；第二，为了进一步提高分类准确性，本章在利用企业主营业务描述信息的基础上，加入了《国民经济行业分类》中对各个类别的描述信息；第三，本章通过对数据集进行分类，将模型应用于不同的子数据集上，探究了自动化行业分类准确度提升的方向，对行业分类的后续工作有着启发与借鉴的作用。

第二节 自动化行业分类任务建模

本节行业分类的主要任务是根据企业的主营业务、企业名称等文本信息，将其划分至《国民经济行业分类》规定的类别中。本节主要运用 BERT 模型进行自动化行业分类，而值得一提的是，《国民经济行业分类》中对各个类别的描述可能增强模型的分类能力。为此，本节将各个类别的描述存储到记忆网络中，辅助 BERT 进行预测，这里将这种基于 BERT 的变形命名为 BERT-Memory。下面将构建分类任务，并对涉及的一些主要方法技术进行简要介绍。

一、分类任务构建

所用数据来源于中国工业企业数据库，该数据库是基于国家统计局进行的"规模以上工业统计报表统计"取得的资料整理而成，统计对象为规模以上工业法人企业，包括部分国有和年主营业务收入 500 万元及以上的非国有工业法人企业，与《中国统计年鉴》的工业部分和《中国工业统计年鉴》中的覆盖范围一致。本节使用截至 2013 年的 343 091 家工业企业的数据进行研究，使用的行业代码主要为二位码，本节数据集以及《国民经济行业分类》还提供了一位码（门类）、二位码（大类）、三位码（中类）以及四位码（小类）的结果，但由于一位码类别较少，模型预测较准，可比性以及进一步讨论的空间较小，而三位码和四位码存在更严重的样本不均衡问题，故本节主要针对二位码（大类）的行业分类，最后会讨论模型对于一位码和三位码的行业分类预测效果。考虑到使用企业数据的年份，本节 BERT-Memory 模型所使用的《国民经济行业分类》为 GB/T 4754—2011 版本。数据集中各行业代码及其对应的样本量见表 18-1，顺序按照样本量由低到高排序。可以看到，本节所用数据集有严重的不均衡问题，如行业 12 仅有 17 个样本，但行业 30 有 30 392 个样本。

表 18-1　数据集行业代码及样本量[①]

行业代码	样本量	行业代码	样本量	行业代码	样本量
12	17	10	3 421	20	8 517
51	111	40	3 794	31	10 317
16	122	32	3 809	36	11 902
07	139	37	4 332	39	12 679
11	159	23	4 757	18	14 609
43	383	21	4 823	35	15 626
45	1 098	15	5 645	29	16 575
42	1 281	44	5 767	33	18 759
46	1 315	27	6 510	17	19 961
41	1 434	22	6 658	38	21 115
09	1 566	06	6 808	34	21 691
28	1 866	14	7 543	13	23 152
25	1 975	24	7 659	26	23 691
08	3 205	19	7 908	30	30 392

二、语义模型

BERT（Bidirectional Encoder Representation from Transformers）模型是由 Google AI 团队于 2018 年所提出的一种基于 Transformer 模型的

---

① 资料来源：中国工业企业数据库。

预训练语义向量表示方法（Devlin 等，2018）。BERT 网络模型在遵循词嵌入一般思想的基础上，进一步增加了词向量模型的泛化能力，通过字符级、词汇级以及句子级的多粒度特征关系挖掘，使得能够对文本的词性、句法和语义等信息进行充分描述。相较于传统词向量模型，BERT 网络模型会考虑元素在序列中的位置信息，从而更好地根据单词上下文语义环境来理解单词。由于其强大的文本语义表达能力，BERT 模型在多个自然语言处理任务中得到应用，取得了较好的应用效果。图 18-1 绘制了本节基础的模型结构，本节将待分类文本也就是公司描述同特殊字符（CLS）拼接起来，输入 BERT 进行编码后，取 CLS 对应向量作为整句话的语义向量表示。基于语义向量，模型可以进一步得到各类的预测概率值，见公式 18-1。

$$P = \text{softmax}(Wv) \tag{公式 18-1}$$

其中 W 是维度为 $768 \times C$ 的矩阵，C 表示类别个数，$\text{softmax}(\cdot)$ 为常用的归一化函数。

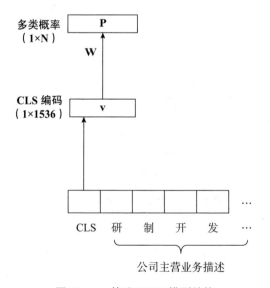

图 18-1　基础 BERT 模型结构

　　单纯的 BERT 模型仅仅是对训练集的信息进行归纳，然而若加入《国民经济行业分类》中对各个类别的描述，即加入所谓的"参考答案"，可能会帮助模型进行更好地分类。Weston 等（2015）提出了记忆网络，这种特殊的网络有很强的上下文信息感知和处理能力，非常适合压缩信息，问答任务等人工智能辅助领域。同时该结构在应用时不需要对主体模型做太多改动，可以作为插件存在，使用起来十分方便。不同于传统的前馈网络 CNN，RNN 等将训练集压缩成隐态（Hidden State）进行存储的方式，这类方法在压缩过程中损失了很多有用信息。记忆网络是将所有的信息存在一个外部记忆矩阵中，同时和主体模型一起联合训练，得到一个能够存储和更新的长期记忆模块，这样可以最大限度地保存和利用有用信息。参考记忆网络的设定方法，本节将《国民经济行业分类》与 BERT 模型相结合，构建了 BERT-Memory 模型，其结构如图 18-2 所示。

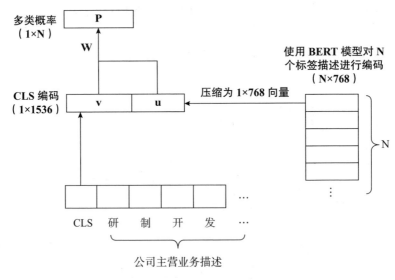

图 18-2　BERT-Memory 模型结构

在 BERT-Memory 模型中，各个类别的描述对应的向量实现经过 BERT 编码并作为记忆矩阵 M 存储起来，维度为 $C×768$，其中 C 表示类别个数。模型主体部分与上面描述的 BERT 近似，见公式 18-2。

$$P = \mathrm{softmax}(W) \qquad\text{（公式 18-2）}$$

其中 $u = w_m M$ 为根据输入的公司描述将 Memory 矩阵压缩得到的 768 维的向量，$w_m = \mathrm{softmax}(M v^T)$ 为本节将语义向量同 Memory 矩阵 M 做注意力（Attention）交互得到各类编码的权重，这是一个长度为的向量。本节 Memory 矩阵中各行的类别编码以此权重做加权，并将与原始句子表示向量 v 拼接起来进行最后的预测。

三、训练方法

由于所用数据集存在严重的不均衡问题，即实际中分类至各行业中的企业数量差异较大。当遇到不均衡数据时，以总体分类准确率为学习目标的分类算法可能会过多地关注多数类，从而使得少数类样本的分类性能下降。为了缓解类别不均衡的问题，Lin 等（2020）提出了一种新的焦点损失函数（Focal Loss）。Focal Loss 是在标准交叉熵损失基础上修改得到的，可以通过减少易分类样本的权重，使得模型在训练时更专注于难分类的样本，其形式如公式（18-3）、公式（18-4）所示：

$$p_t = \begin{cases} p, & \text{if } y=1 \\ 1-p, & \text{otherwise} \end{cases} \tag{公式 18-3}$$

$$L_f = \begin{cases} -\alpha(1-p_t)^\gamma \log p_t, & \text{if } y=1 \\ -(1-\alpha)(1-p_t)^\gamma \log p_t, & \text{otherwise} \end{cases} \tag{公式 18-4}$$

其中 y 为分类任务的对象，p 为 $y=1$ 的概率，L_f 为损失函数 Focal Loss，α 参数可以控制正负样本对总损失的共享权重，但是无法解决简单、复杂样本的分类问题；γ 参数可以减少易分类样本的损失，平滑地调整易于分类的样本向下加权的速率，使得分类器更关注于困难的、错分的样本。

第三节 自动化行业分类的应用

一、实验设定及对比方法选取

在基准实验中，本节将数据集划分为训练集与数据集，并采用 5 折交叉验证计算模型的准确性，其中训练集中共有 274 473 条数据，测试集中共有 68 618 条数据。优化方式为 AdaM Optimizer，初始学习速率为 2e-5，betas 设置为（0.9, 0.999），eps 设置为 1e-8，权重衰减设置为 0，对每个模型训练 10 个 epoch，并且设置批处理大小为 8。实验机器配置为 Tesla V100。服务器系统版本为 Ubuntu 18.04.3 LTS Cpu 型号为 Intel(R) Xeon(R) Gold 5 218 CPU @ 2.30GHz。

为了和前人的研究进行对比，本节还使用 K 近邻、决策树、高斯朴素贝叶斯、FastText（Joulin 等，2017）以及 TextCNN（Kim，2014）进行了自动化行业分类，利用 TF-IDF 进行编码。其中 K 近邻中设置邻居数为 3、决策树设置最大深度为 5，其他参数以及高斯朴素贝叶斯使用 sklearn 中配置的默认参数。

本节计算多类别的 Precision（精准度），Recall（召回率）和 F_1 评估指标，使用 Macro-average 方法，对不同类别的评估指标求平均得到最终的结果。对于每个类别的分类任务，三类评估指标的计算公式分别如下：

$$\text{Precision} = \frac{TP}{TP+FP} \qquad\qquad （公式 18-5）$$

$$\text{Recall} = \frac{TP}{TP+FN} \qquad\qquad （公式 18-6）$$

$$F_1 = \frac{2 \times \text{Precision} \times \text{Recall}}{\text{Precision} + \text{Recall}} \qquad\qquad （公式 18-7）$$

其中 TP 代表正类被判定为正类的数量，FP 代表负类被判定为正类的数量，FN 代表正类被判定为负类的数量。在多分类任务中，模型可以估计得到样本属于各分类的概率 p_i，一般取 p_i 最大值对应的分类作为预测分类。此外，使用 Accuracy（准确率）指标来衡量模型分类结果，见公式 18-8：

$$\text{Accuracy} = \frac{\sum_{i=1}^{C} \sum_{j=1}^{n_i} I_{ij}}{N} \qquad\qquad （公式 18-8）$$

其中 C 代表总行业类别数，n_i 代表第 i 个分类的样本量，N 代表总样本量，I_{ij} 为指示变量，当模型预测第 i 个分类中第 j 个样本的分类，即 p_i 最大值对应的分类为其真实类别时 I_{ij} 取 1，否则取 0。

二、模型效果

表 18-2 对比了各方法在总样本集上进行分类任务的表现，可以看到基于 BERT 的两类模型在各评价指标下均具有良好的表现，其中基于简单 BERT 的模型表现效果最好，Macro-average 的 F_1 达到了 0.739，总体预测准确率也达到了 82.3%；而加入了《国民经济行业分类》中对各个

类别的描述的 BERT-Memory 模型的 F_1 为 0.703，总体预测准确率为 81.6%，均略低于基于简单 BERT 的模型。与上述两类模型相比，基于非深度学习的各类模型中，K 近邻的表现是最好的，F_1 达到了 0.720，略高于 BERT-Memory，但预测准确率仅为 76.9%；基于卷积神经网络的 TextCNN 表现也较好，F_1 达到了 0.642，预测准确率为 77.7%。

表 18-2　各方法在总样本集上的表现对比

模型	F_1	Precision	Recall	Accuracy
FastText	0.010	0.026	0.028	0.083
决策树	0.062	0.161	0.073	0.156
高斯朴素贝叶斯	0.257	0.318	0.440	0.279
K 近邻	0.720	0.734	0.728	0.769
TextCNN	0.642	0.692	0.627	0.777
BERT	0.739	0.751	0.741	0.823
BERT-Memory	0.703	0.730	0.702	0.816

　　本节所提的自动化文本分类模型，可以在人工进行行业分类时提供辅助。本节进一步定义 TOP（n）Accuracy，其计算公式类似 Accuracy，不同的是式（8）中的 I_{ij} 取 1 当且仅当 p_i 最大的 n 个值对应的分类包含真实类别，否则为 0。根据定义可知，TOP（1）Accuracy 和 Accuracy 相同。当模型辅助人工进行标注时，使用 TOP（n）Accuracy 衡量模型表现可能更具现实意义。对于一个给定的样本，模型不应该只提供其预测概率最大的类别，而应该向人工提供一个列表，其包含 p_i 最大的 n 个值对应的类别，按概率降序排列。这种筛选后的列表可以帮助统计工作者忽略那些与这次分类任务几乎无关的类别。表 18-3 显示了各模型 TOP（1）到 TOP（5）Accuracy 的结果，可以看到，基于 BERT 的两类模型在 TOP（2）上的准确率就超过了 90%，在 TOP（4）上准确率超过了 95%，说明模型只需要给出两个行业分类的建议，其包含真是行业分类的准确度即可达到 90%，给出四个建议则准确度可以达到 95%。

表 18 - 3　各方法在总样本集上的 TOP(n) Accuracy 表现对比

模型	TOP (1)	TOP (2)	TOP (3)	TOP (4)	TOP (5)
FastText	0.083	0.176	0.243	0.310	0.353
决策树	0.156	0.234	0.294	0.363	0.425
高斯朴素贝叶斯	0.279	0.307	0.309	0.310	0.312
K 近邻	0.769	0.830	0.848	0.848	0.849
TextCNN	0.777	0.879	0.917	0.938	0.950
BERT	0.823	0.917	0.948	0.963	0.972
BERT-Memory	0.816	0.911	0.942	0.958	0.967

为了进一步对比各类方法，图 18 - 3 对比了各方法在总样本集上各分类的表现。可以看到，除高斯朴素贝叶斯方法外，各方法均在不同程度上对于样本量多的分类预测地更为准确，而对于样本量小的分类（少数类），分类效果均较差，即在使用 Focal loss 后，仍存在过多地关注多数类的现象。但与其他方法相比，本节基于 BERT 的两类模型总体而言表现最好，分别在 17 个分类和 15 个分类上表现最佳，综合下来共在 31 个分类[1]上表现最佳。而决策树方法和 FastText 方法更多地针对大样本量的类别，即关注多数类的现象更为严重。相比之下 K 近邻方法以及高斯朴素贝叶斯在处理小样本量分类的时候表现较好，但高斯朴素贝叶斯方法预测最差的几类均为大样本量分类，舍本逐末；而 K 近邻方法虽然可以预测小样本量的分类，但是其总体预测准确度要低于基于 BERT 的两类模型。

总体而言，在总样本集上，基于 BERT 的模型具有最好的准确度。根据 BERT-Memory 模型的结果可以发现，加入了《国民经济行业分类》中对各个类别的描述并没有显著提升模型效果，一方面说明 BERT 模型本身从训练集中学习到的信息已经包含大部分《国民经济行业分类》内的信息，另一方面也体现了原本人工标注存在一定程度上的错误，导致将"参考答案"纳入后反而会使得模型的表现下降。而简单的 K 近邻方法取得了相当理想的结果，K 近邻的原理就是当预测一个样本类别时，根据它

---

① 两方法在第 46 类上预测准确度相同。

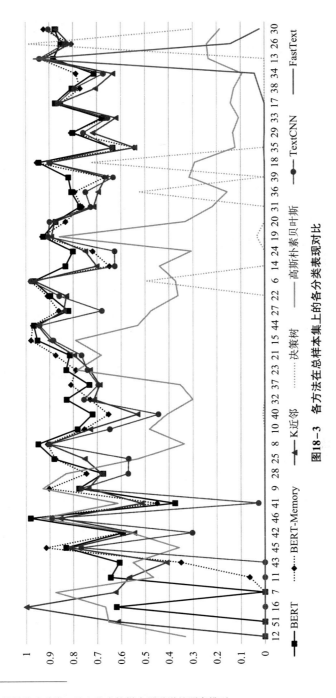

图18-3 各方法在总样本集上的各分类表现对比

---

① 横轴代表分类，从左往右按样本量递增的顺序排列。

距离最近的 K 个样本点是什么类别来进行判断。本节猜测是因为 K 近邻方法对于类别不均衡问题可能更不敏感。决策树以及浅层的 FastText 可能由于模型容量小，面对一个新样本，总是简单地倾向于预测该样本属于样本量多的那些类别，而不是依据该样本本身的特征。

三、分类错误案例分析

为了对比 BERT 模型和 BERT-Memory 模型，以及探究 BERT-Memory 模型在引入《国民经济行业分类》信息后预测效果反而变差的原因，本节选择两个方法具有代表性的错误案例加以分析。

（一）两个方法都判断出错

可以看到主营业务描述中涉及"开采"和"加工"两类活动，符合第 10 类中的"开采"等关键词，也符合第 30 类中的"制造"等关键词，而样本中出现过的"花岗岩板材加工"就可以正确地被分类为第 30 类，"花岗岩开采"可以被正确地分类为第 10 类，说明正是"开采"和"加工"两个词同时出现干扰了模型分类，这一方面体现了模型的局限性，另一方面也说明目前的《国民经济行业分类》有待进一步改进，需要考虑此类同时具有多类主营业务的企业分类。

主营业务描述：花岗岩开采加工。

模型预测分类：第 10 类；对应《国民经济行业分类》中描述：非金属矿采选业。土砂石开采，化学矿开采，采盐，石棉及其他非金属矿采选。

正确分类：第 30 类；对应《国民经济行业分类》中描述：非金属矿物制品业。水泥、石灰和石膏制造，石膏、水泥制品及类似制品制造，砖瓦、石材等建筑材料制造，玻璃制造，玻璃制品制造，玻璃纤维和玻璃纤维增强塑料制品制造，陶瓷制品制造，耐火材料制品制造，石墨及其他非金属矿物制品制造。

（二）BERT 模型可以成功分类，而 BERT-Memory 模型分类错误

可以看到，对于"地毯挂毯"的生产，将其分类为第 17 类和第 24 类均具有一定的合理性。对于加入了《国民经济行业分类》的 BERT-Memory 模型，倾向于将含有"地毯挂毯"的主营业务描述相对应的企业

划分为第 17 类，而 BERT 模型则倾向于将其划分为第 24 类，充分体现了前者考虑到了《国民经济行业分类》中第 17 类的描述信息，认为将其划分为第 17 类更合适。事实上，人工在进行判断时也可能存在混淆的情况，例如对于主营业务描述为"地毯挂毯制造"的企业，就同时有人工将其分类为第 17 类和第 24 类，这也说明《国民经济行业分类》有待进一步完善，减少各类别间描述的重叠性。

主营业务描述：地毯挂毯无纺布生产。

模型预测分类：第 17 类；对应《国民经济行业分类》中描述：纺织业。棉纺织及印染精加工，毛纺织及染整精加工，麻纺织及染整精加工，丝绢纺织及印染精加工，化纤织造及印染精加工，针织或钩针编织物及其制品制造，家用纺织制成品制造，非家用纺织制成品制造。

正确分类：第 24 类；对应《国民经济行业分类》中描述：文教、工美、体育和娱乐用品制造业。文教办公用品制造，乐器制造，工艺美术品制造，体育用品制造，玩具制造，游艺器材及娱乐用品制造。

第四节　稳健性分析

为了进一步探究基于 BERT 的两类模型在结果上的稳定性，以及对自动化行业分类提出相应建议，本节对样本集进行进一步操作，构建了多类样本集，其中包括整体缩减样本量的小样本集、选择主营业务描述中长度较长或较短的样本集，以及选择样本量小的分类的样本集。除此之外，本节正文所使用的数据集为二位码，本部分还对一位码和三位码的结果进行了分析。

一、小样本集

首先，本节从构造的训练集中等比例地将各个类别数据量缩小 100 倍，测试集样本量不变最终训练集样本量为 2 764，测试集样本为 68 616，从而研究用少量数据对模型进行训练可以得到怎样的预测精度，表 18-4 展现了相应的结果。可以看到，基于 BERT 的两类模型在各指标上表现结果均优于其他各类比较方法，且在 F_1 和预测准确度上，BERT-Memory 要优于 BERT 模型，说明了在训练数据较少的情况下，模型可以从《国民经济行业分类》中学习到更多的信息，从而辅助建模。通过和表 18 - 2 的对比可以发现，在训练集减少的情况下，表现较好的四类方法（BERT，BERT-Memory，K 近邻以及 TextCNN）在测试集上的表现均会下降，而其中基于 BERT 的两类方法下降幅度最小，具有较好的稳定性。

表 18 - 4 各方法在小样本集上的表现对比

模型	F_1	Precision	Recall	Accuracy
FastText	0.004	0.002	0.024	0.098
决策树	0.071	0.110	0.082	0.175
高斯朴素贝叶斯	0.428	0.446	0.479	0.474
K 近邻	0.506	0.585	0.499	0.585
TextCNN	0.456	0.568	0.432	0.630
BERT	0.647	0.714	0.633	0.743
BERT-Memory	0.652	0.701	0.640	0.762

二、主营业务描述的文本长度

企业主营业务描述的文本长度往往体现了公司经营面的丰富度，长度越长提供的信息也就越多，可能会对行业分类带来一定的困难；而长度越短，说明公司经营范围单一，也更加易于区分。为了研究企业主营业务描述的长短会对行业分类准确度带来怎样的影响，本节根据企业主营业务描述的长度对样本集进行了划分，取大于或等于 80% 分位数（10 个字）的样本为长文本样本集，小于或等于 20% 分位数（4 个字）的为短文本样本集，并按 4∶1 的比例划分训练集与测试集，得到长文本样本集的训练集数据量为 54 882 条，测试集数据量为 13 721 条；短文本样本集的训练集数据量为 25 826 条，测试集数据量为 6 457 条①。相应结果列示在表 18 - 5 和表 18 - 6 中。

---

① 短文本样本集的数据量与长文本样本集不同，其原因为总样本集中，企业主营业务描述的长度为 4 和 10 的样本量不同。

　　可以看到，基于 BERT 的两类方法在长文本和短文本样本集上仍表现最好，展现了很好的稳定性。对比表 18 - 5 和表 18 - 6 可以发现，表现较好的四类方法（BERT，BERT-Memory，K 近邻以及 TextCNN）在短文本样本集上的表现要优于在长文本样本集上的表现，一定程度上也验证了本节的猜想，即较长的主营业务描述往往蕴含了过多的信息，会影响模型对其进行正确的行业分类。将表 18 - 6 和表 18 - 2 相比可以看到，四类方法在短文本样本集上的表现比总样本集更好，即精炼的主营业务描述对模型效果的提升在一定程度上要优于加大样本量对模型带来的提升。

表 18 - 5　各方法在长文本样本集上的表现对比

模型	F_1	Precision	Recall	Accuracy
FastText	0.189	0.234	0.215	0.460
决策树	0.087	0.184	0.096	0.171
高斯朴素贝叶斯	0.351	0.332	0.449	0.386
K 近邻	0.593	0.597	0.617	0.640
TextCNN	0.611	0.689	0.580	0.701
BERT	0.694	0.742	0.686	0.771
BERT-Memory	0.691	0.697	0.702	0.759

表 18 - 6　各方法在短文本样本集上的表现对比

模型	F_1	Precision	Recall	Accuracy
FastText	0.006	0.003	0.026	0.124
决策树	0.052	0.080	0.061	0.192
高斯朴素贝叶斯	0.411	0.461	0.545	0.468
K 近邻	0.663	0.734	0.640	0.773
TextCNN	0.686	0.730	0.666	0.814
BERT	0.701	0.717	0.697	0.839
BERT-Memory	0.689	0.703	0.690	0.836

三、少数类样本

对于分类任务，当样本不均衡程度过大时，往往会导致其忽略少数类样本而追求整体的表现，故本节进一步构建了仅包含少数类样本的行业分类，研究对其进行自动化分类的效果。具体而言，本节选取数据集中类别样本量小于等于 20% 分位数（1 338 个）的类别额外构成少数类样本集，其中训练集样本量为 3 700，测试集样本量为 925，相应结果如表 18-7 所示。可以看到基于 BERT 的两类模型效果最好，其中 BERT-Memory 模型在准确率（Accuracy）上排名最高，但在 F_1 指标方面略逊色于 BERT 模型。

表 18-7　各方法在少数类样本集上的表现对比

模型	F_1	Precision	Recall	Accuracy
FastText	0.053	0.091	0.122	0.199
决策树	0.398	0.598	0.357	0.754
高斯朴素贝叶斯	0.586	0.579	0.710	0.717
K 近邻	0.761	0.809	0.749	0.914
TextCNN	0.761	0.782	0.754	0.931
BERT	0.872	0.908	0.870	0.955
BERT-Memory	0.861	0.885	0.861	0.960

四、编码层次

本节数据集以及《国民经济行业分类》还提供了一位码（门类）、二位码（大类）、三位码（中类）以及四位码（小类）的结果，但由于一位码类别较少，模型预测较准，可比性以及进一步讨论的空间较小，而三位码和四位码存在更严重的样本不均衡问题，故本节主要针对二位码（大类）的行业分类。表 18-8 和表 18-9 列示了对一位码和三位码进行自动化行业分类的结果。可以看到，对于一位码来说，各方法的预测准确度基本都达到了 95% 以上，且在这一情况下，K 近邻的结果甚至要优于基于

BERT 的两类模型，但差距在 1%以内。对于三位码来说，可以看到基于 BERT 的两类模型表现效果更好，和表 18-2 相比可以发现，行业分类越细，虽然各类模型在测试集上的表现均有所下降，但基于 BERT 的两类模型表现会更稳定，更适用于在中类以及小类上进行自动化的行业分类。

表 18-8 各方法在一位码样本集上的表现对比

模型	F_1	Precision	Recall	Accuracy
FastText	0.324	0.730	0.296	0.952
决策树	0.518	0.730	0.444	0.969
高斯朴素贝叶斯	0.368	0.340	0.775	0.769
K 近邻	0.870	0.887	0.855	0.990
TextCNN	0.275	0.487	0.267	0.947
BERT	0.715	0.708	0.723	0.987
BERT-Memory	0.700	0.703	0.701	0.982

表 18-9 各方法在三位码样本集上的表现对比

模型	F_1	Precision	Recall	Accuracy
FastText	0.001	0.001	0.006	0.028
决策树	0.030	0.051	0.030	0.126
高斯朴素贝叶斯	0.183	0.233	0.320	0.186
K 近邻	0.589	0.635	0.574	0.673
TextCNN	0.005	0.016	0.012	0.051
BERT	0.593	0.638	0.588	0.741
BERT-Memory	0.570	0.617	0.562	0.738

第五节 小结

行业分类有助于正确反映国民经济内部的结构和发展状况，为政策制定、行业研究、企业经营管理等提供统一参考。在经济高质量发展的背景下，企业经营业务的变化将为行业分类工作带来新的挑战。通过人工开展对企业的行业分类工作成本较高，有必要进行自动化智能行业分类的探究，统计实践工作者在第四次全国经济普查中就探索性地使用了行业代码自动识别赋码技术来提升行业分类的效率。为此，本章利用中国工业企业数据库中各企业的主营业务信息，基于 BERT 构建了自动化行业分类模型，并将其与现存其他常见方法进行对比，研究发现如下：

第一，本章所构建的基于 BERT 的模型效果优于其他对比方法，其中在总样本上构建单纯的 BERT 模型效果要优于加入《国民经济行业分类》中对各个类别的描述信息的 BERT-Memory 模型，但当训练集样本缩小到原来的百分之一后，BERT-Memory 模型的效果会由于简单的BERT 模型，说明小样本时分类标准能提供更好的信息，而当样本量较大时，BERT 模型本身从训练集中学习到的信息已经包含大部分《国民经济行业分类》内的信息，另外也体现了原本训练集的人工标注可能存在一定程度上的错误，以及《国民经济行业分类》存在一些问题，导致数据量大的情况下样本与真实标准产生了偏离，将《国民经济行业分类》纳入后反而会使得模型的表现下降。

第二，本节通过对企业主营业务描述的文本长度进行划分，发现模型在长文本样本集上的效果要比在短文本样本集上的效果更差，说明较长的主营业务描述往往蕴含了过多的信息，会影响模型对其进行正确的行业分类，而与之相比精炼的主营业务描述更易于模型对其进行分类。

第三，本节所提基于 BERT 的自动化行业分类模型更适用于细致的行业分类，即随着行业分类代码数的上升，行业分类细致程度的上升，各模型的分类表现均有所下降，但基于 BERT 的模型表现最佳且具有更好的稳定性。

为了更好地实现自动化的行业分类，在减少人工分类成本的基础上保持较高的准确性，本节提出如下建议：

第一，企业在进行主营业务描述时，应以精准、精炼为目的，描述自身最主要的业务类别，不提供或减少提供多余、冗余的信息。本节所提模型及常见机器学习模型，在短文本样本集上的预测效果要优于长文本集，说明了精炼的信息能够帮助模型更好地学习行业分类的规范，并做出更准确的预测。

第二，在制定《国民经济行业分类》，应考虑到在当前高质量经济发展的背景下，企业更具有多样性、创新性和专业性的主营业务，及时更新行业类别，并且减少分类之间可能的重叠性，提供更加清晰、更顺应企业发展的行业分类准则。

第三，在实现自动化行业分类的过程中，若涉及使用机器学习方法训练模型，应更加关注样本不均衡的问题，避免模型因提升预测准确性而忽视少数类样本的情况。

为了避免人工分类时混淆概念，《国民经济行业分类》会写明某分类包括以及不包括哪些生产活动，然而对于机器学习来说，不平衡问题会更加影响模型结果。故在制定行业分类相应准则时，应对现有少数类样本的描述更加详细，凝练更多关键词等，企业也应在业务描述中根据《国民经济行业分类》，准确地表达主营业务，帮助模型更好地提取信息，对行业分类起到辅助的作用。

本章参考文献

[1] FELGUEIRAS M, BATISTA F, CARVALHO J P. Creating classification models from textual descriptions of companies using crunchbase [C]. In international conference on information processing and management of uncertainty in knowledge-based systems, 2020.

[2] HOBERG G, PHILLIPS G. Text-based network industries and endogenous product differentiation [J]. Journal of political economy, 2016, 124 (5): 1423 - 1465.

[3] JOULIN A, GRAVE E, BOJANOWSKI P, MIKOLOV T. Bag of tricks for efficient text classification [C]. Proceedings of the 15th conference of the european chapter of the association for computational linguistics, 2017.

[4] KALCHBRENNER N, GREFENSTETTE E, BLUNSOMP. A convolutional neural network for modelling sentences [C]. In proceedings of the 52nd annual meeting of the association for computational linguistics, 2014.

[5] KIM Y. Convolutional neural networks for sentence classification [C]. Proceedings of the 2014 conference on empirical methods in natural language processing, 2014.

[6] LEE C M C, MA P, WANG C C Y. Search-based peer firms: aggregating investor perceptions through internet co-searches [J]. Journal of financial economics,

2015, 116 (2): 410 - 431.

[7] LEUNG A C M, AGARWAL A, KONANA P, KUMAR A. Network analysis of search dynamics: the case of stock habitats [J]. Management science, 2016, 63 (8): 2667 - 2687.

[8] LI N. Who are my peers? Labor market peer firms through employees' internet co-search patterns [D]. Toronto: Rotman School of Management, 2017.

[9] LIN T-Y, GOYAL P, GIRSHICK R, HE K, DOLLAR P. Focal loss for dense object detection [J]. IEEE transactions on pattern analysis and machine intelligence, 2020, 42 (2): 318 - 327.

[10] NAGY L, ORMOS M. Review of global industry classification [C]. 32nd European Conference on Modelling and Simulation, 2018.

[11] Pennington J, Socher R, Manning C D. Global vectors for word representation [C]. Proceedings of the 2014 Conference on Empirical Methods in Natural Language Processing, 2014.

[12] RADFORD A, NARASIMHAN K, SALIMANS T, SUTSKEVER I. Improving language understanding by generative pre-training [J]. OpenAI, 2018.

[13] UR-RAHMAN N, HARDING J A. Textual data mining for industrial knowledge management and text classification: a business oriented approach [J]. Expert systems with applications, 2012, 39 (5): 4729 - 4739.

[14] WESTON J, CHOPRA S, BORDES A. Memory Networks [C]. ICLR 2015: International Conference on Learning Representations, 2015.

[15] 韩程程, 李磊, 刘婷婷, 等. 语义文本相似度计算方法 [J]. 华东师范大学学报 (自然科学版), 2020 (5): 95 - 112.

[16] 满向昱, 朱曦济, 陈健. 能源投资统计指标体系研究 [J]. 统计研究, 2013, 30 (11): 25 - 29.

[17] 宋傅天, 卫平, 姚东旻. 共享经济的统计测度: 界定、困境与展望 [J]. 统计研究, 2018, 35 (5): 38 - 49.

[18] 王卓. 我国行业分类与国际标准行业分类的比较研究 [J]. 统计研究, 2013, 30 (4): 15 - 20.

[19] 吴震, 冉晓燕, 苗权, 等. 基于 fastText 算法的行业分类技术 [J/OL]. 北京航空航天大学学报, 2021.

[20] 薛洁, 赵志飞. 物联网产业的统计界定及其分类研究 [J]. 统计研究, 2012, 29 (4): 16 - 19.

第十九章　研究案例——经营活动标签提取：基于经济活动词典构建文本具体性指标

在第十八章中已经提到，随着经济发展进入新常态，企业转型发展与多元化发展成为趋势，因而对于企业的行业分类出现难题，与此并存的是，对一个公司的经营信息的提取也变得复杂。无论是政府还是市场参与者，都希望能够快速掌握多个市场主体的经营信息，进而把握市场动向。在信息披露过程中，大多数信息都包含在复杂的文本之中，海量的数据对于信息的快速获取造成负担，如何对这样的非结构性文本信息进行量化分析，是经济活动研究中的重要内容。本章从文本具体性角度对 MD&A（管理层讨论与分析）披露的信息质量进行量化分析，旨在提供一种帮助市场主体快速准确地掌握 MD&A 所讨论内容的重点的方式，以便于快捷了解公司的业务布局信息，把握发展方向。此外，后续还创新地提出了一个新的经济活动词典蓝本，并以此计算表示经济活动词汇使用密度的 Specific_econ 指标。

第一节　研究背景概述

随着大数据时代的到来，非结构化文本的分析场景日渐增多，AI 辅助提取信息进行文本分析的方法正在逐步取代原始的出人工分析的方式。对于投资者而言，MD&A（管理层讨论与分析）无疑是其获取关注公司经营信息，降低信息不对称的重要参考文件。但是上市公司众多，每家上市公司的"管理层讨论与分析"部分少则几百字，多至上万字。如果全部依赖人工阅读处理，显然要耗费大量的时间。因此有必要借助适当的文本分析方法，帮助投资人在较短的时间内快速把握关键信息。我们通过使用经济活动词典，构造文本具体性指标，对公司关于行业活动，产业结构的信息进行捕捉。在政策上，文本具体性指标可以在一定程度上量化公司会计年报信息披露的具体程度，一方面可以帮助上市公司更好地执行证监会对信息披露的要求，另一方面也有利于满足投资者对公司真实经营状况的信息需求。

一、经济活动词典

公司的经济活动信息涉及面比较广泛，其中主要会出现在公司经营业务分析、未来战略规划、公司产业布局，是反映公司当前和未来经营状况的有效参照。由构建原理可知，"经济活动"来自行业定义，行业由其提供的产品以及服务决定，战略规划与产业布局中的医疗设备经营租赁在行业分类的表达中联系密切。以表 19-1 为例。

表 19-1 "医疗设备经营租赁"行业定义

7115		医疗设备经营租赁
		包括下列医疗设备经营租赁活动：
	—	医用 X 射线设备租赁服务；
	—	医用超声诊断、治疗仪器及设备租赁服务；
	—	医用电气诊断仪器及装置租赁服务；
	—	医用激光诊断、治疗仪器及设备租赁服务；
	—	医用高频仪器设备租赁服务；
	—	微波、射频、高频诊断治疗设备租赁服务；
	—	中医诊断、治疗仪器设备租赁服务；
	—	临床检验分析仪器租赁服务；
	—	医用电泳仪租赁服务；
	—	医用化验和基础设备器具租赁服务；
	—	其他医疗设备经营租赁。

"医疗设备经营租赁"是以 11 项服务为标准进行定义的。表中列出的"医用 X 射线设备租赁服务"属于服务类别，"医用 X 射线设备"属于产

品类别，二者互相促成。可见，如果分别进行提取容易出内容交叉的问题，而单一提取保全强置信度又容易出现信息不全的现象。有鉴于此，本章提出将二者混合提取的思路，将其统一归为"经济活动"类别，在保证信息完整度的同时也保障了词典的现实解释意义。

由此可知，经济活动词典会在会计文本提取行业信息进行辨识的基础上，进一步展现公司独有的产业活动信息的前瞻信息。

当下市场经济发达且经济发展转向新常态，传统产业纷纷在原有产业基础上谋求新的发展动能，跨行业合作、转型发展已经成业界常态。例如：近几年日渐火热的"工业互联网"，正是传统产业与新兴科技生动结合的显示例子（如某制造业公司，在现有的基本制造业的基础上在下一会计年度准备开拓信息技术服务）。对于这样的公司，仅仅识别出"工业"这一行业信息显然无法满足投资者的信息需求，对于股价的影响力度也不再是以前的一枝独秀。仅有的行业信息并不能反映该家公司的产业活动的动态变化，而这恰是与公司发展前景密切相关的内容，也是投资者所关心的内容。如何科学地、准确地挖掘企业综合经济活动信息成为现实发展所需。

经济活动词典以统计最新行业分类标准为蓝本，内容涵盖上市公司所属的各个行业，置信度大；提取定义完善的经济活动词库，在保证词典完整性的同时实现对经济活动的准确识别。同时，该词典对会被识别为"地名（LOC）""机构（ORG）""时间（TIME）""数字（NUM）"的单词短语进行剔除，以保证各个指标之间的数据计算结果的纯度。

词典内所披露的内容，为投资者在进行股票差异选择时提供了文本方面信息依据，提高了其真实经营信息的披露程度。对公司而言，其股价当中会包含更多自身的独特经营状况，从而降低股价同步性。从使用效果来看，基于词典的关键词展示会促进其帮助管理层分析与讨论的阅读者以较高效率了解该企业的经济活动布局。投资者可通过经济活动词典的识别效果，短时间快速了解该行业的活动布局。关键词阅读法，在实现高效阅读的同时，也在一定程度上降低了理解门槛，有利于让更多不同专业水平的投资者实现有效阅读，让不同行业的投资者以更低的阅读成本了解企业经济发展前景，有效降低信息不对称，进而实现科学决策。

二、理论研究概况

在现有的会计文本信息挖掘中，具体性指标还尚未被系统定义，这一指标的提出可以丰富会计文本信息的维度，也是降低股价同步性的因素探究方面的新的思考方向。从 NER 的研究角度来讲，作为一项发展较为成熟的自然语言处理技术，能够在其他学科上合理应用是一个重要的研究方向。我们通过使用 NER 技术构建 MD&A 的具体性指标，实现技术上的意义，实现新的引用拓展。

另外，在本章中提出的经济活动词典，可以作为后续 NER 研究的词典标签，是对现有 NER 实体类别的丰富。同时，因为词典本身是由国家统计局的行业分类标准解析而来，在一定程度上可以实现对上市公司行业的覆盖，因而词典奶的经济活动描述词汇可以打破领域使用的局限性，具有普适性。所以在词典的使用上，我们可以期待其在更多领域的广泛应用。

第二节　经济活动词典构建

依据行业分类标准，通过一系列数据清洗步骤生成经济活动词典，对于词典内每个的实体，把其出现在每段年报中的次数（计数值）作为 value。这一识别过程并未使用任何模型，因而不需要准确率和召回率这样的评价指标，实体本身就是 golden value，识别结果可直接用于计算指标。

分别计算词典内每个单词出现加和频数"sum"，以及去重频数和"freq"-该段文本中对经济活动词典的平均识别密度。

以下是一个计算例子，针对某一文本我们识别出的经济词典使用结果为：

词典提取示例：{（信托：2），（证券：4），（区块链：3）}

则词典使用总数 Activities_sum＝2＋4＋3＝9，表示该段 MD&A 文本总共使用了 9 次经济活动词典词汇；词典使用频率 Activities_frequency＝3，表示在已有的 17 448 个经济活动词汇中，有 3 个不同的单词在该段 MD&A 文本中被提及。经济活动词典使用密度 Activities_intensity＝9/3＝3，表示每个出现在 MD&A 段落中的单词平均出现了 3 次，以此类推。

第三节　词典识别效果

一、宏观角度

（一）分行业

我们选择的分类依据为证监会 2012 版行业分类标准，对上市公司进行分类，具体行业（ind）的标签数据采自国泰安数据库。以行业分类变量为解释变量，研究不同行业年报中经济活动词典使用词频是否存在显著差异，由此进行双尾检验所得结果见图 19-1。P 值水平为 0.000 可，意味着不同行业在管理层分析与讨论中关于经济活动的具体性表述存在显著差异。

Analysis of Variance					
Source	SS	df	MS	F	Prob>F
Between groups	12 367.835 3	17	727.519 722	29.72	0.000 0
Within groups	750 578.314	30 657	24.483 097 3		
Total	762 946.15	30 674	24.872 731		

Bartlett's test for equal variances: chi2(17)=162.015 2　Prob>chi2=0.0

图 19-1　行业 vs 经济活动词典词频方差分析结果

为了进一步检验行业均值水平之间的具体差异，使用 Bonferroni 检验法对各行业均值进行两两比较检验。Bonferroni 法将 p-value 的 cutoff 除以 n 做校正，这样差异基因筛选的 p-value cutoff 就更小了，从而使得结果更加严谨。见图 19-2。

（二）分时间

由图 19-2 可见，通过经济活动词典使用密度构建文本具体性指标 Specific_econ 指标在 2004—2018 年内呈现波动上升的趋势，同时在 2012 年经济活动词典使用密度出现了明显的上升，是研究时间中上升速度最快的一年。通过对比证监会政策，我们发现 2012 年 9 月 21 日中国证监会正式发布了《公开发行证券的公司信息披露内容与格式准则第 2 号——年度报告的内容与格式（2012 年修订）》（简称《年报准则》）。这一修订文件主要体现以下四个方面的特点：

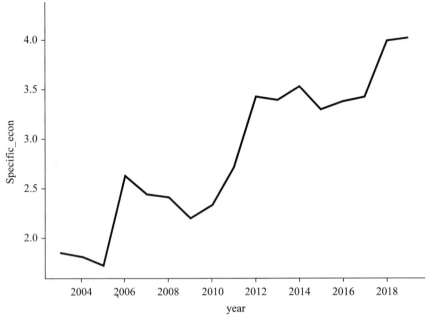

图 19 - 2　Spec_activities 年份均值时序图

（1）大幅缩减年报摘要篇幅，降低信息成本。修订后的摘要中保留了管理层讨论与分析的部分。

（2）简化年报全文披露内容，强化投资者关心事项的披露。特别强调投资者关心事项的披露，强化了管理层讨论分析部分的内容，进一步细化了重大诉讼、仲裁、重大担保等重要事项，加强了市场普遍关注的利润分配、公司内控规范体系实施效果等情况的披露。

（3）以体现公司投资价值为导向，增加反应投资价值的非财务信息披露。

（4）增加自愿披露内容，鼓励差异化披露。如鼓励公司主动披露履行社会责任的情况等。同时，允许公司根据行业特点和实际情况实行差异化披露。

从以上修订内容可以看出：要求（1）和（2）MD&A 文本在信息披露中的重要地位；对于要求（3），经济活动词典中涉及的经济活动范畴和业务相关描述可以提供价值投资方面的信息；对于要求（4），通过之前的方差分析检验以及箱线图展示，充分论证了经济活动词典在行业上的差异。所以，我们有理由认为经济活动词典使用密度可以在一定程度上反应上市公司对年报准则的执行效果。

虽然在 2013—2016 年出现短暂下浮，但是在 2017 年开始重新步入增长模式。参考前文关于 2017 年证监会的政策变动，可以大致认为经济活动词使用密度也受到证监会政策调整的影响，随着信息披露政策的不断放开，整体呈现上涨趋势。

从两个不同时间点政策的影响来看，2012 年发布的《年报准则》对经济活动词典使用密度的刺激效应比 NER 计算得到的传统具体性指标更大，而后者对 2017 年相关政策反应更敏感。

二、微观角度

根据（1）中多重检验结果，C（制造业）、G（交通运输、仓储和邮政业）和 M（科学研究和技术服务业）。三个行业两两之间的 HSD 检验显著，见表 19 - 2：

表 19 - 2　HSD 多重检验结果（样例）

类别 1	类别 2	均值差异	P 值	是否拒绝 H0
C	G	−140.034 2	0.001	是
C	M	380.368 5	0.001	是
G	M	520.402 8	0.001	是

在三种行业中分别选择三家公司在 2019 年年报，依据词典识别结果，统计每个词典在该公司 2019 年年报中出现频率，对频率不为 0 的术语汇总为列表，并以此为依据生成专属词云。例如图 19 - 3 所示为运用词典识别后，星辉娱乐的业务情况。

恒信东方文化股份有限公司的核心业务主要有 CG 与 VR 内容生产、儿童产业链开发运营、LBE（Location Based Entertainment）城市新娱乐业务、互联网视频应用产品及服务、移动信息产品的销售与服务业务，运用词典识别后如图 19 - 4 所示。

图 19 - 5（左）公司为股票代码 600009 上海国际机场股份有限公司，图 19 - 5（右）公司为股票代码 600022 安阳钢铁股份有限公司，从两个公司的词云分析结果来看，时间内的各公司主营业务较为稳定，不同行业公司年报中的词频统计存在较大差异。

图 19-3　星辉娱乐（股票代码：300043）

图 19-4　恒信东方（股票代码：300081）

图 19-5　上海国际机场（股票代码：600009）和安阳钢铁（股票代码：600022）

第二十章　寻求政府统计的跨越式发展

第一节　富集政府统计人力资源

一、与相关优秀企业有效地沟通、交流、互动

从现代政治的治理思想上看，许多学者认为政治领域和经济领域往往是分离甚至对立的。自由主义者将政府看作自由市场和个人权利的威胁，将政府看作"不得不存在的恶"。许多国家主义者和左翼学者时刻提防着资本俘获政权、个人主义功利计算影响政治对公共目标的追求。一方担忧政府对企业的管控降低社会效率，另一方担忧企业对政府的渗透违背善治目标，双方都警惕着政府与企业的合作，面对新生的生产力、组织方式和新思想时这种警惕有时更为强烈。然而不可否认的事实是，政府要在现代社会取得善治，必须依靠市场和企业来降低行政成本、提升行政效率、保证对于多方信息的敏感吸取和及时反馈；而企业要获利，不仅不可能将自己与政府对立起来，反而需要国家公权力在设立法律法规、出台政策条例、基础设施建设、人才培养、技术研发、市场拓展、公共安全保障等方面的各种支持。政企双方若能合作，便能互利共生；若没有良好的合作环境甚至不合作，企业难以在长期的竞争中自保和获利，政府也难以利用新技术、新渠道提升监管和服务的治理能力。大数据正为信息时代政企合作提供强大的工具和良好的契机，而大数据自身更好的发展条件也存在于政企合作之中。

（一）动态了解大数据行业的资源现状和数据需求

大数据时代的技术发展日新月异，数据量的形成呈指数增长，资源格局处在急剧变化的过程中。政府统计能从大数据行业相关优秀企业中汲取的养分是动态变化的，社会对政府统计产品的需求也是动态变化的。企业在大数据方面有独特的资源，企业在市场环境中无时无刻不呼吸着数据，许多互联网企业更是无时无刻不在主动、被动地创造着数据，这些来自企业的数据对于政府来说覆盖面广、更新及时、清晰具体、流通便捷。

如以电商为例，人们在网络世界浏览的每一个页面、进行的每一笔交易都会留下信息。一方面，顾客在什么时间浏览了什么商品、在一个商品网页浏览了多久、用户对不同商品的浏览轨迹、最后达成了什么交易、没有达成什么交易，都为数据库做出了贡献；另一方面，商家的各种信息，如交易数量、评分评级、与顾客的互动，也都留下了数据的痕迹。这些数据对用户和商家的行为模式进行了描绘，这样的信息源源不断地涌入平台的数据库并被获取、传输、存储和分析应用。这些数据既是广而多的，覆盖万亿级别的交易额、反映数亿用户的信息，又是小而精的，可以比较精确地描绘出具体用户的行为偏好、行为模式，多渠道、高效率、自我增值地反映市场信息。这些信息对于安全部门和暴力机关，不仅可以作取证之用，还能防患于未然；对于市场监管部门，能够更好地保障产品的质量、规范商户行为、保障消费者权益；对于统计部门，可以灵活、高效、低成本地获得第一手的多样经济信息；甚至对于税务部门和社会保障部门而言，电商平台上个人的销售经营情况和个人消费记录能够分别作为监管偷税漏税和鉴别福利投放精确程度的有效参照物。

（二）向优秀企业学习，探索合作领域，倒逼政府统计部门跟紧时代

唯有摸清行业发展脉络，向优秀企业学习，探索合作领域，方能倒逼政府统计部门跟紧时代发展趋势。尽管企业在生产和储存数据上往往站在大数据应用的前线，但是大数据技术、人才、基础设施建设的公共成本需要政府，相关政策法规的出台、良好经营环境的监管也需要政府，跨越企业之间的信息壁垒、营造良好的数据合作平台也需要政府。政府可以向社

会公开、授权部分信息资源，利用企业的工具和网络进行加工，一方面可以让信息数据在市场领域产生在政府中难以产生的价值，公共部门投入大量资源获得的长周期、大样本、权威数据应当更为灵活地使用，另一方面这些数据在市场中的复合增值可以反过来充实、更新公共部门的数据库，提升统计数据的准确性、真实性、敏感性。

以外卖平台与食品安全监管部门的合作为例，上海市普陀区市场监管局与"饿了么"外卖平台实现信息共享，平台借助相关部门提供的注册信息对于商家进行资格审核，监管部门则利用平台顾客反映的食品安全问题进行线下检查，线上线下信息联动，整顿外卖市场服务乱象。对外卖平台而言，商家上线需要经过多重审核，提供经营证照、店铺位置等具体信息，这些信息都需要官方数据系统的权威支持；对监管部门而言，平台也将审核过程中的不匹配信息及时反馈给相关部门，后台的消费者评价信息也向监管部门开放，执法人员在相关应用上可以获得经营资质、客户评价等信息，让线下监管覆盖面更广、信息更新更及时、监管更有效率；甚至，区市场监管局为打造"阳光厨房"，通过相关平台向消费者开放店铺后厨实时监控录像，实现消费者社会力量和监管部门在食品安全问题上的共治。

总之，企业需要政府在允许的范围内公开权威性的公共数据，如地理、交通、商业等信息，而政府也需要企业采集加工社会信息之后使广泛、高效、增值、具体的信息为政府所用，最终政府再利用整合的权威化的数据、行政法规、人才技术、基础设施建设反过来促进企业的发展，形成一个政企协作、互利共赢的良性循环。

二、对核心部门人员进行系统的业务培训并考核，提升队伍的理论和技术水平

培训不应仅仅满足当前的工作需要，还要有长足发展意识、注重提升被培训人员的综合能力。例如，邀请高校、科研院所、智库、企业等业内专家及技术人员开展讲座，或者开设培训课程。组织对国内外领先的政府统计部门进行考察，学习政府统计和大数据合作的案例。

联合国亚太经济社会委员会为了将"大数据"用于编制官方统计数

据，制定了关于使用大数据进行官方统计的课程和培训模块。国家和地方统计系统的统计员和管理人员需要仔细检查和了解各种大数据的潜在用途，以及它们用于编制官方统计数据和指标的问题和局限性。统计员和管理人员还需要获得和/或提高他们使用这些数据和将这些工作集成到标准统计业务流程中的知识和技能。该委员会的这个项目旨在根据对人力资源知识和技能水平的评估，制定一个培训课程，以满足理解和评估利用大数据进行官方统计的潜力的能力建设要求，特别是在开发亚太统计系统方面。该课程将作为一个综合框架，用于开发和开展侧重于官方统计特定领域大数据利用的培训模块。

三、加强人才队伍长期建设

（一）建立相关合作方的人才流动机制

在目前政府统计部门内部，由于公务员编制等体制原因，造成了人员流动不足、人员成长动力不强等问题。假如相关合作方的人才（例如互联网大数据公司的高级技术人员、高校和科研院所的专家）到政府统计部门挂职，例如采取聘用相关专家为挂职顾问的方式，在横向对比下，有效激发体制内人才的成长动力、提供学习资源。

对于政府统计和大数据合作的关键领域，探索以较为优渥的条件引进（或者定向培养）市场上、高校里的大数据相关专业的复合人才。

（二）完善统计学科的教育体系

在人才数量和质量培养方面，统计学在与其他成熟的一级学科对比下处于劣势，学科建设仍有较大的发展空间，尤其是具有大数据与政府统计复合背景的人才短缺。

第二节　完善政府统计制度体系

一、合法依规完善、落实《统计法》

政府统计部门作为公共统计部门的代表，要善于利用法律武器，争取创造"有法可用，有法必用，敢于用法，严格执法"的局面。

首先是进一步明确政府统计部门的权利和义务，尤其是统计权威性和信息共享方面，既要保障政府统计部门依法收集真实数据的权利，也要规范其对外提供统计服务的义务，既要鼓励社会团体依法如实上报数据，也要给予其使用政府统计产品的权利。

其次要细化并完善《统计法》。例如《统计法》规定"统计资料的收集可以利用行政记录"，但缺少具体的提供方和使用方的权利和义务，使得双方在对法文的解释上难免产生分歧甚至矛盾，政府统计部门在获取数据时显得"底气不足"，相关被统计对象在提供数据时"心不甘情不愿"。

再次是《统计法》要与时俱进，对大数据产业等统计新业态探索相应立法，例如禁止数据垄断、保护用户隐私。大数据的行业特点有其特殊性，不论是社会单位还是个人，既要有一定程度的数据隐私保护，也要依法依规为社会统计事业做出贡献。

最后是要注重统计的完善和落实，推动政府部门、社会单位和公民群体的普法教育。

二、重视统计部门对其他政府部门的统计业务指导

出于提高政府统计部门统计效率的角度考虑，政府统计部门在打通政府部门间的信息采集和共享通道的过程中要发挥积极作用。在明确政府统计部门对其他政府部门的统计业务指导关系后，主动提供帮助和指导，定期开展统计业务检查工作。

第三节　政府统计跨越式发展的顶层设计

一、统计历史经验的探讨：历史上的国家社会互动与统计

公共部门与私营企业的互动与合作在当代社会已成为各国普遍的趋势，人们对此早已习以为常，然而历史地看，健康的政企合作关系并不是理所当然的，而是人类社会不断发展的特殊结果，需要特定的条件：一方面，社会需要一个稳定、合法、能够进行有效统治、权力受到监督的现代政府；另一方面，国家需要一个富有活力、企业守法、私人利益与公共利

益得以协调的现代市场环境；此外，技术的发展，全球化的进退，都可能影响政企合作。政企合作需要现代化的政府与现代化的企业，现代化过程中产生的技术进步、契约精神、自由市场、民主政治、理性化管理方式既是现代化政府和现代化企业产生的原因和土壤，又是现代化政府和现代化企业进一步完善、发展的基础环节。现代政府和现代企业将因为健康的政企合作获得相较于其他对手更广阔的发展前景和更大的竞争力，这是基于当代经验总结的规律和对于未来的预期，也能在现代化的历史进程中找到佐证，毕竟尽管强有力的政府和盈利为目的的理性化企业严格来说是相当晚近的事物，但是国家与社会的互动是人类产生文明之后一直需要面对的命题，我们不妨先从历史的脉络入手，了解现代国家、现代社会的诞生过程和统计部门在不同时代产生、发展的规律，并在不同时代的国家社会互动中了解现代政企合作的历史渊源和正反面经验。

（一）文明早期

一般认为，随着生产力的提高、剩余产品的出现为奴隶制国家的产生创造了条件，而以公共权威分配剩余产品的国家为了对内维系统治、对外取得资源必然会组织军队和宗教，必然会进一步细化经济生产和政治治理的分工，人类最早收集数据并从中寻找规律的活动正在此中萌芽。

由于宗教活动、农业生产、早期贸易，古代文明发展了天文学、数学并大量总结了地理气候规律；由于要维持早期文明内部的稳定，人们不仅要记录整理内部资源的生产分配情况，还要记录整理外部的自然资源和其他共同体的资源；甚至由于营造宫室、宗教建筑和战争设施的大量投入，几何学也得到发展。早期河谷冲积平原农业文明，如古埃及文明、两河文明、中华文明、古印度文明都发展出了光辉灿烂的天文学和数学成就，都积累了大量关于水系治理、气象预测的规律经验，而稍晚被辐射到的地中海海洋文明也在物理、几何、代数、自然哲学等领域取得巨大的成就。这一时期，文明草创，国家并不能有效地了解和管理社会，占据人口多数但作为财产和工具的"奴隶"甚至很难说被考虑在"社会"之内，统治者既没有横向对于地方合作者的绝对权威，也没有纵向对于社会不同阶层的彻底掌握，一般在内部进行以朝贡为纽带的分封制的间接统治，在外部进行邦国之间的联盟或敌对；国家不掌控社会，社会也很难主动地影响国家，一般只是作为生产者为各个忠诚对象提供军事和经济资源。这一时期，国家的"统计机器"的作用一方面是在农牧业、灌溉、天文、气象、冶炼等方面"改造自然"，另一方面是在纳贡和赏赐、贸易、战争、提取内部资源等活动中"改造人类社会"。

（二）封建社会时期

进入封建社会之后，国家地缘政治生死存亡的压力、社会生产力的快速发展和人文思想的争鸣与稳定相互作用，国家和社会产生了巨大的转变，国家与社会互动的方式也进一步复杂化，尽管统计学还没有成为独立的学科，然而国家的"统计机器"已经进一步专业化、科学化并产生了更大的社会效用。不论是中国封建中央集权官僚制帝国，还是西方的中世纪基督教封建庄园国家、自治城市，都有着广泛的农业自然经济、逐渐繁荣的商品经济、持续的内外战争冲突和渐渐取得主导地位的意识形态体系，东西方在这一长段历史中的国家与社会关系对于塑造今天的世界有着重要作用。

对中国而言，分裂时期的争霸战争锻造了较为成熟、理性的官僚体系，粮饷后勤、兵源的培养和提取、稳定的财政和高效的税收让官僚体系中的"统计机器"成为各个政府最迫切的资源之一，商人也逐渐积攒政治能力、提升政治影响；统一时期小农经济的分散性和脆弱性要求一个中央集权的专制政府，一方面对于赈灾、水利等公共事务的及时反应成为检验政权合法性的重要标尺，另一方面能否保持从社会抽取人力经济资源的能力以应对游牧民族带来的强大国防压力、维系庞大帝国运转的行政支出深刻影响着政权兴衰存亡。在封建社会的中后期，宋代经历了平民地主——佃农经济的发展，完成了科举制对官僚队伍来源的彻底革新，基本形成了理学对于中国政治、经济、文化、军事等方面精英的三观的塑造，政府面对的边防军事压力又让政府为扩大税源积极发展贸易、鼓励商品经济，国家的"统计机器"空前专业和复杂，基本奠定了中国古代政府、社会、政府与社会互动模式的形式，政府在政治和文化领域面对社会具有绝对的优势，尽管在经济领域，社会仍然具有一定的灵活性，然而这种灵活性是完全依附于官本位政治权力和儒家意识形态的，商业活动不仅受到轻视，而且也缺乏发展的动力和空间，之后元明清三代在这些问题上往往是在宋代的基础上进行修改和发展。

应当强调的是，中华文明有极为厚重发达的"统计历史"。一个庞大帝国的行政成本、军事后勤、财政税务、赈灾、漕运都需要一个强大的统计机器，尤其是在广大的疆土上面对分散、脆弱的小农经济，迫切地需要掌握个体小农确切的财产状况、边疆的防务状况和基层的治安状况，以免经济、军事、意识形态资源被地方组织（如军阀、教团）截流，影响国家的安定。翻遍史籍，相关机构分工不可谓不专业，负责人才不可谓不智勇双全，统计问题对于国家的长治久安影响不可谓不重要，中央政府对相关统计事业的支持不可谓不大。可惜的是，这样的统计工作尽管不排除往往也因朴素的"民本"思想服务于人民群众财产、安全上的利益，保证和平稳定的局面，然而很多情况下却是为了封建统治者调动民力、榨取民脂民膏以穷兵黩武、满足私欲，是为了整个封建地主阶级更稳定、高效地提取农民阶级的生产剩余并在官僚体系的各层级分配，因此这些统计数据许多时候是失实的——商人在上报财产时无利可图，往往隐瞒财产；地方官员开源节流，往往截流地方收入，打着中央的名义征收各种不被统计在内的苛捐杂税；而农民在天灾人祸中家破人亡，国家往往损失户口和财源，向更少人征收劳役，更多的劳役集中在更少的人头上，被征收者必然逃逸，最终恶性循环以至崩溃。国家付出了巨大的行政成本，有时不仅难以得到行政体系外的配合，而且遭到反对和抵抗，轻则查到假数据，"欺上瞒下"，重则引起民变和腐败。

（三）现代资本主义时期

欧洲的政府和社会在经历罗马帝国的分裂之后，走向了分裂多元、曲折往复的发展，并最终孕育了现代资本主义生产方式、现代政府、现代社会的果实。罗马帝国解体后，欧洲在物质上无以统一，只有在精神上通过基督教的纽带形成松散的统一体，不同类型的民族、政体形成若干政治区域。在中世纪，各地普遍形成这样的统治方式：国王与天主教会合作，以间接、松散的方式统治国内众多林立的封建领主，各级封建领主通过政治、经济、军事的义务和契约相互支持，也相互取得利益。随着国际战争规模的扩大、频率的加快和欧洲各地的局部统一，到中世纪晚期，欧洲各国的政府、社会产生了越发显著的差异。

在中世纪欧洲的战乱中，各个统治者都寻求相对于其他政治实体的战争相对优势，在国内寻求立法、行政、军事、外交权力的垄断和行政系统的高效，积极汲取国内外的经济资源。以法国、西班牙为代表的欧洲倾向于利用自上而下的军事手段建造中央集权的绝对主义国家；而英国和之后的低地国家则发展了自下而上的地方自治传统、运用金融信贷手段而非强制军事手段解决财政危机的传统，并构建起以较为开放的市场为基础的公共财政体系、议会产生实际作用的税收体系和较为尊重私有产权契约精神的法律体系；最晚完成统一的德国作为后发现代化国家则格外强调高度集权统一的军事国家在经济社会生活中的强势作用，并形成了高效、理性化地对中央负责的公务员体系和现代军队。

回顾欧洲国家的发展历程，尽管各类国家的发展路径不尽相同，然而却在不同方面为现代国家、现代社会、现代统计部门和统计学的诞生打下了基础。不管是法国"国家本位、中央集权、行政权主导、军事强制"的大陆模式，还是英国"社会本位、地方自治、立法权主导、金融资本"的大洋模式，尽管各有侧重，都存在着这样的循环：要开拓市场、夺取资源，就发生战争；发动战争，就因为战争而产生巨大的财政税收压力；要解决财政压力的汲取难题，就要求高效的行政体系和税收制度，或者利用金融资本、信贷手段从社会中灵活地提取经济资源；而经过战争刺激的技术、资本，又有对外输出的强烈冲动；这种冲动，首先借助于国家公共权力对外发动的殖民和争霸战争，保证商品输出和资本输出，循环往复。正是在这样的"资本——强制"互动中，现代资本主义生产方式、现代国家、现代市民社会诞生了；正是在这种资本和强制提出的对于财富、军队、人口的分析管理要求中，现代统计部门和统计学萌芽了。十六到十八世纪，也正是西欧国家"数目字"地进行人口普查收集公民资料、保险公司和教会整理出生率和死亡率分析人口变迁的时代，是英国、法国为了解决国内粮食—土地—人口矛盾而产生重农主义和重商主义争执，用自由市场化和行政官僚化革命济贫、赈灾、福利、税收传统体系的时代，更是数学、自然科学、社会科学飞速发展而为统计学作为现代学科诞生而打下坚实基础的时代。

在这一阶段，国家与社会有了明确的界限，在理论上私有产权、人民主权、国家利益、大众政府、看不见的手等关于国家与社会关系的概念得到澄清，在实践上现代行政管理进一步高效化、专业化，各门社会科学纷纷出现并与实际治理问题紧密结合。国家一方面通过行政管理、意识形态宣传、经济政策、监控技术发展紧密渗入社会之中，另一方面又因为资本的跨境流通、资本对于核心技术的掌握、企业对政府的俘获而面临丧失独立地位的危险。由于私有产权、契约精神的法律化，数据、信息对于公司和个人而言具有独特的价值，但也由于国家利益、国家理性的正当化和民族国家的兴起，为了公共福祉而获取私人信息为人们所接受。由于国家与社会在利益和实现目标的手段上尽管不完全一致，但也相互渗透、促进，政府与企业的健康、稳定、高效、共赢的合作成为可能：政府可以通过企业而广泛获取社会信息、灵敏回应社会诉求、通过企业将政策贯彻到社会，企业也可从政府的公共权威、行政力量、法律政策、科技发展、海外维权中获益良多。

二、政企合作的思想渊源：西方社会思想的发展

关于国家与社会、政府与企业的互动，不仅要在历史中寻找制度变迁自身的经验教训，而且要在思想的发展脉络中了解制度植根于其中的哲学根基和精神土壤。没有农业文明的生产方式和政治动员方式，难以产生支配中国两千年的儒家政治经济思想；没有儒家思想对中国系统、全面的长期渗透式影响，中国后世的制度设计与社会变迁也绝不会是今天看到的样貌。同样，西方世界也长期浸润在"希腊—希伯来"文明的深刻影响下，形成了一套独特的观察、解释自然与人类社会的世界观和方法。

然而思想对于制度设计和社会变迁的影响并不是单向的，也不是一维的，更不会是一劳永逸的。整全的意识形态一经形成固然有强大的惯性，但不可避免地要适应具体情境的要求和时代的变迁。如果意识形态稳固地顺应潮流，走向现代化，便能在新的时代享有一席之地甚至"旧瓶装新

酒"，独领时代之先，然而更多的情况下，意识形态不会主动变革，而需要来自底层对于统治阶级的压力、外国对于本国的冲击、政治经济领域革命对于思想领域的影响。现代国家与政府、现代社会与企业、现代统计部门和统计学的重要基础，正是在一轮又一轮现代的革命与竞争中产生、发展的现代政治思想。

（一）14—16 世纪：文艺复兴时期

这一时期是西方中世纪向现代资本主义过渡的时期，这一阶段的现代化、全球化和资本主义力量的发展尚处在初期，因此其思想制度既有激进革新的一面，也有保守的一面。在国家与社会关系的问题上，最具革命性的概念是"人文主义"和"国家理性"，而最为著名的思想家是意大利的马基雅维利和法国的布丹。

人文主义，强调对人性的客观描述和人尊严的关怀，要求以人为本，以人世俗的、客观的需求为标尺。人文主义是这一时期商业繁荣导致的世俗化要求在文艺思想领域的折射，也是这一时期逐渐壮大力量、进入统治阶级圈子的早期资产阶级的护身符。马基雅维利在其著作《君主论》中冒天下之大不韪，以冷酷写实的笔法记载了意大利政治、经济、军事等领域的孱弱与混乱，坚持以"事物所是"的样子为出发点考察国家，抛弃古代思想家理想中尽善尽美的"事物所当然"。正是马基雅维利在西方世界长期的纷争中，让世俗客观事物独立于彼岸宗教和政治伦理，让现实政治行动独立于完美但遥遥无期的幻想，肯定了人们总结、发展事物中的规律而不是面对自然与人类社会纷繁复杂坐以待毙的勇气，肯定了人的欲望、激情不仅不是历史发展的阻碍，而且是人类不可避免的自然和历史发展的动力。马基雅维利这一激烈反对古典人性论传统的宣言对于后世有着重要的意义，一是肯定人激情欲望的合理性，二是要求从"实然"而非"应然"考察政治社会事务，三是指出"实践"是社会理论发展的动力与检验合理性的标准。不仅为后世企业竞争、社会崛起、民主发展奠定了人性论基础，而且也深刻影响了百年之后现代社会学和统计学的建立。

国家理性的含义一直相当复杂，然而却是现代国家与社会不得不讨论的概念。一方面，它强调工具主义、功利主义对于国家利益的计算、界定与追求，即"只要为了国家利益这一目标，任何理性的手段都可以允许"；另一方面，它又设定构建民族国家统一的精神信念、情感认同的价值基础，即"为了让各种手段取得合法性，应当理性地界定国家利益的目标"。"国家理性"诞生于绝对主义国家或者早期现代民族国家建立发展期间，这个时期面对残酷的国际竞争，欧洲诸大国都展开了国王打击贵族势力、世俗王权与罗马教廷宗教权威调整关系的中央集权运动，新的社会力量和新的生产方式寻找新的政治共同体和新的意识形态，其结果是"国家理性"被马基雅维利在《君主论》中提出、被布丹在主权概念中发展，塑造了一种影响至今的全新的国家观和新的理性观。之所以"主权""疆界""国家利益"在当代受到尊重，个人之所以不仅认识到"国家能为我做什么"，还能接受甚至追求"我能为国家做什么"，正是因为国家理性的概念深入人心。国家理性首先要求国家理性地界定共同体的共同价值、共同利益，其次允许国家为了这一共同价值与利益采取诸多高效的、现实主义的手段，最后要求国家理性的目标和实现目标的手段能够协调自洽、相互促进而不是相互矛盾。

（二）17世纪：英国资产阶级革命时期

这一时期，由于资本主义生产方式的快速、深入发展和在全球的扩散，由于资产阶级在政治、经济、军事诸多领域逐渐取得了领导地位，也由于科学与技术的发展，资产阶级的意识形态更为积极主动也更为成熟完善，人类对于国家和社会关系的了解有了天翻地覆的变化，现代统计学与社会科学也在这一时期产生。

在英国的数次资产阶级革命中，以霍布斯和洛克为代表的思想家以全新的研究方法和严密的逻辑推理产生了革命性的政治理论，以"自然状态""主权者""代表""财产权"等概念奠定了当代国家理论的根基。

霍布斯认为人不是自然而然的相互亲近、追求善良的动物，而是总想着为了各自的欲望与激情相互夺取、从而无时无刻不警惕着他人侵犯的动物。在前国家的自然状态中，这种无限制的利益诉求和无限制的战争手段导致了无限制的竞争甚至杀戮，人们已有的资源不是被夺走就是投入战争中，生活在悲惨的境地；只有在人们认识到无政府状态的悲惨之后，才会明白应当通过创建国家与政府、赋权给国家，让国家的中立力量超过任何一个个人、垄断暴力，人们才能享有生命、财产等权利。

霍布斯一方面为后世的消极自由概念奠定了基础，社会与个人的自由应当得到充分的尊重，"法无禁止皆可为"；另一方面也让强国家、集权政府有了充分的合理性，即个人自由的根本保障是一个强大、稳定、中立的国家。他的理论反映了资本主义发展对于一个强大国家机器的需求，也反映了私人领域、个人权利、自由发展成为现代社会急速发展的核心关切。

洛克的政治思想则更为激进，他前所未有地高扬了现代劳动权利和财产权利的理论地位和合法性，成为美国革命的导师。洛克认为，世间万物都是上帝所造，然而人类的劳动加工赋予自然事物以全新的价值；货币与私有财产的合法性在于，能够打破人类财富和创造力的自然物质界限。不同于霍布斯，洛克认为无政府状态并没有严重到人人自危的地步，因为在个人与国家之间有着"社会"的基本组织，国家是个人财富争议缺乏公共仲裁者"不便"的产物，因此国家并不是幸福生活的"必然保障"，相反当国家不能保卫甚至直接侵犯社会财产权时，推翻国家、另立政府是自然而然的。

洛克让"个人权利"尤其是"财产权"成为绝对价值，即使如霍布斯所说"自由需要威权"，他也认为当威权侵犯自由时需要受到约束，因为个人的权利、幸福与创造力的最终合法性在于人类财富的总体增长。人民为了自己的个人利益授权给政府，当政府不能保证这些利益时授权便被收回，而这些利益之所以重要不仅在于这些是个人私利，而且在于这些权利对人类整体的发展十分重要。洛克最大的理论贡献在于在资产阶级革命时期，代表资产阶级革命者提出"人民的同意是一切政府产生的前提"，并让财产权利成为资本主义国家的立国之本。这显示出，经济领域成为现代社会最重要的领域，经济利益成为现代人最关心的利益，经济权利成为现代人一切自由的根基。

（三）18—19世纪：独立战争与法国大革命

英国革命结束100年之后，影响更为广泛、革命程度更为彻底的美国独立战争和法国大革命发生了，联邦党人通过"分权制衡""联邦制"完成了美国的精神奠基，卢梭和黑格尔则通过"社会契约""人民主权""辩证法"在更深入全面地推进资产阶级革命的同时对资本主义国家、社会进行深刻的反思。他们不仅完成了霍布斯与洛克的意识形态建构工作，而且让思想论述在政治制度和民族认同上落地生根。

联邦党人主要的理论来源是洛克的权利革命学说和孟德斯鸠的分权学说，其重大的理论贡献既在于将局限于小国寡民、地方自治的"小共和"通过联邦制转变为"大共和"、希望通过联邦制让分裂的北美诸邦成为统一的整体，又在于用三权分立、参众两院制衡、尊重党政和媒体希望不让任何一股力量在国家政权中保持绝对优势的地位。这一套复杂的分权体系深刻影响了现代统计部门和统计学的发展，既然主权在民，那么众议院议席的划分就应当对应各州的人口，财税体系的健康运转就有赖于社会数据对于国家的开放、政府预算对于社会的开放，需要全面、系统、科学的人口普查；既然政府是"不得不存在的恶"，那么立法与司法体系、民间学术组织、企业游说集团、新闻媒体便要从各个层面积极影响监督政府，政府内部各层级、各州不同部门的统计机构也要为了自己的利益相互争执，而这些相互影响都需要充分的数据和计算来证明自己利益的合法性，凡此种种，都极大地推动了现代统计事业的发展。

卢梭对于后世的国家与社会关系产生了更为深远和多元的影响。一方面，他深刻怀疑现代科学、技术、文艺的启蒙成果是否在发展人、解放人的同时，也让人被深深束缚在竞争、嫉妒、文弱、隔离自然的种种新社会问题中，开启了怀疑技术与理性、回归民族文化共同体的现代浪漫主义思潮；另一方面，他又发展了最激进的人民主权、民主革命理论，不仅要求抽象权利上的平等、自由与民主，而且要求实际政治地位上的平等、自由与民主：每个人将权力交给共同体，找到合乎理性的共同体的根本利益，既平等地受到统治，又平等地统治他人，大大推进了资产阶级革命的进程与范围，极大加剧了后世社会革命思潮的激进程度。可以说，卢梭不仅作为资产阶级革命的引导者深刻影响了法国大革命，而且还作为资本主义世界的反思者深刻影响了未来，正如在当代的数据治理革命中，同样存在着类似广受争议的矛盾，技术一方面显然促进了民主、自由、平等，另一方面定点投放的商业广告、无时无刻不在曝光的用户信息、企业的信息技术优势又似乎影响了民主、自由与平等。

黑格尔不仅是德国古典哲学的集大成者，而且也是资产阶级革命时代国家、社会理论的最终完成者，要了解现代世界的问题，他的哲学是绕不开的。他是最终作出"国家"与"社会"明确理论区分的人，也是最早用辩证法阐明国家与社会的互动、发展关系的人，马克思与恩格斯提出我们所熟悉的国家概念与社会概念，能检讨资本主义社会的根本矛盾并作历史唯物主义的经典分析，一定程度上正是站在黑格尔的肩膀上的。

黑格尔经历了法国大革命，又生活在德国资本主义高速发展的前夜，既目睹了资本主义高歌猛进给人类带来的进步，又体会到抽象的绝对自由、缺乏监管的资本扩张带来的新社会问题。他认为现代社会区别于传统社会，否定了政治地位的等级区分、宗族血缘的服从纽带、精神权威的精神与世俗压迫，也否定了传统社会的伦理共同体、对于集体利益的终极关切，建立了对于个人主体人格的尊重，要求在商贸市场上平等交易、以契约处理矛盾、以法律进行治理，国家作为公民个人主体意志的表达，要求建立在同意的基础上并保护个人的财产与安全权利。然而，市民社会作为对于传统封建社会的全盘否定，也产生了大量矛盾和问题：第一，高扬社会，国家成了问题。在合法性上，国家不能超乎法律之上存在，政府时刻接受着公民审判；在行动上，政府让位于"看不见的手"，只负责内部基本秩序的维系、私人部门不愿承担的公共基础设施的修建和战争等"出力不讨好"的工作。第二，高扬个人，集体成了问题。摆脱宗族血缘的束缚，却也淡泊了亲情；摆脱了宗教的压迫，精神财富却时时得不到新的补充；摆脱了古代城邦、共和国集体生活的动员和监督，私人生产的经济领域和私人自由成了至高权利，却没有人关心国家、民族和集体。第三，高扬个人欲望，道德成了问题。个人欲望在货币和资本的发展中无限制地增大，社会道德水准不仅下降，而且抽象为陌生人社会仅剩"礼仪"空壳的伪善，对外的侵略殖民连伪善也不需要。第四，高扬资本主义，资本主义自身出现问题，内部巨大的贫富差距、阶级固化，外部的帝国主义殖民战争，环境破坏和学术不端，甚至周期性的经济危机，都为这个新社会敲响了警钟。黑格尔的药方是既要尊重历史发展带来的自由、科技进步等重要成果，也应当重新唤回现代之前国家的自主性对于社会、个人和资本进行渗透、管理、教化，塑造新的伦理实体和现代的民族身份。这些对于社会问题的思考，对于信息成为一种重要资本的当代而言仍然极具借鉴意义。

尽管前述历史经验对我国政府统计的跨越式发展具有参考价值，在实际建设过程中仍需结合时代要求，立足我国社会与经济发展的实际，有助于持续优化我国政府统计制度体系。

图书在版编目（CIP）数据

大数据与政府统计发展/杨翰方著 . -- 北京：中国人民大学出版社，2024.10. --（百家廊文丛）.
ISBN 978-7-300-33296-3

Ⅰ.C829.2

中国国家版本馆 CIP 数据核字第 2024WT0220 号

百家廊文丛
大数据与政府统计发展
杨翰方　著
Dashuju yu Zhengfu Tongji Fazhan

出版发行	中国人民大学出版社	
社　　址	北京中关村大街 31 号	**邮政编码**　100080
电　　话	010 - 62511242（总编室）	010 - 62511770（质管部）
	010 - 82501766（邮购部）	010 - 62514148（门市部）
	010 - 62515195（发行公司）	010 - 62515275（盗版举报）
网　　址	http://www.crup.com.cn	
经　　销	新华书店	
印　　刷	唐山玺诚印务有限公司	
开　　本	720 mm×1000 mm　1/16	**版　　次**　2024 年 10 月第 1 版
印　　张	28.25 插页 1	**印　　次**　2024 年 10 月第 1 次印刷
字　　数	430 000	**定　　价**　98.00 元